Heiner Ellebracht/Gerhard Lenz
Gisela Osterhold/Helmut Schäfer

Systemische Organisations- und Unternehmensberatung

Heiner Ellebracht/Gerhard Lenz
Gisela Osterhold/Helmut Schäfer

Systemische Organisations- und Unternehmensberatung

Praxishandbuch für Berater und Führungskräfte

2., überarbeitete Auflage

GABLER

Bibliografische Information Der Deutschen Bibliothek
Die Deutsche Bibliothek verzeichnet diese Publikation in der Deutschen Nationalbibliografie; detaillierte bibliografische Daten sind im Internet über <http://dnb.ddb.de> abrufbar.

1. Auflage 2002
2. Auflage 2003

Lektorat: Ulrike M. Vetter

Der Gabler Verlag ist ein Unternehmen von Springer Science+Business Media.
www.gabler.de

Umschlaggestaltung: Nina Faber de.sign, Wiesbaden
Druck und buchbinderische Verarbeitung: Wilhelm & Adam, Heusenstamm
Gedruckt auf säurefreiem und chlorfrei gebleichtem Papier
Printed in Germany

ISBN 3-409-21950-1

Vorwort

Für uns stellt sich heute nicht mehr die Frage, ob Führungsverhalten oder Beratungstätigkeit systemisch ausgerichtet sind oder nicht. Das Systemische ist zum Allgemeinwissen und als anerkanntes Handlungswissen selbstverständlich geworden. Es hält für jede Form von Handeln in Unternehmen und Organisationen Konzepte und Werkzeuge bereit. Dabei steht die Veränderung, der Wandel und somit auch deren Management im Fokus.

In der sich immer schneller wandelnden Welt der Unternehmen und Organisationen stehen Führungskräfte und Berater tagtäglich vor der Aufgabe, ihre Mitarbeiter und die von ihnen gestalteten Abläufe an veränderte Ziele und Rahmenbedingungen anzupassen und weiterzuentwickeln. Dies verlangt eine genaue Kenntnis der konzeptuellen Hintergründe von Veränderung sowie das Beherrschen von Werkzeugen, welche Veränderung und damit auch Weiterentwicklung ermöglichen. Der systemtheoretische Hintergrund bietet dabei Erklärungs- und Vorgehensmodelle, die heute zum Standardrepertoire von Beratern und Führungskräften gehören. Nur so können sie hochgradige Komplexität von wirtschaftlichen, technischen und personellen Unternehmensabläufen analysieren, beeinflussen sowie Abweichungen und Wechselwirkungen managen.

Dieses Buch richtet sich an alle „professionellen Veränderer“, die ihre bisherige Berufspraxis durch systemische Konzepte und Werkzeuge erweitern und verbessern wollen, die bereit sind, sich auf unterschiedliche Menschen, Unternehmenskulturen und Bedürfnisse einzustellen.

Dieses Buch ist ein Praxishandbuch, das eine möglichst hohe Übertragbarkeit in den Berufsalltag der Leser ermöglicht. Es entstand aus dem Wissen und den Feedbackschleifen unserer zwölfjährigen Erfahrung in der Ausbildung systemischer Organisations- und Unternehmensberater sowie der kontinuierlichen Schulung von Führungskräften. Die Übertragbarkeit systemischer Konzepte und Inhalte in das alltägliche Geschehen ist unser kritischer Erfolgsfaktor.

Dieses Buch vereinigt die Themen, die im Rahmen von Veränderungsprozessen immer wieder auftauchen und die sich in unserer langjährigen Beratungs- und Ausbildungstätigkeit als praxisrelevante Themen herausgebildet haben. Keine Veränderung ohne Kreativität und Innovationsbereitschaft und keine Veränderung ohne Strategie- und Prozessmanagement. Veränderungen greifen immer auch in die Unternehmenskultur ein und bedingen Krisen, Stress und Konflikte. Führungskräfte müssen dabei in der Lage sein, in und mit Teams zu arbeiten, sie benötigen Leadership sowie die Fähigkeit, ihre Mitarbeiter durch Coaching zu fördern.

Besonderen Wert legen wir dabei auf die Persönlichkeitsentwicklung. Den hohen Anforderungen in Unternehmen können Führungskräfte und Berater nur dann gerecht werden, wenn sie bereit sind, auch an der Veränderung und Weiterentwicklung der eigenen Persönlichkeit zu arbeiten. Hierin sehen wir eine besondere Notwendigkeit, um persönlichen Erfolg und Kongruenz zu gewährleisten.

An der Entstehung eines Buches sind meist viele Menschen beteiligt. Alle unsere Kunden in den Firmen, Ausbildungsteilnehmer, Mitarbeiter und Freunde steuerten Ideen und Anregungen bei. Besonders möchten wir uns bei Helge Osterhold, Anne Goerdes und Claudia Dieter für die handfeste Unterstützung und liebevolle Hilfe bedanken.

Wir freuen uns über die große Resonanz, die wir auf die erste Auflage erhalten haben. Für die jetzt vorliegende 2., überarbeitete Auflage haben wir den kompletten Inhalt durchgesehen und angepasst. Besondere Hilfe leistete dabei Claudia Dieter, der wir herzlich danken. Da die neue Auflage in erfreulich kurzer Zeit nötig geworden ist, konnten wir die inhaltlichen Änderungen auf ein Minimum beschränken. Für die Leser sei dabei nochmals betont, dass wir bewusst auf die erschöpfende Darstellung des theoretischen Hintergrunds zugunsten der Nähe zur und der direkten Umsetzbarkeit in die Praxis verzichtet haben.

Heidelberg im Herbst 2003

Heiner Ellebracht, Gerhard Lenz, Gisela Osterhold, Helmut Schäfer

Inhaltsverzeichnis

Ersteige jeden Berg,
durchwate jeden Fluss,
folge jedem Regenbogen,
bis du deinen Traum findest.

Eleanor Taylor

1. Systemische Konzepte und Techniken

Um dem Leitsatz von E. Taylor folgen zu können, brauchen wir neben Kreativität, Mut und Leidenschaft auch Handwerkzeuge und Konzepte für unsere Abenteuer. Dieses Kapitel soll Beratern und Führungskräften sowohl theoretische Konzepte als auch die dazugehörigen Techniken vermitteln. Allen, die sich im Consulting- oder auch im Führungsbereich betätigen wollen, muss gesagt werden, dass die beschriebenen Techniken immer wieder trainiert werden müssen, damit sie nicht auf der Ebene trickreicher Interventionen stehen bleiben. Immer wieder üben und praktisch anwenden, das führt hin zu variablen kreativen Einsatzmöglichkeiten der genannten Handwerkzeuge.

1.1 Einführung

1.1.1 Was ist systemisch?

Wechselwirkungen, Ergänzungsprozesse und gegenseitige Beeinflussung

Gegenstand systemischer Organisationsberatung sind Veränderungsprozesse in Organisationen. In immer kürzeren Abständen stehen Unternehmen und Institutionen vor der Aufgabe, ihre Organisation an veränderte Ziele und Rahmenbedingungen anzupassen und weiterzuentwickeln. Maßnahmen zur Beratung und Organisationsentwicklung werden erforderlich, wenn Firmen fusionieren, Ämter einer Stadtverwaltung zusammengelegt werden, ein Unternehmen dezentralisiert oder eine Behörde privatisiert wird. Konkrete Anlässe können aber auch wirtschaftliche oder arbeitsorganisatorische Herausforderungen innerhalb der Organisation sein, beispielsweise, wenn es gilt, neue Märkte zu gewinnen, eine verstärkte Konkurrenzsituation zu bewältigen oder Probleme in der Zusammenarbeit der Mitarbeiter zu meistern.

Der systemische Ansatz legt die Aufmerksamkeit auf das Zusammenwirken der verschiedenen Elemente in einem System, versucht, ihrer Komplexität gerecht zu werden, und beschreibt Wechselwirkungen, Ergänzungsprozesse und gegenseitige Beeinflussung – im Gegensatz zu kausalen und linearen Betrachtungsweisen. Lineare Modelle, die menschliches Handeln aus einem einzelnen Faktor erklären, reichen für die Erklärung und Veränderung komplexer sozialer Systeme nicht aus. Dies gilt beispielsweise für das Eigenschaftsmodell, in dem menschliches Handeln aus relativ stabilen Eigenschaften erklärt wird („Er ist eben von Natur aus ängstlich!") und Menschen und Situationen somit als nicht veränderbar angesehen werden. Auch das Maschinenmodell ist für ein umfassendes Verständnis sozialer Prozesse nur begrenzt einsetzbar. Das Maschinenmodell geht von der Vorstellung aus, dass Menschen ähnlich wie Maschinen funktionieren, entsprechend ähnlich steuer- und veränderbar sind, wenn man nur die entsprechenden Verhaltensgesetze kennt – z. B. „Wenn du ihm mehr Geld bezahlst, dann wird er auch besser arbeiten." Gerade in komplexen sozialen Situationen lässt sich die Wirkung bestimmter Interventionen nicht auf der Basis linearer Kausalitäten voraussagen (König, Volmer, 1996).

Im systemischen Denken hingegen betrachten wir nicht einzelne Personen oder Beziehungen, sondern die Elemente, die in einem Bedingungsgefüge stehen. Wir gehen davon aus, dass jedes Element die Bedingungen aller anderen mitbestimmt. Unser Interesse gilt den Strukturen, den Funktionen und dem Verhältnis der Bestandteile innerhalb des Gesamtgefüges, den Mustern und Regeln der Transaktionen und den Veränderungen von Systemzuständen.

Um den eigenen Wirkungskreis zu erfassen, ist es hilfreich, unsere Welt als Ökosystem zu beschreiben, dessen Aspekte sich gegenseitig beeinflussen, sich bestimmen und voneinander abhängig sind. Gottlieb Guntern (1993) beschreibt dieses Ökosystem wie folgt: „Systeme sind zum Beispiel Organismus, Paare, Familien, Gemeinde, Staat, aber auch Mitarbeiter, Teams und Unternehmen. Zur Systemumwelt zählen die physikalische und die biosoziale Umwelt. Die physikalische Umwelt umfasst beispielsweise meteorologische, klimatische, geologische Faktoren, aber auch die durch Menschen geschaffene Umwelt wie Straßen, Häuser und Fabriken. Die biosoziale Umwelt umfasst beispielsweise Pflanzen, Tiere, Menschen, aber auch Kulturen, Wissenschaft oder Sitten und Gebräuche, Normen, Werte und Religionen. Im Austausch von Materie, Energie und Information schafft dieses Transaktionsfeld dynamische Prozesseinheiten. In diesem Sinne ist ein System immer ein sich organisierendes Ganzes."

Wir verstehen die Elemente innerhalb eines Systems als komplex (und nicht linear) miteinander verwoben, erfassen Beziehungen und beschreiben Verhalten, statt feste Eigenschaften zuzuschreiben. Eigenschaften lassen sich nicht verändern und kleben oft wie unsichtbare Etiketten an Köpfen von Menschen: „Er ist so!" statt „Er zeigt im bestimmten Rahmen solches Verhalten." Wenn jemand irgendwie „ist", wie soll er sich verändern können? Wenn jemand ein Verhalten „zeigt", könnte er auch ein anderes „zeigen", und schon gibt es eine Chance für Veränderung. Rückbezügliche Prozesse treten an die Stelle kausaler Erklärungen. Wahrscheinlichkeiten werden beschrieben, statt Determinanten festzulegen (siehe Abbildung 1).

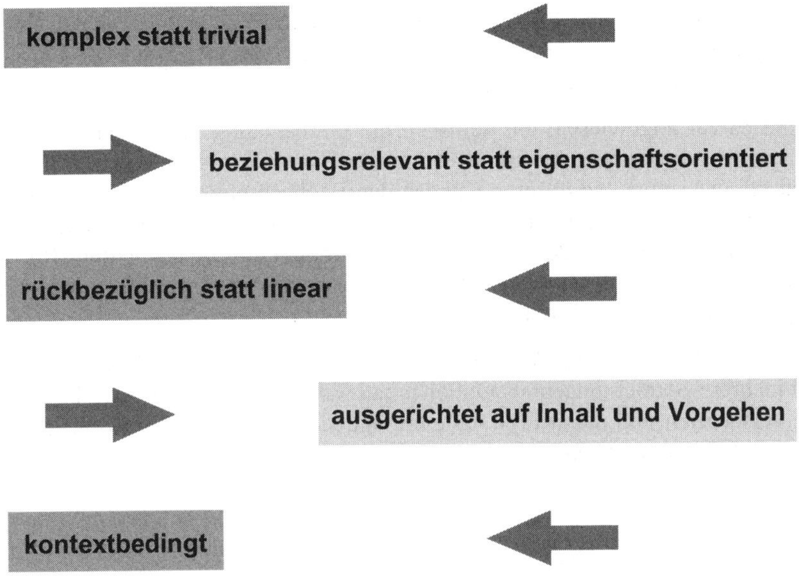

Abbildung 1: Wie zeigt sich systemisches Denken und Handeln?

Beobachtungsstandpunkte

Ein weiterer wichtiger Bestandteil der systemischen Sichtweise ist, die Rolle des Beobachters in die Untersuchung mit einzubeziehen. Beobachter beschreiben in der Regel ihre persönliche Wahrnehmung. In diesem Zusammenhang wird zwar oft von ganzheitlichem Denken und Vernetzungen von Systemen und Systemebenen gesprochen, dabei aber übersehen, dass der Beobachter „das Ganze“ analytisch in Systeme und deren Umwelten zerteilt, um es für eine mögliche Erklärung zu vereinfachen. Der Beobachter entscheidet so, was er als System betrachten will und wo er die Grenzen des Ganzen setzt.

Außerdem ist die Beobachtung abhängig vom Standpunkt des Beobachters und somit eine subjektive Wahrheit. Es kann also nicht darum gehen, „objektiv“ ein Ganzes zu erklären, was sicher nicht möglich ist, sondern Wechselbeziehungen zwischen den Elementen und ihrer Umwelt zu beschreiben.

Bei der Beschreibung dieser Beziehungen denken wir häufig in Polarisierungen wie: „entweder – oder“, „richtig – falsch“, „gut – böse“, „aktiv – passiv“. Gefühlsmäßig erfassen wir aber bereits, dass es keine absoluten Wahrheiten gibt. „Wahrheiten“ sind abhängig von Menschen und ihren Wahrnehmungen, von ihren Erfahrungen, ihren Konstruktionen über das, was sie sagen, von den Beziehungen und dem Kontext, in denen sie gesagt werden und in dem sie ihre Bedeutung erhalten. Im Beratungsprozess stoßen wir ununterbrochen bei anderen wie bei uns selbst auf duale Erklärungen, die wenig hilfreich sind. Wenn wir etwa bei neuen Entwicklungen in „richtig-falsch“-Kategorien denken, werden wir keine Experimente zulassen. Experimente sind aber Optionen auf dem Wege zu besseren Lösungen und für Neuentwicklungen unbedingt nötig. Für den Beratungsprozess gilt, sich die „Konstruktion der Wirklichkeit“ zu vergegenwärtigen, um nicht den „eigenen Wahrheiten“ zu erliegen und diese für wertfrei zu halten.

Wir sind darauf angewiesen, uns selbst in die Beobachtung mit einzubeziehen. Damit kennen wir die Bedeutung des Beobachtungsstandpunktes und schaffen Möglichkeiten, wie wir bei uns selbst und unseren Kunden den Beobachtungsstandpunkt verändern und wechseln können. Aus dieser Perspektive spielen nicht nur Gemeinsamkeiten, sondern auch die Unterschiede in der persönlichen Wahrnehmung eine wichtige Rolle (siehe Abbildung 2). Wir bewerten Unterschiede als neue Informationen, die zur Erweiterung des eigenen Blickwinkels führen.

Hierdurch eröffnet sich eine Welt der Vielfalt. Wenn es nicht eine Wahrheit gibt, dann stehen mehrere Betrachtungen als Optionen zur Verfügung, die uns Entscheidungsspielräume verschaffen und damit Freiräume ermöglichen. So finden wir Wege aus Engpässen und verbohrtem Denken.

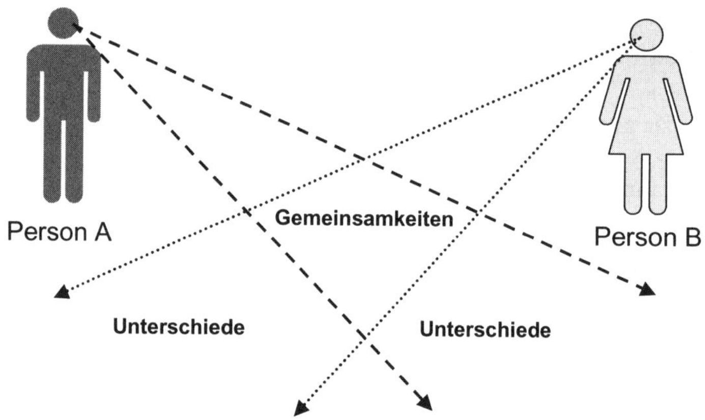

Abbildung 2: Gemeinsamkeiten und Unterschiede

Selbstorganisation

Um Unternehmen beratend bei ihrer Entwicklung zu unterstützen, benötigen wir außerdem ein Verständnis dafür, wie und nach welchen Regeln Veränderungsprozesse in Systemen ablaufen und wie solche Prozesse initiiert werden können. Nach der Theorie der Selbstorganisation gehen wir davon aus, dass Strukturen und Prozesse lebender Systeme in einem gegebenen Kontext Phänomene der Selbstorganisation sind. Das heißt *Systeme organisieren sich selbst.* Führungskräfte und Berater kennen dieses Phänomen aus ihrem Alltag. Die Theorie der Selbstorganisation untersucht dabei besonders Phasenübergänge, die als Verlassen eines Gleichgewichtszustands beschrieben werden, als Übergänge zwischen verschiedenen Ordnungszuständen und zwischen Ordnung und Chaos.

1.1.2 Funktionsweise sozialer Systeme

Um zu verstehen, wie die Organisation unserer Kunden funktioniert, werden wir mit ihnen die Funktionsweise des Systems analysieren. Zu diesem Zweck sollen nun die Merkmale sozialer Systeme genauer bestimmt werden. Systeme sind definiert durch die Elemente, die Beziehungen zwischen den Elementen und die Beziehungen zwischen den Elementen und der Systemumwelt. Übertragen wir diese Definition nun auf die Besonderheiten sozialer Systeme.

Die Elemente in sozialen Systemen sind Personen und Handlungen. Die Personen nehmen zueinander Beziehung auf, indem sie handeln. Der Handlungsbegriff impliziert, dass das Verhalten der Mitglieder des Systems von ihren Gedanken, persönlichen Zielen und Absichten sowie von ihren Einstellungen und Empfindungen abhängt. Ein Mitarbeiter reagiert nicht als gleichsam willenlose Maschine, sondern er handelt aktiv auf Grund der Annahmen und Gedanken, die er sich über die Welt macht, beispielsweise darüber, was sein Vorgesetzter von ihm erwartet. Es sind vor allem subjektive Deutungen, Regeln, Gewohnheiten und die Beziehungen zur Systemumwelt, die menschliches Handeln beeinflussen.

Das Handeln wird durch subjektive Deutungen beeinflusst. Menschen machen sich ein Bild von ihrer Wirklichkeit. Diese These wird auch unter dem Begriff „Konstruktivismus" diskutiert. Wahrheiten und Wirklichkeiten sind individuelle Konstruktionen, die abhängig sind von den Menschen, die sie sagen, und vom Beobachtungsstandpunkt, den sie einnehmen. Sie sind beeinflusst von den jeweiligen Biografien und den gedanklichen Verknüpfungen über das, was sie sagen. Subjektive Deutungen prägen das Handeln des Einzelnen wie auch das Handlungsrepertoire von Systemen.

Weiterhin bestimmt der Kontext die Bedeutung einer Wahrheit. Wahrheiten und Wirklichkeiten sind gebunden an den Kontext, in dem Menschen etwas ausdrücken, und erst in den Beziehungen erlangen sie ihre Bedeutung. Je nachdem, wer etwas Bestimmtes wann und wie sagt, wird man ein- und denselben Satz unterschiedlich interpretieren. Jede Beobachtung und jede Beschreibung impliziert somit Unterscheidungen, und diese Unterschiede ergeben sich nicht ausschließlich aus der Wirklichkeit, sondern auch aus den Konstruktionen des jeweiligen Beobachters.

Menschliches Handeln wird zusätzlich beeinflusst von Regeln. Systeme funktionieren nach bestimmten Regeln. Es gibt Regeln des Zusammenlebens, der Zusammenarbeit, offizielle und geheime Regeln. Offizielle Regeln sind beispielsweise die Aufbau- und Ablauforganisation einer Behörde, konkret dargestellt etwa in einem Organigramm. Daneben gibt es aber auch die inoffiziellen, geheimen Regeln, die definieren, was man tut und was nicht, wer was darf und wer nicht. Und keineswegs ist es immer so, dass die offiziellen und inoffiziellen Regeln miteinander korrespondieren und zueinander kongruent sind. Handlungen erfinden wir nicht täglich neu, vielmehr unterliegen sie in vielen Situationen einer Gewohnheit, einem Verhaltensmuster. Da sich die Personen in einem sozialen System wechselseitig beeinflussen, gibt es theoretisch unendlich viele Handlungsmöglichkeiten für die beteiligten Akteure. Jedes System ist aber dadurch charakterisiert, dass es bestimmte Handlungszusammenhänge auswählt und reproduziert, nicht zuletzt, um Komplexität zu reduzieren. Daraus entstehen wiederkehrende Muster, die wir auch als Transaktionsmuster bezeichnen und die den Regelkreisen oder Rückkopplungsprozessen in anderen Systemen entsprechen.

Transaktionen sind zielgerichtete Handlungen und können nicht isoliert, beispielsweise zwischen zwei Personen, betrachtet werden. Es spielen immer auch andere Personen und Prozesse eine Rolle (siehe Abbildung 3). So findet Kommunikation in einem Feld von Transaktionen statt. Wiederholt sich eine Transaktion immer wieder auf die gleiche Weise, etabliert sich ein Transaktionsmuster. So lässt sich häufig vorausahnen, was passieren wird. Transaktionsmuster sind notwendig innerhalb unserer Kommunikation und unserer Handlungen, um für andere – und für uns selbst – berechenbar zu sein.

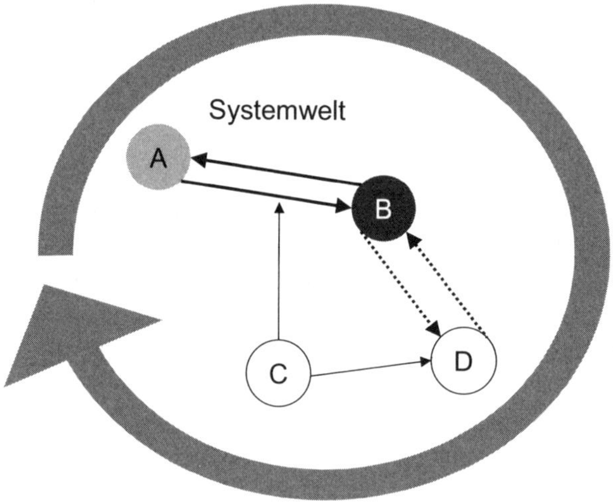

C sieht eine Aktion zwischen A und B, seine Deutung dieses Sehens teilt er D mit, der zu einem späteren Zeitpunkt mit B agiert. Diese Aktion ist nicht von dem vorher Gehörten zu trennen.

Abbildung 3: Transaktion

Das Verhalten der Mitglieder eines sozialen Systems ist außerdem bestimmt durch die Systemumwelt. Hierzu zählen neben anderen sozialen Systemen (z. B. eine andere Abteilung) auch die physikalische Umwelt sowie Werte, Normen, Regeln, die das System von außen beeinflussen. Die Beziehungen zwischen den Elementen des Systems und der Systemumwelt können sehr unterschiedlich sein, das Spektrum reicht beispielsweise von einseitig bis beidseitig, von dicht bis vereinzelt oder von regelmäßig bis unregelmäßig.

Menschliches Handeln unterliegt also einer ganzen Reihe von Einflussfaktoren. Diese Einflussfaktoren existieren nicht isoliert voneinander, sondern bedingen sich gegenseitig. Die Personen orientieren sich unter dem Einfluss der Systemumwelt in ihrem Handeln an bestimmten Zielen, offiziellen und geheimen Regeln, Mustern und dem, was sie für wahr und wirklich halten. Das Handeln und Verhalten des Einzelnen ist beeinflusst von dem jeweiligen sozialen System und beeinflusst dieses wiederum.

Auch die Faktoren selbst bedingen sich gegenseitig. So hat beispielsweise die Sicht der Wirklichkeit eines Systems, „wie etwas ist", direkten Einfluss auf die offiziellen und inoffiziellen Regeln, die sich dieses System gibt. Oder nehmen wir den Austausch mit anderen Systemen (Systemumwelt): Er bestimmt, in welchem Maße überhaupt neue Sichtweisen in das System gelangen können. Um die Funktionsweise eines zu beratenden Systems zu verstehen, müssen wir diese Faktoren und ihr Zusammenwirken in unsere Überlegungen miteinbeziehen.

Für eine erfolgreiche Beratungstätigkeit muss man davon ausgehen, dass die Personen und Prozesse innerhalb eines Systems miteinander vernetzt sind. Jedes Element bestimmt die Bedingungen aller anderen mit, jede Veränderung wirkt nicht nur am Ort und zum Zeitpunkt der Intervention. Darum betrachten wir, in welchem Bedingungsgefüge die Elemente stehen. Komplexe Probleme lassen sich nicht lösen, wenn man die Aufmerksamkeit lediglich auf ein oder wenige Elemente richtet. Man muss das gesamte System berücksichtigen. In der systemischen Betrachtungsweise geht es um die Betrachtung derjenigen Handlungszusammenhänge, die für das Verständnis des Systemgeschehens relevant sind.

1.1.3 Stabilität und Labilität

Obwohl jedes soziale System in einem ständigen dynamischen Prozess steht, finden wir doch zu einem gegebenen Moment ein stabiles Fließgewicht. In Abbildung 4 ist die Kugel im Gleichgewicht, wenn sie am Boden einer Schale ruht. Sie hat dann den Zustand minimaler Bewegungs- bzw. „Veränderungsenergie". Wird die Kugel aus dieser Position verschoben, so rollt sie anschließend in die Gleichgewichtslage zurück und schwingt dabei etwas um ihre Ruhestellung, ehe sie auf Grund der Reibung zum Stillstand kommt. Weil die Kugel nach einer Störung immer wieder zum tiefsten Punkt der Schale zurückkehrt, sagt man, sie sei dort im *stabilen Gleichgewicht.*

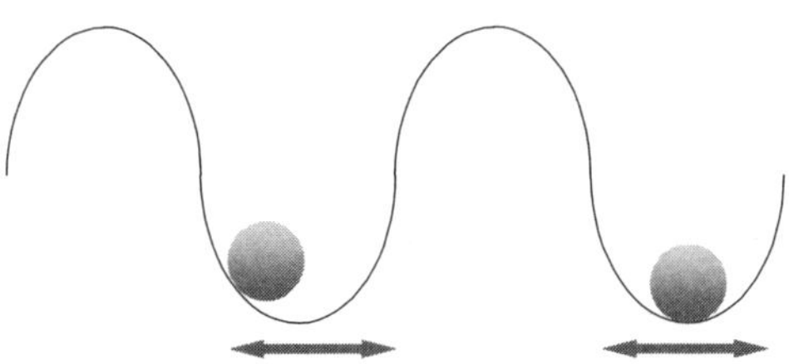

Abbildung 4: Modell einer hohen Stabilität

Denk- und Handlungsgewohnheiten zeigen eine hohe Stabilität. Berater und Führungskräfte, die einen Kunden oder Mitarbeiter zu Ideen, Einsichten oder bestimmten Handlungen bewegen möchten, treffen auf eine hohe Beharrungstendenz der Beteiligten. Diese Tendenz zeigen Personen wie Organisationen gleichermaßen.

Um Personen oder Systeme auf Veränderungsschritte vorzubereiten, ist es daher hilfreich, sie über eine Veränderung der Rand- und Kontextbedingungen in einen *labilen Gleichgewichtzustand* zu bringen. Im Bildbeispiel (siehe Abbildung 5) liegt die Kugel auf der Spitze eines Berges oder eines Kegels und kann durch den geringsten Impuls in Bewegung versetzt werden. Das Gleichgewicht ist gestört. Danach kehrt die Kugel allerdings nicht in die Ausgangsposition zurück, sondern entfernt sich immer mehr von ihr. Den Gleichgewichtszustand, in dem sich die Kugel im Scheitelpunkt befindet, bezeichnet man daher als instabil oder labil.

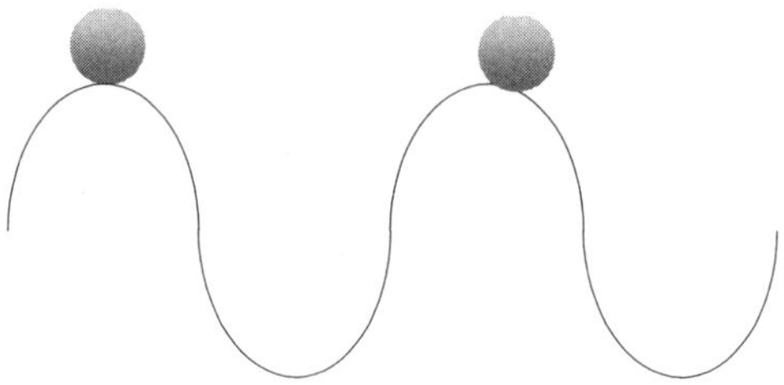

Abbildung 5: Modell einer hohen Labilität

Diese Erörterung zeigt, dass man über die Stabilität eines Systems nur dann eine Aussage machen kann, wenn man sein Verhalten bei allen möglichen Störungen prüft. Beispielsweise wird die Kugel in der Schale nur dann zum Zentrum der Schale (in das stabile Gleichgewicht) zurückkehren, wenn die Störung nicht so groß ist, dass sie die Kugel aus der Schale heraustreibt.

Entscheidend für Veränderungen ist, dass die Kugel überhaupt in Bewegung kommt. Es ist unsere Aufgabe in der Beratung, herauszufinden, was die Kugel aus dem stabilen Gleichgewicht heraus und auf den Weg bringen kann. Im Abschnitt „Induzieren von Veränderungsprozessen" werden wir diesen Vorgang genauer untersuchen. Ein anzustrebender Zustand ist der sogenannte multistabile Gleichgewichtszustand. Dieser ist in sozialen Systemen nur bedingt möglich, da diese Systeme dann keine Beharrung und keine Identität hätten und sich jedem Veränderungsimpuls sofort anpassen würden.

In vielen Systemen müssen wir uns den multistabilen Gleichgewichtszustand wie eine Spielzeuglandschaft mit verschieden tief ausgeprägten Hügeln und Tälern vorstellen (siehe Abbildung 6). Die besonders tief ausgeprägten Täler stellen Anziehungspunkte dar, die eine besonders hohe Stabilität aufweisen. Hier laufen die Transaktionen mit einer hohen Redundanz und Vorhersagbarkeit ab. Wir sprechen von Trampelpfaden im Transaktionsfeld. Flachere Täler hingegen bedingen eine größere Bewegungsmöglichkeit.

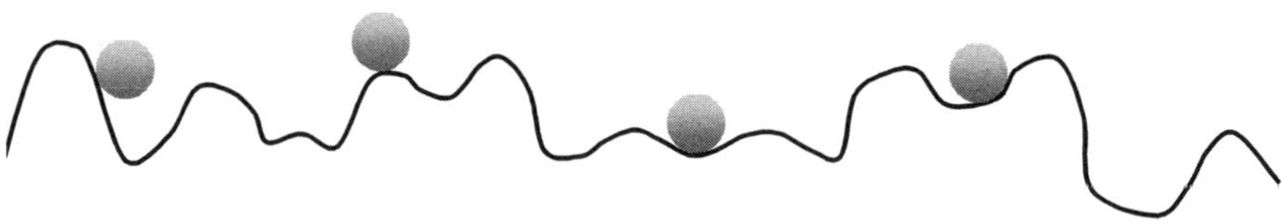

Abbildung 6: Multistabilität

1.1.4 Individuelle Operationslogik sozialer Systeme

Ein anderer Aspekt sozialer Systeme soll noch näher beleuchtet werden: die spezifische Operationslogik jedes Systems und die Unmöglichkeit der „instruktiven Information". Interventionen nach dem Prinzip „Mach es so!" funktionieren, vor allem in komplexeren Systemen, nicht. Soziale Systeme erzeugen ihre eigene Wirklichkeit, die ihre Handlungen und Wahrnehmungen bestimmt. Sie haben ihre spezifischen Wahrnehmungsformen, die das Verständnis der Umwelt bestimmen. Jedes System erzeugt eine ganz bestimmte Wirklichkeit, entwickelt einen *Eigen-Sinn*, eine Eigenlogik, die seine Form der Ankopplung an die Umwelt (andere Systeme) bestimmt. Systeme haben ihre eigene Operationslogik. Auf dieser Grundlage interpretieren und handeln sie. Komplexe selbstreferentielle Systeme reagieren auf die Umwelt *und* auf sich selbst. Bei jeder Aktivität beziehen sie sich in ihren Operationen auf sich selbst, bevor sie auf dieser Grundlage mit ihrer Umwelt in Kontakt treten.

Die Operationslogik eines Systems können einzelne Berater weder voll verstehen noch beherrschen. Hierdurch entsteht für Beratung ein Risiko. Es wird hauptsächlich dadurch bedingt, dass in komplexen Systemen auf Grund der vielfältigen und komplexen Rückbezüglichkeiten jedes Handeln mehr nicht intendierte als intendierte Wirkungen hat (vgl. Willke, 1994).

Daraus folgt, dass man sich als Berater erst mit der spezifischen Operationslogik des Kundensystems und seiner speziellen Kultur koppeln muss, bevor man über Interventionen wirksam werden kann. Leider werden heute immer noch die meisten Veränderungsinterventionen als außengeleitet durchgeführt – mit entsprechend geringem Erfolg.

Bei einer instruktiven Information im Sinne von „Mach es so ...!" ohne vorausgegangene Kopplung wird die Wirkung häufig vom System geschluckt, d. h. wir erfahren keine erkennbare Wirkung. Bei einer vorausgegangenen Kopplung können wir die spezifische Operationslogik nutzen. Die Ausrichtung in der Beratungsarbeit heißt daher „Mit dem Kunden gehen", nicht „gegen den Kunden" (zur Methode des „Koppelns" siehe auch Abschnitt 1.5.1).

1.1.5 Beratungsbedarf

Häufig begegnen wir Kunden, die für sich bereits sehr klar definiert haben, *worin* ihr Beratungsbedarf besteht und was sie infolgedessen von uns als Berater erwarten. Im Gespräch werden diese Vorstellungen oftmals noch klarer und konkreter oder es kommen sogar völlig neue Ziele zum Vorschein. Es sind viele Prozesse denkbar, die zu Problemen führen können und eine Beratung erforderlich machen. Sei es, dass die Subjektivität und Kontextbedingtheit im täglichen Miteinander übersehen wird, dass die offiziellen und geheimen Regeln innerhalb einer Organisation nicht übereinstimmen, dass die Transaktionsmuster zwar sehr nachhaltig wirken, aber als solche nicht erkannt werden oder dass die Beziehungen zur Systemumwelt durch mangelnde Abgrenzung gekennzeichnet sind.

In dieser analytischen Klarheit zeigen sich beratungssuchenden Systemen die Zusammenhänge häufig nicht, zumindest nicht auf den ersten Blick. Ihnen stellt sich die Situation anders dar: „Der Müller ist ein Problem." Oder: „Mit dieser Mannschaft geht das nicht." Oder: „Die Leute wollen nicht." Die Palette der Interpretation des Problems reicht von vorgefertigten Lösungen über Ratlosigkeit bis hin zu Frustration, wenn man schon vieles versucht hat, allerdings ohne den gewünschten Erfolg.

Diese Situation, mit der man als Berater konfrontiert wird, resultiert aus der eingeschränkten Sicht der jeweiligen Beobachter. Die Ganzheit eines Systems kann nicht aus der Ebene des Systems selbst beschrieben werden, wie bereits Gödel (1951) in seiner Unvollständigkeitstheorie sagt. Die eingeschränkte Sicht ist zum Teil bedingt durch die hohe Komplexität der innerhalb eines Systems miteinander vernetzen Prozesse. Erschwerend kommt hinzu, dass die Zusammenhänge nicht linear, sondern prozesshaft sind. Sie verlaufen nicht nach einem kausalen „Wenn-dann" Prinzip, sondern komplex. Komplexe Probleme sind nicht leicht zu diagnostizieren. Um Zusammenhänge zu überblicken, braucht man vor allem Distanz und ein Verständnis von der Komplexität sozialer Systeme. Häufig wird die Komplexität von Problemen überhaupt nicht einkalkuliert. Entsprechend greifen Interventionen zu kurz, man sieht nicht, dass es grundsätzlich viele Anhaltspunkte für das Problem gibt und entsprechend viele Interventionsmöglichkeiten denkbar sind.

Ein anderes Problem liegt in der Subjektivität der Wahrnehmung. Personen und auch Systeme sind sozusagen in ihrer eigenen Sicht der Wirklichkeit „gefangen". Sie sehen immer denselben Zusammenhang, kreisen immer wieder um dieselben Ideen für eine Veränderung, beginnen häufig mit Lösungen anstelle einer sorgfältigen Analyse der Zusammenhänge. Veränderungsprozesse kommen nicht in Gang, weil man keine Lösung sieht, oder sie gelingen nicht, weil man eigentlich fortlaufend altbekannte Ideen reproduziert. Voraussetzung, um der Routine zu entkommen, ist ein Wechsel der Perspektive.

Soziale Systeme sind mit der selbständigen Identifikation des Problems aus der Innenperspektive in gewisser Hinsicht überfordert. Ihr Wissens- und Entscheidungsspielraum ist eingeschränkt und somit auch die Problemlösekompetenz. Genau in diesem Bereich und zu diesem Zweck brauchen Systeme beratende Unterstützung – und nicht etwa vorgefertigte Lösungen.

1.1.6 Prozessberatung

Hilfe zur Selbsthilfe

Damit Systeme ihre Probleme meistern und sich verändern können, benötigen sie verbesserte Wissens- und Entscheidungsspielräume. Prozessberatung ist organisierte Hilfe für Entscheidungsprozesse und zielt ab auf die Erweiterung der Wissens- und Handlungskompetenz des Kunden und die Generierung neuer Informationen, Perspektiven, Beobachtungen und Erkenntnisse über die Zusammenhänge im System.

Statt instruktive Information im Sinne von „Mach es so oder so" zu geben, zielt systemische Beratung auf einen Erkenntnisprozess beim Kunden ab, der mit den konkreten personalen, kontext- und kulturspezifischen Bedingungen kompatibel ist. Das heißt, der Kunde wird in die Lage versetzt eine Lösung zu produzieren, die zu ihm passt. Systemische Beratung ist zielgerichtete Kommunikation und zielt ab auf Selbstreflexion und Selbstaufklärung sozialer Systeme, Veränderung subjektiver Deutungen und Veränderung gewohnter Handlungsmuster.

Der Grundgedanke systemischer Beratung ist demnach, dem Kunden Hilfe zur Selbsthilfe zu bieten. Dazu ist es von großer Bedeutung, die Sichtweise des Kunden zu verstehen. „Die Interpretationsweise des Klienten/Partners zu kennen, ist der Schlüssel in der Kommunikation" (Watzlawick, 1969). Hierbei ist es möglich, dass die Sichtweise des Kunden von der des Beraters sehr weit differiert. Wir müssen also aktiv den Beobachtungsstandpunkt des anderen einnehmen, um ihn zu verstehen. Wir nehmen die Beobachtungsstandpunkte der Kunden wahr und koppeln uns damit. Dieses Wahrnehmen und Annehmen der Sichtweise des Klienten bedeutet jedoch keineswegs, seine eigene aufzugeben!

Fragen spielen eine wichtige Rolle in diesem Prozess. Durch Fragen erschließen wir uns die Welt, wie sie sich für den Kunden darstellt. Gleichzeitig ermöglichen die Fragen des Beraters, dass der Kunde die Zusammenhänge klarer sieht. Wir helfen durch unseren externen Blick, die Zusammenhänge zu klären und diese auf ihre Funktionalität oder Dysfunktionalität hin zu hinterfragen.

Wesentliche Aufgabe des Beraters ist es also, die Klärung der Zusammenhänge für den Kunden transparent zu machen und diese nicht nur für sich selbst zu erschließen. Mit Hilfe von Rückkopplungen, Kommentaren, Feedbacks und Visualisierungen wird der Berater versuchen, den Erkenntnisprozess des Kunden zu unterstützen. Dies erfordert die Handhabung von Instrumenten, die eine Ankopplung an das Kundensystem ermöglichen, neue Informationen generieren und Erkenntnisprozesse beim Kunden induzieren und seine Problemlösekapazität erweitern. Wichtige Instrumente hierfür sind u. a. Kontextanalyse, Prozessanalyse, Hypothesenbildung, Erkennen und Verändern von Transaktionsmustern sowie Gesprächs- und Fragetechniken. Diese Instrumente werden in diesem Kapitel ausführlich erläutert.

Darüber hinaus ist ein wichtiges Instrument der beraterischen Intervention der Berater selbst. Der Zugang zu und der bewusste Umgang mit den eigenen Wahrnehmungsmustern, Wirklichkeitskonstruktionen, Konflikterkennungs-, Konfliktbewältigungs- und Stressmustern sowie deren Unterbrechungen bestimmen in starkem Maße den Beratungserfolg. Aus diesem Grunde beinhaltet die Erweiterung der Beratungskompetenz primär die Auseinandersetzung mit der Wirkung des Denkens, Fühlens und Handelns der eigenen Person sowie die Sensibilisierung für das Prozessgeschehen. Denn das Beratungsgeschehen selbst wirkt auf den Berater zurück und beeinflusst ihn in seinem weiteren Vorgehen. Immer wenn der Berater als Beobachter eines Kundensystems Aussagen trifft, haben diese Aussagen auch eine Wirkung auf ihn selbst. Dieses Phänomen, das auf Beratungsprozesse einen erheblichen Einfluss ausübt, wird Selbstrückbezüglichkeit oder Selbstreferenz genannt (siehe Abschnitt 1.3.4).

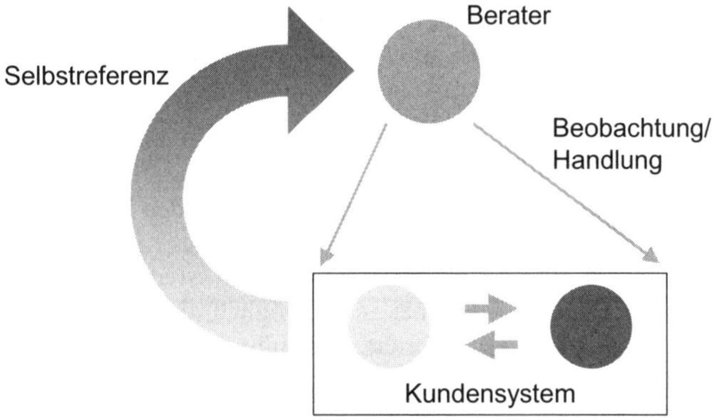

Abbildung 7: Selbstreferenz im Beratungsprozess

Nicht nur der Kunde hat eine subjektive Sicht der Dinge, für den Berater gilt dasselbe. Dies ist ein nicht zu unterschätzender Faktor, weil der Berater aus dieser „seiner" Wirklichkeit heraus berät. Der Berater sollte seine eigenen Beobachtungsstandpunkte kennen und verändern können:

- Welche Beobachtungsstandpunkte nehme ich persönlich bevorzugt ein und werde dies auch gegenüber meinen Kunden tun, wenn ich mich bemühe, ihre bisherigen Beobachtungsstandpunkte zu verändern?
- Welche Beobachtungsstandpunkte vermeide ich gern und wie wird sich dies gegenüber meinen Kunden auswirken, wenn ich versuche, mich mit ihren Beobachtungsstandpunkten zu koppeln?

Zusätzlich zur Subjektivität der eigenen Wahrnehmung besteht für den Berater das Problem der Komplexität des Systems – beide Faktoren gelten für das zu beratende System und für den Berater gleichermaßen. Auch ein Berater ist, auf sich allein gestellt, mit der

Komplexität des Systems überfordert. Die Lokalisierung und Identifikation des Problems kann aus der alleinigen Sicht des Beraters nicht geleistet werden. Die Komplexität der meisten Probleme ist größer, als es der Berater erfassen kann. Die Klärung der Zusammenhänge kann nur im engen Zusammenspiel von Kunde und Berater gelingen. Beide Systeme, das Kundensystem und das Beratersystem, müssen sich miteinander „koppeln". Wir bezeichnen diese Form der Beratung als Prozessberatung.

Prozess- und Expertenberatung

Die Unterstützung von Organisationen und Unternehmen kann in der Beratung sehr unterschiedliche Formen annehmen. Zur Strukturierung dieser unterschiedlichen Vorgehensweisen ist die Unterscheidung zwischen Experten- und Prozessberatung hilfreich.

Expertenberatung ist dadurch gekennzeichnet, dass der Kunde ein Problem gleichsam an einen Berater delegiert und dann einen Lösungsvorschlag erwartet. In vielen Fällen erwarten Kunden Expertenberatung, etwa zur Analyse von Prozessen, zur Überprüfung der Marketing-Strategie oder der Moderation einer Mitarbeiterversammlung.

Ausgangspunkt für Prozessberatung sind ebenfalls Probleme innerhalb eines Kundensystems, zu deren Lösung ein Berater herangezogen wird. Hier liefert der Berater jedoch nach der Analyse keinen fertigen Lösungsvorschlag. Vielmehr wird eine Lösung innerhalb des Kundensystems erarbeitet. Prozessberatung bedeutet, dass die Lösung nicht von außen gegeben wird, sondern dass die Beteiligten in die Lage versetzt werden, selbständig für sich passende Lösungen zu entwickeln. Aufgabe des Beraters ist es dabei, den Prozess zu begleiten und zu unterstützen.

Systemische Organisationsberatung geht davon aus, dass die Kompetenz des Kundensystems grundsätzlich die Kompetenz externer Experten übersteigt, weil erst im System selbst über die Wirkungen bestimmter Maßnahmen entschieden wird. Systemische Beratung kann demzufolge nie reine Expertenberatung sein, sondern ist zunächst einmal Prozessberatung. Der Kunde ist dabei zu unterstützen, aus seiner Sicht seine Situation zu klären, sich Ziele zu setzen und für sich passende Lösungswege zu finden. Dabei können je nach der Thematik in einem Beratungsprozess die Anteile von Prozess- und Expertenberatung unterschiedlich sein (siehe Abbildung 8).

Bei Bedarf kann der Berater über Handlungsmöglichkeiten und deren aus anderen Situationen bekannte Vor- und Nachteile informieren. In dieser Form kann systemische Beratung durchaus Phasen der Expertenberatung einschließen. Sie hat dann aber nicht die Zielsetzung, einen fertigen Lösungsvorschlag zu unterbreiten, sondern dient dazu, dem Gesprächspartner zusätzliche Informationen für seine eigene Entscheidung zur Verfügung zu stellen (siehe Tabelle 1).

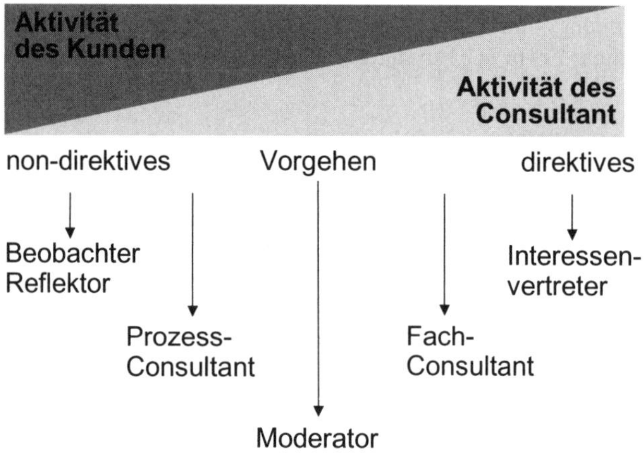

Abbildung 8: Experten- und Prozessberatung

Tabelle 1: Expertenberater – Prozessberater

Ein Expertenberater ...		Ein Prozessberater ...
definiert die Aufgaben im Kundenauftrag selbst.	⇔	hilft dem Kunden, die Aufgaben zu erkennen und zu definieren.
macht spezifische, kausale Vorschläge.	⇔	befähigt den Kunden, vernetzte und systemische Lösungen zu finden.
verhält sich „objektiv" distanziert und ist rein sachlich orientiert.	⇔	unterstützt den Kunden bei der Entwicklung von Lösungen und zwar innerhalb des Kundensystems.
interessiert sich hauptsächlich für die fachliche Problemlösung.	⇔	ist persönlich engagiert und am Erfolg des Prozesses interessiert.
präsentiert und interpretiert die Ergebnisse seiner Untersuchungen selbst.	⇔	interessiert sich für Menschen und ihre Fähigkeit, Probleme selbst zu erkennen und zu lösen; Beratung als Hilfe zur Selbsthilfe.
macht sich unentbehrlich.	⇔	macht sich entbehrlich.

1.2 Theoretische Grundlagen

1.2.1 Einführung

Sinn und Zweck dieses Abschnitts ist es, vorhandene theoretische Konzepte so nutzbar zu machen, dass sie eine Unterstützung für die mögliche Arbeit sind. Dabei wird sicherlich die Trennschärfe und Genauigkeit der Theorie an die zweite Stelle gerückt. Wie bereits erwähnt soll eine Grundlage für ein gemeinsames Verständnis aller Beteiligten gelegt werden.

Die Systemtheorie beschäftigt sich mit der Beschreibung von Organisationen, Menschen, also Systemen und deren Beziehungen; Kybernetik ist die Lehre der Steuerung von Systemen. Um Prozesse von einem zum nächsten Zustand darzustellen, bedienen wir uns aus der Chaos- und Kreativitätsforschung; warum sich ein System zu einem ganz bestimmten Zustand entwickelt, ist Thema der Selbstorganisation. Diese konzeptuellen Grundlagen sind Theorien aus unterschiedlichen Wissenschaftsrichtungen, die sich gegenseitig aufeinander beziehen und somit in einen Gesamtzusammenhang gestellt werden müssen. Ziel ist es, eine Übersicht zu schaffen, um in den Veränderungsprozessen uns selbst und allen anderen Beteiligten die im Hintergrund ablaufende Dynamik klarmachen zu können.

Gerüst eines Veränderungsprozesses – von A nach B und dazwischen

Zerlegen wir einen meist hochkomplexen Veränderungsprozess in seine elementaren Bestandteile, so stellen wir eine schlichte Grundstruktur, ein Gerüst fest. Eine zu verändernde Einheit (nennen wir es der Einfachheit halber gleich System), sei es ein Unternehmen, ein Team, ein einzelner Mensch, bewegt sich ausgehend von einem Zustand A, dem vorhandenen Status quo, über einen Veränderungsprozess in einen Zustand B (siehe Abbildung 9).

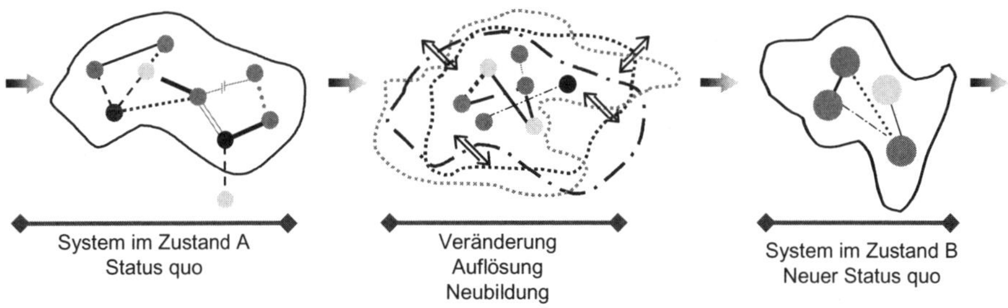

Abbildung 9: Grundstruktur eines Veränderungsprozesses

Aus dieser Vereinfachung lassen sich die Fragen, die den Theorien und Konzepten zu Grunde liegen, erkennen und ableiten.

Tabelle 2: Welche Frage führt zu welchem Theoriekonzept?

Frage		Theoriekonzept
Wie können wir das System, das sich im Zustand A oder später im Zustand B befindet sowie dessen Funktionsweise erklären und beschreiben?	➡	Systemtheorie
Können wir, und wenn ja, wie können wir ein solches System steuern?	➡	Kybernetik
Wie können wir den Prozess der Veränderung, von Auflösung und Neubildung, das was zwischen dem Zustand A und dem Zustand B passiert beschreiben und was passiert in diesem Zwischenraum?	➡	Chaostheorie
Warum bewegt sich dieses System genau in den Zustand B und nicht in einen anderen, obwohl es doch viele Optionen gäbe?	➡	Selbstorganisationstheorie

1.2.2 Systemtheorie

Sicher ist, dass es die Systemtheorie als solche nicht gibt, nicht mehr gibt oder auch nie gegeben hat. „Nach über vier Jahrzehnten ihrer Entwicklung liegen von *der* Systemtheorie zahlreiche Varianten vor, die unterschiedliche Schwerpunkte setzen und jeweils ganz unterschiedliche Handlungskonsequenzen nahelegen“ (von Schlippe, Schweitzer, 1996). Unterschiedliche, oft recht weit auseinanderliegende Bereiche aus den Natur- und Geisteswissenschaften bedienen sich systemtheoretischer Modelle, sodass der Eindruck einer Metatheorie entsteht. Wir wollen an dieser Stelle ausschließlich die theoretischen Aspekte in den Vordergrund rücken, von denen wir glauben, dass sie für das Verständnis von Veränderungsprozessen wichtig sind. Dieses Verständnis soll Führungskräften und Beratern eine konzeptionelle Sicherheit geben im Labyrinth der Veränderungswirren.

Systemtheoretische Ideen geben uns Antworten auf die Fragen, wie wir Systeme beschreiben und ihre Funktionsweise erklären, wie wir sie möglicherweise steuern und den Austausch von Materie, Energie und Information bewerten und nutzen können.

Das System und seine Bestandteile

Die universellste Definition eines Systems ist die aus Elementen zusammengesetzte Ganzheit – von griech. Systema gleich Zusammengesetztes. Zur Beschreibung eines solchen Systems treffen wir Aussagen über die Elemente und Teile sowie deren Merkmale, aus denen sich das System zusammensetzt. Diese *Systemelemente* stehen in Beziehung zueinander, sie führen *Transaktionen* aus, d. h. der Austausch zwischen den Elementen beeinflusst andere Bestandteile, sie sind untereinander interdependent verknüpft. Zwischen den Elementen besteht also eine wechselseitige Abhängigkeit dergestalt, dass sich eine Veränderung innerhalb des Systems durch ein Element auf alle Systemelemente auswirkt.

Des Weiteren bilden die Systemelemente eine *Grenze*, die sie von der Umgebung, der Umwelt unterscheidet, mit der sie gleichzeitig in Austausch treten. Ein System bezeichnet somit „einen ganzheitlichen Zusammenhang von Teilen, deren Beziehungen untereinander quantitativ intensiver und qualitativ produktiver sind als ihre Beziehungen zu anderen Elementen. Diese Unterschiedlichkeit der Beziehungen konstituiert eine Systemgrenze, die System und Umwelt des Systems trennt" (Willke, 1993). Somit sind Systeme voneinander zu unterscheiden.

Der Prozess der Unterscheidung zählt als wichtiger Bestandteil der Systemtheorie. Erst die Unterscheidung macht es möglich, ein System von einem anderen abzugrenzen. Eine erfolgreiche Organisationseinheit wird als solche erst dann erkannt, wenn eine Unterscheidung „nicht erfolgreich" oder „weniger erfolgreich" zu Grunde gelegt werden kann. Dadurch, dass zwischen Systemelementen und außerhalb des Systems liegenden Elementen unterschieden wird, gibt es eine Grenze, die das System von seiner *Umwelt* trennt.

In sozialen Systemen entstehen die Grenzen durch die Elemente selbst. Sie entscheiden, wer zum System dazu gehört und wer nicht und was dieses System ausmacht, welche Sinnhaftigkeit dahinter steckt. Hier wird eine wesentliche Unterscheidung deutlich zwischen *lebenden und nicht lebenden Systemen*. Lebende Systeme zeichnen sich durch eine hohe *Eigendynamik* und Unberechenbarkeit aus, sie verändern sich ständig aus sich selbst heraus, was genauere Analysen und die äußere Beeinflussbarkeit erschwert. Heinz von Foerster (1988) unterscheidet in diesem Zusammenhang zwischen *„trivialen"* und *„nicht trivialen Maschinen"*. Triviale Maschinen, wie etwa ein Lichtschalter, sind vollständig durchschaubar und berechenbar, zumindest für den Elektriker. Nichttriviale, lebende, dynamische Systeme besitzen ein unerschöpfliches Reservoir an Verhaltensoptionen. Durch dieses immense Potenzial entsteht eine hochgradige *Komplexität*, die uns fragen lässt, wie in größeren Systemen überhaupt Ordnung entstehen kann. Wie in einem Paradoxon benutzt das System diese Komplexität, um dieselbe so zu reduzieren, dass alltägliche Abläufe funktionieren können. Lebende, dynamische Systeme sind vielfältig und undurchschaubar in ihrem Verhaltensrepertoire. Aber trotz dieser Komplexität entwickeln Systeme Muster und Regeln, die sie durchschaubar machen.

Hierzu finden wir weitere Antworten und Ideen in der Theorie von Chaos und Ordnung und in der Selbstorganisationstheorie.

1.2.3 Kybernetik

Die Kybernetik als Lehre von der Steuerung technischer Systeme soll die Frage beantworten, ob wir, und wenn ja, wie wir komplexe Systeme steuern können.

Kybernetik 1. Ordnung

Die Kybernetik 1. Ordnung suggeriert uns, wir könnten als außenstehende Beobachter Systeme mit den oben beschriebenen Systembestandteilen beschreiben und anschließend in die transaktionalen Prozesse regulierend und steuernd intervenieren. *Grenzen, Regeln, Subsysteme und Konflikte* würden vermeintlich anhand des Verhaltens erkannt und direkt verändert.

Kybernetik 2. Ordnung

In der Kybernetik 2. Ordnung werden wir als Beobachter selbst Teil der Beobachtung. „Es geht um die Fragen, wie menschliche Erkenntnis kybernetisch organisiert ist. Es wird bezweifelt, dass es objektiv von außen erkennbare Systeme gibt. Vielmehr muss der Beobachter und seine Erkenntnismöglichkeiten als Teil des Kontextes, den er beobachtet, mitkonzeptualisiert werden“ (von Schlippe, Schweitzer, 1996). Das bedeutet, dass wir Abschied nehmen von der Idee, ein komplexes System steuern zu können, ja noch mehr: Es gibt nichts zu steuern. Die Kybernetik 2. Ordnung findet in den Konzepten der Autopoiese und der Selbstreferenz ihre Entsprechung.

1.2.4 Chaos und Struktur, Selbstorganisation

In der Kybernetik 1. Ordnung gehen wir noch davon aus, dass ein System immer bestrebt ist, einen Gleichgewichtszustand zu erreichen und diesen zu erhalten. „Dieses Homöostasekonzept setzt einen Sollzustand, einen Idealzustand voraus, an dem gemessen der Ist-Zustand bestenfalls identisch ist, im Regelfall aber eine Minusvariante ist“ (von Schlippe, Schweitzer, 1996). Dieses Soll müsste dann von außen korrigiert und erneut in ein Gleichgewicht überführt werden. Gerade bei lebenden Systemen erleben wir immer wieder die „spontane“ Ausbildung von Ordnung. Die Frage nach der Entstehung von neuer Ordnung, von Auflösung und Neubildung führt uns hin zu den Fragen von Chaos und Struktur.

Der Zusammenhang

Die Theorie der Selbstorganisation wurde zunächst in der Physik mathematisch begründet und als Teil der Synergetik, als allgemeine Systemtheorie und interdisziplinäres Forschungsprogramm verstanden. Sie untersucht besonders die Übergänge zwischen verschiedenen Ordnungszuständen und zwischen Ordnungs- und Chaoszuständen. Dabei durchlaufen viele untersuchte naturwissenschaftliche und soziale Systeme beim Phasenübergang ein Stadium von Chaos. Die Chaostheorie untersucht die Entstehung und die Bedingungen von Chaos.

Die Einbindung

Kehren wir zu unserem Veränderungsprozess zurück (siehe Abbildung 9). Hier geht es nun darum, wie wir von einem Status quo zu einem neuen Status quo gelangen. Voraussetzung für die Anwendung der Selbstorganisationstheorie ist, dass es sich um offene Systeme handelt, deren Grenzen den Austausch von Materie/Energie und/oder Information erlauben. Dadurch kann das System angeregt werden, seinen augenblicklichen Zustand zu verlassen. Vereinfacht dargestellt beschreibt die Theorie der Selbstorganisation Veränderungsprozesse so: Das Verlassen des Status quo erlaubt dem System, neue Attraktoren zu suchen. *Attraktoren* sind stabile, periodische Dynamiken, auf die ein System hinsteuert (vgl. Kriz, 1992). Zum besseren Verständnis stellen Sie sich die Wirkung von Attraktoren wie Eisenspäne auf einer Platte vor, die durch einen darunterliegenden Magneten (Attraktor) in bestimmter Weise geordnet werden.

Kann das System angeregt werden, seinen bisherigen Attraktor aufzugeben, durchläuft es vorübergehend eine Phase der Instabilität, es erlebt einen Phasenübergang. Dieser Phasenübergang ist durch Kreativität und Chaos gekennzeichnet, was dem System erlaubt, einen neuen Attraktor auszubilden und in einen neuen Ordnungszustand einzutreten. Der neue Ordnungszustand unterscheidet sich vom alten durch deutlich veränderte, beobachtbare Transaktionsmuster, die damit Hinweis auf die durchgemachte Veränderung geben. Die Neuorganisation braucht als Voraussetzung die Phase der Instabilität, in der kurzfristig Chaos herrscht. Ohne eine Phase von Verunsicherung würden sich in Systemen keine neuen Muster entwickeln. Besonderes Kennzeichen der so verlaufenden Veränderungsprozesse ist, dass die Veränderung in Sprüngen mit vorher nicht bekannten und oft nicht vorhersehbaren Ergebnissen verläuft.

Ohne Chaos kann es also keine wirkliche Veränderung geben. Gleichwohl assoziieren die meisten Menschen chaotische Situationen mit Kontrollverlust. Somit stellt sich uns die Frage, wie man unter diesen Umständen Phasen des Chaos konstruktiv umdeuten und das Chaos managen kann.

Ergebnisse der Chaosforschung

Schauen wir uns den Zusammenhang von Chaos und Ordnung unter Rückgriff auf die Ergebnisse der Chaosforschung genauer an. Die Chaostheorie hat die Naturwissenschaften mit der überraschenden Tatsache konfrontiert, dass viele Phänomene trotz der Möglichkeit einer strengen und umfassenden deterministischen Modellierung prinzipiell nicht langfristig prognostizierbar sind. Die Chaosforschung hat zwei große Forschungsrichtungen, die eine untersucht den Zusammenhang zwischen Chaos und Ordnung, die andere erforscht die Übergänge zwischen zwei verschiedenen Ordnungszuständen bzw. zwischen Ordnung und Chaos.

Wie hängen Chaos und Ordnung zusammen?

Sehr ungeordnet erscheinende Abläufe, Vorgänge oder Strukturen erweisen sich nur solange als chaotisch, bis man sie näher analysiert. Dann stellt sich heraus, dass sie eine komplexe Ordnung besitzen. Auf immer mehr Untersuchungsgebieten wurden sehr empfindliche Ordnungen entdeckt, die durch komplexe Schleifen und Feedback entstehen (z. B. das Wetter und das Nervensystem). Man bezeichnet dieses Phänomen als deterministisches Chaos: Chaos mit gesetzmäßig entstehenden Bereichen von Ordnung und Struktur. In diesem Sinne bezeichnen wir soziale Systeme als deterministisch-chaotisch. Es erscheint paradox, dass Chaos deterministisch ist, erzeugt nach festen Regeln.

Demgegenüber überraschten Beobachtungen, dass bestimmte Abläufe, von denen man wohlgeordnetes Verhalten erwartet hätte, unter bestimmten Voraussetzungen ein völlig chaotisch erscheinendes Verhalten aufweisen (z. B. der Herzschlag und das Pendel). Dabei zeigt sich, dass der Verlust von chaotischen Beschaffenheiten nicht Gesundheit, sondern den Beginn einer Erkrankung oder den Tod des Organismus bedeutet. Gerade bei komplexen Themen, und Unternehmensorganisation zählt hier sicherlich dazu, fordert die Theorie der Chaosforschung uns auf, bei zunächst chaotisch erscheinenden Verläufen nach Ordnungen zu suchen und bei geordnetem Verhalten Unregelmäßigkeiten, Ausnahmen und Regelveränderungen zu erkennen.

Mit diesen unabdingbaren Voraussetzungen zur Erkennung und Beschreibung von Verknüpfungen, von Beziehungen, Interessen, Einflüssen etc., bietet die Chaostheorie ein besseres Verständnis dafür, was in komplexen Systemen geschieht, sich ereignen kann und wie wir es anregen können.

Wie verläuft der Übergang zwischen Chaos und Ordnung? Die Chaostheorie lehrt uns, wie Ordnungen wieder in komplexe dynamische Systeme zerbrechen und ins Chaos fallen. Sie zeigt außerdem, wie Ordnungen einem deterministischen Chaos unterliegen und von Randbedingungen abhängig sind. Mögen diese sensitiven Abhängigkeiten noch so gering oder entfernt sein, können sie ein System völlig aus der bestehenden Ordnung bringen. Chaos bedeutet damit immer Unvorhersagbarkeiten. Chaotische, nicht lineare Systeme sind nicht berechenbar, da sie äußerst sensibel gegenüber den Anfangsbedingungen reagieren. So kann, im Extremfall, der Flügelschlag eines Schmetterlings in China über der Karibik einen Hurrikan auslösen.

In Unternehmen vollziehen sich ständig Veränderungsprozesse, sowohl in Richtung Chaos als auch in Richtung Ordnung. So sind wir gezwungen, Ordnungen und Chaos nicht statisch zu verstehen, sondern als Zustände, die vom einen Zustand in den anderen wechseln, mal langsamer, mal schneller. Zunächst unbedeutende, kleine Einflüsse können riesige Veränderungen nach sich ziehen und bestehende Ordnungen in den Zustand von Chaos bringen.

Unter welchen Voraussetzungen durchläuft geordnetes Verhalten die Phase von ungeordnetem Verhalten? Chaotische Phasen sind nicht selbständig, auch wenn sie instabil sind, sie werden von Attraktoren beherrscht. Systeme werden sowohl von ihrem Anfangszustand bestimmt als auch von chaotischen Attraktoren. Dieses Verhalten wird, wie bereits oben erwähnt, als deterministisches Chaos bezeichnet. Befindet sich ein System im chaotischen Prozess, durchläuft es einen, vielleicht auch mehrere chaotische Attraktoren bis es aus einer Vielzahl von möglichen Entwicklungsrichtungen den endgültigen neuen Attraktor, den „neuen Status quo", gefunden hat.

H. Haken (1987) spricht in seiner Theorie der Synergetik auch von *Ordnern*. Die optionalen neuen Muster oder auch Strömungen sind im Bewusstsein durch schon gemachte Erfahrungen bereits vorhanden. Die Systemelemente stellen diese Strömungen also selbstorganisiert her, wobei manche Strömungen stärker sind als andere und damit eine Ordner-Qualität haben. Die „Ordner versklaven" andere Strömungen oder ziehen andere in ihre Richtung, was bedeutet, dass sich am Ende eine Ordnung durchsetzt. Durch fortlaufende Zustände, beginnend mit einem Anfangszustand, entwickelt sich also ein spezielles Muster.

Das Konzept der Attraktoren findet sowohl in der Selbstorganisations- als auch in der Chaostheorie seine Anwendung. Es ist hilfreich für die Beschreibung eines „dynamischen Status quo" einer Organisation und Grundlage für die Anwendung unseres Veränderungskonzeptes: Wenn wir diese Zusammenhänge verstehen, dann wird Veränderungsmanagement durchschaubar und kontrollierbar. Im Gegensatz zur starren Strukturerhaltung, die sich gegen Veränderung stemmt und damit mehr Konfusion erzeugt als sie kontrollieren kann. Die Steuerung erfolgt über Ordner – eine wesentliche Aufgabe des Managements in Veränderungsprozessen.

Dieses Wissen ermöglicht eine neue Sicht auf den Veränderungsprozess und das Management von Veränderung. Ein System zeigt Hin- und Her-Bewegungen während eines Veränderungsprozesses: Turbulenzen. Sie sind dann normales Geschehen, bis ein neues Muster ausgebildet wird und nicht zum Beispiel die Unfähigkeit der Mitarbeiter, sich klar, eindeutig und konsequent zu verhalten. Es sind die Schwingungen im Ausprobieren und Verändern der Muster. Damit dient dieses Wissen dem Eintritt in Freiräume, wo sonst die Angst vor Kontrollverlust Entwicklungen stört. Es lehrt auch, wie gerade statische Zustände, mit viel Kontrolle und Starrheit, Illusionen sind und ebenso zu Chaos führen, und wie chaotische, unerwartete und unvorhersagbare Zustände eine Ordnung gestalten.

Chaos und Ordnung als Einheit

In der Ordnung findet sich Chaos, ebenso wie dem Chaos eine gewisse Ordnung innewohnt. Chaos und Ordnung sind in dieser Hinsicht eins, sie gehören zusammen. Auf Grund der fortlaufenden Veränderung in Systemen sprechen wir bei Chaos und Ordnung von Zuständen. „Die Welt ist nicht, sie geschieht" (Cramer, Kaempfer, 1992).

Damit ist „Ordnung" lediglich die Struktur von dynamischen Prozessen. Noch viel zu oft begleitet unser Handeln die Idee, dass die Welt, während ich handle, stehen bleibt. Das Gegenteil ist der Fall, dadurch, dass ich handle, gestaltet sich die Welt, wie die Lehre der Synergetik zeigt. Manager müssen heutzutage das Transaktionsfeld ihres Ökosystems beobachten, um es schnell und wirkungsvoll mitgestalten zu können.

1.2.5 Kognitive Selbstorganisation

Früher war man der Meinung, dass sich bei der Wahrnehmung der Welt in unserem Gehirn das Bild der Welt abbildet. Heute weiß man, dass die Sinneseindrücke für unser Gehirn lediglich Reize darstellen, die dann die gehirneigene Aktivität modifizieren. Nach unseren Erkenntnissen gestaltet sich der Wahrnehmungs- und Erkennungsprozess besonders als Mustererkennungs- und Musterbildungsprozess.

Mann vs. Mädchen mit Spiegel
(nach Fisher, 1982)

Hase vs. Ente
(nach Jastrow, 1981)

Abbildung 10: Kognitive Selbstorganisation

Abbildung 10 zeigt zwei der bekannten Kippbilder „Mann vs. Mädchen mit Spiegel" und „Hase vs. Ente", die wir leicht als Mann oder Mädchen mit Spiegel oder Hase oder Ente erkennen können. Die Wahrscheinlichkeit beträgt bei beiden Bildern 50 %, dass wir die eine oder andere Struktur sinngebend als z. B. Hase oder Ente erkennen können.

Die Wahrscheinlichkeit wird durch die Abbildung 11 als Vektordarstellung verdeutlicht. Die beiden symmetrischen Kurven mit den schwarzen Punkten am tiefsten Punkt repräsentieren das „Einpendeln" unserer Wahrnehmung auf die beiden Strukturen, die wir als Hase und Ente bezeichnen. Würde man von uns verlangen, „irgend etwas anderes" darin zu erkennen, würde uns dies schwer fallen. Unser Gehirn hat verschiedene Strukturen und Muster gewissermaßen abgespeichert und greift auf die mit dem höchsten Wiedererkennungswert zurück. Der Begriff „Wahrnehmung" ist hier in Anführungsstriche gesetzt, da der sogenannte Wahrnehmungsprozess in Wirklichkeit ein Mustererkennungs- und Musterkonstruktionsprozess ist.

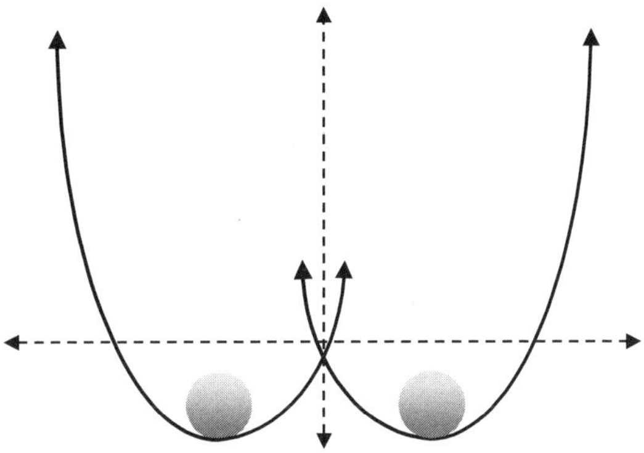

Abbildung 11: Die Wahrscheinlichkeit der Wahrnehmung

Das Gleiche ergibt sich, wenn wir einen Menschen auf der Straße treffen: Wir kombinieren sogleich verschiedene hervorstechende Merkmale und verbinden diese zu einem Gesamteindruck. So kann man Menschen nur einen Ausschnitt aus einem Gesicht zeigen, und das Gehirn ergänzt die fehlenden Anteile. Wird dann dieses Bild noch mit erinnerten Bildern von ähnlichen Personen verknüpft, kommt es zugleich auch zu Bewertungen wie z. B. „Freund/Feind“ oder „gut/böse“, obwohl theoretisch auch jede andere Verknüpfung möglich wäre. Diese Wahrnehmung läuft auf den Schienen vorgebahnter Mustererkennung und Sinnbildung, und es ist sehr schwer, etwas anderes zu erkennen, als das, was wir zu erkennen gewohnt sind.

So werden komplexe Ereignisse und Transaktionen auf einfache und leicht erkennbare Regelhaftigkeiten reduziert und dadurch die Umgebung und ihre Menschen vorhersagbar gemacht. Daraus erklärt sich, warum Transaktionen häufig in immer demselben Fahrwasser ablaufen und wir letztendlich immer das bekommen, was wir als die eingefahrenen Muster unseres Alltags- und Beziehungslebens kennen. Wir erleben im zwischenmenschlichen Bereich eine Redundanz in der Strukturbildung und -erkennung, die Grundlage sowohl für die Vertrautheit und Vorhersagbarkeit als auch für die Festigkeit der Verhaltensmuster ist und die dadurch auch nur schwer Veränderungen ermöglicht (Kruse, 1992).

Zum Abschluss dieses konzeptuellen Teils zeigt Abbildung 12 einen Gesamtüberblick über die erläuterten Theorien und wie sie miteinander in Zusammenhang gebracht werden können.

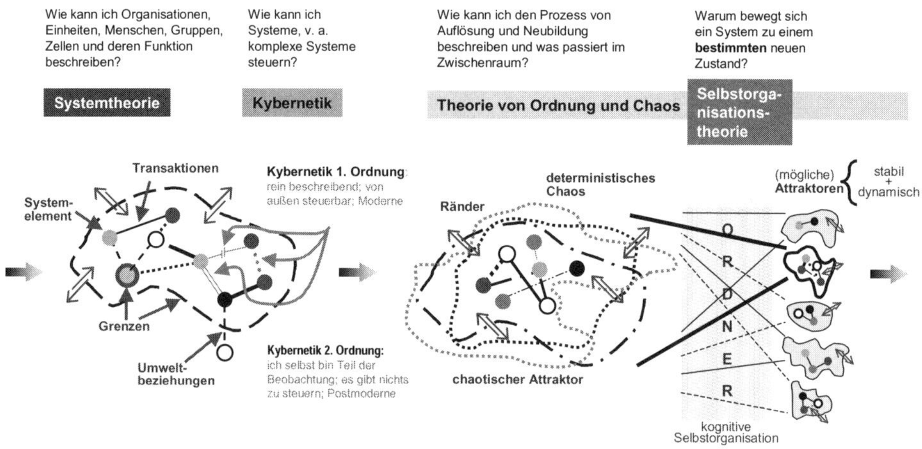

Abbildung 12: Theoriekonzepte – Gesamtübersicht

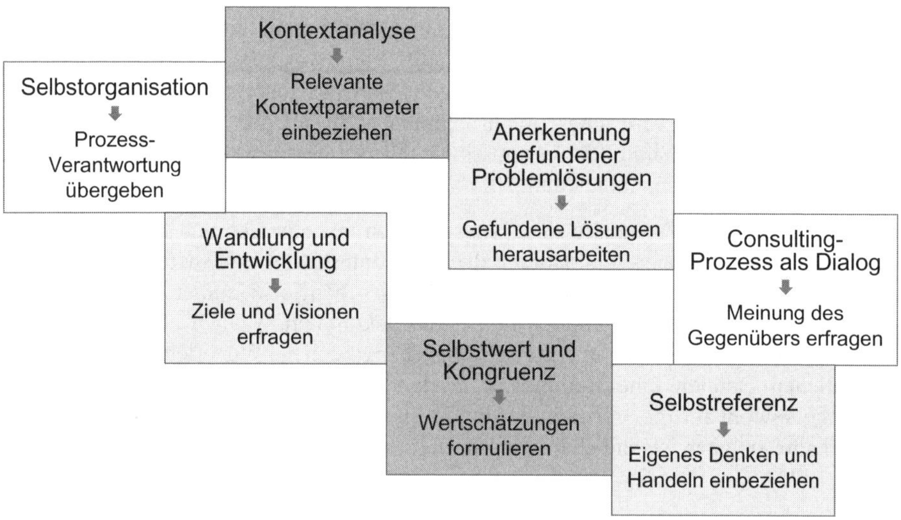

Abbildung 13: Sieben Grundelemente systemischer Beratung

1.3 Die sieben Grundelemente systemischer Beratung

Bei den sieben Grundelementen systemischer Beratung (siehe Abbildung 13) handelt es sich um zentrale Aufgaben und Haltungen des Beraters im Beratungsprozess. Die einzelnen Elemente stehen gleichberechtigt nebeneinander und ergänzen sich gegenseitig. In der Abbildung sind in den Rechtecken die sieben Grundelemente auf der Grundlage einer systemischen Vorgehensweise aufgeführt sowie unterhalb des Pfeils konkrete Vorgehensweisen, die für den Beratungsprozess hilfreich sind.

1.3.1 Kontextanalyse

Zu Beginn eines Veränderungsprozesses ist ein entscheidender Schritt, das Feld aller Transaktionen im System zu beschreiben (siehe auch Abschnitt 1.5.1 Fragen zur Kontextanalyse). Man kann sich dieses Transaktionsfeld als „Landschaft“ vorstellen, der man sich nähert, um sie zu entdecken und zu differenzieren. Im Gespräch mit Auftraggebern und anderen Beteiligten (z. B. Mitarbeitern) wird versucht, folgende Fragebereiche zu erhellen:

- Welche Bedingungen, Strukturen und Personen organisieren und beeinflussen das System?
- Welche harten und weichen Daten sind nötig, um das Umfeld angemessen beschreiben zu können?
- Welche subjektiven Deutungen, Strategien, Regeln und Verhaltensweisen dienen der Entwicklung, Erhaltung und Auflösung von Strukturen?

Veränderungsprozesse finden statt in einem Feld mit vielen Faktoren, Menschen und Bedeutungszusammenhängen, die untereinander rückbezüglich vernetzt sind. Jedes Geschehen hat Auswirkungen auf alle Beteiligten und Bedingungen.

Relevante Kontextparameter einbeziehen

Bei allen Themen und Fragestellungen sind immer mehrere Personen und Elemente des Lebens der betroffenen Menschen und des Unternehmens beteiligt. Das heißt, ein Ereignis ist niemals nur von einer Person oder einem Ereignis abhängig. Viele Personen und Elemente bedingen sich gegenseitig, und viele Ereignisse sind untereinander vernetzt. Wenn der Berater sich daher nur auf eine Person, eine Beziehung, ein Ereignis bezieht, greift er zu kurz und reduziert seine Wirksamkeit. Er sollte daher immer noch weitere Einflussgrößen aus dem Umfeld mit einbeziehen.

Beispiele:
Wer war bei diesem Ereignis noch anwesend? Was sagen diese Personen darüber? Wer kann das noch beurteilen? Wer könnte Sie noch unterstützen? Was könnte einem Erfolg des Projektes noch entgegenstehen? Welche Personen müssen noch gewonnen werden? Was sagt Ihr Chef dazu, weiß er davon, welche Reaktion würde er erwarten?

1.3.2 Anerkennung bereits gefundener Problemlösungen

Bereits gefundene Problemlösungen anzuerkennen bedeutet, statt nur auf der Problemseite der vorgestellten Thematik herumzureiten, die Lösungen der Vergangenheit zu respektieren und als zu diesem Zeitpunkt mögliche und sinnvolle Strategien anzuerkennen (sofern sie nicht mit grober Fahrlässigkeit oder wider besserem Wissen gewählt wurden). Es ist wenig hilfreich, die Entscheidungen von gestern aus der Sicht von heute zu kritisieren und als falsch zu bezeichnen. Die erfahrenen Konsequenzen haben Informationen geschaffen, die zum damaligen Zeitpunkt nicht vorgelegen haben. Darüber hinaus ist es demotivierend zu hören, was man gestern alles hätte besser machen können. Dagegen dient es der Entwicklung von kreativen Lösungen, alte Strategien auf ihre damalige Nützlichkeit und im Hinblick auf ihre Wirkung für heute und morgen zu prüfen. Das heißt zu lernen! So erfahren auch die in der Vergangenheit beteiligten und handelnden Personen eine Wertschätzung für ihre Leistung und werden nicht hochmütig demontiert. Dies hat auch positive Konsequenzen für die Entscheidungsfreudigkeit und schafft keine Leichen in den Kellern der Beziehungen.

Gefundene Lösungen herausarbeiten

Wenn ein Problem auftritt oder erkannt wird, haben meistens schon verschiedene Menschen daran gearbeitet und sich darum bemüht. Dies wird nicht anerkannt, wenn der Berater sich nur auf die Probleme, die „Löcher“ und die Defizite bezieht. Das Selbstwertgefühl der beteiligten Personen wird erniedrigt, der Stress steigt und die Handlungsoptionen reduzieren sich. Außerdem liegen in der Regel bereits gute Lösungsansätze vor, die bei einer Defizit-Orientierung oft verloren gehen. Es ist daher hilfreich, wenn der Berater sich in jedem Gespräch darum kümmert, was bereits in Richtung Lösung unternommen wurde und welche Ergebnisse dabei erzielt wurden.

Beispiele:
Was haben Sie bereits unternommen? Mit welchem Ergebnis? Was haben Sie außerdem noch versucht? Wie ist das Problem denn früher angegangen worden? Wissen Sie, wie man in anderen Abteilungen damit umgeht? Wenn Sie freie Hand hätten, was würden Sie dann tun?

1.3.3 Veränderungsprozess als Dialog

In der Veränderung sind alle Beteiligten gemeinsam Suchende, die ihr Bestes geben. Fragen und Antworten sind sich gegenseitig befruchtende Elemente, hingegen sind Interpretationen, Bewertungen und Behauptungen hier weniger hilfreich. Das Tun des einen stimuliert das Tun des anderen. Alle verschaffen sich einen Freiraum und bringen sich in eine Haltung, in der Kreativität und Flexibilität möglich sind. Blockierungen werden als Teil des Prozesses verstanden und als Information statt als Schuld, Widerstand und Versagen gewertet. Ergebnis und Wirkung sind vom Prozess nicht zu trennen und die Autorenschaft gebührt allen.

In Lernprozessen lernt nicht nur ein Beteiligter: Lehrer und Lernender schaffen gemeinsam eine Lernbasis. Das Tun des einen bestimmt das Tun des anderen. Somit bilden auch Berater und Kunde eine Lerngemeinschaft. Beide bringen ihre Ideen ein, besprechen Prozessverlauf und Ergebnis und verantworten den Prozessverlauf und das Ergebnis gemeinsam. Wo Mitarbeiter unselbständig arbeiten, nur Anweisungen befolgen, keine Entscheidungsfreiheit und keine Verantwortung für den Prozessverlauf haben und Vorgesetzte kontrollieren, haben wir Abhängigkeiten und keinen Dialog.

Meinung des Gegenübers erfragen

Dies ist die Grundtechnik jeder Beratung. Um den Mitarbeiter, den Kunden oder wen auch immer in seiner Meinung, seiner Aktivität und seiner Kreativität einzubeziehen, muss man immer wieder nachfragen. In der Regel haben wir als Berater eine klare Meinung davon, was ein gutes und richtiges Vorgehen wäre – dies muss bis zum Ende des Gespräches zurückgehalten werden. Seine eigene Meinung zu äußern, vorzuschlagen oder sogar zu verordnen, ist ein Kunstfehler und verstärkt Abhängigkeiten, Dienst nach Vorschrift und Beamtenmentalität an Stelle von Unternehmertum.

Beispiele:
Was denken Sie darüber? Was würden Sie denn tun? Was würden Sie für hilfreich erachten? Wie können Sie denn die Ideen der anderen noch erfahren?

1.3.4 Selbstreferenz

Statt der eigenen Omnipotenz „alles ist möglich" oder dem negativen Selbstwert „das kann ja nichts werden" zu huldigen, ist es erfolgsversprechender, die Rückbezüglichkeit von Transaktionsprozessen einzubeziehen. Das bedeutet, dass jeder Beobachter nur sieht, was sein Beobachtungsstandpunkt ermöglicht und was er in der Beobachtung sucht. Manchmal entscheidet die psychische Tagesverfassung, ob Erfolg oder Misserfolg gesucht und gefunden wird. Haben wir ein Hoch, werden alle positiven Erfahrungen der Vergangenheit addiert und verknüpft. Man sieht keine Hindernisse und das Leben ist eine einzige Erfolgsbilanz. Oder aber ein Misserfolg verbindet uns gedanklich mit weiteren Misserfolgen unseres Lebens, wir sehen schwarz und keine Hoffnung. Es gibt keine Beobachtung ohne den Beobachter.

Eine Betrachtung unter Aspekten der Selbstreferenz bedeutet somit, dass der Berater sich im Kontakt mit dem Partner gewissermaßen selbst beobachtet und somit die Auswirkungen seines Denkens über den Partner und die Auswirkungen seiner Handlungen mit einbezieht.

Dies sieht man auch daran, dass Eigenschaften und Etiketten, Personen, Teams oder Unternehmen zugeschrieben werden, ohne zu analysieren, worauf diese in der Beobachtung begründet sind. Sie sind mehr Projektionen als Tatsachen. Wenn diese Erkenntnis nicht beachtet wird, werden subjektive Einschätzungen wie Wahrheiten gehandelt und verfestigen sich mehr und mehr, bis vergessen ist, wo und wie sie entstanden sind.

Menschen sind in der Lage, über ihre Kommunikation zu sprechen und sich über ihre Beziehungen auszutauschen. Das nennen wir Metakommunikation. Das setzt voraus, dass man sich selbst in der Beziehungsgestaltung sieht und zu sich selbst in Distanz tritt, auch Selbstreferenz (Rückbezüglichkeit) genannt. Berater sind nicht unfehlbar und deshalb ist es wichtig, sich rückbezüglich im Geschehen einzubeziehen. Gerne vergeben wir Eigenschaften und Etiketten an andere, ohne zu analysieren, inwieweit eine Zuschreibung in uns selbst begründet ist. Kunde und Berater sitzen im gleichen Boot und sind gemeinsam Handelnde. So kommt z. B. Person A in einer ersten Betrachtung zu der Ansicht, dass sich B ihm gegenüber unhöflich und kränkend verhalten hat. Lassen wir das Geschehen wie in einem Film unter Einbeziehung der Selbstreferenz vor unserem geistigen Auge ablaufen: A könnte erkennen, dass er sich selbst B gegenüber bereits kränkend verhalten hat (Ebene der Handlung) oder aber an diesem Tag labil oder schlecht gelaunt war und deshalb einen „offenen Kanal“ für eine entsprechende Bewertung hatte. Um derartigen Bewertungen zu „entgehen“, üben wir uns darin, Verhalten zu beschreiben statt es zu etikettieren!

Eigenes Denken und Handeln einbeziehen

Ein Sprichwort sagt: „Wie man in den Wald hineinruft, so schallt es heraus.“ Tatsächlich ist unser Einfluss auf das Geschehen außerhalb von uns noch sehr viel größer: Nicht nur mit unserem Handeln (wenn ich jemanden sehr aggressiv anspreche, ist die Wahrscheinlichkeit groß, dass er sich entweder verteidigt oder auch angreift), sondern auch mit unserem Denken beeinflussen wir das Denken, Fühlen und Handeln unserer Mitmenschen. Das ist keine Frage von Gedankenlesen oder Telepathie, sondern von normalen Alltagsphänomenen. Mein eigenes Denken bestimmt meinen Gesichtsausdruck, meine Körperhaltung, meine Stimmlage und nicht zuletzt die Wahl meiner Worte. All dies beeinflusst meinen Gegenüber in der Wahl seiner Reaktionsweisen. Wenn der Berater also in einem Gespräch nicht weiterkommt, sich festgefahren fühlt, beim Kunden nur Unverständnis und dergleichen sieht, dann muss er auch sich selbst hinterfragen. Hier liegt oft ein wichtiger Hinweis darauf, wie er selber an diesem Gesprächsergebnis mitgewirkt hat. Jedes Geschehen zwischen Menschen ist Co-Kreation!

Beispiele:
Wie empfinde ich diesem Menschen gegenüber? Was denke ich über ihn? Wie wird er mein Vorgehen empfunden haben? Wie wird mein Vorgehen auf ihn wirken? Wie ist meine Stimmung heute morgen? Wie könnte das auf ihn wirken? Wie mag wohl mein Gesichtsausdruck sein, wie meine Sprache, wie meine Körperhaltung? Und wie könnte

das auf ihn wirken? Wie ist die Gestaltung des Raumes? Wie sitzen wir zueinander? Welche Wirkung könnte das haben?

1.3.5 Wandlung und Entwicklung

Der Berater fühlt sich Wandlung und Entwicklung zugehörig und verpflichtet. Dies gilt für die weitere Entwicklung des Projektes, des Partners, der gemeinsamen Arbeitsbeziehung und für die Entwicklung des Beraters selbst. So sind Schwierigkeiten im Beratungsprozess normale Verlaufsformen und werden nicht einseitig zugeschrieben, sondern als Ansporn zu alternativen Sichtweisen, Ideen und Lösungen betrachtet. Genauso werden Entwicklungen und Veränderungen im Transaktionsfeld in die Betrachtung mit einbezogen. Es ist viel zu eng gegriffen, Veränderungen nur in der Interaktion zwischen Berater und Partner beschreiben zu wollen. Unerwartete und nicht zu berechnende Ereignisse wie zum Beispiel der kleine Autounfall auf dem Weg zur Arbeit, das Gespräch mit Kollegen, der Film am Vorabend, drohende Arbeitslosigkeit durch Nichtverlängerung eines Vertrages, gefährliche Situationen im Gastland oder das Lächeln einer attraktiven Person in der Kantine können manchmal große Wirkungen in Richtung Veränderung erzielen.

Ziele und Visionen erfragen

Wandlung und Entwicklung brauchen Ziele und Visionen. Bei einem lösungs- und zielorientierten Vorgehen ist es im Beratungsprozess unerlässlich, den Kunden nach seinen eigenen Zielen zu fragen. Dabei geht es um übergeordnete Ziele ebenso wie um die Ziele einer Beratungssitzung oder einer Maßnahme. Deswegen müssen zu ergreifende Handlungen und Maßnahmen auf Ziele, die dem Unternehmen von Nutzen sind, abgestimmt sein! Oftmals sind aber die Ziele unklar oder passen nicht auf die derzeitige Realität im Unternehmen oder aber abgeleitete Maßnahmen sind wiederum nicht auf die Ziele abgestimmt. Manchmal gehen im Gespräch die Ziele verloren, und man wundert sich, wohin die Unterhaltung abgedriftet ist. Dies ist leicht zu verhindern, indem der Berater in jedem Gespräch die Ziele nochmals explizit formulieren lässt.

Es ist oft hilfreich, auch Langzeitziele und Visionen anzusprechen. Aus Visionen schöpfen Menschen die meiste Kraft, und wenn Ziele und Visionen untereinander übereinstimmen bzw. kompatibel sind, ergibt sich die höchste Leistungsfähigkeit.

Beispiele:
Was wollen Sie damit erreichen? Können Sie gerade noch einmal die Ziele dieses Projektes definieren? Wo soll es denn hingehen? Was sind Ihre Ambitionen? Haben Sie sich schon einmal Gedanken darüber gemacht, wo Sie in fünf Jahren stehen wollen? Haben Sie Visionen für Ihre weitere Entwicklung und Karriere?

1.3.6 Selbstwert und Kongruenz

Eine anerkennende und wertschätzende Haltung sich selbst und anderen gegenüber einzunehmen ist wichtig und gar nicht so schwer. Immer noch werden in unseren Breitengraden das Ansprechen von Problemen und Defiziten als Tugenden betrachtet und Selbstwertschätzung mit Arroganz und Eitelkeit gleichgesetzt. „Eigenlob stinkt!" sagt der Volksmund. Warum eigentlich? Statt unsere Fähigkeiten und Kenntnisse herauszustellen und uns für gute Ergebnisse auf die Schulter zu klopfen, werden Fehler und Versäumnisse gewissenhaft gesucht und addiert. Diese Defizitorientierung führt zu einem verminderten Selbstwertgefühl, das wiederum eine verminderte Handlungskompetenz, eingeschränkte Flexibilität und geringere Kreativität zur Folge hat. Umgekehrt stärkt ein positives Selbstwertgefühl die Handlungs- und Begegnungsbereitschaft, den Mut zum Risiko, zum Gehen neuer Wege und führt so zu einer erhöhten Problemlösungskompetenz. Deshalb ist es im Prozess der Beratung unerlässlich, herauszustellen, was gut gelaufen und gelungen ist und welche positiven Teile aus einem Problem zu gewinnen sind.

Wertschätzungen formulieren

Menschen lernen besser und sind stärker motiviert, wenn sie für ihre Tätigkeiten und ihre Bemühungen Wertschätzungen erfahren. So ist es auch in Unternehmen. Daher sollte es sich jeder Berater zur Pflicht machen, seine Kunden für deren Leistungen zu loben und sie anzusporen, sich auch gegenseitig stärker wertzuschätzen. Aber nicht nur für Leistungen: Auch eine neue Krawatte, eine neue Frisur, ein neues Kleid sind Anlass genug für eine kleine Anerkennung, die das Klima in den Beziehungen und den Abteilungen deutlich im Sinne einer Kooperationskultur verbessert.

Beispiele:
Mensch, heute sehen Sie gut aus! Prima, wie Sie das gelöst haben! Fand ich großartig, wie Sie uns bei dem Projekt geholfen haben! Hier sollte allerdings nicht unerwähnt bleiben, dass ein antrainiertes Wertschätzen, das nicht vom Herzen kommt, in der Regel als solches erkannt und verachtet wird. Jeder kennt sicher die eine oder andere Führungsperson, die von einem Training kommt und plötzlich mit Lächeln und guten Worten um sich wirft. Die Inhalte der Worte stimmen dabei oft nicht mit der Körpersprache überein. Und Menschen sind für diese Dissonanzen sehr empfindlich und verzeihen das oft nicht, weil sie sich betrogen fühlen.

1.3.7 Selbstorganisation

Statt die zu beratende Organisation oder Person von außen zu instruieren und in direkter Linearität eine Umsetzung der eingegebenen Impulse zu erwarten, was bei Nichterfüllung nur zu Frustrationen bei Beratern und Kunden führt, werden die eingegebenen Impulse in ihrer Wirkung überprüft, berücksichtigt und verarbeitet. Dies wird als Teil der

Selbstorganisation gesehen und verstanden. Häufig werden Erfahrungen als richtig/falsch oder auch angenehm/unangenehm klassifiziert statt zur Erhellung wichtiger Transaktionsmuster der Organisation und der Wirkung des Beraters auf die Organisation genutzt zu werden.

Gerade als unangenehm erlebte Wirkungen und Entwicklungen sind häufig Ausdruck und Zeichen einer gewünschten Instabilitäts- und Übergangsphase, die als Vorstufe und Voraussetzung für eine Neuorganisation angesehen wird. Oft werden kurzfristige Erfolge gesucht und dadurch wertvolle Zwischenstufen des Beratungsprozesses entwertet und verpasst. Der Berater hat die Aufgabe, den Selbstorganisationsprozess in seiner Stabilisierung und Differenzierung zu erkennen und in seiner Veränderung zu begleiten.

Verantwortung für das Vorgehen übergeben

Alle Beratung nützt nichts, wenn wir als Berater alles besser wissen. Wenn die Idee der Selbstorganisation ernst genommen wird, steht der Berater vor der schweren Aufgabe, seine Kunden eigene Erfahrungen machen zu lassen. Denn nur so entsteht Lernen, und nur so entwickelt sich Selbständigkeit. Dies ist möglicherweise die schwerste Aufgabe für einen Berater, denn er sieht vielleicht, wie Dinge schlecht laufen, wie Turbulenzen entstehen oder wie man es besser machen könnte. Nicht eingreifen! Die Kunden müssen ihre Erfahrungen machen; im nächsten Beratungsgespräch werden die Ergebnisse ausgewertet.

1.4 Methodische Grundlagen systemischer Beratung

1.4.1 Einführung

Jeder Mensch kommuniziert aus seiner individuell geprägten Welt, die von Faktoren wie Erfahrungen, Werten, Wissen, Glauben und Sozialisation geformt wird. Diese Welt bleibt anderen oft verborgen. Alles Handeln aber auch jede Frage und jede Antwort entstehen aus dieser inneren Welt. Durch Verbalisieren und Visualisieren wird diese Welt für einen selbst und andere zugänglich. Durch neue Perspektiven entsteht Klarheit, Bewusstwerden und Veränderung. Zahlreiche Frage- und Gesprächstechniken stehen uns dazu zur Verfügung. Für die Praxis systemischer Beratung hat es sich bewährt, die Fragetechniken zu klassifizieren, um so eine bessere Anwendung dieses zentralen Instrumentes zu gewährleisten. Wenn man weiß, was man erzielen möchte und wo man hin will, kann man die geeignete Interviewtechnik auswählen.

Zielsetzung systemischer Beratung ist es, die Entscheidungs- und Handlungsspielräume der Kunden bzw. des Kundensystems zu verbessern und sie zur selbständigen Bewältigung der Herausforderungen zu befähigen. Dies erfordert vom Berater die Handhabung von Instrumenten, die eine Ankopplung an das Kundensystem ermöglichen, neue Informationen generieren und Erkenntnisprozesse beim Kunden induzieren, die seine Handlungsoptionen vermehren und so seine Problemlösekapazität erweitern. Wichtige Instrumente hierfür sind u. a. Kontextanalyse (siehe Abschnitt 1.5.1), Prozessanalyse (siehe Kapitel 4), Hypothesenbildung, Erkennen und Verändern von Transaktionsmustern (siehe Abschnitt 2.2.2) und Gesprächs- und Fragetechniken. Jedes dieser Mittel bedeutet in seiner Anwendung eine Intervention in das vorliegende System. Das Benutzen von Fragetechnik ist im Vergleich eine eher schwache Intervention, während eine Unterlassungsintervention zum Verändern von Transaktionsmustern einen stärkeren Eingriff bedeutet. Dieses Kapitel beschäftigt sich in der Tendenz mit dem Verstehen von Systemen und Transaktionen. Wie Veränderung induziert und gesteuert werden kann, wird in Kapitel 2 ausführlicher behandelt.

1.4.2 Aktivieren durch Fragen

Im Gespräch mit seinen Kunden versucht der Berater, möglichst viel von der Sicht- und Denkweise seiner Kunden zu erfahren. Dies geschieht am Besten durch Fragen und Zuhören. Durch Fragestellungen lernt er die Sicht- und Denkweise seiner Kunden kennen, koppelt sich mit ihnen und lernt „durch ihre Brille“ zu schauen.

Durch geschicktes Fragen wird die Sichtweise der Kunden erweitert, sie lernen, die Dinge anders zu sehen, entwickeln selbst neue Möglichkeiten in Bezug auf Betrachtung, Handlungen und Vorgehen. Über das Initiieren dieses kreativen Prozesses werden neue Möglichkeiten entdeckt. Die Kunden haben das Gefühl, selbst etwas hervorgebracht zu haben; dadurch wird ihr Selbstbewusstsein und somit ihre Handlungskompetenz gestärkt. Ihre Problemlösungskompetenz wird erhöht, sie lernen selbständiger zu denken und zu handeln. Gebrauchen wir ein Bild zur Verdeutlichung: Jeder Mensch besitzt gewissermaßen eine *innere Welt* – das ist die Welt seiner Gedanken, Gefühle, Einschätzungen und Erfahrungen. Alles was er erlebt, läuft durch den Filter dieser inneren Welt.

Durch den Einsatz von Fragetechniken lernt der Berater die innere Welt seiner Kunden kennen und hilft den Kunden, diese innere Welt besser kennen zu lernen, indem er mit ihnen darin spazieren geht. Der Berater hilft, die innere Welt zu erweitern, indem er beim Spaziergang an die Grenzen stößt und diese z. B. durch hypothetische Fragen überwindet. Hierbei liegt die Aufgabe und Rolle des Beraters darin, ein Wegbegleiter und Ermunterer zu sein, nicht jedoch ein Reiseführer. Es würde den hier dargelegten Prinzipien widersprechen, wenn der Berater seine Welt für die richtige und entscheidende erklärt und vom Kunden verlangt, er solle seine innere Welt der des Beraters anpassen.

Die Technik des Fragens dient sowohl dazu, sich mit Partnern zu koppeln, als auch eine Analyse des Geschehens der zu beratenden Organisation und Institution vorzunehmen. Ziel dabei ist es, immer wieder neue Informationen zu generieren (Beratung als ein informationsschaffender Prozess) und so die Handlungsoptionen zu erweitern. Die Art der Fragestellung kann den Denkprozess des Gesprächspartners entscheidend beeinflussen und in Bewegung bringen. Es gibt verschiedene, untereinander verknüpfte Fragetypen in der systemischen Beratung. Es gibt Fragetypen, die auf Beobachtbares zielen, aber auch Fragen, die virtuelle Welten öffnen. Das Wesentliche beim Fragen ist es, sich zu fragen: „Wie schaffe ich es, mit meinen Fragen eine Veränderung bei meinem Gesprächspartner in Gang zu setzen?"

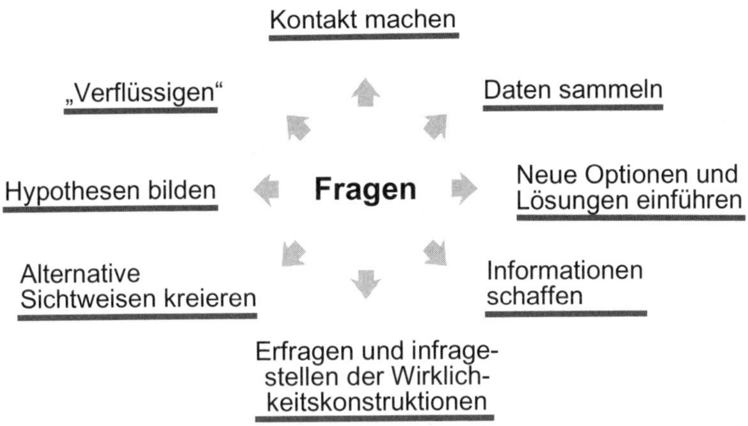

Abbildung 14: Funktion von Fragen im Beratungsprozess

1.4.3 Haltung von Neutralität und Neugier

Fragetechniken sind ein wichtiges Instrument im Beratungsgeschehen. Genauso wichtig ist aber eine Grundhaltung von Allparteilichkeit und Neugier. Der Berater bemüht sich um eine neutrale Haltung, indem er vermeidet, eine frühzeitige Stellungnahme abzugeben, die der einen oder anderen Person in ihrer Weltsicht oder Interpretation zustimmt oder diese ablehnt. Durch jede Bewertung können wir auf die Minenfelder des jeweiligen Teams oder der Organisation treten. Dem einen zustimmen heißt oftmals, den anderen ablehnen. Ein Spiel, das die Organisation auch ohne Beratung schon spielt. Allparteilichkeit geht einen Schritt weiter als Neutralität und bloßes „Sich-heraus-Halten". Es bedeutet, die Leistungen jedes Mitglieds des Systems anzuerkennen, mit jeder Person mitgehen zu können und sich „mit beiden Seiten ambivalenter Beziehungen identifizieren zu können" (von Schlippe, Schweitzer, 1996).

Neugier ist die Bereitschaft, jedes Neue oder Fremde kennen zu lernen und zu durchdringen. Auch wohlbekannte Formen sollten immer wieder mit freundlicher Aufmerksamkeit betrachtet werden, um Unterscheidungen zu den eigenen Erfahrungen sicherzustellen. Deshalb keine einseitigen Deutungen und Bewertungen. Vermieden werden sollten in dieser Hinsicht Fragen, die den Partner, Kollegen oder Kunden zu Polarisierungen veranlassen wie ja/nein, richtig/falsch, aktiv/passiv, gut/böse, gesund/krank, normal/unnormal.

1.4.4 Hypothesenbildung

Begegnen wir fremden Personen oder kommen wir in eine nach unseren bisherigen Erfahrungen neue Situation, so müssen wir uns erst zurechtfinden. Stellen wir uns vor, wir beobachten fremde Menschen dabei, wie sie ein Spiel spielen, das wir nicht kennen: Wir beobachten und versuchen, die Regeln herauszufinden. Schnell werden wir Annahmen über die Regeln des Spiels bilden; wir bilden Hypothesen, die wir am weiteren Verlauf des Spiels überprüfen. Stimmen unsere Annahmen oder nicht? Wenn nicht, so werden wir schnell neue aufstellen, bis wir glauben und an der zu beobachtenden Wirklichkeit überprüft haben, dass wir die Regeln des Spiels korrekt erfasst haben. Dann sind wir im Prinzip in der Lage, selbst mitzuspielen, und unsere Mitspieler identifizieren uns als „derselben Spielkultur" zugehörig. Nach denselben Prinzipien verläuft die Begegnung mit fremden Menschen oder einer fremden Kultur, nur dass wir als Berater Hypothesen aufstellen und die Spielregeln eines Systems verstehen wollen, um an einer Veränderung (eventuell eben dieser Regeln) arbeiten zu können.

Die Regeln, die uns nicht durch Informationen korrekt übermittelt wurden, müssen wir herausfinden durch:

- Datensammlung (beobachten, Fragen stellen, zuhören),
- Erstellen einer Hypothese,
- Überprüfen der Hypothese,
- Auswertung: Die Hypothese erweist sich als korrekt oder nicht.

Bei Bedarf müssen wir eine neue Datensammlung und erneute Überprüfung vornehmen, bis wir annehmen können, wir kennen jetzt die Regeln. Dabei wird es sich im Laufe eines Gespräches, einer Begegnung immer wieder herausstellen, dass wir neue Hypothesen aufstellen müssen, um den Klienten in seiner inneren Operationslogik zu verstehen und um uns mit ihm darin koppeln zu können.

1.4.5 Lösungsorientiertes Vorgehen

Es ist eine übergreifende Frage der Unternehmenskultur, ob eine lösungs- oder problemorientierte Sichtweise und eine entsprechende Herangehensweise im Unternehmen vorherrscht. Zusätzlich ist es eine Frage von individuellen bis hin zu abteilungsspezifischen Gewohnheiten. In den meisten Unternehmen und Familien in mitteleuropäischen Ländern herrscht in der Regel eine eher problemorientierte Sicht- und Herangehensweise vor: Man ist darauf geeicht, Fehler, Defizite und Versäumnisse zu entdecken. Etwas geht schief und man fragt: „Wer war das?" statt: „Wie kam es dazu, und was können wir machen, dass es beim nächsten Mal nicht passiert?"

Das Fatale ist, dass wir bei einem problemorientierten Vorgehen im Sinne der Gewohnheitsbildung die Probleme noch verstärken. Man sieht nur noch, was alles falsch gelaufen ist und noch falsch laufen könnte. Mitarbeiter haben Angst und Sorge, man könne sie wieder für einen Missstand verantwortlich machen, sie schützen sich, es kommt zur bekannten „Bunkermentalität". Der Selbstwert aller beteiligten Personen ist labil, es entsteht der in Bürokratien beliebte Kreislauf der Schuld-Delegation. Keiner will die Verantwortung für das Geschehen übernehmen: „Im Unternehmen ist der Kelch der Verantwortung ein Wanderpokal" (Sprenger, 1995).

Ganz anders bei einem lösungsorientierten Vorgehen: Man schaut danach, was beim Bemühen um Lösung bereits alles erreicht worden ist, und man bündelt die Energien im Hinblick auf die Ziele und Lösungen. Missstände und Fehler werden unter dem Aspekt von Information und (Entwicklungs-)Chancen gesehen. Erkenntnisse aus der Chaostheorie unterstützen diese Sichtweise: In komplexen und vernetzten Systemen sind Abweichungen und Zufälle nicht zu vermeiden, ja, sie sind sogar wahrscheinlicher als die Einhaltung einer bestimmten Ordnung. Gerade diese Abweichungen sind es, die ein Unternehmen kreativ und flexibel machen, hier ist der Boden, aus dem neue, innovative und zukunftsweisende Ideen entstehen. Welche Bedeutung dies für große Unternehmen hat, ist in „Visionary Companies – Visionen im Management" von Collins und Porras (1995) sehr eindrücklich beschrieben.

1.4.6 Strukturieren

Ziel der Beratung ist es, mit dem Kunden die Zusammenhänge innerhalb des Systems zu klären. Wenngleich auch für den Berater Bedarf besteht, die Zusammenhänge zu verstehen, so darf er doch nie aus den Augen verlieren, dass es letztendlich um den Kunden geht, dass sich ihm die Zusammenhänge erschließen. Das ist nicht ganz einfach, vor allem zu Beginn der Beratungstätigkeit. Schließlich muss man ja selbst erst einmal verstehen, worum es geht. „Kundenorientierung" bedeutet in diesem Zusammenhang, allzeit für Orientierung und Transparenz im Beratungsprozess zu sorgen, den Prozess zu strukturieren.

Elemente zur Orientierung im Prozess:

- Das Vorgehen erläutern: Was tun wir jetzt? Was sind unsere nächsten Schritte? Was können, sollen, müssen, dürfen Sie tun? Das sollte zu Beginn und auch im Prozessverlauf immer wieder getan werden.
- Informationen strukturieren.
- Informationen durch Visualisierungen veranschaulichen.
- Rückkoppeln: War Ihnen dieser Zusammenhang bewusst? Was ist neu für Sie? Was bedeutet diese Erkenntnis für Sie?
- Verbindung mit dem Thema herstellen, um eine Ergebnisorientierung zu erreichen. Wenn nötig, Thema neu formulieren;
- Zusammenfassungen geben, auch zwischendurch.

1.4.7 Phasen im Beratungsgespräch

Zum Einstieg in die Praxis der systemischen Beratung kann die Aufteilung des Beratungsgespräches in einzelne Phasen oder Arbeitsschritte eine Orientierungshilfe darstellen. Wie bei allen neuen Tätigkeiten hat man vieles im Kopf und alles ist mehr oder weniger wichtig. Zusätzlich spielt sich Beratung in Interaktion ab, das heißt, man muss zuhören und sich auf das einstellen, was der andere sagt. Damit man sich in der Komplexität dieses Geschehens nicht verirrt, haben wir die wichtigsten Phasen unterteilt. So weiß man jederzeit, wo man steht und wo man hin will. Allerdings lassen sich die einzelnen Phasen nicht streng voneinander trennen, da sie sich im Prozess gegenseitig beeinflussen.

Vorbereitungsphase

Unabhängig davon, ob man einem Kunden zum ersten oder wiederholten Mal begegnet, sind im Voraus einige Vorbereitungen zu treffen. Im Erstgespräch findet die erste persönliche Begegnung zwischen dem Berater und den Kunden statt. Allerdings gibt es häufig bereits zuvor eine Reihe von Informationen, die durch die Reputation der Institution und durch den Telefonkontakt entstanden sind. Man kann sich über Medien wie Internet, Fernsehen, Fach- oder Lokalzeitungen über viele Unternehmen ein erstes Bild machen. Bei Vorgesprächen kann beispielsweise eine sehr fürsorgliche Sekretärin oder ein äußerst interessierter Manager am Telefon den Eindruck erwecken, dass man sich in dieser Institution aufopfernd um alles kümmern wird.

In dieser Phase wird gegebenenfalls ein Beraterteam zusammengestellt und nach Sichtung der vorliegenden Informationen eine erste Hypothese über die zentralen Themen des Kunden aufgestellt. Sehr erfahrene Berater verzichten manchmal auch bewusst auf eine Sammlung von Informationen in dieser Phase, um im Erstgespräch ganz offen und unvoreingenommen auf den neuen Kunden und seine Thematik zugehen zu können. Ein solches Vorgehen birgt natürlich das Risiko, dass man im Gespräch nicht als besonders offen, sondern als schlecht informiert wahrgenommen wird. Darüber hinaus sollte der Berater vorbereitet sein, über seine eigene Erfahrung und Praxis Auskunft zu geben.

Für weitere Beratungsgespräche in einem Veränderungsprozess ist die Vorbereitung etwas anders. In solchen Gesprächen geht es häufig darum, den Prozessverlauf zu analysieren. Dazu ist es notwendig, alle zur Verfügung stehenden Fakten zu sammeln, Schwerpunkte aufzubereiten und in einer professionellen Präsentation zusammenzustellen. Gerade bei größeren Veränderungsprojekten kann so etwas recht umfangreich werden. Wichtig ist allerdings, den Kunden nicht mit Informationen zu überhäufen, sondern gezielt Schwerpunkte und Zusammenhänge herauszustellen.

Eröffnungsphase

Für erfolgreiches Beratungshandeln ist es außerordentlich bedeutsam, wie wir *Kontakt und Begegnung* mit den zu beratenden Menschen gestalten. Wenn die Begegnung unter den Aspekten des Dialoges und unter den Aspekten von Beziehungsaufnahme und Selbstwertachtung stattfinden soll, ist es wichtig, dass sich unser Gegenüber angenommen, ernst genommen und wertgeschätzt fühlen kann. Dazu gehört, eine den Landessitten angemessene Begrüßungsform zu wählen, sich (kurz) in die Augen zu schauen und einige Worte zu wechseln, um „den Draht zu spannen“, auf dem man später balancieren kann und will.

In dieser Phase werden Thema und Ziel des Gesprächs umrissen und der Kunde definiert seine Erwartungen und Wünsche an die Begegnung. Außerdem sollte der zur Verfügung stehende Zeitrahmen nochmals festgelegt werden.

Orientierungs- und Informationsphase

Mit Hilfe von Frage- und Interviewtechniken versucht der Berater gemeinsam mit dem Kunden das System, seine Elemente und Beziehungsgefüge zu erfassen. Der Status quo wird unter Einbeziehung von Vorgeschichte und Zukunftserwartungen erhoben. Der Berater stellt erste Hypothesen auf und überprüft sie auf ihre Gültigkeit. Die Schwerpunkte dieser Phase des Gesprächs liegen auf Erfassen des Systemkontexts, Themen- und Problemdefinition, Systemeingrenzung und bisherigen Lösungsansätzen.

Wie bereits im Teil Kontextanalyse beschrieben, gibt es eine ganze Reihe von Informationen, die zum Verstehen einer Organisation bedeutsam sind und die es in Erfahrung zu bringen gilt. Uns interessiert alles, was zur Erhellung beiträgt: die Zusammenhänge, das Zusammenspiel, die Prozesse. Wir achten auf Beziehungen und Transaktionsmuster. Unsere Aufmerksamkeit gilt den Strukturen, den Funktionen und den Mustern und Regeln der Transaktionen. Vor allem interessieren uns aber die dahinterliegenden subjektiven Konstruktionsprinzipien der Wirklichkeit.

Jede Beratungsanfrage findet in einem ganz bestimmten Zusammenhang statt. Oft werden dabei bereits Botschaften über zu erwartenden Erfolg oder Misserfolg und eventuelle Schwierigkeiten mitgegeben. So kann es z. B. sein, dass der Überweisende (der die Beratung angefragt hat) nicht der offizielle Auftraggeber (z. B. der Abteilungsleiter, Geschäftsführer, Vorstand etc.) für die Berater ist. Dennoch hat auch der Überweisende Sichtweisen und Interessen, die es zu kennen und einzubeziehen gilt. Oft finden Beratungen auch in einem Kontext statt, der eine Veränderung von vornherein ausschließt. Auch das muss erkannt und kommuniziert werden.

In dieser Phase des Gesprächs gilt es auch, gemeinsam herauszufinden, was das Thema oder das Problem ist und worin die Herausforderung liegt. Es ist durchaus möglich, dass der Gesprächspartner eine klare Vorstellung von der Thematik hat. Genau so häufig zeigt sich aber in der Beratungspraxis, dass erst im Zusammenspiel mit den Fragen des

Beraters das „eigentliche“ Thema erkennbar wird. Geht es wirklich nur um einen Konflikt oder verbirgt sich dahinter das Thema Konfliktkultur im Unternehmen? Geht es nur um die Abteilung oder verbergen sich dahinter abteilungsübergreifende Probleme? Grundsätzlich besteht immer die Möglichkeit, wieder zum Thema zurückzukehren und zu fragen, ob das Thema jetzt anders formuliert, eingegrenzt oder erweitert werden muss.

Das relevante System für die konkrete Beratungssituation muss ermittelt werden. Es gibt nicht „das System“ mit festen Größen und Mitspielern und Faktoren. Dies ist eine Aufgabe des Beraters, er muss gemeinsam mit dem Kunden die Systemgrenzen festlegen. Anschließend kann die Analyse der Zusammenhänge und Prozesse innerhalb dieses speziellen Systems erfolgen.

Entscheidend bei der Analyse des Systems ist die Frage, ob die bisherigen Lösungen in Bezug auf die Ziele funktional oder eher dysfunktional sind. Wie bereits erläutert, ist es wenig produktiv, nur auf die Problemseite einer Thematik zu schauen. Stattdessen werden die Lösungen der Vergangenheit respektiert und als zu diesem Zeitpunkt mögliche und sinnvolle Strategien anerkannt. Es ist sehr hilfreich, wenn der Berater sich darum kümmert, was bereits in Richtung Lösung unternommen wurde, welche Ergebnisse dabei erzielt wurden und was das für die heutige und zukünftige Situation für Auswirkungen hat.

Kontraktphase

In der Kontraktphase wird vereinbart, wie es weitergehen soll, was die nächsten Schritte sein werden. Der Berater schildert seine bisherigen Eindrücke der Zusammenhänge und Probleme im Kundensystem. Danach planen Berater und Kunde gemeinsam das weitere Vorgehen. Der Kunde definiert sein jetziges Verständnis der Situation, welche Ziele er im Bezug auf eine Problemlösung sieht und woran sich aus seiner Sicht eine erfolgreiche Beratung festmachen ließe. An dieser Stelle kann der Berater schon eine erste Intervention empfehlen oder es wird zwischen den Partnern eine konkrete Vereinbarung über die nächsten Schritte der Zusammenarbeit getroffen. In größeren Beratungsaufträgen werden Kunde und Berater sich darauf vereinbaren, dass der Berater ein genaues Konzept mit Beratungsumfang, Zeitplan und Kostenaufstellung vorlegt. In überschaubaren, begrenzteren Kontexten lässt sich eventuell direkt abschätzen, mit welchem Beratungs- und Kostenaufwand zu rechnen sein wird.

1.5 Systemische Frage-, Gesprächs- und Interventionstechniken

1.5.1 Koppeln

Menschen und soziale Systeme haben, wie im Abschnitt 1.1.4 „Individuelle Operationslogik sozialer Systeme“ dargestellt wurde, eine eigene und spezielle Verarbeitungs- und Reaktionsweise, sind autonom gesteuert und dabei relativ unabhängig. Bei aller Vernetzung und Umgebungsbeeinflussung gibt es dennoch eine personenspezifische „Grundprogrammierung“, die sich aus der Genetik, der sozialen Prägung und der Erfahrung ergibt. Dabei reagieren die Menschen auf Umgebungsbeeinflussung so, dass sie sich zunächst auf ihre eigene „Grundprogrammierung“ stützen und dort überprüfen, ob und wie sie auf die Einflussnahme reagieren können und wollen. Sich mit der *Operationslogik* seines Gegenübers zu koppeln, ist der Zugang zum Verändern. Ein System reagiert stärker auf sich selbst als auf äußere Impulse, wobei der Versuch, von außen etwas zu verändern, vom System (oder einer Person) sogar als risikoreich oder gefährlich wahrgenommen wird. Nur wenn es gelingt zu erfassen, wie der andere (oder das System) „tickt“, und sich daran gewissermaßen „anzudocken“, kann beraterisches Handeln und Verändern erfolgreich sein.

Koppeln ist somit die Berücksichtigung, Einbeziehung und Anpassung unterschiedlicher Denk- und Handlungsebenen im Beratungsgeschehen sowohl beim Berater als auch beim Kunden. Die Kopplung erfolgt auf möglichst vielen unterschiedlichen Ebenen:

Ebene
- der konzeptuellen Vorstellungen,
- der Haltungen und Wertvorstellungen,
- von Kontakt und Begegnung,
- der Handlungen und Techniken,
- des Erfahrungshintergrundes,
- der Visionen für zukünftige Wege.

Beispiel

Herr Baum (Chef) sagt zu Frau Kienle (Mitarbeiterin): „Sie werden den neuen Job schon schaffen, sie sollten einfach positiv denken und an den Erfolg glauben.“

Frau Kienle hat für sich das Empfinden, dass sie es niemals schaffen kann. Der neue Job wäre aus ihrer Sicht eindeutig eine Nummer zu groß für sie (sie überprüft ihre eigene *Programmierung* und Erfahrungswelt. Dabei ist dies oft nicht mehr als ein diffuses Gefühl). Sie antwortet: „Na, wenn Sie meinen, aber ich weiß nicht recht.“

Herr Baum: „Na, nun mal ran, Sie sind eine erfahrene Kraft, nicht so zögerlich. Überschlafen Sie es mal, und sagen Sie mir morgen Bescheid!“

Frau Kienle geht heim, findet vor Aufregung kaum Schlaf, fühlt sich überfordert und hat Angst vor der Reaktion des Chefs. Am nächsten Tag teilt sie ihm mit, dass sie die neue Aufgabe nicht übernehmen will. Der Chef ist ärgerlich, er hat sie gefördert und an sie geglaubt, er fühlt sich persönlich gekränkt.

Auswertung

Herr Baum hat sich in keiner Weise mit Frau Kienle gekoppelt. Er hat auf sie eingeredet, ohne vorher eine Verbindung zu schließen, ohne ein Verständnis für Frau Kienles „Programmierung“ zu entwickeln.

Die Methode

Koppeln bedeutet, sich mit dem Gesprächspartner zu verbinden, Kenntnisse von seiner „Programmierung“ zu erwerben, die innere Landschaft und die Landkarte der betreffenden Person kennen zu lernen, gewissermaßen in der anderen Welt Teilnehmer zu werden. Dies geschieht, indem man durch gezieltes Fragen die Welt des Gegenübers für sich erfahrbar macht. Koppeln bedeutet nicht, auf den anderen einzureden oder schon zu wissen, was in ihm vorgeht.

Beispiel (Fortführung)

Herr Baum: Frau Kienle, wie geht es Ihnen mit Ihrer jetzigen Tätigkeit?

Und: Haben Sie schon einmal erwogen, eine andere Aufgabe zu übernehmen? Würde es Sie reizen, die Verantwortung für das Projekt zu übernehmen?

Oder: Angenommen, Sie hätten die Möglichkeit, die Projektleitung zu übernehmen, was würde das für Sie bedeuten?

Und: Ich weiß, dass dies nicht ohne Ängste und Unsicherheiten ablaufen kann, würden Sie sich davon abhalten lassen?

1.5.2 Fragen zur Kontextanalyse

Bei der bereits beschriebenen Kontextanalyse ist es unser Ziel, die Zusammenhänge im Transaktionsfeld des Systems kennen zu lernen und zu verstehen. Wir versuchen, die Elemente, ihre Beziehungen und die Bedingungen im Kundensystem für uns und den Kunden zu benennen und verständlich zu machen. Nachfolgend sind dazu Fragebereiche mit einigen konkreten Beispielen aufgeführt.

Analyse der Personen

Beispiele
- Welche Personen sind beteiligt, betroffen?
- Wie stehen die Personen zueinander? (Nähe – Distanz)
- Welche Subsysteme (Gruppierungen) sind erkennbar?
- Wie funktioniert das Zusammenspiel zwischen diesen Personen und Subsystemen? (reibungslos – mit Störungen, intensiv – gelegentlich, enger Kontakt – wenig Kontakt)

Analyse der Ziele und Regeln

Beispiele
- Was sind die Ziele der Organisation?
- Was ist die Unternehmensphilosophie?
- Was ist die Corporate Identity des Unternehmens?
- Was ist die Kultur des Unternehmens?
- Wie ist das Zusammenspiel zwischen den Personen und verschiedenen Systemen offiziell geregelt?
- Aufbauorganisation.
- Ablauforganisation.
- Welche inoffiziellen Regeln existieren?
- Wie weit werden die offiziellen Regeln auch tatsächlich umgesetzt?
- Wie funktionieren die geheimen Regeln?
- Was darf im System nicht angesprochen werden?
- Wofür werden Mitarbeiter belohnt, womit (Anerkennung, Karriere, Geld usw.)?
- Wofür werden Mitarbeiter bestraft, womit (Kritik, Karriere-Abstellgleis, usw.)?
- Wie frei können Sie über das sprechen, was Sie sehen, hören und denken?
- Wie gehen Sie damit um, wenn Sie mit etwas nicht einverstanden sind?
- Wie sind die folgenden Handlungsbereiche geregelt: Information, Kommunikation, Kooperation, Entscheidungsfindung, Auseinandersetzung, Konflikt, Hierarchie?
- Sind die offiziellen und inoffiziellen Regeln funktional oder dysfunktional?

Analyse der Transaktionsmuster

Beispiele
- Was passiert in diesem Projekt/dieser Abteilung immer wieder?
- Was passiert nie?
- Welche festen Verhaltensmuster haben sich ausgebildet?
- Wie funktionieren diese Muster? Beschreiben Sie eine typische Situation!
- Sind die Muster funktional oder dysfunktional?

- Nach welchen Mustern werden Entscheidungen gefällt, nach welchen Regeln erfolgt der Umgang mit Hierarchie? Wie sieht die Kooperation aus, finden Auseinandersetzungen statt und werden Konflikte gemanagt?

Analyse der subjektiven Deutungen

Beispiele

- Wie bewerten die Beteiligten das Projekt?
- Wer von diesen Personen gewinnt bei einem Erfolg des Projekts?
- Wer von diesen Personen verliert bei einem Erfolg des Projekts?
- Was wollen Sie erreichen?
- Was wollen Sie vermeiden?
- Was wollen die anderen vermeiden/erreichen?
- Was denken Sie über einzelne Personen?
- Welche Erfahrungen haben Sie mit diesem Projekt, dem Projektleiter und ähnlichen Projekten in der Vergangenheit gemacht?
- Was befürchten Sie in dieser Sache (mehr Arbeit, zu wenig Verantwortung etc.)?
- Welches firmenweite Ansehen hat das Projekt aus ihrer persönlichen Sicht?
- Wo sehen die Projektmitglieder gegenseitig ihre Stärken, Schwächen?
- Was denken Sie, was die anderen Personen über Sie denken?
- Was denken Sie, was die anderen Personen über die Struktur des Systems denken?
- Gibt es Wirklichkeiten und Wahrheiten, die miteinander konkurrieren?
- Wie viel Unterschiedlichkeit ist innerhalb der Abteilung erlaubt?

Analyse der Beziehungen zur Systemumwelt

Beispiele:

- Welche anderen Systeme beeinflussen das System?
- Zu welcher Abteilung bestehen die engsten Kontakte?
- Was beeinflusst Ihr Team am meisten?
- Wie intensiv sind die Beziehungen zu den anderen Systemen?

1.5.3 Fragen zur Konkretisierung

Fragen nach Verhalten und Transaktionen, Unterscheidungsfragen und Fragen nach Daten führen beim Gesprächspartner zu einer Konkretisierung seiner Überlegungen und Aussagen. Dies ist natürlich wichtig, um sich eine erste Vorstellung machen zu können, um in einen Fall „reinzukommen". Diese Fragen dienen aber auch dazu, allgemeine und verallgemeinernde Aussagen oder Allgemeinplätze bei Bedarf auf den Punkt zu bringen.

Fragen zu Verhalten und Transaktionen

Systeme, die über ihre Probleme berichten, neigen oft dazu, uns Diagnosen, linearkausale Beschreibungen oder bereits eine entsprechende Deutung des Geschehens zu liefern. Unter Auslassung bestimmter Elemente, Personen oder Verhaltensweisen können die Betroffenen häufig Abweichungen oder andere Vorgehensweisen selbst nicht mehr wahrnehmen. Hier geht es darum, ganz konkretes Verhalten, Verhaltensabläufe und Transaktionen abzufragen und Verallgemeinerungen zu spezifizieren.

Beispiele

- Wer sind die „Key-Player"?
- Wie oder durch was zeigen Sie dieses Verhalten?
- Was zeichnet Ihr Verhalten aus?
- Woran merken Sie, dass ...?
- Welche Rolle spielt X?
- Was machen Sie genau, wenn ...?
- Wie äußert sich das denn genau?
- Wie sind die Entscheidungsabläufe im Team?
- Wie zeigt sich der Führungsstil? Wer sind die wichtigsten Entscheidungsträger?
- Welche Schritte leiten Sie ein, um ...?
- Welche Hilfsmittel wählen Sie zu ...?

Unterscheidungsfragen

Manche Systeme erscheinen so, als ob alle Mitglieder gleich wären und als ob es keine Unterschiede in der Betrachtung der Welt gäbe. So ist es hilfreich, reichhaltig nach Unterschieden zu fragen und sich die Antworten gegebenenfalls als Ranglisten, Prozentangaben oder ähnliches klassifizieren zu lassen. Hier ist auch auf kleinste Unterscheidungen zu achten, z. B. 51 % oder 49 %, mehr oder weniger, besser/schlechter etc.

Beispiele

- Für wen ist das ein größeres Problem?
- Wer macht sich mehr Sorgen?
- Wer würde sich am meisten freuen, wenn ...?
- Wer hat den größten Einfluss?
- Worin unterscheidet sich Ihre Vorgehensweise von anderen?
- Sind Sie mehr oder weniger zufrieden?
- Wenn Sie es in Prozent ausdrücken, wie viel schätzen Sie?
- Auf einer Skala von 1 bis 100, wie stark ist Ihr Interesse?
- Was hat für Sie die höchste Priorität?
- In welchem Grad sind Sie einverstanden?
- Sind alle gleicher Meinung mit? Worin unterscheiden Sie sich?
- Was müsste man zuerst ändern?
- Wem vertrauen Sie am meisten?
- Sind es eher 49 % oder 51 %?

Fragen nach Daten

Dies ist die einfachste und in der Regel allen geläufige Frageform: man fragt nach Zahlen, Personen und weiteren Fakten. Allerdings kann bereits die Frage nach Ereignissen oft nicht mehr unter dieser Kategorie erfasst werden, da die Schilderung von Ereignissen häufig mit Deutungen und Interpretationen verknüpft wird, die dann keine datenmäßige Objektivität mehr besitzen.

Beispiele

- Wie viele Mitarbeiter haben Sie?
- Seit wann ist er Abteilungsleiter?
- Wer ist für diesen Bereich verantwortlich?
- Wie oft treffen Sie sich mit ihm?
- Wer ist noch daran beteiligt?
- Wo finden diese Treffen denn statt und wer nimmt daran teil?
- Wie hoch ist die Fluktuation?
- Wie häufig kommt das vor?
- Seit wann machen Sie diese Beobachtung?
- Wie viel Zeit haben Sie eingeplant?
- Seit wann geht der Umsatz zurück?
- Wie hoch ist der Krankenstand genau?

1.5.4 Fragen zum Wechsel der Beobachtungsstandpunkte

Ziel von Beratung ist es, eine Erweiterung der Entscheidungs- und Handlungsspielräume zu schaffen. Fragen zum Wechsel des Beobachtungsstandpunkts zielen darauf ab, neue Gedanken zu ermöglichen. Über das Ingangsetzen eines kreativen Prozesses werden neue Optionen entdeckt. In der ersten Fragenrubrik geht es darum, neue Gedanken zu entwickeln, indem man eine andere Perspektive in seiner persönlichen Welt einnimmt. Hierzu zählen hypothetische Fragen und Zukunftsfragen. In der zweiten Rubrik nimmt man die Perspektive anderer Personen ein. Hierzu zählen Fragen nach Klatsch und Tratsch und zirkuläre Fragen. Hilfreich kann es auch sein, einmal die Aufmerksamkeit auf die eigenen Wertvorstellungen zu richten, hierzu dienen Fragen nach der inneren Landkarte.

Hypothetische Fragen

Systeme im Engpass erlauben sich kaum, neue Ideen zu kreieren oder nach bisher ungelebten Möglichkeiten Ausschau zu halten. Je höher der Druck, desto enger wird der Tunnelblick. Hier gilt es, neue Gedanken und andere Sichtweisen ins Spiel zu bringen, probehalber zu denken und Ideen auf mögliche Konsequenzen zu überprüfen. Es geht um den Blick in eine mögliche Zukunft und der Kunde bekommt die Aufgabe, die Auswirkungen dieser veränderten Situation zu beschreiben. Die Standardfrage beginnt oft mit: „Angenommen, dass ..."

Beispiele
- Was wäre, wenn ...?
- Angenommen ...?
- Unter der Voraussetzung, dass ...?
- Was würde passieren, wenn ...?
- Wie würde es sich ... auswirken?
- Stellen Sie sich vor ...
- Einmal angenommen, er würde Sie in der nächsten Woche zu einem Gespräch einladen ...
- Einmal angenommen, morgen würde ...
- Gesetzt den Fall, ...
- Nehmen wir doch einfach einmal an, ...
- Und wenn nun dieser Fall doch eintreten würde, was wäre ...
- Spielen wir diese Situation doch einfach einmal durch, also ...

Zukunftsfragen

Systeme, die Beratung suchen, glauben sich im Engpass, fühlen sich hilflos und ohnmächtig, wie in einem schwarzen Loch, aus dem es keinen Ausgang gibt. Die Gedanken richten sich in die Vergangenheit und auf fehlgeschlagene Lösungen. Mit Zukunftsfragen öffnen wir ein Tor zu den bisher ungedachten Möglichkeiten der betroffenen Menschen und ihren Vorstellungen und Ideen. Hier wird möglicherweise zum ersten Mal darüber nachgedacht und visioniert, wie denn die Zukunft anders sein könnte und welche verschiedenen Möglichkeiten es dazu gibt und dass überhaupt eine Zukunft existiert.

Beispiele
- Welche Ideen haben Sie, wie sich Ihre zukünftige Zusammenarbeit entwickeln könnte?
- Welche Aufgaben sehen Sie in der Zukunft?
- Was wird Ihr Handeln zukünftig bestimmen?
- Wer könnten denn in vier Jahren Ihre Kunden sein?
- Wo sehen Sie sich in drei Jahren?
- Welche Strategie wird mittelfristig gefragt sein?
- Was glauben Sie, wer in zwei Jahren noch dabei sein wird?
- Was schätzen Sie, wie sich die Zusammenarbeit entwickeln wird?
- Was wollen Sie bis nächstes Jahr ...?

Zirkuläre Fragen

Zirkuläre oder triadische Fragen können in Verbindung mit jedem anderen Fragetyp verwandt werden und schaffen eine Metaebene, die es möglich macht, andere Beobachtungsstandpunkte einzunehmen und andere Sichtweisen im Unterschied zu der eigenen zur Kenntnis zu nehmen. Zirkuläres Fragen ist ein Begriff aus der Mailänder Schule (Familientherapie). Diese Fragen zielen direkt in das Transaktionsmuster hinein. Die klassische Form ist, dass der Berater die Person A über die Transaktionen zwischen Personen B und C befragt.

Beispiele

- Was würde Ihr Kollege dazu sagen, wenn Sie mit Ihrem Chef essen gingen?
- Inwieweit beeinflusst ... (der Außenstehende, jedoch am Prozess Beteiligte) unsere Annahmen?
- Wie denken die Anderen über unser/e Problem/Tätigkeit?
- Was sagt denn Ihr Kollege dazu? Er kennt sie ja beide.
- Wie reagiert der Kollege, wenn der Chef sich so benimmt?
- Wie beurteilt Ihre Vorgesetzte denn den Konflikt zwischen ...?
- Gibt es eine/n Person/Prozess/Tätigkeit außerhalb dieser Beziehung, die Einfluss nimmt?
- Was glauben Sie, wer von beiden den Ton angibt?

Fragen nach Klatsch und Tratsch

Jeder denkt über jeden irgend etwas, nur wird dies oft nicht persönlich mitgeteilt oder in formalen Zirkeln diskutiert. Dadurch werden Unterscheidungen und individuelle Besonderheiten und Standpunkte vermieden. Hier haben wir die Möglichkeit, Gedanken positiv sanktioniert offen aussprechen zu lassen. Anmerkung: Klatschen und Tratschen kann und darf jeder.

Beispiele

- Was sagt man über Sie konkret?
- Was sagt man woanders?
- Was sagt man über Ihre Arbeit?
- Wie denken Sie über ihr Handeln oder ihr Auftreten?
- Wie ist denn die Meinung der Mitarbeiter dazu?
- Wie denkt man über Sie als Mensch?
- Sie haben eine gute Presse. Wie machen Sie das?
- Gibt es ein Gerücht?
- Welche Tabus gibt es bei Ihnen?
- Wie redet man darüber?
- Wie ist das Klima zwischen den beiden?

Fragen nach der inneren Landkarte

Wir geben in der Regel jedem Ereignis und Erleben eine bestimmte Bedeutung. Wir bewerten es nicht nur als gut oder schlecht, sondern differenzieren in verschiedene Richtungen und auf verschiedenen Ebenen. Auf diese Art machen wir laufend innere Zuschreibungen und geben dem Geschehen Sinn. Theoretisch können wir unendlich viele Sinngebungen gestalten, die wiederum unterschiedliche Gefühle und Reaktionen zur Folge haben. Wenn wir deshalb fragen: „Wie erklären Sie sich das?", fragen wir nach dem sinnstiftenden Hintergrund und gehen gewissermaßen rückwärts im inneren Verarbeitungsprozess. Dies ist dann nicht nur eine wichtige Information für den Berater, sondern auch für die betroffenen Kunden fokuserweiternd.

Beispiele
- Welche Bedeutung hat das für Sie?
- Welchen Stellenwert geben Sie dieser Sache?
- Welche Rolle spielt für Sie die Zusammenarbeit?
- Anerkennung und Treue bedeutet Ihnen viel?
- Welche Wichtigkeit hat das für Sie?
- Was denken Sie über diese Entscheidung?
- Warum engagieren Sie sich in diesem Punkt so sehr?
- Was hat Sie dabei so geärgert?
- Wie erklären Sie sich diese Äußerung?

1.5.5 Reframing

Kontext, Umfeld und Rahmen (engl. „frame") einer Person oder eines Ereignisses bedingen, wie eine Aussage verstanden werden kann. Eine wichtige Gesprächstechnik ist daher die Fähigkeit, den Rahmen, in dem eine Aussage verstanden wird, zu verändern. Allein die Sprache reicht häufig nicht aus, eine Mitteilung korrekt zu verstehen. Hinzu kommen Tonfall, Mimik und Gesten, die der Mitteilung erst ihre Bedeutung geben. Ändern wir den Rahmen, kann sich auch die Bedeutung verändern. Gerade wenn wir über Probleme und Schwierigkeiten diskutieren, wird ein eher „negativer" Rahmen gewählt. Angenommen, im Rahmen eines Beratungsprozesses hat der Kunde ein Problem nicht erfolgreich gelöst. Sieht man nur das Ergebnis ohne die Ereignisse und den Kontext, kann man sich lang und breit mit Analysieren oder Schuldsuche aufhalten. Fragt man jedoch, unter welchen Umständen diese Lösung richtig eingesetzt gewesen wäre, ist der Weg frei, nach Alternativen zu suchen. Reframing kann auf Personen, aber auch auf einen größeren Zusammenhang bezogen sein. Die Prämisse lautet: Es gibt noch andere Möglichkeiten die Sache zu sehen.

Reframing bedeutet, einen Sachverhalt
- in einen anderen Zusammenhang stellen,
- durch eine andere Brille anschauen,
- von einer anderen Warte betrachten.

Beispiele

A: Ich werde immer schrecklich schnell wütend.

B: Sie wollen also noch andere Möglichkeiten finden, ihren Ärger auszudrücken?

A: Ich würde am Liebsten das ganze Projekt sofort stoppen!

B: Es beeindruckt mich, wie sehr Ihnen diese Abteilung am Herzen liegt!

1.5.6 Skulpturarbeit

Bei der Skulpturarbeit werden innere Bilder mit Hilfe von Personen, die im Raum aufgestellt werden, nach außen gebracht. Die Anschaulichkeit ist hierbei sehr groß und die Bearbeitungsmöglichkeiten durch Feedback und durch experimentelles Verändern stellen eine bedeutsame Hilfe für den Beratungsprozess dar.

Zum Vorgehen:

Der Kunde wird gebeten, mit Hilfe von Personen das System und die beteiligten Personen und Elemente in ihrer Haltung und Position zueinander aufzustellen. Das heißt, der Kunde nimmt sich Personen (entweder die „Echten“ oder „Schauspieler“) und stellt sie an für ihn sinnvolle Positionen einer freien Fläche. Die Entscheidung, wie weit oder eng das System zu fassen ist, entscheiden Berater und Kunde in einem gemeinsamen co-kreativen Prozess. In das dargestellte System gehören alle Elemente und Personen, die für das Problem bzw. die Lösung relevant sind, miteinander agieren und als bedeutsame Elemente erachtet werden. Die Position der Elemente und Personen wird nach Distanz (wer ist wem nah?), Haltung (z. B. zugewandt oder abgewandt) und eventuell Höhe (wer ragt heraus, steht über den anderen?) festgelegt.

Wenn der Kunde mit seinem Werk zufrieden ist, wird er vom Berater befragt, z. B. was neu für ihn ist, was er deutlicher sieht als vorher, was noch fehlt. Nach einer Erweiterung wird erneut bewertet: Ist es so besser oder schlechter? Was ist anders? Auch die Personen können befragt werden, z. B. ob sie wussten, dass der andere das System so sieht, wie sie sich in ihrer Position fühlen oder welche Veränderungen sie sich wünschen würden. Der Berater sollte im Prozess seinen eigenen Hypothesen folgen und gleichzeitig gemeinsam mit dem Kunden experimentieren. Wichtig ist, immer wieder mit dem Kunden in die Außenposition zu gehen und zu fragen, was neu ist. Durch das Herausbringen des inneren Bildes (Konstruktion der persönlichen Weltsicht) werden eigene Bilder verflüssigt und erweitert. Neue Sichtweisen, Optionen, Erkenntnisse werden in das innere Erleben aufgenommen und neue Lösungen können gefunden werden.

Skulptur mit Gegenständen

In einem Beratungsgespräch sind die beteiligten und betroffenen Personen nicht jederzeit anwesend. Um die Beziehungen und Strukturen trotzdem deutlicher hervortreten zu lassen, nutzen wir die Technik der Skulptur und verwenden für die Personen und anderen Elemente ersatzweise konkrete Gegenstände, am Besten die, die direkt greifbar sind, beispielsweise Stühle, Kaffeetassen, Gläser und Büromaterial. Ebenso wie die Skulptur und die Visualisierung hat auch diese Vorgehensweise einen stark animierenden und einladenden Charakter. Man kommt sehr schnell mit dem Partner ins Gespräch. Die Klarheit der Bilder verblüfft die Beteiligten.

1.5.7 Metaphern, Beispiele und Szenarios

Zu den verbalen Möglichkeiten der Veranschaulichung zählen vor allem Vergleiche anhand von Metaphern, Beispielen und Szenarios. Diese Techniken sorgen dafür, dass die Beschreibungen von Beobachtungen und Sachverhalten klarer wird und man sie sich wie ein Bild vor dem geistigen Auge vorstellen kann. Eine gelungene Metapher kann einen echten „Erleuchtungseffekt" erzielen und bei einem Kunden den Grundstein für eine Entwicklung legen. Besonders hilfreich sind Vergleiche, die die konkreten Zusammenhänge und Prozesse bildhaft in Worte fassen, denn um diese Zusammenhänge geht es letztendlich im Beratungsprozess. Je nach Ausprägung der eigenen Denk- und Sprachgewohnheiten ist dies für viele Menschen eine natürliche und gewohnte Fähigkeit. Möglicherweise braucht es jedoch Training und eine bewusste Haltung für die Entwicklung und den Einsatz dieser Technik.

Beispiele

- „Der Wind bläst und das Schiff ist im Wasser – jetzt muss die Mannschaft an Deck, die Segel setzen und jeder an seinen Platz."
- „Fühlen Sie sich in dieser Situation nicht wie jemand in einer Zwangsjacke?"
- „Bei der letzten Reorganisation haben sich wieder alle geduckt und gewartet, bis die Welle über sie hinweggeschwappt ist!"
- „Ich habe den Eindruck, Sie fühlen sich wie ein Kessel, bei dem der Dampf schon aus allen Ritzen und Ventilen bläst und der jeden Moment zu explodieren droht."
- „Das ist wie beim Fußball: Wenn das Spiel läuft, kann der Trainer nur noch zuschauen."

1.5.8 Fokussieren

Im Beratungsgespräch geht es darum, möglichst genaue Informationen über Art und Qualität der Transaktionen innerhalb des Systems zu erzeugen. Das ist für Berater wie Kunden gleichermaßen wichtig: Der Berater muss, um erfolgreich wirken zu können, konkrete Informationen erhalten, sodass die Kunden im Gespräch ihren Blick für die eigene Situation erweitern und schärfen. Oftmals geben Menschen unklare, widersprüchliche oder verallgemeinerte Stellungnahmen ab. Aufgabe des Beraters ist, diese zu „fokussieren", gewissermaßen „verschwommene" Bilder scharf zu stellen. Das geschieht einerseits durch Nachfragen (vgl. Abschnitt 1.5.2), aber auch durch die Bitte um Beispiele. Wenn konkrete Beispiele genannt und beschrieben werden, bleibt weniger Raum für Interpretationen, Übertreibungen und Verallgemeinerungen.

1.5.9 Widerspiegeln

Die Technik des Widerspiegelns dient dazu sich zu vergewissern, dass man sein Gegenüber und die geschilderte Situation richtig versteht. Bei Unklarheit wird dabei das Gesagte in eigenen Worten wiedergegeben. Der Berater stellt durch Formulierungen wie „habe ich Sie richtig verstanden, dass..." oder „heißt das, dass ..." klar, dass es sich um Widerspiegeln handelt. Dem Berater bietet sich hier außerdem die Möglichkeit, eigene Hypothesen zu überprüfen, indem er nicht genau das Gesagte wiederholt, sondern das von ihm Gehörte in einem erweiterten Rahmen widerspiegelt („Wenn Sie das so sehen, bedeutet das für Sie, dass man generell ..."). Das Gegenüber wird dann entweder bestätigen oder seine eigene Aussage nochmals konkretisieren.

1.5.10 Das Reflecting Team

Falls mehrere Berater im Gespräch anwesend sind, setzen sie sich für diese Technik zusammen und tauschen ihre Ideen zum Beratungsanlass und -prozess aus. Die Kunden sind im Raum mit anwesend und hören zu. Auf diese Weise erfahren sie unterschiedliche Ideen zum Geschehen, und anstelle von klaren Anweisungen oder instruktiven Informationen werden sie in ihren eigenen Gedanken entsprechend aufgeweicht oder „perturbiert". Anschließend entwickelt sich dann in ihnen eine eigene Idee für das weitere Vorgehen. Es entsteht ein „kreatives Feld". Ziel ist die Erzeugung von Schwingungen in bisherigen Denk- und Handlungsmustern und somit die Erweiterung der Handlungsoptionen.

Dabei sollten die Berater folgende Regeln beherzigen:
- keine eindeutigen Lösungsvorschläge machen;
- alles mitteilen;
- zirkulieren;
- Aussagen auf die „andere Seite drehen";
- Abwertung nein – Konfrontation ja;
- möglichst viele und unterschiedliche Deutungen und Sichtweisen entwickeln.

1.5.11 Verändern von Verhalten, Regeln und subjektiven Deutungen

Streng genommen stellt bereits die bloße Anwesenheit eines Beraters eine Intervention im Beratungssystem dar; im Beisein eines professionellen Außenstehenden wird anders über Themen gesprochen und miteinander kommuniziert, als das im „Normalfall" üblich wäre. Auch durch die Wahl des Beratungsortes in einem externen Rahmen (z. B. in einem Tagungshotel) findet bereits eine Veränderung statt. Darüber hinaus greift ein Berater verändernd ins System ein, ohne dass tatsächlich eine strukturelle Veränderung vorgenommen oder eine Empfehlung gemacht und umgesetzt wird, beispielsweise durch den Einsatz der in diesem Kapitel erwähnten Methoden: Fragen (und Fragetechniken) führen zu anderen, erweiterten Sichtweisen, durch die Nutzung von Moderationstechnik werden Gruppen aktiviert, die Einführung von Feedback führt zu neuen Erkenntnissen über Selbst- und Fremdbild. An dieser Stelle möchten wir zusätzlich noch einige Techniken vorstellen, die gezielt Veränderung von Transaktionsmustern innerhalb des Systems initiieren können.

Musterunterbrechung durch Unterlassungsintervention

Bei dieser Methode geht es darum, wie Menschen effizient ihre Gewohnheiten in Handlungen verändern können. Diese gewohnten Handlungen entsprechen dem bereits bekannten Trampelpfad, der sich aus immer wiederholten Abläufen ergibt. Wir alle kennen die allzu menschliche Strategie, dass wir uns etwas vornehmen im Sinne einer „Silvesterversprechung", die wir dann aber nicht einhalten. Meistens nimmt man sich dabei etwas im „positiven Sinne" vor, d. h. wir stellen uns vor, wie es denn anders sein sollte. Dies gelingt in den wenigsten Fällen. In der Musterunterbrechung durch Unterlassung haben wir eine Technik, die wir seit vielen Jahren mit Erfolg anwenden.

Konzeptuelle Vorüberlegungen:

Um eingefahrene, dysfunktionale Denk- und Verhaltensmuster zu unterbrechen, haben sich besonders die sogenannten Unterlassungsinterventionen bewährt. Der Begriff *dysfunktional* bezieht sich in diesem Zusammenhang auf den momentanen Systemzustand; das bedeutet nicht, dass dieses (Verhaltens-)Muster immer dysfunktional war oder zwangsläufig sein muss. Es kann durchaus sein, dass bestimmte Verhaltens- oder Denkweisen zu einem Zeitpunkt Sinn machen und erfolgreich sind, aber später in einem sich verändernden Kontext modifiziert werden müssen.

Bei der Unterlassungsintervention wird den Kunden nicht mitgeteilt, wie sie sich im positiven Sinne verhalten sollen, sondern – nach Auswahl eines zentralen (dysfunktionalen) Verhaltensanteils – wird empfohlen, genau diesen Teil (dieses Verhalten) zu unterlassen. Das heißt, statt ein neues Verhalten oder ein konkretes Ziel anzuvisieren, wird das Muster der etablierten Vorgehensweise betrachtet und genau analysiert. Nachdem das Muster erkannt ist, wählt man eine konkrete Handlung aus, die man als zentral für das Vorgehensmuster erachtet. Berater und Kunden vereinbaren, dass diese Handlung für eine bestimmte „Versuchsphase" unterlassen wird, um danach zu analysieren, welche Entwicklung sich ergeben hat. Der unterbrochene Trampelpfad der Gewohnheiten (auf Bild 3 der Abbildung 15) symbolisiert die Musterunterbrechung. An dieser Stelle gestaltet sich die neue Ordnung, die sich aus dem Klientensystem heraus entwickelt.

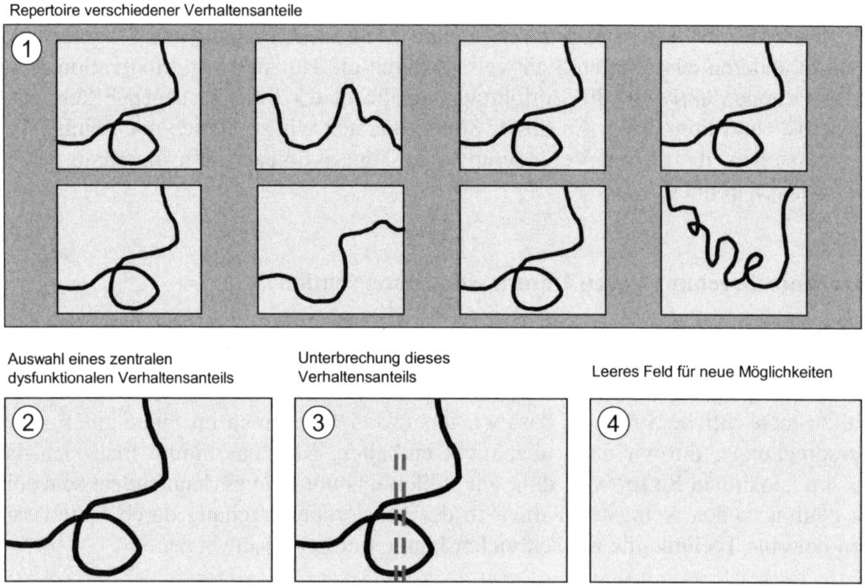

Abbildung 15: Musterunterbrechung durch Unterlassung

Der Vorteil dieses Verfahrens liegt darin, dass gewissermaßen ein leerer Raum erzeugt wird, da das alte Verhalten nun nicht mehr möglich ist. Was aber tritt an diese Stelle? Die Kunden/Partner können und sollen hier *selbstorganisiert* etwas Neues kreieren. Wenn das neue Verhalten als Lösung von den Kunden selbst entwickelt wird, zeigt es in der Regel eine höhere Nachhaltigkeit und Wirksamkeit. Wir sprechen hier von einer „autonomen Neuordnungsbildung".

Beispiel:
Herr Baum spricht Frau Kienle an, weil sie versäumt hat, einen wichtigen Kunden anzurufen. Frau Kienle antwortet nicht und schaut auf den Boden. Herr Baum, dem eine Antwort fehlt, ist enerviert und spricht schneller und immer mehr auf Frau Kienle ein. Schließlich sitzt diese mit hängendem Kopf und zeigt keine Reaktion mehr. Herr Baum verlässt entnervt den Raum und lässt Frau Kienle eine ganze Weile allein arbeiten. Beim nächsten Anlass versucht er es wieder („diesmal muss sie doch endlich ein Einsehen haben"). Das Ergebnis ist identisch.

Auswertung:

Je öfter Herr Baum und Frau Kienle in einer solchen Interaktion engagiert sind, desto mehr gräbt sich das Muster ein. Je aktiver Herr Baum ist, um so passiver reagiert Frau Kienle. Wir sprechen von einer komplementären Eskalation. Wie beim Trampelpfad durch die verschneite Lichtung: Je mehr Menschen diesen Weg gegangen sind, um so ausgetretener wird der Pfad. Je länger Herr Baum und Frau Kienle in bestimmten Situationen sich so verhalten, um so schwerer wird eine Veränderung des Musters. Und genau das ist das Ziel und die Aufgabe.

Die Methode:

Im Gespräch mit einem Berater analysiert Herr Baum sein Vorgehen. Er erkennt, dass seine hohe Aktivität, ohne Frau Kienle Raum zu lassen, zentraler Bestandteil seines Vorgehens ist. Die nun geplante Unterlassung lautet, jede Form von hoher Aktivität, von „Einreden" auf Frau Kienle zu unterlassen. Dies gelingt nur über eine hohe Kontrolle durch Herrn Baum, da sein Verhalten automatisiert ist. Er muss sich bei jeder Begegnung mit Frau Kienle daran erinnern und sein übliches Verhalten unterlassen und gewissermaßen abstellen. Was passiert nun, wenn Herr Baum sein Verhalten in der beschriebenen Weise modifiziert? Wir wissen es nicht, und keiner kann es wissen. Durch die Unterlassung wird ein kreatives Feld eröffnet, in dem die Reaktionen von Frau Kienle und Herrn Baum nicht vorhersehbar sind. Durch Selbstorganisation wird sich dann das Verhalten von beiden neu organisieren, und erst am Ergebnis kann überprüft werden, ob es dem Ziel von Herrn Baum und Frau Kienle, respektive den Zielen des Unternehmens, besser dienlich ist. Eine Kontrolle (im Sinne von: dieses oder jenes soll dabei heraus kommen) ist hier nicht möglich, Menschen sind keine Maschinen, die sich in klar vorhersehbarer Weise steuern und bedienen lassen.

Wichtig bei der Durchführung ist:
1. Motivation überprüfen und aufbauen;
2. mitteilen, dass hohes Durchhaltevermögen nötig sein wird;
3. als Experiment bezeichnen;
4. Durchführung für einen überschaubaren und begrenzten Zeitraum;
5. Auswahl eines zentralen Verhaltensanteils (Muster);
6. Empfehlung, Durchführung und Kontrolle.

Beispiel (Fortführung):

Herr Baum entscheidet sich dafür, unter allen Umständen eine übermäßige Aktivität und ein „Einreden“ auf Frau Kienle zu unterlassen. Es kommt zu folgender Begegnung und Interaktion:

Herr Baum: „Guten Tag, Frau Kienle; gerade rief mich Herr Gerster an, dass in der Berechnung der Stückzahlen ein Fehler ist. Sie haben anscheinend 2000 statt 200 angegeben ...“

Frau Kienle: (langes Schweigen)

Herr Baum: (harte Geduldsprobe, er schweigt ebenfalls)

Frau Kienle: (schließlich): „Es tut mir leid, aber in dem Moment stürmten so viele Dinge auf mich ein, das Telefon klingelte, Frau Heine wollte was von mir, der Techniker kam, um die Sprechanlage zu reparieren, und Sie wollten dringend einen Kaffee für sich und ihren japanischen Besucher ...“

Herr Baum: Wie könnte man solche Häufungen für die Zukunft vermeiden?

Frau Kienle: (wieder nach langem Zögern, so als ob sie dem Frieden nicht traue): „Ich müsste den Mut haben, das Allerwichtigste zuerst zu erledigen und die anderen Dinge aufzuschieben ...“

Herr Baum: (erleichtert, es scheint voran zu gehen): „Was hindert Sie daran, diesen Mut zu entwickeln?“

Frau Kienle: „Ihre heftigen Reaktionen und Ihre Kritik.“

Herr Baum: „Danke, dass Sie mir das sagen. Das ist hilfreich für mich, da ich meine Wirkung auf Sie bisher nicht ermessen konnte ...“

Frau Kienle: (schweigt)

Herr Baum: „Lassen Sie uns ein Abkommen schließen: Wann immer ich zu heftig werde, sagen Sie es mir! Und Ihre Arbeitsorganisation verantworten Sie ab sofort alleine. Ich werde mich nicht mehr einmischen. Falls ich es dennoch mache, müssen Sie es mir sagen ...“

Frau Kienle (kleinlaut): „Ja, wir können es ja probieren ...“

Herr Baum: „Und in vier Wochen setzen wir uns zusammen, werten aus und schauen, wie es gegangen ist ...“

Frau Kienle (erleichtert, anscheinend mit neuem Mut): „Oh ja, in Ordnung; ich trage den Termin gleich ein!“

Ändern von Regeln

In jedem System, ob in einer Familie oder einer Organisationseinheit, bestimmen Regeln die Transaktionen zwischen den Personen. Wenn im Beratungsprozess klar wird, welche offiziellen und inoffiziellen Regeln im System wirken, können hinderliche (dysfunktionale) Regeln verändert werden. Dabei ist es zunächst wichtig, mit den Beteiligten auszuloten und zu visualisieren, welche Regeln vorherrschen. Manchmal kann es einfacher sein, sich über die Klärung der Verhaltensmuster an die dem Verhalten zu Grunde liegenden Regeln der Transaktion „heranzutasten". Wenn beispielsweise ein Verhaltensmuster in einer Abteilung ist, dass die Mitarbeiter bei Kundenbeschwerden immer zuerst beim Abteilungsleiter nachfragen, könnte die dahinter stehende (inoffizielle) Regel lauten: „Wer Fehler macht, bekommt Schwierigkeiten."

Mit den Beteiligten ist herauszufinden, welche konkreten Regeln für die Zusammenarbeit vorteilhafter wären. Dabei wird genau beschrieben, an welchem Verhalten man die Wirksamkeit der neuen Regel feststellen könnte. Die Regeln der Zusammenarbeit werden schließlich im Konsens als bindende Vereinbarungen schriftlich festgehalten und Konsequenzen für Nichteinhaltung vereinbart. Nach einer „Experimentierphase" setzt man sich wieder zusammen, reflektiert über den bisherigen Erfolg und bespricht möglicherweise zu treffende weitere Änderungen.

Ändern der subjektiven Deutungen

Ein weiterer Ansatz zur Veränderung hinderlicher Transaktionen liegt im Verändern subjektiver Deutungen. Wenn nicht die Verhaltensmuster oder Spielregeln Auslöser für Reibungsverluste sind, ist es hilfreich, die subjektiven Deutungen einzelner Systemmitglieder zu überprüfen. Oftmals sind es negative Deutungen von zunächst neutralen Ereignissen, die Beziehungen, Kommunikation und Zusammenarbeit belasten. Durch Techniken wie Fragen zum Verändern des Beobachtungsstandpunktes, Reframing oder auch Skulpturarbeit kann Beteiligten klar werden, dass negativ erlebte Ereignisse auch in einem anderen Rahmen gesehen werden können. Persönliche Konstrukte und Deutungen bestimmen die individuell erlebte Welt. Aufgabe des Beraters ist hier, perspektiverweiternd zu wirken, andere Interpretationsmöglichkeiten aufzuzeigen und generell die Selbstreferenz des Gegenübers zu erhöhen. Teil der Betrachtung der individuellen Deutungen ist, gemeinsam zu erforschen, woher die vorherrschende Art der Interpretation beim Gegenüber kommt. Ohne in therapeutische Regionen abzudriften, kann ein Berater hier durchaus auch auf persönliche Themen treffen, die zu Grunde liegen können, wenn z. B. ein Teamleiter ständig vermutet, die anderen Teammitglieder würden schlecht über ihn denken und sprechen. Hier gilt es, sensibel mit der Situation umzugehen; einerseits genug Offenheit einzufordern, aber auch gleichzeitig die Privatsphäre des Einzelnen absolut zu respektieren.

1.5.12 Feedback

Rückmeldung als Teil von Entwicklung

Feedback ist ein wirkungsvolles Instrument zur Entwicklung und zum Schaffen von neuen Informationen. Um besser zu werden, müssen wir lernen. Lernen heißt, Neues entdecken, sich überraschen lassen, Freiräume haben und Unterschiede zulassen. Leider behindern wir uns selbst und andere viel zu oft darin. Sagt uns jemand etwas zu Dingen, die wir selbst gut zu können glauben, fühlen wir uns sofort angegriffen oder weisen andere Meinungen vorschnell als unbegründet zurück. „Kann nicht sein, ... sehe ich anders ..., habe ich schon alles probiert, ... kannst du nicht beurteilen!"

In vielen Organisationen ist es generell noch immer wenig verbreitet, sich gegenseitig Rückmeldung über Aspekte der Zusammenarbeit zu geben. Wenn überhaupt, wird meist Kritik geäußert, und auch die oft in einer Form, die für den Empfänger – im Sinne von Lernen und Verbesserung – nur schwer nutzbar ist. Wenn Kritik nicht in einer *entwicklungsfördernden* Art und Weise kommuniziert wird – gleichgültig ob das zwischen Kollegen oder zwischen Chef und Mitarbeiter geschieht –, ist die Reaktion des Kritisierten zumeist defensiv. Man sieht sich persönlich angegangen, verteidigt sich oder geht zum Gegenangriff über. Die eigentliche Information verpufft – der Lerneffekt ist gleich null. Um zu ermöglichen, dass ein tatsächlicher Informationsaustausch stattfindet, denn darum geht es ja im Grunde, dass der Andere wahrnimmt, was ich wahrnehme, müssen bestimmte Spielregeln zum Feedback erlernt und eingehalten werden. Beim Einsatz von Feedback ist neben der Beachtung der Regeln viel Fingerspitzengefühl für die richtige Situation erforderlich. Besonders wichtig ist dabei die freiwillige Beteiligung; gerade Feedback-Unerfahrene können sich bloßgestellt oder bedrängt fühlen.

Einsatz von Feedback

Der Berater kann Feedback auf verschiedene Art und Weise einsetzen. Er kann selbst Feedback geben, gegenseitiges Feedback anregen oder sogar eine Kultur von regelmäßigem Feedback in der Organisation initiieren. Zum einen kann er seinen Kunden ein persönliches Feedback geben, was gerade von Führungskräften oft als Bereicherung empfunden wird, da sie im Alltagsgeschäft nur selten Rückmeldung über ihr Vorgehen und ihre Wirkung erhalten. Zum anderen kann der Berater auch verschiedene Beteiligte dazu ermuntern sich gegenseitig Feedback zu geben. Dabei ist es zum Einstieg am einfachsten, wenn jedes Feedback nach einem vorgeschriebenen, wenn auch zunächst als unnatürlich empfundenen, Muster gegeben wird. Dabei sollte zunächst etwas Positives über die Person gesagt werden und dann etwas *Entwicklungsförderndes*. Der Berater muss in dieser Phase streng auf die Einhaltung der Feedbackregeln achten. Um Feedback als Teil der Unternehmenskultur zu etablieren, müssen zunächst einige Beteiligte die Regeln sicher beherrschen und sie als Multiplikatoren in die Organisation einbringen.

Feedback wird in Unternehmen in vielen Feldern eingesetzt:

- **cross**: in Führungs- und Mitarbeiterzirkeln auf unterschiedlichen Ebenen und über die verschiedenen Bereichsgrenzen hinaus;
- **top-down**: von Führungskräften zu ihren Mitarbeitern;
- **bottom-up**: die Mitarbeiter zu ihren Führungskräften, wobei top-down und bottom-up ein sich ergänzendes Vorgehen beinhalten kann;
- **in der Teamarbeit**: weil Teamarbeit dann Potenziale wecken kann, wenn ein Gedanke einen anderen auslöst;
- **in der Projektarbeit**: wo Schnittstellen unterschiedliche Interessen dokumentieren.

Regeln für Feedback

Feedback geben

Folgende Haltung und folgende Regeln ermöglichen das Erteilen eines Feedbacks:

- Ich beziehe mich auf eigene Beobachtungen und konkrete Ereignisse.
- Ich beschreibe, ohne zu kritisieren.
- Ich beziehe mich im Feedback nicht auf die Meinung anderer.
- Ich mache deutlich, dass ich meine persönliche Meinung über den/die anderen wiedergebe. Es ist keine objektive Wahrheit. („Aus meiner Sicht ...", „Auf mich macht es den Eindruck, dass ...)
- Ich beschreibe meine Beobachtung so ehrlich und konkret wie möglich.
- Meine Beobachtungen, Bewertung und Meinung gebe ich als Hinweis und als eine Information, die der andere hören und auch nutzen kann, aber nicht nutzen muss.

Feedback hören

Folgende Haltung und folgende Regeln ermöglichen das Empfangen eines Feedbacks:

- Zuhören, Zuhören, Zuhören.
- Ich frage nach, ob ich richtig verstanden habe.
- Ich bitte um konkrete Beispiele.
- Ich kommentiere nicht! Ich gebe keine Erklärungen ab! (Keine Diskussion, keine Rechtfertigungen, kein Richtigstellen!)
- Ich werde nicht sofort auf ein Feedback antworten, sondern erst nachdenken.
- Ich bedanke mich für die Hinweise, die ich bekomme.

1.5.13 Moderationstechniken

Grundsätzliches

Es gibt heute eine Vielzahl an Gelegenheiten, bei denen Menschen in Unternehmen und Organisationen zusammenkommen und sich austauschen. Man geht von einem Meeting ins nächste, nimmt an Abteilungssitzungen und Workshops teil oder trifft sich im Team zu einem Brainstorming. Die Ziele solcher Veranstaltungen sind oft verbunden mit dem Generieren von Ideen, dem Austausch von Meinungen oder der Schaffung von etwas Neuem. Oftmals mangelt es bei solchen Besprechungen allerdings an Ergebnisorientierung, Kreativität, Effizienz und effektivem Zeitmanagement.

Jeder kennt die Problematik von „klassischen Gruppenveranstaltungen" in Unternehmen, bei denen frontal präsentiert und in der Gesamtgruppe diskutiert wird. Oft reihen die ewig gleichen „Meinungsführer" ein Statement ans nächste, andere wenden sich gelangweilt schon eigenen Gedanken zu, und am Ende kommt oft wenig Greifbares dabei heraus. Aber nicht etwa böser Wille oder Unfähigkeit sind es in den meisten Fällen, die zu holprigen Prozessen und dürftigen Ergebnissen führen. Oft ist es schlicht ein Mangel an Moderation – an Moderationstechniken sowie an Erfahrung und Professionalität in ihrem Einsatz. So bleiben Besprechungen dann hinter ihren Möglichkeiten und den Erwartungen der Beteiligten zurück. Die zunehmende Komplexität der Anforderungen in Unternehmen aber macht gemeinsames Planen und Handeln und somit echte Verständigung immer dringlicher. Organisationen und Unternehmen müssen mit Mitarbeitern Probleme definieren, Ziele formulieren, Lösungsansätze finden, Widerstände analysieren und Schritte zur Realisierung einleiten. Als Berater sind wir in diesem Zusammenhang gefragt, Gruppenprozesse effektiv zu gestalten. Dazu eignet sich Moderationstechnik besonders gut. Ziel moderierter Gruppendiskussionen ist es, kreative Prozesse zu fördern, Ideenvielfalt zu generieren und alle Teilnehmer zu beteiligen, gemeinschaftlich und gründlich eine Aufgabe oder Herausforderung zu durchdenken.

Wie funktioniert Moderation?

Es reicht dabei nicht, die Erfahrungen und Meinungen der Beteiligten einzeln abzufragen. Die Teilnehmer mit ihren unterschiedlichen Sichtweisen sollen mit Hilfe von Moderation in zielgerichtete Interaktionen miteinander versetzt werden. Beteiligen sich alle an der Auseinandersetzung über ein Thema oder an der Entwicklung eines Plans, steigt die Bereitschaft, das Ergebnis später in die Tat umzusetzen; Beteiligung schafft Identifikation und sichert die Umsetzung von Lösungen in die Praxis.

Ein Moderator zeichnet sich durch Haltung und Technik aus. Der wichtigste Punkt in der Haltung eines Moderators ist dabei seine Neutralität bzw. Allparteilichkeit. Er hat keine inhaltlichen Interessen am Thema und kann sich so vollkommen auf die Gestaltung des Prozesses und auf das Voranschreiten hin zu konkreten Ergebnissen konzentrieren. Der Moderator gestaltet dabei die Dramaturgie des Vorgehens und wechselt situationsgerecht zwischen verschiedenen Gestaltungsmöglichkeiten. Im Prozess aktiviert und animiert er die Teilnehmer durch kreative Techniken und präzise Fragen, visualisiert Diskussionsbeiträge und macht Schwerpunkte sichtbar, strukturierbar und verwertbar.

Nicht jede Veranstaltung ist gleichermaßen für die Moderationsmethode geeignet. Um die Methode gewinnbringend einsetzen zu können, müssen ein paar Grundvoraussetzungen erfüllt sein. Es muss ein ungelöstes Problem oder neues Thema vorliegen, zu dem alle Beteiligten etwas beitragen können. Gleichzeitig muss natürlich der Wunsch bestehen, das Potenzial aller tatsächlich an der Ausarbeitung einzubeziehen. Und schließlich sollte eine moderierte Veranstaltung keine „Alibimaßnahme“ sein, das heißt, es sollte bei der Sitzung etwas Neues herauskommen dürfen und nicht schon vorher fertige Lösungen in der Schublade liegen.

Es würde den Rahmen dieses Kapitels sprengen, auf alle wichtigen Details der Moderationstechnik einzugehen. Daher erklären wir in diesem Zusammenhang nur einige wichtige Schwerpunkte und geben praktische Hinweise zu ihrer Anwendung.

Konzeption einer moderierten Veranstaltung

Ziel der Konzeption ist es, eine Veranstaltung so zu gestalten, dass die Teilnehmer aktiv werden können, in Richtung Ideenvielfalt denken und diskutieren und die Ergebnisse für eine konkrete Umsetzung nutzen. Hierbei handelt es sich im Wesentlichen um einen kommunikativen Prozess. Zum Ermöglichen diese Prozesses braucht es eine klare Zieldefinition und eine entsprechende Auswahl und Anordnung der einzelnen Elemente und Methoden zu einem ausgewogenen Ganzen.

Arbeitssitzungen mit Moderation sind vorüberlegt. Das bedeutet, der Moderator steuert ein Gesprächsziel an und beteiligt die Gruppe an der Ausarbeitung. Er muss Spannungspunkte erkennen, auf die er die Diskussion hin aufbaut und den Prozess gezielt zu bestimmten Aspekten hin führt. Es kommt darauf an, zu einem definierten Gesprächsziel Moderationselemente zu einem Plan zusammenzufügen. Zusätzlich ist wichtig, als Moderator die Gruppe ihren Weg gehen zu lassen, ohne dabei den Prozess und das Ziel aus den Augen zu verlieren.

Tabelle 3: Beispiele für inhaltliche Spannungsbögen bei Gruppenveranstaltungen

	Beispiel 1	Beispiel 2	Beispiel 3	Beispiel 4
Phase 1	Themenaufriss	Bedarfsanalyse	Vielfalt generieren	Vielfalt generieren
Phase 2	Auswählen von Aspekten	Ermitteln von Prioritäten	Ordnen	Exemplarische Bearbeitung eines Themas
Phase 3	Vertiefung einzelner Aspekte	Entscheidung	Priorisieren	Verallgemeinerung der Vorgehensweise
Phase 4	Zusammenführung zu einem Ganzen	Aktivitätenplan zur Umsetzung	Vertiefen	Anwendung auf weitere Themen

Für diesen Zweck braucht man eine Dramaturgie, sozusagen ein Drehbuch, das das Ganze zusammenbringt und zusammenhält. Die Grobskizze dafür speist sich aus den Informationen aus Vorgesprächen, aus inhaltlichen Spannungsbögen (siehe Tabelle 3) und aus der geschickten Verbindung verschiedener Arbeits- und Sozialformen sowie Auflockerungs- und Entspannungselementen. Eine Dramaturgie ist als eine Art Leitfaden für die Veranstaltung gedacht; es bedeutet nicht, dass der gesamte Ablauf im Detail geplant sein muss und dass die Planung auch exakt so eingehalten wird.

Weiterhin ist es entscheidend für den Erfolg einer moderierten Veranstaltung, darauf zu achten, in der Gestaltung verschiedene Elemente zu berücksichtigen.

Dazu gehören unter anderem:
- Raum und Zeit für Kontakt und Begegnung schaffen;
- Auflockerungs- und Entspannungsübungen nach Bedarf der Gruppe einbauen;
- Feedbackrunden zur Verdichtung an wichtigen Punkten durchführen;
- Lernschleifen zur Prozesssteuerung anregen (z. B. nächste Teamtreffen);
- Wechsel von Arbeits- und Ruhephasen ernst nehmen (Gruppe nicht überfordern);
- Methoden- und Aufgabenvielfalt gewährleisten, nicht zu viel des Gleichen, Teilnehmer ermüden sonst schnell.

Grundlagen der Moderationstechnik

Grundsätzlich besteht Moderationstechnik aus den beiden tragenden Elementen *Wechsel der Sozialform* und *Schriftliches Diskutieren*. Um effektive Zusammenarbeit in Gruppen zu ermöglichen, ist es ein wirksames Mittel, die Sozialform entsprechend des jeweiligen Arbeitschritts zu wechseln. Für manche Fragestellungen ist es wichtig, die gesamte Gruppe im „Plenum“ anzusprechen, in anderen Momenten ist es angezeigt, die Gruppe in Kleingruppen aus zwei bis vier Personen oder sogar jeden Teilnehmer für sich arbeiten oder präsentieren zu lassen. Plenararbeit eignet sich eher zum Sammeln von Ideen, zur Entscheidungsfindung, zum Präsentieren oder zum Einfangen eines Stimmungsbildes, in Kleingruppen kann besser inhaltlich diskutiert oder eine Thematik vertieft werden. Es kommt bei diesem Wechsel darauf an, die Abfolge von Vielfalterzeugung, inhaltlicher Verdichtung und Informationsaustausch so zu gestalten, dass der Prozess sich in Richtung des zuvor bestimmten Ziels bewegt. Durch den Wechsel der Gruppenzusammensetzung wird außerdem eine Durchmischung von Ideen und Beziehungen ermöglicht und ein höhere Energie für den Gesamtprozess gewährleistet.

Zum schriftlichen Diskutieren benötigt man Moderationsmaterialien wie Kärtchen, Filzstifte, Pinnwände und Flipcharts. Schriftlich diskutieren bedeutet, dass die Teilnehmer einer Veranstaltung ihre Ideen und Kommentare zu bestimmten Fragestellungen auf Kärtchen schreiben und diese unter Mitwirkung des Moderators gesammelt, strukturiert, ausgewertet und für nächste Schritte weiterverwendet werden. So gehen Ideen nicht in der Diskussion unter oder verloren, man kann sich auf Gesagtes und Geschehenes leichter nochmals beziehen und hat nach Ende der Veranstaltung alle Informationen zur Weiterverarbeitung vorliegen.

Beispiel einer Moderationseinheit:
1. Moderator formuliert (schriftlich) eine anregende Frage.
2. Einzelne oder Kleingruppen produzieren Ideen (schriftlich).
3. Ergebnisse werden im Plenum präsentiert.
4. Fragen und Kommentare werden (ebenfalls schriftlich) hinzugefügt.
5. Ideenvielfalt wird gemeinsam nach übergeordneten Themen geordnet.
6. Über die weitere Bearbeitung des Themas wird entschieden.
7. Weitere Bearbeitung gemäß Entscheidung (z. B. Schwerpunkte setzen durch Punkten und dann in Kleingruppen weiter vertiefen).

Visualisieren

Untersuchungen haben ergeben, dass die Merkfähigkeit beim Hören allein nur bei ca. 20 % liegt. Um Informationen besser verarbeiten und später wieder abrufen zu können, ist es sinnvoll, Informationen zu visualisieren. Es können Sachverhalte, Zusammenhänge, Prozesse, Diskussionsschwerpunkte oder Gefühle bildlich dargestellt werden. Die visuelle Darstellung von Informationen reicht von auf Kärtchen festgehaltenen Kommentaren und Ideen über einfache Skizzen bis hin zu Modellen. Schriftlich festgehaltene Diskussionsbeiträge können leichter behalten und weiterverarbeitet werden. Skizzen und Modelle sind sehr gut geeignet, um komplexe Konzepte, Zusammenhänge oder Prozesse verständlicher zu machen. Grafiken erleichtern den Zugang zu dem noch Unbekannten, schaffen einen verständnisfördernden Überblick und stellen zugleich Ordnungskriterien für aufzunehmende Detailinformationen dar.

Man kann eine Visualisierung auch als Modell ansehen, als vereinfachende Abbildung eines komplexeren Originals. Vereinfachend insofern, als zunächst von Details abstrahiert wird, um die Struktur des Originals, eines Systems oder der Beziehungen innerhalb eines Systems, deutlicher hervortreten zu lassen. Ein Modell lässt in der Regel das Wesentliche eines Sachverhalts deutlicher und schneller erkennen als das noch unbekannte, noch nicht durchschaute Original.

Kartenabfrage – Zuruffrage

Bei diesen Techniken geht es darum, Ideenvielfalt zu generieren und eine breite Beteiligung in der Gruppe zu gewährleisten. Bei beiden Techniken formuliert der Moderator zunächst eine eindeutige, anregende Frage, die dann für alle auf einer Stellwand sichtbar gemacht wird. Die Formulierung der Frage sollte genau durchdacht sein, denn sie beeinflusst maßgeblich das Ergebnis.

Bei der Kartenabfrage bekommen dann alle Teilnehmer eine bestimmte, vorher festgelegte Anzahl von Kärtchen, auf denen sie mit Markern ihre Ideen in Stichworten festhalten. Dabei arbeiten die Gruppenmitglieder einzeln für eine festgelegte Zeit an der Thematik. Dann werden die Karten eingesammelt und an einer Pinnwand befestigt. Dabei wird jede einzelne Karte vorgelesen, die anderen Gruppenteilnehmer können Verständnisfragen stellen und die Verfasser haben die Gelegenheit, zu antworten und Erläuterungen zu geben. Es sollte jedoch auf jeden Fall die Anonymität der Verfasser gewahrt bleiben, denn nur so wird sichergestellt, dass sich (besonders bei Gruppen mit verschiedenen Hierarchiestufen) alle Beteiligten frei fühlen, ihre Meinung zum Ausdruck zu bringen.

Bei der Zuruffrage wird einfach in die Gruppe gefragt und die Antworten und die Beiträge werden vom Moderator direkt auf einem Flipchart für alle sichtbar mitgeschrieben. Der Vorteil dieser Methode liegt in der einfachen und schnellen Abwicklung. Bei der Kartenabfragetechnik gehen keine Ideen durch die Dominanz von „Meinungsführern“ verloren.

Kleingruppenarbeit

Um mit einer Gruppe effektiv arbeiten zu können, ist es sinnvoll, sie für bestimmte Einheiten in Kleingruppen aufzuteilen. In der Praxis haben sich triadische (Dreier-) Konstellationen als fruchtbarste Zusammenstellung bewährt. Je nach Thema oder Anzahl der Teilnehmer können aber auch Zweierteams oder Gruppen mit vier Personen angebracht sein. Selbst eine relativ kleine Gesamtgruppe von vielleicht sieben oder acht Personen kann zielgerichteter und effektiver an Themen arbeiten, wenn sie sich aufteilt, wieder versammelt und neu durchmischt.

Die Bildung von Kleingruppen kann auf unterschiedliche Art und Weise organisiert werden. Bei Gruppen deren Mitglieder sich wenig oder gar nicht kennen, kann eine selbstorganisierte Kleingruppenbildung den Effekt eines voluntären, gegenseitigen Kennenlernens haben. Um Gruppen, die sich schon kennen, zu aktivieren, ist es oftmals am besten, die Gruppen zufällig (z. B. mit Abzählen) zu bestimmen. So verhindert man den Effekt, dass die Personen, die sich besser kennen und sowieso immer miteinander in Kontakt sind, auch hier zusammenarbeiten. Wenn es die Thematik verlangt, können die Gruppen selbstverständlich auch nach inhaltlichen Gesichtspunkten zusammengestellt werden. Der Moderator muss hier, eventuell unterstützt durch seinen Auftraggeber oder die Gesamtgruppe, genau abwägen, welchen Kriterien der Vorzug zu geben ist.

Manche Experten sind der Meinung, dass selbst Kleingruppen, nur wenn ihre Diskussion moderiert wird, gut arbeiten können. Das halten wir für übertrieben. Wichtig ist, dass die Kleingruppen die Rahmenbedingungen ihrer Arbeit in Bezug auf Fragestellung, Zeitlimit, zu benutzende Materialien und Ansprüche für die spätere Präsentation genau definiert bekommen. Man sollte außerdem jeder Kleingruppe die Regel auferlegen, dass die gemeinsame Arbeit mit fünf Minuten stiller Einzelarbeit beginnt. So gehen keine Ideen und Gedanken in der Kommunikation mit den anderen Gruppenmitgliedern verloren.

Fishbowl-Technik

Die sogenannte Fishbowl-Technik (englisch: Aquarium) eignet sich gut, um mit größeren Gruppen (mindestens zehn Personen) nach vorausgegangener Arbeit die Ergebnisse zu verdichten. Dazu diskutiert eine kleine Runde von Teilnehmern in der Mitte des Raums, während der Rest des Plenums als Zuschauer von außen auf die Fishbowl schaut. Dabei gelten folgende Regeln: Ein Stuhl in dieser Runde bleibt immer frei für Teilnehmer, die in die Diskussion einsteigen möchten. Wer nichts mehr zu sagen hat, steht auf und räumt seinen Platz in der Fishbowl. So wird im Innenkreis ein hohes Niveau an Dialogqualität, Diskussionsdichte und Energiepegel erreicht. Und auch für die Teilnehmer im Außenkreis bleibt das Geschehen interessant und die Intensität des Geschehens hoch. Der Moderator achtet im Verlauf auf die Spielregeln sowie auf die Vernetzung und direkte gegenseitige Bezugnahme der Teilnehmer, da Menschen dazu neigen, entweder zum Moderator oder zum Chef (falls dieser in der Runde sitzt) zu sprechen. Bei heiklen Themen oder zurückhaltenden Teilnehmern kann die Überwindung, in die Mitte zu kommen, zunächst hoch sein. Ein gutes Vorgehen ist in solchen Fällen, wenn der Moderator z. B. einen Vertreter jeder Arbeitsgruppe, Abteilung oder Interessengruppe in die Mitte bittet.

1.5.14 Techniken zur Informationsgewinnung in der Organisationsentwicklung

Informationsgewinnung und Beteiligung

Wenn im Beratungsprozess Maßnahmen zur Organisationsentwicklung geplant und durchgeführt werden sollen, setzt die Beraterseite Techniken zur weiteren „Diagnose" des Systems ein, um noch zusätzliche Informationen aus der Organisation zu beschaffen. Ziel beim Einsatz solcher Verfahren ist, die Mitarbeiter in Unternehmen, die oft noch neue und detaillierte Ansichten zum Thema beitragen können, als Informationsquelle zu nutzen. Gleichzeitig werden die Mitarbeiter durch diese Schritte in den Veränderungsprozess einbezogen. Die nachfolgend dargestellten Methoden zur Informationsgewinnung könnten so gesehen auch beim Thema „Beteiligen der Mitarbeiter in Veränderungsprozessen" (vgl. Abschnitt 2.2.4) aufgeführt werden. Die beiden Bereiche können also nicht von einander losgelöst betrachtet werden. Die Trennung für dieses Buch erfolgt über die primären Ziele der unterschiedlichen Maßnahmen: Während an dieser Stelle die aufgeführten Techniken als erstes Ziel die Informationsgewinnung haben, ist der Abschnitt 2.2.4 hauptsächlich auf die Mitarbeiterbeteiligung ausgerichtet – wobei natürlich auch dort Informationen über die Ansichten der Mitarbeiter gewonnen und genutzt werden.

Generell muss ein „Diagnoseverfahren" (vgl. König, Vollmer, 1996) gezielt vorbereitet werden, d. h. Ziele und Schwerpunktthemen, kritische Erfolgsfaktoren, Maßnahmen und Ablauf müssen gemeinsam mit den Kunden genau definiert werden. Die möglichen Themenbereiche, zu denen sich die Mitarbeiter in solchen Zusammenhängen äußern, reichen von Organisation, Führungsverhalten, Kommunikationsverhalten, Informationsfluss über Zusammenarbeit, Zufriedenheit, Einstellungen bis Innovation. Kritische Erfolgsfaktoren sind die Faktoren, die maßgeblich an einer erfolgreichen Durchführung der Maßnahmen mitwirken. Abhängig von organisationsspezifischen Gesichtspunkten sowie der gewählten Methode können hier unterschiedlichste Bereiche zu beachten sein. Schließlich braucht es eine gezielte qualitative und quantitative Auswertung, aus der die nächsten Schritte im Entwicklungsprozess hervorgehen.

Freie Interviews

Eine Methode, um genauere Einblicke in die Sicht- und Handlungsweisen der Mitarbeiter zu gewinnen, ist, (freie) Interviews zu führen. Im freien Interview sind die inhaltlichen Themenbereiche vor dem Gespräch festgelegt, aber anders als in einem standardisierten Interview werden keine bestimmten, vorformulierten Fragen vorgelesen. Wie bei allen Maßnahmen stellt sich auch beim Interview zunächst die Frage: Was ist das Ziel der Untersuchung, was soll ermittelt werden? Entsprechend werden die Themenbereiche, zu denen Informationen gesammelt werden sollen, festgelegt und Leitfragen für die Interviews formuliert. Die Anzahl der Fragen sollte dabei fünf bis sechs nicht überschreiten, damit auf jeden Themenbereich in etwa einstündigen Interviews ausreichend eingegangen werden kann. Um eine möglichst große Bandbreite an Informationen zu erhalten, werden die Interviewpartner cross (aus verschiedenen Abteilungen/Teams, Hierarchieebenen, Funktionen) ausgewählt.

Bei der Durchführung ist wichtig, besonders zu Beginn Raum für Kontakt und Begegnung zu schaffen. Man sollte sich bewusst sein, dass Mitarbeiter nicht unbedingt freiwillig bei einem solchen Termin sind und (durch mangelnde Information im Vorfeld oder schlechte Erfahrungen mit Befragungen, Beratungsunternehmen oder Veränderungsprozessen etc.) durchaus voreingenommen, misstrauisch und ablehnend reagieren können. Gerade deswegen ist es wichtig, eine entspannte, freundliche Atmosphäre zu schaffen und gleich zu Beginn über Sinn und Zweck der Maßnahme zu informieren. Zusätzlich sollte den Gesprächspartnern an dieser Stelle die Wahrung ihrer Anonymität zugesichert werden; nur dann sind Mitarbeiter bereit, sich offen und kritisch über die Organisation zu äußern. Im frei geführten Interview dienen die vorher formulierten Fragen wirklich nur als „Leitplanken", als Rahmen für die einzelnen Themenbereiche. Es geht darum, mit dem Gegenüber ins Gespräch zu kommen und seine oder ihre Sicht der Dinge kennen zu lernen. Die bereits vorgestellten Fragetechniken sowie die Techniken des Fokussierens und Widerspiegelns sind hierbei besonders hilfreich. Zu bestimmten Themen oder Begriffen können an Stelle von Erklärungen auch einfach Assoziationen der Mitarbeiter abgefragt werden (z. B. „Was fällt ihnen spontan zur Zusammenarbeit in ihrer Abteilung ein?").

Nach Beendigung eines Interviews sollte der Interviewer sich zusätzlich zu den Gesprächsnotizen auch noch spontan Eindrücke, Bemerkungen und Einfälle zu dem Gespräch vermerken. Gerade wenn an einem Tag eine ganze Reihe von Gesprächen geführt wird, verschwimmen die Erinnerungen an Einzelheiten doch sehr. Alle Interviewergebnisse werden dann zusammengefasst, erste Schlüsse gezogen und eine Empfehlung für den Kunden formuliert. Das weitere Vorgehen wird dann gemeinsam geplant.

Schriftliche Befragung

Schriftliche Befragungen haben eine Reihe von Vorteilen. Zum einen lässt sich eine große Anzahl von Personen (auch komplette Belegschaften) mit verhältnismäßig geringem Aufwand befragen. Zusätzlich lässt sich durch ein gutes Fragebogendesign, bei dem z. B. vorgegebene Thesen bewertet werden, eine sehr hohe Vergleichbarkeit der Aussagen und damit eine aussagekräftige statistische Auswertung (z. B. über die Häufigkeit der genannten Antworten) herstellen. Durch das Beschreiben des Ist-Zustandes einer Organisation mit Hilfe einer schriftlichen Befragung lässt sich die Veränderung (und der Erfolg) vor und nach der Durchführung eingeleiteter Maßnahmen deutlich belegen. Die schriftliche Befragung dient so zur Informationsgewinnung und zur Planung von Maßnahmen sowie zur Qualitäts- und Erfolgskontrolle des Veränderungsprozesses.

Auch bei dieser Vorgehensweise sind zu Beginn das Ziel, der Verwendungszweck und die Themenbereiche der Untersuchung genau zu definieren. Die einzelnen Themen sowie die gestellten Fragen oder zu bewertenden Thesen sind auf ihre Formulierung hin zu überprüfen. Bei der Zusammenstellung des Fragebogens sowie bei der Auswertung muss eine enge Kooperation zwischen Beratern und Auftraggebern erfolgen, um Missverständnisse in Bezug auf interne Besonderheiten, Verständlichkeit und Eindeutigkeit der Fragen/Thesen zu vermeiden; externe Sichtweisen durch die Berater könnten einfließen und somit die subjektive Sicht des betreffenden Systems falsch darstellen. Bei der Formulierung der Fragen ist außerdem darauf zu achten, so wenig „manipulativ" wie möglich zu formulieren. Auch die „soziale Erwünschtheit" bestimmter Antworten kann hier zu Verfälschungen führen. Bei der Auswahl der Antwortkategorien ist weiterhin eine Reihe von Entscheidungen zu treffen: ob man beispielsweise „ja – nein" Vorgaben macht, auf einer Skala von „trifft überhaupt nicht zu" bis „trifft voll zu" Zahlen von 1 bis 5 zur Auswahl gibt oder zusätzlich bei jeder Frage noch die Wichtigkeit dieses speziellen Themas bewerten lässt.

Das Ausfüllen der Fragebögen kann entweder an einem „Wahltag", an dem alle Mitarbeiter in einem Raum zusammenkommen, stattfinden, oder aber die Fragebögen werden postalisch bzw. elektronisch versandt. Wenn die Befragung anonym durchgeführt werden soll, muss es allerdings ermöglicht werden, dass die Mitarbeiter ihre Antwortbogen zurücksenden können, ohne dass Rückschlüsse auf ihre Identität gezogen werden können.

Prozessbeobachtung

Eine weitere Möglichkeit der Informationsgewinnung über eine Organisation ist die Prozessbeobachtung. Bei diesem Verfahren ist ein (oder mehrere) Berater über einen bestimmten Zeitraum in der Organisation anwesend und beobachtet das Geschehen.

Daneben gibt es die Möglichkeit, Prozessbeobachtung mit Hilfe von Video- oder Audioaufzeichnungen zu machen. Die grundlegende Annahme für dieses Vorgehen muss allerdings sein, dass die Beobachtung generell von der Position des Beobachters beeinflusst wird. Das heißt, es gibt keine „objektiven" oder „wahren" Beobachtungen, sondern eben nicht mehr und nicht weniger als die Beobachtung eines Beobachters.

Wie bei den anderen Verfahren muss auch hier zu Beginn der Planung festgelegt werden, welche Ziele mit der Maßnahme verfolgt werden und was mit den erzielten Ergebnissen geschehen soll. Dann kann entschieden werden, welche Situationen oder Prozesse für welchen Zeitraum zu beobachten sind. Sollen beispielsweise Teamsitzungen, Arbeitsabläufe oder Formen der Zusammenarbeit in einer Abteilung untersucht werden? Auch die Beobachtungskriterien müssen in diesem Zusammenhang festgelegt werden. Hierbei stellt sich die Frage, wie eng oder wie weit man den Blickwinkel des Beobachters einstellt. Bei einer rein qualitativen Beobachtung, ohne Beobachtungskategorien, hält der Beobachter alles fest, was ihm in der Situation auffällt. Bei diesem Vorgehen ergibt sich eine große Breite an Informationen, nachteilig ist allerdings, dass die „subjektiven Deutungen des Beobachters relativ stark zum Tragen kommen" (König, Vollmer, 1996). Die Beobachtungskategorien sehr genau festzulegen macht Sinn, wenn eine bestimmte Vorgehensweise (z. B. der Umgang mit Kundenbeschwerden im Call-Center) bereits geschult wurde und überprüft werden soll.

Schließlich muss entschieden werden, welche Rolle (offen oder verdeckt) der Beobachter einnehmen soll. Aus systemischer Sicht sollte das offene Vorgehen bevorzugt werden. Obwohl man denken könnte, dass Menschen und Systeme sich unnatürlich verhalten, wenn sie wissen, dass sie beobachtet werden, ist zumeist das Gegenteil der Fall: Die Fähigkeit sozialer Systeme, ihr Verhalten zu steuern, um einen „guten Eindruck" zu machen, scheint relativ begrenzt zu sein (König, Vollmer, 1996). Nach der Durchführung von Prozessbeobachtungen sollte in der Protokollierung möglichst genau und anhand konkreter Beispiele die Beobachtung wiedergegeben werden. Gemeinsam mit den Auftraggebern werden die Beobachtungen ausgewertet und entsprechende Maßnahmen daraus abgeleitet.

Wer Wandel erreichen will,
muss ihn vorleben.

Mahatma Gandhi

2. Veränderungsmanagement

Im Mittelpunkt dieses Kapitels steht die Frage, wie Veränderungsprozesse ablaufen und wie man sie induzieren und begleiten kann. Mit Hilfe dieser Grundlagen lassen sich Veränderungsprozesse managen und die Möglichkeiten und Aufgaben von Beratung und Führung beschreiben. Auf der Basis der verschiedenen in Kapitel 1 vorgestellten Modelle, vor allem aus der Chaosforschung und Selbstorganisationstheorie, werden die für Veränderungsprozesse typischen Übergänge zwischen Chaos und Ordnung und der Zusammenhang zwischen beiden Zuständen erläutert und praxisorientierte Konzepte und Methoden für den Beratungsalltag entwickelt. Die Grundlagen systemischer Beratung bilden die Basis für alle beratenden Tätigkeiten im Veränderungsmanagement. Beide Kapitel, die Grundlagen systemischer Organisationsberatung und Veränderungsmanagement, bilden eine Einheit und liefern das konzeptionelle und methodische Rüstzeug für den gesamten Beratungs- und Entwicklungsprozess in Unternehmen. Während im ersten Kapitel die Analyse der Zusammenhänge im Status quo des zu beratenden Systems im Mittelpunkt steht, konzentrieren wir uns im zweiten Kapitel auf die Induzierung und das Management von Veränderungsprozessen.

2.1 Grundlagen für Veränderung

2.1.1 Herausforderungen und Ziele von Unternehmen

Vor dem Hintergrund des ständigen Wandels im Umfeld der Unternehmen, des zunehmenden Wettbewerbs und erhöhten Kostendrucks bei gleichzeitig kontinuierlich gefordertem Wachstum müssen sich immer mehr Unternehmen immer öfter sowohl neu einordnen als auch neu organisieren. Firmen schließen sich zusammen, Kompetenzen und Verantwortung werden gebündelt, Angebote und Produkte verbessert und miteinander verzahnt. Insgesamt setzen Unternehmen auf mehr Marktnähe, höhere Verantwortung, Zusammenfassung von Zuständigkeiten und kurze Entscheidungswege, um dadurch die Wettbewerbschancen zu verbessern. Es geht nicht nur um die Außenpositionierung, sondern ebenso um das Ziel, die interne Organisation an die Erfordernisse des Marktes anzupassen.

Die verschärften Rahmenbedingungen und Anforderungen machen es deshalb dringend notwendig,

- im ständigen Wandel die Identifikation der Mitarbeiter zum Unternehmen zu stärken und die Bindung zu erhöhen und
- das Bewusstsein für den Veränderungsprozess zu nutzen für eine gemeinsame Unternehmenskultur mit gemeinsamen Werten und einer gemeinsamen Ausrichtung.

Viel zu oft sind Vorhaben in der Vergangenheit gerade an internen Strukturen und Widerständen der Organisation und der Mitarbeiter gescheitert. Erst durch Störungen wird erkannt, welche Kulturen und Werte im Unternehmen tatsächlich gelebt werden und ob sie im Einklang mit den unternehmerischen Zielen stehen.

Bei Unternehmenszusammenschlüssen setzten Unternehmen vor allem auf Synergieeffekte. Trotzdem kommt es in 80 % aller Fälle nicht zu den gewünschten Synergieeffekten, statt dessen werden unterschiedliche Erwartungshaltungen, Arbeitsweisen und Handlungsmuster beibehalten und langfristig etabliert. Von Anfang an entstehen gravierende Reibungsverluste. Die meisten Unternehmen wissen aus vorangegangenen Neuausrichtungen, dass Veränderungen mit schmerzhaften Einschnitten verbunden waren. Sie erkennen den dringenden Handlungsbedarf, die Mitarbeiter auf die veränderten Bedingungen vorzubereiten und in den Veränderungsprozess aktiv mit einzubeziehen und setzen deshalb auf einen Veränderungsprozess. Ziel ist dabei, dem originären Unternehmensauftrag entsprechend ein neues Selbstverständnis und eine straffe, effiziente Prozessgestaltung zu erreichen, die sich auch in einer ziel- und kundenorientierten, offenen und vertrauensvollen Unternehmenskultur widerspiegelt.

Ein kritischer Erfolgsfaktor für alle unternehmerischen Vorhaben ist eine hohe Leistungsbereitschaft aller Mitarbeiter. In der Unternehmensentwicklung ist der Veränderungsprozess Stellhebel und Motor für die Erreichung der Unternehmensziele und muss daher höchste Priorität, hohe Geschwindigkeit und eine hohe Unterstützung aller Beteiligten haben.

Allerdings gibt es auch Risiken für die Zielerreichung. Im Top-Management und auf der mittleren Führungsebene wird häufig nicht verstanden, dass der Veränderungsprozess den Rückenwind für die strategische Zielerreichung bedeutet. Führungskräfte nehmen in der begrenzten Zeit des Wandels häufig ihr Tagesgeschäft wichtiger als den Veränderungsprozess.

2.1.2 Veränderungen in Humansystemen

Die meisten Manager, Management-Berater und andere an Veränderungen Beteiligte sind Spezialisten für technische und betriebswirtschaftliche Prozesse. Sie kennen die Vorgänge und Prozesse auf das Genaueste. Sie erkennen, woran es bei den Prozessen mangelt, gehen rational-analytisch vor und haben eine Idealvorstellung, wie zu verfahren wäre. Oft verstehen sie nicht, woran es dennoch scheitert. Sie sind oft keine Spezialisten für umfassende Veränderung und betrachten das Zusammenwirken von Menschen und technisch-betriebswirtschaftlichen Faktoren im Veränderungsprozess nicht als strategisch relevant. Die Vorwürfe und Schuldzuweisungen für den Misserfolg treffen meist Mitarbeiter, denen die genaue Umsetzung nicht gelingt. Die Umsetzung kann aber gar nicht gelingen, wenn ein wesentlicher Aspekt außer Acht gelassen wird: der Faktor Mensch.

Um Veränderungen in Unternehmen und Organisationen zu dauerhaftem Erfolg zu führen, braucht es ein Bündel an Erkenntnissen und Vorgehensweisen, die zusammen vielfältige Optionen für den Veränderungsprozess bereitstellen. Sie ordnen Strukturen, beschreiben Prozesse und begleiten Operationen vom aktuellen bis zum zukünftigen Zustand.

2.1.3 Wodurch Ziele erreichbar werden

Leben mit Widersprüchen

Nicht alles ist machbar. Vieles zeichnet sich durch Widersprüche, Unvollständigkeiten und Gegensätze aus (vgl. Handy, 1994). Um so notwendiger erscheint es, diese Widersprüche nicht ausmerzen zu wollen, sondern sie in ihrer Fülle zu verstehen. Was zu schnell festgelegt wird, hat keine Chance, sich zu entfalten. In Unternehmen leben wir mit einer Vielfalt von Widersprüchen. Die Betrachtung von Unterschieden und die Betonung verschiedener Aspekte, wie z. B. persönliche Werte, Zugehörigkeit zum Unternehmen, Verantwortungsbereich, Ziele usw., erlaubt sehr viel mehr Vielfalt und eröffnet dadurch eine Fülle von Möglichkeiten. Werden diese Unterschiede allerdings als sich ausschließende Gegensätze gesehen, werden sie oft zum gegenseitigen Ausstreichen benutzt. Das Fehlen an Toleranz, das Aushalten von Frustrationen und die mangelnde Fähigkeit, Unterschiede zum Konsens zu führen, sind Gründe dafür. In hierarchischen Gesellschaften sind diese Verhaltensweisen lange trainiert, und das entsprechende Verhalten wurde belohnt und gefördert. Inzwischen wissen wir mehr. In der Vielfalt liegt die Erkenntnis, dass Widersprüche in einem bestimmten Maße auch ausgehalten werden müssen. Lebende Systeme müssen durch ihre hohe Komplexität zum eigenen Überleben diese gegensätzlichen Tendenzen und Widersprüche organisieren und ausbalancieren. In der Änderung bewahren sie ihre Identität, in der Bewegung finden sie ihr Gleichgewicht. Das setzt bestimmte Fähigkeiten voraus. Bestimmte Vorstellungen zu verflüssigen statt sie zu verfestigen heißt, sich in Bewegung zu halten, flexibel zu sein und Strukturzwänge zu vermeiden. Gewisse Unklarheiten müssen ertragen werden. Es ist wichtig, immer wieder neue Modelle des Vorgehens zu entwickeln, um einen neuen Stand zu finden. Auch die Theorie der Selbstorganisation sei hier noch einmal erwähnt: Im Phasenübergang schwingt ein System einige Zeit hin und her.

Visionen und Wege

Was ist zu tun? Ein Unternehmen muss sich, bevor es Veränderungen startet, damit beschäftigen, was es will. Was schafft im Unternehmen Befriedigung? Worauf sind wir stolz? Womit können wir uns identifizieren? Wie erträumen wir uns die Zukunft? Was hat in der Zukunft Bestand und Wert? Welches Bild haben wir von uns und wollen wir in der Zukunft haben? Wie wollen wir gesehen werden? So sind Visionen nie Leitlinien oder Vorgaben, sie werden mit unseren inneren Werten beurteilt und emotional bejaht oder verneint. Sie ziehen uns in ihren Bann, ohne dass Anweisungen und Kontrollen nötig wären. Sie geben den Rahmen für Veränderungen und Zukunftsorientierung. Sie sind unternehmerische Träume von der Zukunft, Vorstellungen ins Ungewisse, Wagnis und Risiko, Mut und Ausdauer und stoßen manchmal auf Kopfschütteln und Unverständnis bei Außenstehenden.

Wenn ein Unternehmen sich die Mühe macht, eine Vision zu finden, und dies nicht mit Marketingstrategie verwechselt wird, dann muss die Führung die Mitarbeiter mit einbeziehen. Um eine Vision zu finden und reifen zu lassen, benötigt das Unternehmen Ausdauer, die der Organisation gemäß ist. So etwas lässt sich leider nicht so einfach „durchziehen", es wird nicht im ersten Meeting möglich, dafür sollten Zeit und gute Stimmung zur Verfügung stehen. Es braucht keine Jahre, es genügen Wochen und Monate.

In der Vision verbergen sich auch die Werte eines Unternehmens, emotionale Bindeglieder für manchmal sehr verschiedene Menschen und Interessen. Es lohnt sich, genügend Zeit zu investieren, denn ist eine Vision gefunden, dann sind die Ziele und das Vorgehen als konsequente Folge sofort ableitbar. Sie ergeben sich quasi aus der gefundenen Vision. Eine Vision kann sich nicht in einem theoretischen Satz entfalten, sollte positiv formuliert sein und eine Aufforderung spüren lassen, die jeder empfinden kann und die sein Handeln bestimmt. An die Zukunft des Unternehmens zu glauben und andere dafür zu begeistern, ist die Aufgabe des Managements. Es ist keine Aufgabe, die einmal gemacht wird, sondern die immer wieder erneuert und belebt werden muss. Sie kann nur von einem Management geleistet werden, das sich mit dem Unternehmen identifiziert, das in die Zukunft schaut, das auf das gemeinschaftliche Handeln des ganzen Unternehmens ausgerichtet ist und nicht nur an eigenen Interessen arbeitet.

Wodurch werden Ziele erreichbar?

Ziele in Unternehmen sind manchmal vorgegeben, deutlich und klar definiert, manchmal aber auch nicht wirklich ausgesprochen, eher intuitiv erkennbar oder diffus und widersprüchlich. Manchmal versteht jeder etwas anderes unter den Zielen des Unternehmens. Ziele ordnen sich zwischen Beschränkung und Komplexität. Sie sollten im Verlauf von Raum und Zeit dynamisch ausgerichtet sein. Schon ihre Festlegung muss einen Prozess und kein Gesetz vorsehen, damit multiple Einflüsse, die in einem offenen Prozess normal sind, Anpassungen bei auftretenden Veränderungen erlauben. Ziele müssen konkret, klar und messbar sein, sie müssen erreichbar sein und herausfordernd. Je genauer das

Ziel benannt ist, um so genauer kann man zu jedem aktuellen Zustand den Standpunkt orten und mittels Feedback die nächsten Schritte planen oder das Ziel variieren.

Die Ziele des Unternehmens bestimmen die Qualität der Produkte, die Leistung, die geleistete Arbeit, das Zufriedensein der Kunden und Mitarbeiter und die Stellung am Markt. Strategien organisieren das Erreichen der Ziele, sie beschreiben den Weg, legen die Regeln der Vorgehensweise fest und bestimmen die konkreten Operationen. Gleich den Seglern, deren Spaß und Lust es ist, zu segeln, die ihr Ziel unter Berücksichtigung von Wetter, Strömung, Boot und Mannschaft navigierend finden.

2.1.4 Unternehmensveränderung als Prozess

Für erfolgreiche Veränderungen sind überzeugte Menschen mit guten Ideen nötig. Sie brauchen umsetzbare Konzepte und erprobte Techniken und Methoden. Sie müssen die Vorgehensweisen planen und Informationen austauschen, vielfältig kooperieren, schließlich Entscheidungen treffen und die Veränderung erreichen.

Notwendige Voraussetzungen für Veränderung

1. Integrative Prozesse brauchen Entschiedenheit in der Unternehmensführung, ein hohes Engagement der Mitarbeiter, ein durchführbares Konzept und sachkundige Begleitung.
2. Visionen müssen entwickelt, konkrete Ziele benannt werden, passende Strategien sind zu finden, Regeln, die konkrete Operationen ermöglichen, müssen festgelegt werden.
3. Es gilt, Teilergebnisse in Feedback-Schleifen zu analysieren und zu bewerten, mit Konsequenzen für die Ziele.
4. Neue Verhaltensweisen müssen trainiert werden, damit effektiver und lustvoller zusammengearbeitet werden kann.
5. Teams sind zu bilden, die mit Interesse und Neugierde Lösungen zu neuen Fragestellungen und unternehmerischen Anforderungen suchen. Daraus entwickelt sich kreatives Verhalten.
6. Erfahrene und kreative Berater entwickeln brauchbare Konzepte, die helfen, aus Erfahrungen zu lernen und Krisen zu bewältigen.
7. Veränderung braucht Zeit, Raum, gute Kooperation und Zuversicht.

Es gilt der Grundsatz: Jede Veränderung von Teilaspekten verändert auch andere Bereiche. Bestimmte Teile nicht zu beachten, heißt deshalb auch, dass sie außerhalb der Strategie und der möglichen Einflussnahme und Kontrolle liegen und damit jederzeit unerwartete Störungen verursachen können.

Management systemischer Unternehmensstrategie ist kein organisiertes und geordnetes Spiel mit festen Regeln. Es ist der Umgang mit den Wahrscheinlichkeiten, den Trends und dem Zufall. Es erfordert Wissen über Chaos und Ordnung sowie Anpassungsfähigkeit und Vorausdenken.

Deshalb gilt folgende Regel: Beachten Sie immer die Auswirkungen von Teilaspekten auf das Ganze.

2.1.5 Verlauf von Veränderung – eine neue Ordnung ermöglichen

Bei Veränderungen setzen wir voraus, dass eine Motivation zur Veränderung vorliegt, die Entschlossenheit und Intensität einschließt, um dann zielgerecht und ohne größere Turbulenzen zum gewünschten Ergebnis zu kommen. Das ist leider nicht der Fall!

Die Abbildung 16 zeigt den Weg durch den Veränderungsprozess. Beim Start ist zu prüfen, wie groß der Wunsch nach Veränderung wirklich ist. In den meisten Fällen wird einfach gehandelt statt dies zu prüfen, oder es kommt zu einer „Ja-Nein"-Entscheidung: „Bist du nicht dafür, dann bist du dagegen." Da die Situation mit ihrem Dafür und Dagegen ambivalent erlebt wird, kann oder will man eine eindeutige Entscheidung mit allen Konsequenzen treffen. Notwendigen und einsichtigen Veränderungswünschen kann man nicht widersprechen. Ist man aber deshalb schon dafür? Sowohl durch „Entweder-Oder"-Situationen als auch durch zu schnelle Entscheidungen fallen bedenkenswerte Einwände unter den Tisch. Aus Erfahrung kennen viele den späteren Vorhalt: „Du warst doch auch dafür." Der bedeutendste Fehler im Veränderungsprozess entsteht durch dieses Dilemma.

Viel angemessener ist es, zu fragen, zu wie viel Prozent Veränderungsbereitschaft besteht. Bin ich überwiegend engagiert, dann werde ich auch gewisse Durststrecken überwinden, dagegen werde ich mich bei nur 40 % Zustimmung früh auf Einwände und Störungen berufen. Durch die Prozentangabe wird intuitiv erfasst, wie groß die Bereitschaft ist, aber auch wie groß der Einwand. So kann abgewogen und eine entsprechende Entscheidung getroffen werden. Beim Zusammenstellen von Projektteams zum Beispiel sagen Teilnehmer oft: „Ja, ich mache gerne mit, aber ich muss schauen, ob es in meinen Terminplan passt." Das „Ja, aber" weist deutlich darauf hin, welche Aspekte gegen eine eindeutige Zusage sprechen. Im Verlauf des Prozesses zeigt sich dann, dass die Zeit nicht da ist und dieses Mitglied nicht seinen Einsatz bringen kann. Ständige Zeitprobleme stören in der Folge die Zusammenarbeit und beeinflussen das Ergebnis nachteilig. Ebenso ist es mit Personen, die sagen: „Ich kann eigentlich nicht, aber ich sollte dabei sein." Auch hier ist der Einwand größer als das zu erwartende Engagement. Solche Leute sind oft Platzhalter, die eher den Fortgang kontrollieren wollen als aktiv mitarbeiten. Sie bringen nicht mehr als 50 % auf die Waagschale von Veränderungsbereitschaft und Beteiligung und stören damit den Fortgang. Wenn nicht ausreichender Veränderungswille vorhanden ist, kann nur bedingt gestartet werden. In so einem Fall sind die Beteiligten möglicherweise falsch ausgesucht oder der Zeitpunkt unpassend gewählt und der Veränderungsprozess sollte besser nicht gestartet werden.

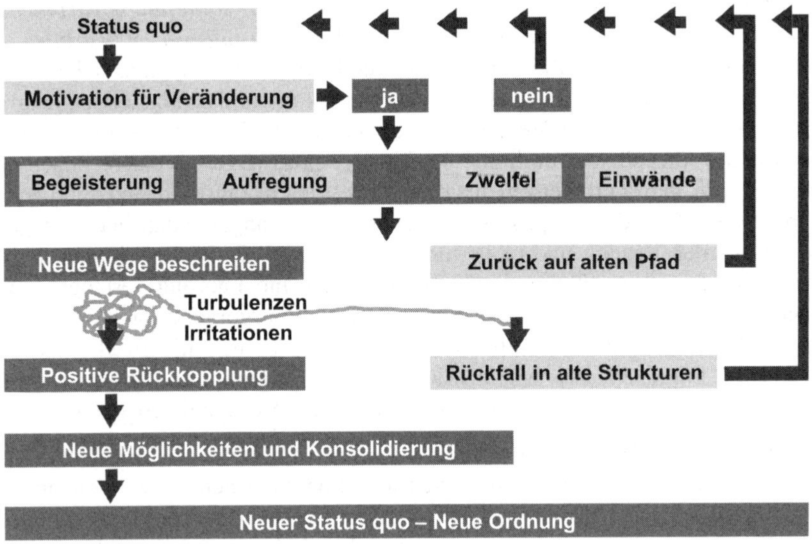

Abbildung 16: Ablauf von Veränderungsprozessen

Wenn alle Beteiligten hochmotiviert sind, Veränderungen durchzuführen, dann sind Begeisterung, Aufregung, Zweifel und Einwände normale Bestandteile des Prozesses. Angenommen, Sie entschließen sich zu einer Abenteuerreise, dann werden diese Teile Ihre Vorbereitung und Durchführung begleiten (siehe Abbildung 16). Zweifel und Einwände lassen Sie gewisse Überprüfungen und Sicherungen einbauen, Begeisterung und Aufregung geben Ihnen den Mut zur Durchführung. In Unternehmen werden häufig unterschiedliche Personen die Positionen der Begeisterung, Aufregung, Zweifel und Einwände besetzen. Sie geraten dann in Auseinandersetzungen und spalten sich. Doch sind gerade Einwände und Zweifel zu respektieren und dürfen nicht einfach abgetan werden. Sie sind wichtige Voraussetzungen für den zu bestimmenden Weg und die Vorbereitung. Sonst melden sich diese Mitarbeiter bei ersten Hindernissen unter dem Motto: „Hab' ich ja gleich gesagt." Diese Haltung ist nicht gleichzusetzen mit der Einstellung von Mitarbeitern, die nur auf alten Strukturen beharren und den Prozess mit allen Mitteln und Techniken abblocken wollen. Wer nur auf die Begeisterten hört, beachtet notwendige Einwände nicht. Wer nur dem Zweifel die Ehre gibt, wird die Hindernisse nicht überspringen.

Überwiegen Begeisterung und Aufregung, können neue Wege beschritten werden. Wenn dagegen Zweifel und Einwände größer sind, geht das System zurück auf den bisherigen Status quo. Entscheidend für das Gelingen von Veränderungen ist die Erkenntnis, dass Veränderungen nicht ohne Irritationen und Turbulenzen geschehen.

Wer in Abläufen, Strukturen, Hierarchien und Beziehungen Neuerungen einführt und mit eingeschliffenen Traditionen und Verhaltensweisen bricht, sollte diese Turbulenzen als Beweis der neuen, ungewohnten Verfahrens- und Veränderungsweisen begrüßen.
Statt dessen wird zu diesem Zeitpunkt schnell und laut nach dem alten, sicheren Zustand gerufen, vor allem von den Zweiflern. Lieber zurück als in das ungewisse Neue! Manager brechen in dieser Phase Veränderungsbemühungen ab, schicken die Berater nach Hause. Berater, die allzu stromlinienförmige Versprechungen gemacht haben, werden selbst auch von den Turbulenzen überrascht, reagieren ängstlich und reduzieren ihre Vorhaben. Wer Veränderungsprozesse als „easy going" angekündigt hat, dem geht jetzt der Wind aus den Segeln, und er ist nicht in der Lage, das Unternehmen durch diese „Veränderungskrise" zu führen. Jetzt sind Zutrauen und Führung verlangt. Jetzt zeigt sich der Vorteil von kreativen Konzepten, aus denen hervorgeht, dass wir aus Fehlern lernen und bei Engpässen alternative Wege und neues Verhalten entwickeln können. Es stellt sich die Frage: Wollen wir aus den Ereignissen lernen und in der Entwicklung weiter nach vorne gehen, oder werfen wir die Flinte ins Korn und geben auf?

Erst wenn die Phase der Turbulenzen durchschritten ist, die positiven und negativen Ergebnisse als Informationen zur positiven Rückkopplung genutzt worden sind, Teilergebnisse reflektiert, Ziele angepasst und konkretisiert wurden und Konsequenzen und Alternativen erprobt sind, kommt es zu neuen Möglichkeiten und zur Konsolidierung. Erst danach erreicht man den neuen, gewünschten Status quo, der sich für eine Zeit erhält und von wo aus die Welt sich erneut ändert.

2.1.6 Selbstorganisation und Steuerung – kein Widerspruch

Dies ist ein Thema, das vor allem für Führungskräfte in Organisationen und Unternehmen von Interesse sein dürfte. Turbulenzen und Chaos bedeuten für viele Manager und damit auch für andere Menschen Kontrollverlust. So stellt sich die Frage nach einem Konzept, mit dessen Hilfe sie Selbstorganisation und Chaos (siehe Abschnitt 1.2.4) ermöglichen und die damit verbundenen Prozesse zu steuern vermögen.

Erfolgreiche Selbstorganisation setzt voraus, dass es ein gemeinsames Verständnis aller Beteiligten über die Aufgabe und das erwünschte Ergebnis gibt und dass die hierfür erforderlichen Rahmenbedingungen und Ressourcen gesichert sind. Außerdem besteht die Möglichkeit, Vereinbarungen für die gemeinsame Zwischensteuerung zu verabredeten Meilensteinen zu treffen. Grundsätzlich sollte zu diesen Vereinbarungen auch die Terminierung von Feedbackschleifen zählen. Feedbackschleifen dienen dazu, die neuen Erfahrungen gemeinsam auszuwerten und bei Bedarf Veränderungen im weiteren Vorgehen vorzunehmen. Die Vorgehensweise zur Führung von Selbstorganisation ist auch Bestandteil des Kapitels 5 „Teamentwicklung".

Fassen wir zusammen:

Berater und Führungskräfte bemühen sich auf Grund dieses Wissens, die Ausgangsbedingungen so zu verändern, dass das zu handelnde System einem labilen Gleichgewichtszustand nahe kommt (siehe Abschnitt 1.1.3) und dadurch überhaupt erst zu einer Veränderung fähig ist. Nur der labile Gleichgewichtszustand setzt die Voraussetzung für eine nachhaltige Veränderung, z. B. entsteht durch eine Änderung der Regeln der Verhaltens- und Operationsweisen eine Irritation. Wir sprechen davon, dass das System seinen bisherigen Zustand (Attraktor) verlässt und eine kurze Phase von Chaos und Kreativität durchläuft, bis es sich auf einen neuen Ordnungszustand einpendelt. Eine in diesem Prozess entstehende Krise oder Turbulenzen sind normal und ein Ausdruck des Veränderungsprozesses. Man kann es als deterministisches Chaos verstehen. In diesem (Phasen-)Übergang wird der neue Status quo des Systems ausgebildet, der von allen Beteiligten erst „erkannt" werden muss. Das Neue wird so entwickelt und gefestigt. Bedingungen hierfür sind:

- Motivation und Entschlossenheit zur Veränderung;
- vertrauensvolle Beziehungen;
- Kompetenz der Berater.

Die Kompetenz für die Ausgestaltung der neuen Ordnungsbildung liegt ausschließlich im Kundensystem. Das Ergebnis ist nicht mit letzter Sicherheit planbar und vorhersagbar.

2.2 Methoden im Vorgehen

2.2.1 Vorbereitung

Beim Induzieren, dem „In-Gang-Setzen", von Veränderung ergeben sich drei zentrale Fragen: Welche Ziele werden angestrebt? Welcher Nutzen soll erzeugt werden? Wie lässt sich der Prozess anstoßen? Nur wenn diese Punkte gründlich durchdacht und eindeutig formuliert sind, kann ein Projekt erfolgversprechend angegangen werden. Grundsätzlich können wir drei Hauptrichtungen bei der Induktion von Veränderungsprozessen unterscheiden:

- Veränderung der Haltungen, Einstellungen, Werte, Visionen, Ziele und Strategien;
- Veränderung der Strukturen und Regeln;
- Veränderung der konkreten Operationen.

Zunächst ist zu prüfen, wie sich das System organisiert hat und was die Prozesse ordnet – was also die *leitenden Ordner* des Systems sind. Dies ist vergleichbar mit der schon einmal erwähnten Metapher von den Eisenspänen auf einer Platte, die durch einen darunterliegenden Magneten in bestimmter Weise geordnet werden. Welche Magneten wirken und wie haben sich die Späne organisiert? Hier kommen die grundlegenden Methoden systemischer Beratung, z. B. eine umfassende Kontextanalyse, zum Tragen. Eine ausführliche Erläuterung bietet Kapitel 1, an dieser Stelle rufen wir nur einige ausgewählte Aspekte in Erinnerung.

Status quo erfragen

- Beschreibung der vorläufigen Ziele und Strategien zur Problemlösung und Zielfindung;
- Ideen, Haltungen und Einstellungen, Werte und Normen der beteiligten Personen feststellen;
- Beschreibung von Beziehungen:
  - offizielle und geheime Regeln und Muster der Zusammenarbeit;
  - Strukturen und Hierarchien der Organisation.

Einbeziehen relevanter Systemebenen

- Welche Systemebenen sind in den Selbstorganisationsprozess mit einbezogen?
- Wo sind Informationen, Verantwortung, Durchführung, Kontrolle und Kompetenz angesiedelt?
- Verfügen die beteiligten Systemebenen über die relevanten Informationen?
- Werden die Prozesse oder das Projekt in dem sich selbstorganisierenden Team in Eigenverantwortung geregelt?
  - Werden Konsequenzen aus Erfahrungen gezogen?
  - Gibt es eine Verantwortung für das sich organisierende Ganze? Als Voraussetzung für die Realisierung eines Selbstorganisations-Prozesses muss die Verantwortung in der Prozesseinheit liegen, die die Veränderung durchführt und darf nicht geteilt sein.
- Beschreibung der beteiligten Personen im Veränderungsprozess.

Veränderung von Ordnern

Die Steuerung von Veränderungsprozessen erfolgt über „Ordner“. Es ist Aufgabe des Managements, diese Ordner zu definieren und zu setzen. Berater unterstützen die Führungskräfte, die geeigneten Ordner zu finden. Durch Ordner unterstützt man die Fähigkeit der Mitarbeiter zu Eigenverantwortung und Selbstorganisation. Dadurch wird das Eingreifen der Führung auf die Steuerung und das Managen der Abweichungen begrenzt. Das Eingreifen des Chefs in Bezug darauf, *wie* jemand seine Arbeit organisiert, führt erfahrungsgemäß zu Demotivation, Identifikationsverlust und Rückgabe der delegierten Verantwortung seitens der Mitarbeiter und ist dem angestrebten kreativen Prozess nicht dienlich.

Ordner kommen sowohl aus der individuellen Umwelt (ererbte und erlernte Programme und Konstruktionen, existenzielle Bedrohungen, emotionale Ansprache und Beteiligung), aus Referenzsystemen (Hierarchie, Regeln, Ziele, Zugehörigkeiten, Loyalitäten, Anreize, Theoriekonzepte etc.), aus der biosozialen Umwelt (kulturelle Gegebenheiten,

Werte und Normen, Politik, Märkte, Wettbewerber, Zeitströmungen) und aus der physikalischen Umwelt (Temperatur, Raumbeschaffenheit, Klima, Lärm, regionale Gegebenheiten etc.). Weitere Beispiele für Ordner sind Werte, Zeit, Regeln, Visionen, Ziele und Hierarchien.

2.2.2 Verändern von Transaktionsmustern

Ob sich, gemäß der neuen Ordner, wirklich etwas verändert, erkennen wir erst an den konkreten Verhaltensweisen. Nach dem Motto „Wasch mich, aber mach mich nicht nass!" fällt es vergleichsweise leicht, Ideen und Visionen zu formulieren. Die besten Ideen nützen jedoch nichts, wenn ihnen keine Taten folgen. Um Veränderung zu erreichen und neue Wege zu beschreiten, müssen sich die Transaktionsmuster im Unternehmen verändern. Im Folgenden ist beschrieben, wie sich alte Muster auflösen und durch neue ersetzt werden können. Dieses Eröffnen kreativer Felder erfolgt in Analogie zu der uns bereits bekannten Musterunterbrechung.

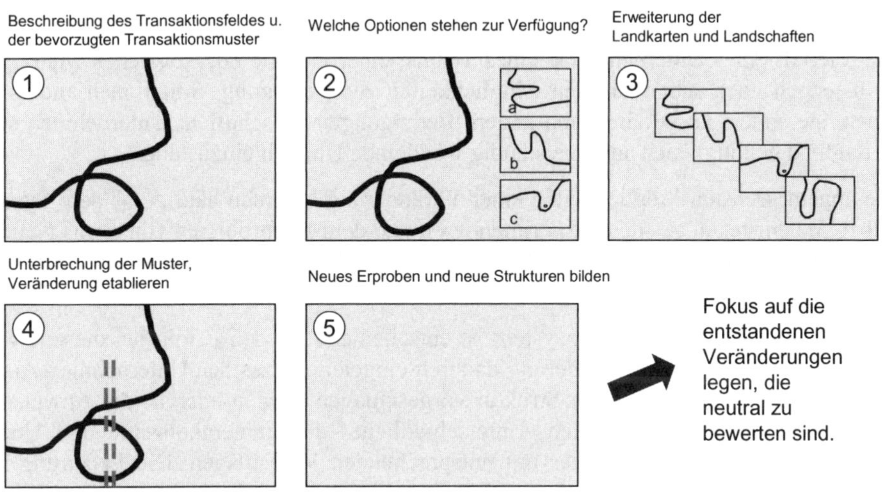

Abbildung 17: Eröffnen kreativer Felder im Veränderungsprozess

zu Bild 1:

Menschen bilden in Beziehungen Muster und Regeln. Muster sind regelhafte Abläufe und Gesetzmäßigkeiten im Verhalten. Durch wiederkehrendes Verhalten wird Stabilität erreicht und erhalten. Verhalten zeigt sich in spezifischen Transaktionen, die ihre Bedeutung in Bezug auf Raum, Zeit und Kontext erfahren und somit fester Bestandteil des Umgangs miteinander sind (in Bild 1 als ein „typischer Verlauf" gekennzeichnet). Die Muster dienen der Vorhersagbarkeit und damit dem Erhalt von Strukturen. Derart typische Verläufe erkennt man daran, dass Verhalten im Kontakt zu bestimmten Personen oder in bestimmten Zusammenhängen fast vorhersagbar wird. Obwohl man sich vornimmt, bestimmte Themen oder Verhaltensweisen zu vermeiden, begibt man sich schnellstens wieder ins alte Fahrwasser.

zu Bild 2:

Ohne sich wirklich bewusst entschieden zu haben, ist jede Verhaltensweise eine Entscheidung aus einer Auswahl von weiteren Möglichkeiten, die zum Zeitpunkt der Handlung ebenfalls zur Verfügung gestanden hätten. Diese anderen Möglichkeiten werden durch redundantes Verhalten immer mehr ausgeschlossen, so dass aus einem anfänglichen Trampelpfad schließlich eine gut ausgebaute Autobahn geworden ist. In dieser statischen Umgebung werden stabile Regelkreise aufgebaut, Störungen gleichen sich aus und Lernen ist nicht erfolgreich. Die einmal gebildeten Strukturen schließen neue Informationen und Veränderungsanforderungen immer mehr aus.

zu Bild 3:

Die Vielfalt eines Unternehmens, eines Teams, einer Gruppe oder zwischen Menschen stellt jedoch noch sehr viel mehr Möglichkeiten zur Verfügung: Situationen anders zu sehen, sie anders zu erklären und andere Bedingungen zu schaffen. Unternehmen sind fortlaufend genötigt, sich auf eine ständig wandelnde Umwelt einzustellen.

Die angemessensten Möglichkeiten einer Veränderung kommen häufig aus dem System selbst. Sie entstehen aus dem Experimentieren und dem Ausprobieren von etwas Neuem, dem Prüfen, ob das Neue besser oder schlechter ist. Erst danach kann entschieden werden, welche Neuerungen und Regeln einzuführen sind.

Die Kopplung mit dem Kundensystem ist entscheidend für den Erfolg bei diesem Vorgehen. Sehr häufig wird Veränderung dadurch eingeleitet, dass den Unternehmen Änderungen im Verhalten und in der Struktur vorgeschlagen werden oder sie die Anweisung zu solchen Änderungen erhalten. Unterschiedliche Managementkonzepte und Unternehmensberater unterstützen dies mit entsprechenden Vorschlägen. Die Erfahrung aus erfolgreichen Veränderungen zeigt jedoch, dass hier wesentliche Probleme im Veränderungskonzept und in der Durchführung stecken. Häufig besteht der Anspruch an Veränderung, von vornherein zu wissen, was besser und „richtiger" für die Organisation wäre. Die Erfolge dieser Interventionen sind jedoch nur Anleihen von Erfahrungen aus anderen Bereichen und anderen Veränderungsprozessen. Ohne wirklich zu wissen, was richtig wäre, greift man auf Ergebnisse zurück, die nur annähernd der eigenen Situation entsprechen. Obwohl gerade Berater versprechen, maßgeschneiderte Konzepte zu erarbeiten, wiederholen sie oft nur bereits bekannte Lösungen.

zu Bild 4:

Wenn das System nicht über alternative Transaktionsmuster verfügt, was kann dann unternommen werden? Um in diesem Feld individuelle, kreative und unerwartete Lösungen zu finden und zu entwickeln, gibt es ein hilfreiches Instrument. Es kommt darauf an, bestimmtes Verhalten, das als störend, dysfunktional oder hinderlich angesehen wird, konsequent zu unterlassen (vgl. Abschnitt 1.5.11: „Verändern von Verhalten, Regeln und subjektiven Deutungen“). Das Ziel ist, ein spezifisches Muster zu unterbrechen, um Freiräume zu erreichen. Etwas zu unterlassen, was man normalerweise tut, bringt ein System zu einer radikalen Musterveränderung. Wenn keine Vorschrift vorliegt, muss etwas Neues ausprobiert werden, da man sich nicht *nicht* verhalten kann.

zu Bild 5:

Damit ist das Feld frei für neue Wege, neue Erfahrungen, neue Informationen, neue Erkenntnisse und neue Lösungen.

2.2.3 Anforderungen an Berater und Führungskräfte

Veränderung lässt sich gestalten, nicht verordnen

Wer verändert, braucht auch die Verantwortung für den Veränderungsprozess. So stellt sich häufig die Frage: Wer ist für die Veränderung zuständig, wer ist oder fühlt sich verantwortlich, wer sitzt mit wem im Boot? Traditionelle Konzepte ermitteln durch umfangreiche Ist-Analysen die Abläufe, die Stärken und die Schwachstellen und wollen ungenutzte Potenziale aufzeigen. Von Beratern oder Betroffenen wird die Analyse durchgeführt und dem Management werden Vorschläge unterbreitet. Von dort wird dann per Dekret der Prozess der Veränderung gestartet. Die Vorschläge und die konkreten Vorgehensweisen werden dann den betroffenen Abteilungen zur Durchführung zurückgegeben. Dadurch sind Schnittstellen geschaffen, Verantwortung, Durchführung und Kontrolle auf mehrere Bereiche zergliedert. Betrachten wir das Zusammenspiel im innovativen Veränderungsprozess, so wird klar, dass es sich um einen co-kreativen Prozess handeln muss. Die Gedanken, die Ideen und das Handeln stimulieren die anderen und erschaffen im gemeinsamen Prozess das „Neue“, das nicht gestückelt und zerlegt werden darf. Manche Berater bleiben neuerdings bis zur Implementierung. Ein risikoreiches Geschäft, denn sie werden auch an der Umsetzbarkeit ihrer Konzepte gemessen. Die praktische Umsetzung, die nicht nach der Theorie, sondern nach ihrem eigenen Prozess verläuft, lässt sie kleinlaut erkennen, dass ohne die Menschen im Unternehmen nichts zu machen ist. Die Mitarbeiter sind ein wesentlicher Aspekt des Gesamtprozesses, ohne den der Veränderungsprozess nicht gelingen kann.

Schon in der Startphase werden Informationen gewonnen, die zu Erkenntnissen führen und schon zu diesem frühen Zeitpunkt bereits Veränderungen bewirken könnten, würden sie sofort umgesetzt. Vielfach bleiben derartige Informationen ungenutzt, weil erst die Analyse abgewartet wird oder Betroffene und Verantwortliche nicht miteinbezogen werden und erst viel später via Geschäftsleitung Ergebnisse erfahren. Hier gibt es gefährliche Fallstricke, die viele Manager und Berater durch überzogenen Eifer, Überheblichkeit und falsche Sachkompetenz stolpern lassen. Erkenntnisse werden nicht ausgeschöpft, wenn Berater oder „Veränderer" schon alles wissen, was sie zu finden glauben, was genau zu tun ist, was am Ende stehen soll. Ihre Ohren und Augen sind zu. Sie befassen sich mehr mit Vergangenem und/oder wiederholten Erfahrungen statt sich Innovation zu erlauben. Sie reproduzieren vergleichbare Erfahrungen, statt Optionen zur Verfügung zu stellen, und nehmen dabei aktuelle Einflüsse und Ereignisse nicht genügend wahr.

Lassen sie sich jedoch auf einen offenen Prozess ein, dann kommt es zu einem Wertschöpfungsprozess durch neue Informationen. In der gemeinsamen Arbeit (Co-Kreation) wird sehr viel Begeisterung, Engagement und Einsatz spürbar sein. Die Aufbruchstimmung weht wie eine frische Brise durch das Unternehmen.

Sind Berater mit ins Geschehen eingebunden, sollten sie in der Phase der Umsetzung mit in die Verantwortung einbezogen sein. Im Unternehmen muss bekannt sein, welche Veränderungen nötig sind. Dies ist für die Motivation zur Veränderung eine wichtige Voraussetzung. Auch hier kommt es zu einer kritischen Phase. Am Ende eines gelungenen Prozesses weiß man im Unternehmen ebensoviel wie der Berater. Ohne das Zusammenspiel und die Übernahme der Verantwortung für die Veränderung durch das Unternehmen und das Durchschreiten der kritischen Phase mit all ihren Irritationen und Turbulenzen kommt es zu keiner tragfähigen Veränderung. Die Erfahrungen und die Erkenntnisse sind ein gemeinsamer Wertschöpfungsprozess.

Handwerkszeug und Vorgehensweisen

Beim Veränderungsmanagement richtet sich der Blick oft nur auf technische und wirtschaftliche Fakten und Strukturen. Diese können am Leichtesten erfasst, gemessen und bewertet werden, sie liefern „harte Tatsachen" und ermöglichen Steuerung. Ohne diese harten Fakten geht es nicht, jedoch scheitern Veränderungsprozesse an den weichen Realitäten, die ungeordnet Prozesse mit steuern und beeinflussen. Weiche Realitäten sind subjektive Beurteilungen, die vom Ermessen und den Wirklichkeitskonstruktionen einzelner abhängig sind. Sie werden oft wie Wahrheiten behandelt und gegeneinander eingesetzt.

Hier gibt es Handlungsbedarf. Was ist also zu tun? Wir kennen Organisationsanalysen, Führungsanalysen, Wettbewerbsanalysen, Kundenzufriedenheitsanalysen, Mitarbeiteranalysen und Selbsteinschätzungen. Was wir zusätzlich brauchen, ist die Fertigkeit, weiche Daten zu erfassen und zu verarbeiten.

Woran können wir nach Sammlung der Informationen und Erhebung der Daten erkennen, ob das Wesentliche erfasst wurde?

- Zusammenhänge dürfen nicht in Teile zergliedert werden.
- Aus sehr unterschiedlichen Beobachtungspositionen müssen die Aspekte in ihren Zusammenhang gebracht werden.

Systemisches Vorgehen heißt beschreiben, in welcher Weise Subsysteme miteinander transagieren. Es ist zu entscheiden, wo die Grenze der Betrachtung liegen soll und ob alle wesentlichen Einflussgrößen beachtet worden sind. Es ist zu prüfen, wie Gewinn, Kunden und Mitarbeiter als Zeichen der Unternehmenskultur im Verhältnis zueinander stehen. Jedes Programm, jede Analyse, jedes Vorgehen, das andere wichtige Bereiche unberücksichtigt lässt oder nur streift, wird früher oder später an der Wichtigkeit der anderen scheitern. Erst diese Erkenntnis zwingt uns zu einer durchgängigen systemischen Betrachtung.

Um diese komplexe Aufgabe zu erfüllen und um das Vorgehen zu vereinfachen, sind Teams zu bilden, die in der Lage sind, strategische Unternehmensanalysen vorzunehmen. Es muss deutlich werden, wie Prozesse der permanenten Verbesserungen gesteuert werden, welche Feedback-Systeme Kundenzufriedenheit erfassen, wie die Befähigung und Beteiligung der Mitarbeiter entwickelt wird. Alle Ergebnisse und das Zusammenspiel des Geschehens sind genauso in die Betrachtung einzubeziehen.

Dementsprechend müssen die Teams interdisziplinär zusammengesetzt sein. Die vermeintliche Omnipotenz von Managern, Management-Beratern und anderen Spezialisten ist erschreckend. Noch immer gilt es als kompetent, wenn wenige Personen alles zu verstehen und zu wissen glauben, statt die unterschiedlichen Fähigkeiten der Mitarbeiter und Positionen zu nutzen. Es ist von größter Bedeutung, dass hier auch Vorurteile und Grenzen der Berufsgruppen, zum Beispiel zu den Sozialwissenschaften, überwunden werden. Ein grundsätzliches Verständnis für systemische Vorgänge und Veränderungsprozesse ist notwendig. Es geht nicht darum, „soziale Klempnerei“ zu betreiben, sondern um die Vernetzung und Zusammenarbeit. Selbst in kleinen Unternehmen sollte es als bedenklich gelten, wenn der Chef alles weiß und seine Mitarbeiter nur folgen.

Handwerk der sozialen Kompetenz

Beziehungen werden nach Regeln gestaltet, die man im Laufe seines Lebens erlernt und sich angeeignet hat. Allgemeine Trainings in Führungsverhalten, Motivation und Kommunikation versuchen, Führungskräfte und Mitarbeiter in sozialem Verhalten voranzubringen. Unzählige Fachbücher, Zeitschriften und Seminare widmen sich ebenso diesem Thema, denn soziale Kompetenz gilt als Grundvoraussetzung für die intensive Erschließung mentaler Ressourcen bei den Mitarbeitern. Sie schafft den optimalen Erfolg bei Kunden und gestaltet gute Beziehungen. Die Fähigkeit zur sozialen Kompetenz lässt Menschen Verantwortung übernehmen und ihre Zufriedenheit wachsen.

Voraussetzung für den Erfolg allerdings ist, dass Führungskräfte zu ihren Aussagen stehen und sie vorleben. Viele Trainings verklären ihre einseitigen Programme durch Mystik und Tricks. Aktuelle Moden werden teuer verkauft. Sie suggerieren oft die einseitige Einflussnahme auf Menschen und lassen uns glauben, man könnte andere manipulieren. In der Praxis reagieren die Betroffenen zu Recht ärgerlich auf derartige Techniken, denn niemand möchte manipuliert werden. Die Konsequenzen sind meist Beziehungsabbruch und Misstrauen. Voraussetzung für Veränderung, die auch schmerzhaft erlebt werden kann, ist der ehrliche und kongruente Austausch in Beziehungen. Bei Untersuchungen erfolgreicher Therapeuten, deren Kerngeschäft die soziale Kompetenz ist, hat sich gezeigt, dass weniger das technische Vorgehen über den Erfolg entscheidet als die Persönlichkeit. Die Fähigkeit zur direkten Kontaktaufnahme und Verständigung und die Qualität der Begegnung zeichnet das besondere Verhalten einer Führungskraft aus.

Die Bedeutung von sozialer Kompetenz für Unternehmen würde grundsätzlich niemand in Abrede stellen. Trotzdem bleibt sie eines der Stiefkinder in der kontinuierlichen Fortbildung und persönlichen Weiterentwicklung. Der Grund dafür ist, dass soziale Kompetenz für die Karriereentwicklung als weniger wichtig erachtet wird und sich weniger auszahlt als Fachkompetenzen. Es gibt einige Vorurteile über soziale Kompetenz, die dies zusätzlich verstärken und die wir hier hinterfragen möchten:

Bekommt man soziale Kompetenz in die Wiege gelegt?

Im Gegenteil: Wir lernen soziales Verhalten mit seiner ganzen Vielfalt an Spielregeln in der Familie, in der Schule, im Umfeld, in der Freizeit, mit Freunden und Gegnern, durch Kooperation und in Auseinandersetzungen. Was wir weniger tun, ist unser Verhalten in Beziehungen zu reflektieren, nach Alternativen zu suchen und uns dadurch zu verbessern. Deshalb ist soziales Verhalten soziales Lernen, worin wir immer besser werden können.

Muss man heute nur aus dem Bauch entscheiden?

Das Gegenteil trifft zu: Es ist die alte Teilung des Menschen in Denken und Fühlen. Rein rational oder ganz gefühlsmäßig zu handeln hängt davon ab, welcher Kultur wir angehören, in welcher Situation wir uns befinden oder was gerade Wert hat. Nur rational zu sein ist oft kalt und mechanisch, nur gefühlsmäßig ohne Planung und Vorhersagbarkeit zu handeln, ist mit Willkür verbunden. Diese Trennung sollten wir überwinden, sonst bleibt das Vorurteil, soziale Kompetenz habe nur mit Gefühlen zu tun. Nicht umsonst sprechen wir deshalb beim Zusammenwirken von Denken und Handeln auch von Intuition.

Ist soziale Kompetenz etwas für Frauen und andere Gefühlsorientierte?

Das ist richtig: In ihrer Sozialisation lernen Frauen sehr viel mehr, über Beziehungen zu sprechen, und fühlen sich deshalb kompetenter als Männer. Auch Menschen mit einer starken Erlebnisfähigkeit werden sich mehr für Beziehungen interessieren und schon deshalb mehr darüber reden. Was man oft übt, kann man auch besser. Frauen übernehmen privat und in Unternehmen deshalb oft die „Zuständigkeit“ für Beziehungen. Männer ziehen sich dann gerne auf „sachliche“ Themen zurück. So kommt es zu einer Art Aufgabenteilung, wodurch beide Geschlechter verlieren. Frauen und Männer müssen lernen, die Spielregeln und ihren eigenen Beitrag am Geschehen nachzuvollziehen, auszutauschen und im Abstand dazu die Beziehung zu gestalten.

Ist soziale Kompetenz nicht unwichtig?

Es wird viel darüber geredet, aber wenig getan. Was für uns schwierig ist, schieben wir gerne auf. Das, worin wir uns stark fühlen, werden wir eher zum Gegenstand unseres Handelns machen. Wenn wir es wirklich ernst damit meinen, dass im Menschen das Kapital eines Unternehmens liegt, dann ist jede Verschiebung dieses wichtigen Themas ein Verlust für das Unternehmen.

Soziale Kompetenz kann man jedoch lernen. Jede Sportart braucht Training, damit aus einem Anfänger ein Fortgeschrittener wird. Stellen wir uns vor, Manager würden, was ihre sozialen Kompetenzen betrifft, wie beim Golf mit einem „Handicap“ ausgestattet sein. Es würde besagen, wie geschickt und erfolgreich sie sind, aber auch wie viel Training sie für das erfolgreiche Spiel aufwenden. Bestimmt würde sehr viel mehr Zeit in das soziale Managen investiert, da es sich auszahlen würde, nicht nur im direkten Erfolg, sondern auch im persönlichen Prestige. Um sozial kompetent zu sein, müssen wir drei Schlüsselkompetenzen entwickeln:

- Mehr über Kommunikation verstehen.
- Beziehungen als Dialog begreifen und danach handeln.
- Konflikte angemessen lösen können.

Wichtige Aspekte von Beziehungen

In der Gestaltung von Beziehungen sind ein paar Grundannahmen wichtig (vgl. Watzlawick, 1969):

1. *Es ist unmöglich, nicht zu kommunizieren.*

   Alles, was wir sagen, wie wir es sagen, wozu wir schweigen, was wir tun, was wir nicht tun, wirkt und gestaltet unsere Beziehungen. Welche Körpersprache wir benutzen oder mit welchem Ton oder Unterton wir etwas sagen, ist von Bedeutung. Alle Handlungen, die der Veränderung oder der Aufrechterhaltung eines Status quo dienen, sind zu beachten.

Das können Sie tun: Beobachten Sie sich gelegentlich aus einer Vogelperspektive, achten Sie auf die Reaktionen anderer, tauschen Sie sich über Ihre Beziehungen aus.

2. *Es gibt zwei Wirkungsebenen.*

In jeder Kommunikation gibt es einen Inhalts- und einen Beziehungsaspekt. Viele Einwände, Unterschiede und Konflikte werden auf die Inhaltsebene verlagert und dort diskutiert. Wir äußern nicht unsere Einwände gegen eine Person, sondern streiten mit ihr über ein Sachthema. Wenn in der Kommunikation kein Konsens darüber besteht, worüber kommuniziert wird, ist keine solide Basis vorhanden. Die Inhalte sind nicht eindeutig, der Bezugsrahmen ist unterschiedlich usw. Dies führt zwangsläufig zu unterschiedlichen Wahrnehmungen über den besprochenen Inhalt oder das Ergebnis. Mitteilungen sind unklar und führen zu Missverständnissen.

Das können Sie tun: Werden Sie sich über die Beziehung klar. Gelten Ihre Einwände der Sache oder der Person, mit der Sie reden? Sprechen Sie offen oder verdeckt? Stimmt das, was Sie sagen, mit dem überein, was Sie denken? Worüber sollten Sie eigentlich reden?

3. *Die Interpunktion der Ereignisfolgen in den Beziehungsmustern.*

Damit ist gemeint, dass wir Ereignisketten bilden und an einer für uns bedeutenden Stelle beginnen. Bei Konflikten können die an unterschiedlichen Punkten gestarteten Ereignisse zur Beziehungsdefinition und damit zum Konflikt werden: „Weil Sie ..., nur deshalb habe ich ...“ Es werden lineare/kausale Beschreibungen abgegeben, die sich gegenseitig widersprechen können. Auch die Unterscheidung, zum Beispiel aktiv/passiv, Gewinner oder Verlierer, stellt eine solche Interpunktion dar. Dadurch wird unser Handeln definiert und bewertet. Diese „Zeichensetzung“ ist immer subjektiv, hat jedoch Folgen auf unser Verhalten. Aktives Verhalten anderer wird als Angebot erfahren, sich selbst passiv zu verhalten und umgekehrt. Im Alltag wundern wir uns, weshalb immer wir es sind, die die Initiative ergreifen müssen, und machen anderen Vorwürfe, während die anderen uns vorwerfen, keine Gestaltungsfreiheit zu haben. Zwei Seiten einer Medaille! Verhalten schaukelt sich systematisch auf, wenn „mehr des Gleichen“ mit „mehr des anderen“ beantwortet wird. Zum Beispiel, wenn ein Vorgesetzter versucht, einerseits seine Mitarbeiter zu selbständigen Aktivitäten zu bringen und dabei andererseits immer wieder Anweisungen gibt, kontrolliert und erneut anweist. Je mehr er es tun wird, umso weniger arbeiten die Mitarbeiter selbständig. Die Weigerung der Mitarbeiter veranlasst ihn wiederum, noch mehr anzuweisen oder zu kontrollieren. Hier ist der Einstieg zum Aufschaukeln eines Konfliktes gegeben. Wird diese Interpunktion dazu benutzt, die Beziehung zu bestimmen („Ich tue es nur, weil du ...“) und zu kontrollieren, kommt es zur Eskalation und zu einem Konflikt, der kein Ende findet. Nur die Konsensfindung, die Möglichkeit zu einer Form von Gegenseitigkeit kann hier helfen: Der gemeinsame Erfolg führt heraus aus dem „Nullsummenspiel".

Das können Sie tun: Gehen Sie auf die Metaebene (Vogelperspektive). Wie sieht der Dialog aus? Was müssen Sie konkret in Ihrem Verhalten unterlassen, um aus der Verhaltenskette herauszutreten?

4. *Jede meiner Aussagen ist eine Aussage über mich.*

   Die Beobachtung ist abhängig vom Standpunkt des Beobachters. Jeder Beobachtungsstandpunkt ermöglicht einen bestimmten Ausschnitt. Unterschiede in der Aussage sind häufig Unterschiede in der Beobachtung. Verändern wir unseren Standort, können wir andere Beobachtungen machen. Rollendefinition und der Rahmen sind damit subjektiv. Dieses ist für Beziehungen sehr bedeutsam, denn wird eine Aussage zur Festlegung und zur „Definition der Wahrheit" benutzt, entscheidet sie über den Eintritt in Problemzonen. Alle Ergebnisse der Betrachtung sind individuelle Wirklichkeitskonstruktionen und damit nicht die eine Wahrheit, sondern nur unsere Wahrheit.

   Das können Sie tun: Machen Sie sich klar, dass Ihre Aussage subjektiv ist. Fragen Sie sich, ob an der Aussage des anderen etwas „dran sein könnte". Das ist der erste Schritt zu Konsensfindung! (Siehe Abschnitt 6.4)

Sehr häufig wird im Geschäftsleben beim Thema Kommunikation von optimaler Informationsübermittlung gesprochen, so als ob es darum ginge, Computer zu vernetzen. Man redet von Sendern und Empfängern. Menschliche Kommunikation verhält sich anders, es ist nicht nur der Informationsaustausch eines Senders oder Empfängers, es ist die komplexe Vielfalt des Kontextes, der die Informationen ordnet und über deren Bedeutungen entscheidet. Wir können sie nicht „in den Griff bekommen", sondern nur durch Selbst-Bewusstsein des eigenen Denkens, Fühlens und Handelns gestalten lernen. Mit unserer Selbst-Organisation können wir experimentieren und eigenes Verhalten erproben. In den Beziehungen zeigt sich, was uns selbst treibt oder wer uns treibt: Gier und Zwist oder Kontakt und Kooperation.

Welche Aspekte wirken in der Beziehung? Es sind der persönliche Selbstwert, die Regeln und Muster, die Strukturen und der Kontext, in dem Beziehungen stattfinden (vgl. Satir, 1990).

Zusammenspiel der Verantwortlichen im Veränderungsprozess

Ein kreativer Veränderungsprozess ist gekennzeichnet durch eine hohe Dynamik. Die Anfangsphase wird als kreativer Zeitraum bezeichnet. Hier nehmen sich Berater und

Kunden die Zeit und den Raum, viel Neues auszuprobieren und um Konzepte zur Induktion von Veränderung zu entwickeln.

Doch nach dieser Phase der gemeinsamen Kreationen und Innovationen, in der der Beratende eine hohe Verantwortung trägt, muss der Kunde stärker in die alleinige Verantwortung. In diesem kritischen Zeitraum entstehen Irritationen und Turbulenzen. Interessensgegensätze und Verlustängste im Kundensystem werden sichtbar.

Die Rolle des Prozessbegleiters ist nicht starr zu definieren, und das kann im Kundensystem Unsicherheiten auslösen. Der Kunde muss sich auf die neue Verantwortungsverteilung einstellen. Innerhalb eines kreativen Veränderungsprozesses verändert sich somit das Verhältnis von Verantwortlichkeit und Kooperation zwischen Beratern und Kunden (siehe Abbildung 18). Zu Beginn eines Prozesses ist die Verantwortlichkeit des Beraters sehr hoch. Der Kunde fordert einen hohen Grad an Leistung und kreativen Ideen. Zieht der Berater sich hier zu früh zurück, kann das den Verlust des Auftrages bedeuten. Im Laufe des Prozesses ist es jedoch die Aufgabe des Beraters, die zu Anfang hohe Verantwortung Schritt für Schritt abzugeben und beim Kunden Kompetenz und Eigenverantwortung zu erhöhen.

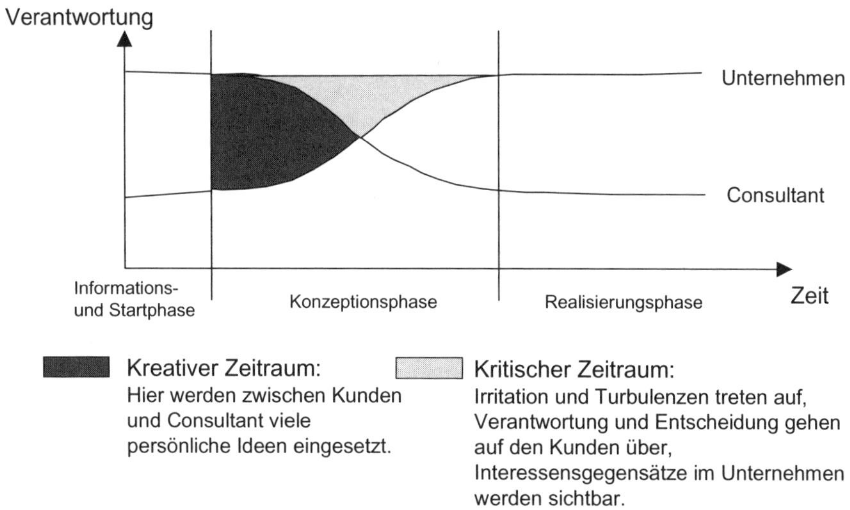

Abbildung 18: Verantwortung und Kooperation im Veränderungsprozess

Veränderungen führen zwangsläufig zu Irritationen und Unsicherheiten, die jedoch ausgehalten werden müssen, bis Erfahrungen vorliegen. Beispielsweise können bei Veränderungen in Organisationen die Mitarbeiter unzufrieden werden. Denn die bestehenden Muster verändern sich und Stabilität wird genommen. Dieses Erleben von Unsicherheiten ist bei Veränderungsprozessen normal und vorhersagbar. In vielen Fällen wird diese

„Phase der Irritation“ allerdings nicht kommuniziert. Vielleicht um die Mitarbeitenden zu schützen, nicht zu überfordern oder weil man glaubt, „dieser Kelch geht an uns vorbei“. Dieses Verschleiern oder Ignorieren fördert die Unzufriedenheit und Unsicherheit in einem solchen Prozess erheblich. Gerade wegen der gefürchteten Turbulenzen wird dieser Freiraum nur sehr ungern genutzt, weil er Kontrollverlust bedeutet. Kontrollverlust kann nur durch den Glauben an die Fähigkeiten der Innovation und Führung ausgeschalten werden. Je schwächer das jeweilige Selbstbewusstsein, desto größer der Wunsch nach Kontrolle. Es ist Aufgabe der Berater, die Betroffenen aufzuklären und sie in der Phase von Irritation und Turbulenzen zu stärken.

2.2.4 Beteiligen der Mitarbeiter

Menschliche Veränderungen sind Biotope

Wer ein Biotop anlegt, kennt den Grundriss und die Bedingungen, er wählt die Pflanzen aus und legt die Strukturen fest für Vielfalt und Entwicklung, für Gleichgewicht und Wachstum, für Vergehen und Neubeginn. Es wird manches aufgehen, was nie gepflanzt wurde, denn der Wind hat es vorbeigetragen. Manches, obwohl erwartet, geht nicht auf. Was am Anfang wie eine zerklüftete Landschaft wirkt, ist zwei Jahre später ein Ort der Vielfalt und der Ordnung, aber immer im Wandel.

Beteiligen ist mehr als Informieren

Veränderungen können nur wirksam werden, wenn sie die Mitarbeiter erreichen. Es genügt nicht, die Mitarbeiter von Beschlüssen in Kenntnis zu setzen und zu erwarten, dass sie mit Begeisterung ans Werk gehen. Sie werden dann die Veränderung mittragen, mitvoranbringen und mitgestalten, wenn sie dazu die Einsicht und das Verständnis haben, wenn sie Möglichkeiten der Mitgestaltung haben und wenn sie auch ihren eigenen Nutzen erkennen können. Mitarbeiterzufriedenheit geht eindeutig damit einher, dass Mitverantwortung für Prozess und Produkt eingeräumt wird. Dann sind Mitarbeiter leistungsbereit, übernehmen Verantwortung und zeigen Selbstmotivation. Das Prinzip der Selbstorganisation wird wirksam. Es kommt darauf an, wie Struktur und Prozesse verändert werden sollen. Manchmal ist es nützlich, mehrere Wege gleichzeitig oder zeitlich versetzt zu beschreiten. Jedoch ist ein Grundsatz zu erfüllen: Beteiligt werden sollte, wer an der Veränderung interessiert ist, wer betroffen ist, wer Verantwortung übernimmt, wer Wissen, Kompetenz und Ideen hat und wer bereit ist, Zeit und Engagement zu investieren.

Manager und Mitarbeiter, die die Anstrengung der Veränderung wagen, müssen mit Widerstand rechnen, denn sie laufen gegen eingefahrene Muster in der Zusammenarbeit. Selbst Mitarbeitervertreter tun sich oft schwer, neue Spielregeln zu erproben. Sie beharren auf erworbenen Rechten oder Pfründen, pflegen Freund-Feindbilder. Festgelegte

Rollenzuweisungen sind Barrieren auf dem Weg zu neuen Ufern. Hier sind Geduld und Ausdauer nötig, aber auch Ehrlichkeit in den Aussagen und Zielen.

Die Begründungen, wie sich Verhaltensänderungen bei Mitarbeitern erreichen lassen, sind ähnlich wie das Einbeziehen von Mitarbeitern in den Veränderungsprozess. Wer die Aufgabe und das Ziel nicht kennt, weiß auch nicht, wie er sich geschickt verhält.

Fehlen wesentliche Personen, die Verantwortung für den Prozess tragen oder die Kompetenz haben, Lösungen zu finden und das Neue zu gestalten, dann sind die Ressourcen viel zu schwach. Da Menschen unterschiedlich bewerten, auf verschiedene Art Betrachtungen anstellen und Lösungsstrategien wählen, ist soziale Kompetenz das A und O bei Verhaltensänderungen.

Einbeziehen der Mitarbeiter

Phase 1 – von oben nach unten:

Das Management nimmt sich die Zeit, über die Zukunft des Unternehmens nachzudenken und eine vorläufige Vision zu finden, Herausforderungen zu definieren und Ziele des Unternehmens zu benennen. Erste Vorgehensweisen für den Veränderungsprozess können erarbeitet werden. Zunächst muss Klarheit darüber bestehen, wo die wichtigsten Veränderungen vorgenommen und welche Ziele anvisiert werden sollen. Welche Bereiche sind zu beteiligen und wer übernimmt die Verantwortung für den Prozess? Es sollten jene Mitarbeiter eingebunden werden, die an der Veränderung ernsthaft interessiert sind und auch die nötige Kompetenz haben. Wer nur kraft seines Amtes dabei sitzt, kontrolliert und lässt mehr explodieren, als dass er verändern will.

Manche Manager beteiligen sich aktiv und führend an Veränderungsprozessen. Gleichzeitig teilen sie aber mit, dass sie alles für Unsinn und Geldverschwendung halten. Ihre Doppelbotschaft, zum gleichen Zeitpunkt zwei sich gegenseitig ausschließende Aussagen zu vertreten, führt jedoch zu erheblichen Irritationen und stellt den Erfolg in Frage. Die Kollegen im Management glauben, er wird schon mitmachen, seine Einstellung wird sich schon noch ändern, und atmen auf. Die Mitarbeiter im Projekt zeigen andere Symptome, sagen zum Beispiel kurzfristig Termine ab, nehmen mit fadenscheinigen Ausreden an Besprechungen nicht teil. Der Prozess gerät ins Stocken, es kommt zu unterschiedlichsten Erklärungen und Schuldzuweisungen. Jetzt zeigt sich der indirekte Widerstand, die mangelnde Überzeugungskraft und Eindeutigkeit im Management, die die Mitarbeiter daran hindert, Hürden zu nehmen und die Veränderung voranzubringen. Hier hilft nur eine Regel: Wer nicht überzeugt ist, sollte andere nicht aufhalten und sich nicht aktiv am Veränderungsprozess beteiligen.

Phase 2 – von unten nach oben:

Die Mitarbeiter werden frühestmöglich in den Prozess einbezogen, befragt, beteiligt und übernehmen Mitverantwortung für den Prozess. Wird zu lange mit der Mitarbeiterbeteiligung gezögert, entstehen Gerüchte, Kritik, Ängste und Widerstände. In der Praxis zeigt sich immer wieder, wie groß die Verantwortung und das Engagement der Mitarbeiter ist, sich für die Zukunft des Unternehmens einzusetzen, unabhängig von der Stellung in der Hierarchie. Durch die Beteiligung wird das große Potenzial der Mitarbeiter für gute Ideen, schnelle und griffige Veränderungen genutzt, die auch zum Erreichen der kurzfristigen Ziele von größter Wichtigkeit sind. An dieser Stelle wird der Grundstein für das Verständnis für Lösungen und das Vertrauen in die Glaubwürdigkeit gelegt. Ein solches Einbeziehen und Aktivieren der Mitarbeiter gelingt nur durch den Einsatz von modernen, kreativen Methoden der Großgruppenveranstaltung, wie Advanting®, Open Space, Apreciative Inquiry oder Zukunftskonferenz. Klassische, frontale Modelle für Mitarbeiterversammlungen oder andere „Pseudoveranstaltungen“, bei denen die Mitarbeiter zwar befragt werden, aber ihr Input nicht wirklich ernst und aufgenommen wird, sind in diesem Zusammenhang wenig erfolgreich. Es geht darum, Vorgehensweisen pragmatisch, effizient, kooperativ und direkt zu gestalten.

Alle beteiligen zu wollen ist auch in diesem Fall ein falsch verstandener Gleichheitsgrundsatz, der häufig wie Nötigung empfunden wird. Dadurch schleppt man einige mit, die „erst mal abwarten wollen“ oder überhaupt nicht überzeugt sind und offen oder verdeckt rebellieren. Auch hier muss es darum gehen, diejenigen zu beteiligen, die sich aktiv einsetzen wollen. Der Gefahr der „Clubbildung der Aktiven“ kann durch Information, Transparenz und Offenheit gegenüber „Neuem“ leicht begegnet werden. Muss jedoch mit angezogener Bremse gefahren werden, ist ein gutes Vorankommen unmöglich. Wenn Mitarbeiter spüren und sehen, dass das Management überzeugt ist und sich einsetzt, Ausdauer zeigt und klare Botschaften gibt, dann wird die Gruppe derer, die sich beteiligen wollen, immer größer.

Phase 3 – quer zu Hierarchie:

Zusammenarbeit quer zur Funktion und Hierarchie. Für Analysen oder die Entwicklung neuer Ideen sind Teams besonders gut geeignet, sei es sie betreffen den Unternehmenskontext, den Markt, den Wettbewerber, die Kunden, die Lieferanten oder die Zusammenarbeit der Mitarbeiter. Durch eine „Quer-zur-Hierarchie-Besetzung“ werden mit geringem Aufwand Informationsvielfalt erreicht und Netzwerke geschaffen. Die unterschiedlichen Beobachtungsstandpunkte können zu einer ganzheitlichen Perspektive führen, so dass die vielfältigsten Interessen wahrgenommen werden können. Der Informationsfluss hat hier mehrere Richtungen. Es werden nicht nur Informationen für Veränderungen eingeholt, sondern auch Rückkopplungen gegeben und Lernschleifen erreicht, die oft sofortige Konsequenzen nach sich ziehen. Gute Gedanken bleiben nicht auf einer Ebene hängen, sondern werden weit durch das Unternehmen transportiert. Kurze Wege und damit schneller Transport von wichtigen Informationen sind meist

Ausdruck von guten Beziehungen. Nirgendwo sonst werden Hierarchien von Funktionen, Fachkompetenz, Unternehmenszugehörigkeit und Grenzen zwischen Bereichen und Abteilungen so wirkungsvoll abgebaut und nützlich verändert wie in solchen Teams.

Phase 4 – prozessorientierte Projektarbeit:

Projekte, die prozess- und zielorientiert ausgerichtet sind, brauchen Kompetenzen und interessierte Projektmitarbeiter, um große Veränderungen zu erreichen. Es müssen horizontale Barrieren überwunden werden (Funktion, Standort, Organisation). Vertikale Hierarchieebenen und Schranken müssen nach außen zu Kunden, Lieferanten und Kooperationspartnern aufgehoben werden. In der Zusammenarbeit können kreative und oftmals schnelle, erfolgreiche Lösungen gemeinsam gefunden werden. Die Unterschiedlichkeit der Teilnehmer gewährleistet ein gegenseitiges Stimulieren. Daraus entwickelt sich eine gemeinsame Kraft im Denken und im Handeln. Synergie bedeutet nicht nur den Austausch von Information und Wissen. Es sind die Beziehungen, die Vernetzung zustande bringen und so erst Neues erzeugen. So entwickeln sich für unterschiedliche Probleme nicht nur gleiche, sondern verschiedene Lösungen, und so entstehen nicht nur Kopien. Damit wird das Verfahren wesentlich verbessert und Wissen wächst. Im persönlichen Kontakt lassen sich Beziehungen regeln und neu gestalten, Konflikte bereinigen, Vorurteile abbauen. Unabdingbar für eine erfolgreiche Arbeit ist die Eigenverantwortlichkeit der Teams für den Prozess und das Projekt. Rahmenbedingungen können festgelegt werden, Verantwortung für Prozess und Ergebnis liegen bei den Teams.

2.2.5 Das 1x1 des Veränderungsprozesses

Im Folgenden werden einige Übersichten und Checklisten vorgestellt:

Worauf kommt es an?

- Beziehungen aufbauen und ein Klima der Zusammenarbeit erzeugen,
- Veränderungs- und Lernbereitschaft überprüfen,
- starke Führungs-Allianz bilden,
- Visionen und Werte entwickeln,
- gemeinsame Ziele erarbeiten,
- die Vision des Aufbaus kommunizieren,
- die Mitarbeiter auf breiter Basis einbeziehen,
- Projekte strukturieren und Arbeitspakete vergeben,
- Philosophie und Werte verankern.

Checkliste für den Aufbauprozess

- Ist Sinnhaftigkeit geschaffen worden?
- Ist das Gefühl für die Dringlichkeit der Veränderung vorhanden?
- Stehen alle Führungskräfte dahinter?
- Sind Vision und Strategie entwickelt?
- Ist die Vision des Wandels kommuniziert?
- Gibt es eine Beteiligung der MA auf breiter Basis?

Turbulenzen im Veränderungsprozess

Wann kann es zu Turbulenzen und Irritationen kommen?

- Muster und Regeln im Denken und Handeln werden verändert;
- Handeln in Ungewissheit;
- alte Pfade werden verlassen – Neuausrichtung.

Was wird in dieser Phase benötigt?

- Konzeptklarheit (Phasenübergang);
  - sich auf das Konzept besinnen,
  - sich nicht von Emotionen mitreißen lassen,
- Führung (Leadership)/Verantwortung für den Prozess übernehmen.

Mitarbeiter-Empowerment

- Kommunizieren Sie den Mitarbeitern gegenüber eine glaubhafte Vision.
- Gleichen Sie die Struktur der Vision an.
- Gewährleisten Sie die erforderliche Weiterbildung Ihrer Mitarbeiter.
- Stimmen Sie die Informations- u. Personalsysteme auf die Vision ab.
- Setzen Sie sich mit Vorgesetzten auseinander, die sich erforderlichem Wandel widersetzen.

Folgende Hindernisse für Veränderung kann es geben:

- Angst vor Veränderung, Machtverlust, Komplexität,
- Beharrungsmentalität,
- geprägte Denkmuster,
- Informationsbarrieren und -defizite,
- fehlende Sozialkompetenz bei Führungskräften,
- Starrheit in vielen Bereichen.

2.3 Aufsetzen von Veränderungsprozessen

2.3.1 Beratungsverständnis und Kundennutzen

Beratung in Veränderungsprojekten bedeutet, Berater kommen als Unterstützer und Prozessbegleiter in ein Unternehmen. Das Veränderungsprojekt ist dabei immer das Projekt des Kunden. Durch die Prozessgestaltung ermöglicht und fördert ein Beratungsunternehmen Selbstorganisation und Selbstverantwortung beim Kunden. Die Berater unterstützen bei der Konzeptentwicklung und dem Aufsetzen relevanter (interner) Projekte; dadurch werden Prozesse vorangetrieben und durchgehalten. Soweit wie möglich und gewünscht, werden in Planung und Umsetzung vorhandene Kundenressourcen eingebunden und zum Einsatz gebracht. Ziel ist es, den Kunden selbständig zu machen und Kompetenzen aufzubauen, die nachhaltig die eigenständige Gestaltung und Durchführung von Folgemaßnahmen garantieren.

Im Rahmen der angestrebten Ziele bilden folgende konzeptionelle Grundsätze die Basis der Veränderungsprozesse:

- Die Veränderung des Unternehmens gestalten alle Mitarbeiter. Die Berater unterstützen und begleiten sie dabei.
- Alle Beteiligten, Betroffenen und Verantwortlichen wirken an diesem Prozess aktiv mit.
- Der Veränderungsdialog läuft von oben nach unten, von unten nach oben und quer zur Hierarchie und zu Funktionen. Dieser Dialog ist so wirksam wie möglich zu gestalten.
- Die im Unternehmen bestehenden offenen und verdeckten Konflikte werden angesprochen und geklärt.
- Die Kooperationsformen werden neu gestaltet. Offener Dialog, Bereitschaft zur Veränderung und Commitment werden gefördert und verstärkt.
- Die hohe Motivation und die Identifikation der Mitarbeiter und Führungskräfte mit den Zielen des Veränderungsprozesses sind wichtige und notwendige Erfolgsfaktoren.
- Es besteht eine frühzeitige partnerschaftliche Kooperation mit den Sozial- und Betriebspartnern.
- Zentrale Komponenten des Change-Management-Prozesses sind Veränderungsprojekte, bei denen zielorientiert die Anregungen der Mitarbeiter in konkrete Lösungen überführt werden.
- Alle Beteiligten und Betroffenen werden regelmäßig über die Ergebnisse und den Fortgang des Prozesses bzw. der Projekte informiert (Transparenz im Vorgehen).

2.3.2 Zielsetzung

Veränderungsbereitschaft entsteht, wenn Menschen Bedarf und Notwendigkeit zu einer Veränderung erkennen und sich mit den Zielen dieser Veränderung identifizieren können. In einem Kick-off-Workshop kann ein Unternehmen eine Standortbestimmung vornehmen, Ziele definieren und die weiteren Schritte planen und festlegen. Der geplante Change-Prozess unterstützt und fördert die Unternehmensziele. Darüber hinaus ergeben sich durch die Ausgangslage bereits eindeutige Dringlichkeiten. Im Folgenden sind beispielhaft Ziele eines Change-Managements aufgeführt, die so in vielen Unternehmen zutreffen könnten:

- gemeinsames Verständnis für Wandel und Entwicklung erzeugen;
- Sand im Getriebe verringern und störungsfreie Zusammenarbeit ermöglichen;
- eine eigene Identität für die ‚Unternehmens-Marke' (bzw. die Abteilung, den Bereich) entwickeln, stark machen und leben;
- eine gemeinsame Ausrichtung auf die externen und internen Kundenanforderungen und den Wertschöpfungsprozess schaffen;
- Leitprinzipien für das neue, kostenbewusste und unternehmerische Denken setzen, eine dementsprechende Unternehmenskultur fördern und durch Rahmenbedingungen unterstützen;
- interne und externe Kooperationsbeziehungen verbessern und ausbauen sowie eine straffe und effiziente Prozessorientierung etablieren;
- unterschiedliche Erfahrungen und Kompetenzen bündeln und für den gemeinsamen Erfolg nutzbar machen;
- ein gemeinsames Führungsverständnis erarbeiten und sich daran messen lassen.

2.3.3 Phasen im Veränderungsprozess

Ein Veränderungsprozess muss sauber und eindeutig aufgesetzt werden. Jedes Veränderungsprojekt beginnt mit der Erteilung eines Auftrags oder einer Anfrage durch den Kunden und endet nach Durchlaufen mehrerer Phasen mit dem Erreichen (oder eventuell Nicht-Erreichen) der gesetzten Ziele. Abbildung 19 zeigt die zu planenden Phasen und darin mögliche Maßnahmen im Veränderungsprojekt.

Vorbereitungs- und Konzeptphase

Diese Phase ist untergliedert in die drei Teile Prozessdesign, Analyse und Konzepterarbeitung. Die in Kapitel 1 vorgestellten Methoden und Techniken der Beratung sind hier besonders hilfreich.

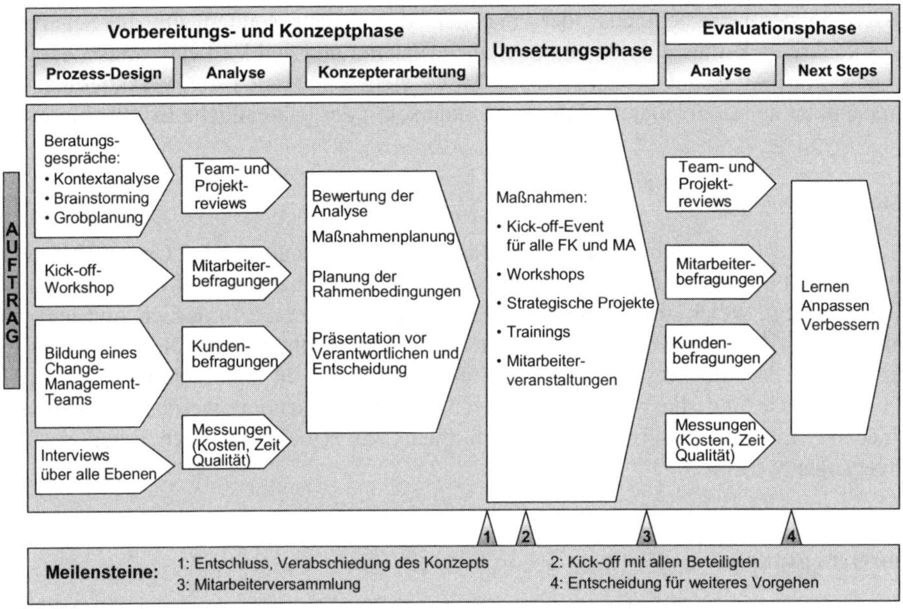

Abbildung 19: Phasen eines Veränderungsprogramms

Prozessdesign:

Im diesem Teil der Vorbereitungs- und Konzeptphase, finden erste Gespräche zwischen Auftraggebern und Kunden statt. In der *Auftragsklärung* bedarf es einer gemeinsamen Verständigung der Beteiligten darüber, was die Anforderung ist und was das Ergebnis sein soll. In dieser Programmphase wird gemeinsam aus Beratern und Projektleitern im Unternehmen ein *Change-Management-Team* gebildet, das bei der weiteren Planung und Steuerung des Projektes zusammenarbeitet. Für den Erfolg des Veränderungsprozesses ist es allerdings notwendig, nicht allein den Auftraggeber zu hören, sondern in *Interviews* das Ohr ins Unternehmen zu halten und herauszufiltern, welche Themen von anderen Beteiligten als dringlich und wichtig erachtet werden. Dadurch lernen Berater (und Auftraggeber) das Unternehmen kennen, erhöhen ihre Akzeptanz und können wichtige Impulse aufnehmen und weiterverarbeiten.

Analyse:

In der Analyse werden alle für das Veränderungsprojekt relevanten Daten erhoben und Informationen erzeugt. Durch Reviews von Teams und Projekten, Mitarbeiter- und Kundenbefragungen und die Erhebung von Kennzahlen werden Qualität, Kosten und Zeit von Produkten und Dienstleistungen betrachtet. Diese *Null-Messung* dient zur Standortbestimmung, um herauszufinden, welche Einzelziele anzupeilen und welche entsprechenden Maßnahmen zu treffen sind. Es geht hierbei nicht um eine „gut-oder-schlecht"-

Bewertung des Unternehmens oder einzelner Abteilungen, sondern um die Schaffung eines konkreten Bildes über den momentanen Zustand und den Verbesserungsbedarf der Organisation. An Hand der Ergebnisse lassen sich später auch die Veränderung, die Wirksamkeit der eingeleiteten Maßnahmen und somit der letztendliche Erfolg ablesen.

Konzepterarbeitung:

In der Konzepterarbeitung werden die durchgeführten Analysen im Change-Management-Team bewertet und daraus entsprechende Maßnahmen geplant. Darüber hinaus wird festgelegt, welche Rahmenbedingungen und Ressourcen erforderlich sind und wie (mit welchen Meilensteinen) die Zwischensteuerung erfolgen soll. Die Konzeptphase endet damit, dass den verantwortlichen Führungsgremien im Unternehmen die bisherigen Ergebnisse und die geplanten weiteren Schritte präsentiert werden, darüber entschieden wird und entsprechende Commitments zur Übernahme der Verantwortung eingegangen werden.

Umsetzungsphase

Dies ist die Phase der Selbstorganisation, in der die am Veränderungsprozess Beteiligten aktiv und kreativ werden, um neue Wege zur Lösung der Aufgaben zu entwickeln. Häufig werden hier strategische *Projekte* aufgesetzt und *Qualifizierungen* und *Mitarbeiterforen* durchgeführt, um konkrete Anforderungen im Unternehmen zu unterstützen und zu begleiten. Die Steuerung erfolgt über *Meilensteine*. Eingriffe durch Berater und Führungskräfte sind nur zu den verabredeten Meilensteinen möglich. Die Formulierung von Meilensteinen ist aus dem Projektmanagement bekannt. Ein Meilenstein ist der Übergang zwischen zwei Projektphasen, bei dem die erste Phase mit einem konkreten Ergebnis endet und Voraussetzung für den Beginn der zweiten Phase ist. Der erste wichtige Meilenstein ist immer die Entscheidung und Verabschiedung des Konzeptes am Ende der Vorbereitungs- und Konzeptphase. Der Beginn der Umsetzungsphase kann zum Beispiel mit einem Mitarbeiterforum eingeleitet werden (z. B. Open Space, Advanting®, etc.), was ein weiterer Meilenstein des Projektes wäre. Zusammenkünfte des Change-Management-Teams nach bestimmten Teilprojekten (z. B. Trainings) sind weitere mögliche Meilensteine.

Selbstorganisation und -steuerung bedeutet, dass nicht nur die Durchführung der Aufgabe in der Hand des Auftragnehmers liegt, sondern auch die Verantwortung und Kontrolle. Besondere Aufmerksamkeit kommt hier der Auftragsklärung bei der Übergabe der Arbeitspakete zu. Wenn Anforderungen zu wenig präzise formuliert sind, entsteht hieraus ein Freiraum für persönliche Interpretationen. Es kommt zu Schwierigkeiten und Führungskräfte sehen sich „gezwungen“, einzugreifen. Sollen Mitarbeiter und Teams jedoch selbständig arbeiten, ist eine sorgfältige Auftragsklärung unabdingbare Voraussetzung, um spätere Schwierigkeiten und Zeitverzögerungen zu vermeiden.

Evaluationsphase

Wichtig ist in einem Veränderungsprogramm *Lernschleifen* einzuplanen. Lernschleifen können *Mitarbeiterveranstaltungen* sein, aber auch *Messungen,* wie sie bereits in der Analysephase durchgeführt wurden. Das Prinzip der Lernschleifen zielt darauf ab, alle Erfahrungen in Lernschleifen auszuwerten und Fehler als Chance für Verbesserungen zu sehen. Dies wird zur Selbstverantwortung und Selbststeuerung der Mitarbeiter des zu beratenden Kundensystems befähigen. Zum vereinbarten Termin kommen die Beteiligten zusammen und evaluieren den bisherigen Verlauf des Veränderungsprozesses und die bisherigen Ergebnisse. Ausführliche Feedbackrunden sollen möglichst viele Ideen hervorbringen. Je nach Ergebnis, muss die Zielplanung verändert werden. Diesen Vorgang kann man als Kalibrieren bezeichnen, sozusagen als Feinsteuerung. Das Einplanen von Lernschleifen dient dazu, ein experimentierfreudiges Klima zu schaffen, in dem nicht die Angst vor Fehlern regiert, sondern Entwicklungsfreude. Wichtig ist es, die notwendigen Veränderungen in der Planung konkret zu vereinbaren und einen nächsten Termin zur Überprüfung der gefundenen Lösungen, eine nächste Lernschleife, zu vereinbaren.

Die wiederholte Durchführung von Lernschleifen ermöglicht eine optimale Zwischensteuerung und damit insgesamt eine bessere Steuerung. Außerdem tragen Lernschleifen erheblich zur Motivation und Identifikation aller Beteiligten am Veränderungsprozess bei – eben weil alle beteiligt werden. Das gilt für das Gesamtprojekt ebenso wie für Teilprojekte und einzelne Maßnahmen. Nach Abschluss der Lernschleife beginnt der Entwicklungsprozess wieder von vorn. Die fortlaufende Durchführung von Lernschleifen trägt in erheblichem Maße dazu bei, dass sich das Unternehmen zu einer lernenden Organisation entwickelt.

2.4 Konsequenzen für Organisationen und Unternehmen

Aus der Kenntnis über die Selbstorganisation von Systemen wissen wir, dass Systeme versuchen, sowohl Stabilität aufrecht zu erhalten als auch Organisationsformen weiter zu entwickeln. Damit haben wir zwei gegensätzliche Verläufe: Stabilität und Veränderung. Die Überlebensfähigkeit eines Unternehmens hängt wesentlich von der Fähigkeit ab, sich als zusammenhängende Einheit zu erhalten *und* in der Lage zu sein, zu lernen und seine interne und logische Organisation zu verändern. Systeme, die an starren, ehemals erfolgreichen Mechanismen, an der Aufrechterhaltung des Gleichgewichts festhalten, werden irgendwann dysfunktional.

Die Relevanz eines hohen Veränderungspotenzials liegt auf der Hand. Dies in die Tat umzusetzen, bedarf entsprechender Unterstützung für Management und Mitarbeiter von außen. Sowohl auf der Ebene der Visionen, Ziele und Strategien wie auch auf der Ebene der konkreten Umsetzung.

2.4.1 Visionen und Werte

Benötigt ein Unternehmen eine Vision? Sind Visionen schädlich, Hirngespinste oder romantische Illusionen? Sind Visionen notwendige Voraussetzung für großzügige Veränderungen und kreative Leistungen, Führung und Leadership? Um diese Fragen beantworten zu können, müssen wir uns diesem Phänomen etwas nähern. Visionen sind Ideen, Vorstellungen, Träume, die in der Zukunft liegen. Sie sind nicht so konkret und anfassbar wie Ziele, lassen sich manchmal nur schwer in Worten, sondern eher in Bildern ausdrücken. Sie erfassen und bewegen Menschen. Sie lassen uns über uns selbst hinauswachsen. Sie schaffen Leichtigkeit selbst bei schwierigen Aufgaben. Deshalb rückt immer mehr in unser Bewusstsein, dass auch die Menschen in Unternehmen die Fähigkeit zur Vision brauchen, um weit voranzukommen, um „Unmögliches zu leisten" und den Vorhaben einen Sinn zu geben. Ein Unternehmen muss bereit sein, Mitarbeiter und Teams, die Ungewöhnliches entwickeln, die nicht nur nachahmen sondern selbst hervorbringen, zu unterstützen und zu fördern.

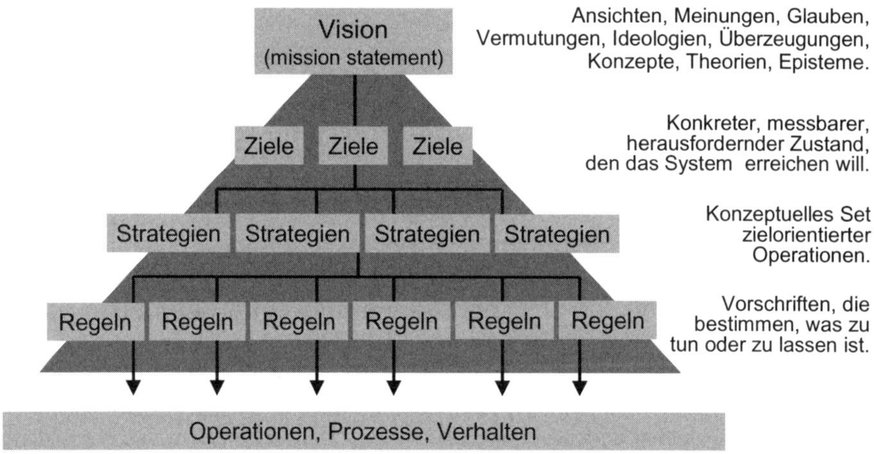

Abbildung 20: Entwicklung und Ausrichtung in Unternehmen

Doch immer noch beschäftigen sich die meisten Unternehmen ausschließlich mit zielgerichteten Strategien, ausgerichtet auf die nahe Zukunft, ohne wirkliche Herausforderung, die aber Bedingung ist für kreative Leistung und leidenschaftlichen Einsatz. Die Vorgehensweisen sind überprüf- und messbar, doch ohne jede Spannung. In vielen Unternehmen kommt noch hinzu, dass Strategien nicht auf Ziele abgestimmt sind oder unterschiedliche, mitunter widersprüchliche Ziele verfolgt werden, Regeln wirken, die nicht zu neuen Strategien passen und Operationen durchgeführt werden, die nicht genau auf Strategien und Ziele hin überprüft werden.

2.4.2 Selbstorganisation im Unternehmen

Wie bereits beschrieben untersucht die Selbstorganisationstheorie besonders Phasenübergänge, das Verlassen eines Gleichgewichtszustandes. Voraussetzung für Veränderung und das Durchlaufen von Phasenübergängen ist, dass es sich um offene Systeme handelt, die Materie, Energie und Information austauschen. Bei einer sich verändernden Unternehmensorganisation haben wir es mit solchen Übergängen zu tun, Übergängen zwischen verschiedenen Ordnungszuständen und zwischen Ordnung und Chaos.

Ein Unternehmen, als offenes System, unterliegt genau wie seine Prozesseinheiten der Selbstorganisation. Wir haben es mit einem vorhandenen Phänomen zu tun, das es zu nutzen gilt. Starre Organisationen können Optimierungen zwar managen, aber sie kennen keine Wege für Wechsel und Entwicklung. Produktivität und Selbstorganisation gehören zusammen. Ständiger Wandel, ständige Verbesserung, z. B. zur Erhöhung des Kundennutzens, kann nicht gelingen, wenn sich die Mitarbeiter des Unternehmens nicht verantwortlich fühlen und nicht am Prozess beteiligt sind. Mitarbeiter brauchen nicht gestoßen oder gezogen zu werden, sie bewegen sich von selbst, durch eigenes Interesse und durch eigene Steuerung. Das Konzept der Selbstorganisation ist die ideale Basis für Innovation in einer Welt der permanenten Überraschungen und der kürzesten Zyklen.

Beispiel

Eine Abteilung organisiert sich neu – weg von der Hierarchie, hin zum Projektmanagement. Bisherige Strukturen und Verhaltensmuster, wie Weisungen und Anordnungen und der Umgang miteinander, sind aufgehoben, an ihre Stelle treten Projekt- und Teamorientierung, Teamtreffen, gemeinsame Diskussionen, Aufgabenverteilung, Durchführung und Kontrolle. Zunächst wartet man noch auf die Anordnung, die Abläufe sind unsicher und ungewiss. Abgrenzungsfragen treten auf, Außenstehende mischen sich erfolgreich ein. Auseinandersetzungsstrategien und Konsensbildung sind nicht geübt bzw. finden indirekt oder über Dritte statt. Sowohl die Teams als auch das Management erleben diesen Prozess eher krisenhaft und wünschen sich oft die alten Strukturen zurück. Im Hin und Her zwischen Altem und Neuem entstehen neue Verhaltensmuster. Erst wenn sich die neuen Abläufe eingespielt haben, kann von einem neuen Ordnungszustand gesprochen werden. In vielen Fällen kommt es nicht zu diesem Zustand, weil die damit verbundenen Turbulenzen nicht ertragen werden und somit die notwendige Anpassung nicht erreicht wird. Man kehrt in der Phase der Irritation und Unsicherheit zu den alten Ordnungsmustern zurück, weil man die Übergangsphase für das „drohende Chaos“ hält, statt sie als Prozess der Veränderung zu begreifen. Der Veränderungsprozess scheitert, die Organisation verliert, und wichtige Chancen werden vertan.

Das Problem des Managements in Unternehmen ist das Steuern der Prozesse und die Ausrichtung auf die Zukunft in Situationen mit hoher Komplexität und schnellem Wandel. Wenn Märkte, Menschen und Prozesse derartig komplex, schnelllebig und unvorhersagbar sind wie zu Beginn des 21. Jahrhunderts, dann nützen weder starre Ordnungsprinzipien noch die Suche nach Sicherheiten. Wir brauchen die Bereitschaft und die Fähigkeit, uns der Dynamik zu stellen und mit ihr umzugehen.

Tabelle 4: Wissen und Handeln

Wissen und Handeln müssen sich weiterentwickeln:	
▪ Von geschlossenen Einheiten ...	... zu offenen Systemen, die das Zusammenspiel und den Wirkungskreis im Ökosystem erfassen und beschreiben;
▪ Denken in Ursachen und Linearität verabschieden...	... zu Gunsten von Unbestimmtheit, Zufall und Transformation;
▪ Statt Anweisungen und Kontrolle ...	... ist Selbststeuerung und Eigenverantwortung angesagt.

2.4.3 Konsequenzen für das Management

Was ist dann die angemessene Struktur einer Organisation, die sich an den Prinzipien des Veränderungsmanagement orientiert? Welche Art von Management muss hier betrieben werden: ein lineares, hierarchie- und bürokratieorientiertes oder ein Management, das auf Selbstorganisation und Chaos als kreative Potenz des Unternehmens und der Mitarbeiter setzt?

Für das Management bedeutet dies, dass es kein überlegenes Wissen derjenigen mehr gibt, die besonders weit oben, also außerhalb der Prozesse sind. Im Gegenteil: Es ist gefährlich, wenn man außerhalb der Prozesse lebt. Solch ein Unternehmen braucht eine Kultur, die es zulässt, dass es sich selbst überraschen kann. Und dazu braucht es echte, garantierte Freiräume für Selbstorganisation. Denn innerhalb einer Bürokratie kann alles nur linear laufen, sodass sich keine Überraschung mehr selbst organisiert.

Die Einbeziehung des Chaos in die Kultur bedeutet, ganz bewusst auf Prognose und Logik zu verzichten, den beiden wichtigsten Säulen der Strategie. Das Unternehmen braucht eine Fließflexibilität, d. h. keine starre Strategie, sondern dauernd eine andere, offene Taktik. Dies bedeutet, dass die Kultur eine Wagniskultur sein muss, in der Entscheidungen immer Experimentier-Entscheidungen sind. Jedes Erklärungsmodell sollte in einer solchen Kultur einen Wegwerf-Charakter haben, damit der Vieldeutigkeit der Situationen keine Gewalt angetan wird. Bestimmte Erläuterungen existieren nur so lange, wie sie wirksam sind. Hierbei wird der Zufall geplant, die Paradoxie als das einzige dem Leben entsprechende Prinzip anerkannt und der Abweichung von der Norm gehuldigt.

- Dabei liegt der Wert von Prognosen nur noch in dem Tempo, in dem sie korrigiert werden (Luhmann, 1986).
- Die konsequente Nutzung der Chaostheorie bedeutet, den geplanten Zufall einzubeziehen.
- Die sonst verabscheuten Störungen und Abweichungen werden zu Kristallisationspunkten neuer und hilfreicher Entwicklungsschritte.

Für die Wahrnehmung von Führungsaufgaben lassen sich folgende Schlüsse ziehen:

Systeme

- Komplexe Systeme tanzen einen dauernden Tanz, der sie immer wieder selbst überrascht, denn die Wechselwirkungen sind so stark untereinander gekoppelt, dass die Gesamtwirkung nicht mehr bloß durch additive Überlagerung der Einzelkräfte bestimmt ist.
- Hochkomplexe Systeme wie Organisationen sind besonders sensibel, da sie besonders nahe am Chaos agieren. Deshalb benötigen sie eine höhere Qualität von Kommunikation und Verknüpfungen durch Rückkoppelungsschleifen.
- Dynamische und chaotische Systeme können nicht von einem starren Management gesteuert werden. Diese Systeme sind wendiger und kreativer als es der intelligenteste Plan sein könnte. Und sie sind kreativer und überraschender als es der bester Stratege ahnen könnte; diese Systeme sind permanent im Prozess der Selbst-Steuerung.

Chaos-Führung

- verzichtet auf die direkte Steuerung von Mitarbeitern;
- führt die zentralen Ordner (Visionen, Ziele, Werte, Strukturen, Freiheit etc.) und nicht die Menschen;
- führt die Menschen so, dass Selbstorganisation und Selbstführung initiiert werden;
- ein Chaos-Manager hat die persönliche Kompetenz zur privaten Selbstorganisation.

2.4.4 Veränderung und Selbstorganisation im Führungsalltag

Wie bereits dargestellt ist der Mensch ein „Gewohnheitstier“: In ähnlichen Situationen, in ähnlichen oder identischen Kontexten (z. B. im Unternehmen) und mit denselben Personen werden gewohnte Handlungsabläufe wiederholt. Wir sprechen von Musterbildung. Stellen Sie sich vor, Sie kommen im Winter bei einem Spaziergang an eine verschneite Lichtung im Wald. Einige Personen sind bereits vor Ihnen durch diese Lichtung gegangen, eine Erhöhung wurde vielleicht umrundet, ein kleine Senke durchschritten. Es hat sich der bereits bekannte Trampelpfad gebildet. Die Wahrscheinlichkeit ist sehr hoch, dass Sie und alle weiteren folgenden Personen denselben Weg beschreiten werden. Meistens springen nur Kinder und frisch Verliebte neben den Wegen herum. Diese Metapher zeigt, welch hohe Anziehung die einmal eingespielten Wege für uns haben. Wir werden durch die eingefahrenen Wege immer wieder angezogen werden, gleichgültig, ob die Wirkung der gewohnten Handlungsabläufe negativ oder positiv ist.

Wenden wir nun das hier Dargestellte auf das Coachen von Mitarbeitern an: Auch unsere Mitarbeiterinnen und Mitarbeiter sind an ihre individuellen sowie die im Team und im Unternehmen verankerten Arbeits- und Handlungsabläufe gewöhnt. Und wir als Chef, Chefin und Coach sind ebenso darin eingebunden. Wollen wir den Coaching-Prinzipien (vgl. Kapitel 7) folgen und die Ressourcen der Mitarbeiter optimal fördern und einsetzen, müssen wir manchmal die gewohnten Muster unterbrechen, um Raum für neue und effizientere Vorgehensweisen zu schaffen. Wir müssen eine autonome Neuorganisation ermöglichen. Zielsetzung ist die Selbst- und Neuorganisation in den Handlungsabläufen. Entsprechend der Metapher des Trampelpfades hieße dies, einen anderen Eingang in die Lichtung zu wählen oder den Eingang beizubehalten und einen neuen Pfad anzulegen, vielleicht sogar zu springen oder zu hüpfen oder sogar die Lichtung zu umrunden: Im Prinzip stehen unendlich viele Möglichkeiten zur Veränderung der gewohnten Handlungsabläufe zur Verfügung.

Nur welcher der neu organisierten Handlungsabläufe und welche Verhaltensweisen sind die Optimalen? Dies können wir vorher nur antizipatorisch annehmen; wissen können wir es erst, nachdem wir es gelebt und ausprobiert haben. Daher ist es sinnvoll, mit den Mitarbeitern offen über diese Möglichkeit zu reden und eine Test- und Experimentierphase abzusprechen. In dieser Zeit werden die neuen Vorgehensweisen probeweise und alternativ durchgeführt. Nach einiger Zeit werden die neuen Erfahrungen überprüft und bewertet. Dann wird entschieden, ob sich die Veränderung bereits bewährt hat. Bei guten Lösungen werden oft kleine, aber wirkungsvolle Anpassungen vorgenommen. Manchmal werden in der Veränderungsphase „ganz nebenbei" noch andere Potenziale entdeckt, die uns wie unerwartete Geschenke in den Schoß fallen. Damit sich solch eine neue Erfahrung setzen kann, benötigt man vier bis sechs Wochen, bevor eine Überprüfung der Veränderung möglich ist.

Was ist während dieser Erprobungsphase der autonomen Neuorganisation noch zu beachten? Wir sprechen hier bewusst von autonomer Neuorganisation: In dieser Zeit dürfen die Führungskräfte nicht in die Handlungsabläufe hineinregieren. Hier müssen wir den „Mitunternehmenden" den Raum und die Zeit geben, ihre eigenen Erfahrungen zu machen. Die Vorgesetzten kommen erst dann wieder ins Spiel, wenn die gemeinsame Überprüfung und Auswertung stattfindet.

2.5 Praxisbeispiele

2.5.1 Verbesserung der Zusammenarbeit in einer städtischen Einrichtung

Ausgangslage

Der Leiter einer städtischen Einrichtung berichtet, dass die Kooperation in seiner Einrichtung in den Teams und Abteilungen dringend verbesserungsbedürftig sei. Auf Aufforderung konkretisiert der Leiter, dass die Stimmung schlecht sei: hohe Krankheitszahlen und Fehlzeiten, viel Streit und Auseinandersetzungen sowohl zwischen den Nutzern der Einrichtung als auch zwischen den Mitarbeiterinnen und Mitarbeitern. Besonders auch zwischen Küche und Hausmeistern einerseits und zugeordneten Diensten andererseits gibt es viele Reibungspunkte.

Die Einrichtung besteht aus insgesamt vier Abteilungen, jede Abteilung aus drei Teams in einer Stärke von bis zu 12 Personen. Bei einem ersten Treffen des Beraters mit dem Leiter schlägt der Berater ein relativ breit angelegtes Veränderungskonzept unter Einbeziehung aller Teams inklusive des Küchenpersonals und der Hausmeister vor. Schnell wird ersichtlich, dass ein solches Programm für die knappen Ressourcen nicht finanzierbar ist.

Vorgehen

In einem gemeinsamen Entwicklungsprozess zwischen Berater, Einrichtungsleiter und seiner Stellvertreterin wird daraufhin folgendes Konzept entwickelt:

Der Veränderungsprozess mit dem Ziel „Verbesserung der Stimmung und der Kooperation in der Einrichtung" soll über sechs bis maximal acht Monate laufen. Der Prozess besteht aus folgenden Teilprozessen:

- Teilprozess A: zwei Mitarbeitervollversammlungen zu Beginn und am Ende.
- Teilprozess B: Jedes Team bestimmt eine Mitarbeiterin bzw. einen Mitarbeiter, der als Kulturpromotor die Verantwortung für den teaminternen Prozess übertragen bekommt. Die zwölf Kulturpromotoren plus stellvertretenden Leiterinnen werden über fünf Monate jeweils einen Tag pro Monat einen Kultur-Change-Workshop mit dem Berater durchführen.
- Teilprozess C: In dem gleichen Zeitraum wird es dreimal einen halben Tag Kooperations-Workshops mit der stellvertretenden Leiterin, der Küchenleiterin und einem Vertreter der beiden Hausmeister geben.

Verlauf und Darstellung der Prozesse in den einzelnen Teilprojekten

Auf der ersten Mitarbeitervollversammlung wird die Ausgangslage für den Veränderungsprozess vom Einrichtungsleiter dargestellt. Hier berichtet er über die insgesamt schlechte Stimmung, niedrige Motivation, häufige Konflikte und Auseinandersetzungen und stellt den aus Sicht der Einrichtungsleitung hohen Bedarf an Verbesserungen dar. Er schildert dann den bisherigen Beratungsprozess und wie es zu der Entscheidung über das Veränderungsprogramm kam. Die stellvertretende Leiterin stellt in Zusammenarbeit mit dem Berater das jetzt entschiedene Konzept vor. Daraufhin werden gemischtbesetzte Gruppen aus Mitarbeitern, Küche und Hausmeisterei gebeten, die Chancen und Risiken des Projektes zu erörtern und auf Flipchartblättern die Anregungen und Bedenken kundzutun. Diese werden dann im Plenum vorgestellt und von den beiden Leitern sowie dem Berater kommentiert. Einige der dort formulierten Anregungen gehen später in die Modifizierung des Programms ein.

Im nächsten Schritt setzen sich die Teams und Abteilungen zusammen und bestimmen jeweils die Kulturpromotoren und die Teilnehmer für die Kooperations-Workshops. Die vom Berater eingebrachte Regel hierfür ist, dass sich diejenigen Personen melden und gewählt werden sollen, die das höchste Interesse und die höchste Motivation für den Prozess haben. Dann findet noch während der Mitarbeiterversammlung die jeweils konstituierende Sitzung für die Kultur-Change-Workshops und die Kooperations-Workshops statt, es werden die ersten Spielregeln bezüglich der Workshops und Treffen vereinbart und die Termine insgesamt festgelegt.

In den ersten Kultur-Change-Workshops werden aus jedem Team die besonderen Vorkommnisse der letzten Zeit berichtet, es wird eine Analyse des Status quo sowohl der Teams als auch der übergreifenden Abteilungen und der gesamten Einrichtung vorgenommen. Darauf aufbauend werden die Ziele für den Veränderungsprozess in dieser Gruppe definiert und Schritte zur Zielerreichung diskutiert und vereinbart. Die Kulturpromotoren haben dann die Aufgabe, in ihren Teams in entsprechenden Meetings diese Maßnahmen vorzubringen und umzusetzen. Sofern sie hier auf Schwierigkeiten und Widerstand stoßen, ist vereinbart, dass Kulturpromotoren aus anderen Teams mit hinzukommen und dass die Sitzungen in Zweier- oder Dreierteams gemeinsam durchgeführt werden. Bei den folgenden Sitzungen werden jeweils die Erfolge und die Schwierigkeiten gesammelt, eine neue Status-quo-Bestimmung vorgenommen und auf Grund der definierten Ziele die nächsten Schritte und notwendigen Unterstützungsmaßnahmen festgelegt. Die beschlossenen Maßnahmen sind vielfältig; hier einige Beispiele zur Verdeutlichung:

1. Die Dienstpläne werden ab sofort nicht mehr von der Einrichtungsleitung alleine aufgestellt, sondern in Kooperation zwischen Einrichtungsleitung und den jeweiligen Teamleitern, welche diese wiederum mit ihren Teammitgliedern abstimmen.

2. In jedem Team werden sogenannte Brennpunktthemen herausgearbeitet, bei denen es häufig zu Konflikten entweder zwischen den Nutzern oder den Mitarbeitern kommt.

Diese Brennpunktthemen werden in gesonderten internen Meetings zwischen dem jeweiligen Team, einem Vertreter der Einrichtungsleitung und zwei Vertretern anderer Teams und Abteilungen sowie bei Bedarf auch der Küche und der Hausmeister gesondert diskutiert und Maßnahmen zur Behebung beschlossen. Hierbei geht es z. B. um Themen wie häufige und defekte Arbeitsmaterialien, Nichtaufräumen der genutzten Räumlichkeiten, wiederkehrende Konflikte zwischen bestimmten Teammitgliedern oder zwischen bestimmten Nutzern. Schon alleine die Tatsache, dass man sich dieser Brennpunktthemen annimmt, schafft bereits Beruhigung, da alle Beteiligten das Gefühl haben, es wird etwas getan, man kümmert sich darum.

In den Kooperations-Workshops zwischen Vertretern der Teams, Einrichtungsleitung, Küche und Hausmeister wird ähnlich vorgegangen. Auch hier werden für die besonderen Brennpunktbereiche und -themen, wo es an den Verbindungsstellen zwischen den Zuständigkeiten und Aufgaben zu Reibungen führt, jeweils Schritte zu ihrer Behebung beschlossen. In den jeweils folgenden Sitzungen wird die Wirksamkeit der Maßnahmen überprüft im Sinne von „was haben wir bereits erreicht?“, „was ist noch offen?“ Außerdem werden neue und bisher nicht benannte Brennpunktthemen auf den Tisch gelegt und entsprechend behandelt.

Den positivsten Verlauf zeigen die Kooperations-Workshops. Hier ist man sich sehr schnell über die wichtigsten Brennpunktthemen einig, die Maßnahmenfindung zu ihrer Aufhebung oder Verbesserung geht zügig und wird mit Verwunderung über die Einfachheit der Lösungen und mit großer Begeisterung für die deutlich erkennbare Stimmungsverbesserung auf- und wahrgenommen. Hier handelt es sich um Punkte wie z. B., dass die Küche darüber erbost war, dass man häufig zu spät zum Essen kam, dass sich die anderen Mitarbeiter durch die Küche nicht unterstützt fühlten in gelegentlichen Sonderwünschen, dass es einen heftigen Vorwurf an die beiden Hausmeister gab, sie seien faul und würden die Bemühungen der anderen Mitarbeiter nicht unterstützen.

Der durch die Kultur-Change-Workshops angestoßene Prozess läuft nicht so einfach und glatt. Die Kulturpromotoren stoßen in ihren Teams doch auf erheblichen Widerstand, sie werden mit den von den Kultur-Change-Workshops beschlossenen Aktivitäten häufig in ihren Teams nicht angenommen, ja sogar angefeindet. Dies lässt sich erst durch eine weitere und kurzfristig einberufene Mitarbeiterversammlung aller deutlich verbessern, indem dort die Problematik von den Kulturpromotoren selber vorgestellt wird und eine gemeinsame, alle einbeziehende Lösungssuche gestartet wird. Die gefundene und von der großen Mehrzahl akzeptierte Lösung besteht darin, dass die Kulturpromotoren nicht mehr in den eigenen Teams die Maßnahmen einbringen, sondern dass die Kulturpromotoren jeweils über Kreuz für andere Abteilungen und Teams zuständig sein sollen. Dies erzeugt eine sprunghafte Verbesserung, und die beschlossenen Maßnahmen zeigen eine deutliche Wirkung. Eine einfache und alle erheiternde Maßnahme entspricht einer Empfehlung des Beraters, dass künftig grundsätzlich jedes Gespräch über abwesende Personen unterlassen werden soll. Dies wird in allen Teams akzeptiert und von den Teammitgliedern gegenseitig kontrolliert. Rückblickend gesehen ist dies die wirksamste Maßnahme mit den größten Folgewirkungen. Es zeigt sich, dass die Stimmung zum großen

Teil deshalb so schlecht ist, weil ein großes Misstrauen herrscht, weil viel hinter dem Rücken über andere Personen schlecht gesprochen wird. Dies hat sich als ein zentrales Prozessmuster etabliert. Nachdem dies mehr oder weniger komplett verunmöglicht wird, gehen die beteiligten Personen zunehmend mehr in den Dialog und in die direkte Auseinandersetzung miteinander. Dies hat vorübergehend einen deutlichen Anstieg der Gesamtenergie in der Einrichtung zur Folge, es gibt viele Streitgespräche, ja sogar lautstarke Auseinandersetzungen mit Vorwürfen und zum Teil gegenseitigen Beschimpfungen, die dann jedoch bald in konstruktivere Bahnen geleitet werden können und einem insgesamt konstruktiveren und lösungsorientierterem Vorgehen und Klima entsprechen. Auch hier werden die Kulturpromotoren cross zu den jeweiligen Teams wieder als wichtige Stütze des Veränderungsprozesses erkennbar.

Folgewirkung

Auf der nach sieben Monaten stattfindenden gesamten Mitarbeiterversammlung und der hier durchgeführten Evaluation im Sinne, was ist besser geworden, was gibt es noch weiter zu tun, wird eine deutliche Verbesserung von der Großzahl der Mitarbeiter konstatiert. Der Beratungsprozess ist hier für den Berater nicht zuletzt aus Budgetgründen beendet. Der Prozess wird jedoch von einer internen Kulturgruppe weitergeführt. Bei sporadisch stattfindenden Konsultationen über die nächsten zwölf Monate bleibt der Prozess konstant, und weitere Verbesserungsschritte sind erkennbar. In der Einrichtung hat sich ein Mechanismus der kontinuierlichen Verbesserung etabliert, der in engem Zusammenspiel zwischen Kulturpromotoren und zweimal im Jahr stattfindenden Mitarbeiterversammlungen gesteuert wird.

2.5.2 Neuausrichtung im Bereich „strategische Organisationsentwicklung“

Ausgangslage

Der Bereich „Strategische Untenehmensentwicklung“ eines Dienstleistungskonzerns steht vor folgenden Herausforderungen: Im Gesamtunternehmen soll innerhalb eines Jahres 10 % des Personals abgebaut werden und eine neue Geschäftsfeldorientierung eingeführt werden. Daneben wird vom Top-Management beschlossen, eine Einheit des Bereichs mit viel Kompetenz und Erfahrung auszugliedern und ein weiteres Büro für strategische Organisationsentwicklung in einem anderen Unternehmensteil zu schaffen. Durch diese externen und internen Veränderungen wird für den Bereich eine Neustrukturierung und Neupositionierung nötig.

Die strategischen Entscheidungen sind getroffen, die organisatorischen Veränderungen vorbereitet. Man nimmt sich im Bereich vor, den Veränderungsprozess zu nutzen, die Neuausrichtung zu gestalten und Verbesserungen einzuleiten.

Vorgehen

Gemeinsam mit dem Beratungsunternehmen werden zur Neuausrichtung des Bereichs folgende Schritte eingeleitet und durchgeführt:

1. Führungskräfteworkshop mit allen Führungskräften: In diesem zweitägigen, moderierten Workshop werden die Arbeitsgrundlagen für den Veränderungsprozess geschaffen. In Kleingruppen und Plenarsessions diskutieren und erarbeiten die Teilnehmer Leitmotiv, Zielsetzung, Werte, Ordner und erste konkrete Maßnahmen für den Veränderungsprozess. Das Ergebnis ist das Aufsetzen eines Veränderungsprozesses über ein Jahr.

2. Aufsetzen eines Change-Management-Teams: Im Change-Management-Team sind die Bereichsleiterin, ihre zwei Stellvertreter, ein Abteilungsleiter, ein weiterer Mitarbeiter sowie zwei externe Berater vertreten. Dieses Team wird alle weiteren Schritte im Veränderungsprozess planen, die Entwicklung überblicken und über die Meilensteine, wenn nötig, korrigierend in den Prozess eingreifen. Das Change-Management-Team ist außerdem Ansprechpartner und Schnittstelle zwischen Top-Management, Mitarbeitern und Führungskräften im Veränderungsprozess.

3. Durchführen von Interviews: Die Berater führen mit Mitarbeitern aus unterschiedlichen Hierarchieebenen und Funktionen Interviews, um einen Überblick über die Wahrnehmung zu bestimmten Themen im Bereich zu gewinnen. Inhalte sind dabei Stimmung, Führung, Zusammenarbeit, Stärken und Verbesserungspotenziale im persönlichen Arbeitsumfeld und generelle Dringlichkeiten. Die Interviewergebnisse werden anschließend zusammengefasst und ausgewertet.

4. Grobdesign für den Veränderungsprozess durch das Change-Management-Team: Ein erster Projektplan für das weitere Vorgehen wird erstellt. Darin enthalten sind die weiteren Schritte, Meilensteine und Lernschleifen. Außerdem werden die zu schaffenden Rahmenbedingungen definiert und erste Arbeitspakete zur weiteren Umsetzung verteilt.

5. Analysephase: Berater und interne Projektteams analysieren den Bereich in Bezug auf Kundennutzen, Qualität der Auftragsbearbeitung, Zusammenarbeit der Teams und Zusammenarbeit im Bereich. Dazu werden die Mitarbeiter des Bereichs selbst sowie unternehmensinterne Kunden mit standardisierten Fragebögen befragt. Es werden Prozessbeobachtungen durchgeführt und alle Prozesse der Auftragsabwicklung dokumentiert. Zusätzlich untersuchen die Teams in moderierten Workshops den generierten Kundennutzen, die Effektivität der etablierten Abläufe und die Qualität der erzeugten Ergebnisse.

6. Die Ergebnisse der Analysephase werden vom Change-Management-Team bewertet und daraus eine detaillierte Maßnahmenplanung erarbeitet.

7. Mitarbeiterveranstaltung: In einem Workshop mit allen Mitarbeitern und Führungskräften des Bereichs werden die Maßnahmen gebündelt und priorisiert. Außerdem werden Monitoring und Feedbackschleifen vereinbart und verabschiedet. Es sollen insgesamt acht konkrete Veränderungsprojekte gestartet werden. In den Projekten soll die weitere Umsetzung der Vorgaben und inhaltliche Verbesserungen erarbeitet werden. Dazu gehört, Standards festzulegen, Qualifizierungsmaßnahmen zu definieren, neue Möglichkeiten der Qualitätssicherung zu erarbeiten und ein verbessertes Vorgehen der Auftragsabwicklung festzulegen. Es werden Projektteams zusammengestellt, die über einen Zeitraum von vier Monaten an den jeweiligen Themen arbeiten.

8. Nach vier Monaten findet ein weiterer Bereichsworkshop satt. Die Ergebnisse der Projekte werden durch die Projektgruppen vorgestellt und die erarbeiteten Standards verabschiedet. Die Mitarbeiter gehen klare Commitments in Bezug auf beschlossene Neuerungen ein, erarbeiten gemeinsam einen Umsetzungsplan und benennen Verantwortliche und Paten für weitere Aufgaben und Projekte. Ein Monitoring des weiteren Verlaufs und Feedbackschleifen zur Bewertung des Prozesses werden festgelegt.

Auswirkungen:

Der Prozess der Neuorientierung und Veränderung des Bereichs wird durch die hohe Motivation und starke Beteiligung aller Mitarbeiter getragen. Im Verlauf kommt es nur zu wenigen Störungen und zu geringen Abweichungen bei der Zielerreichung. Insgesamt ist ein Ansteigen der Verbesserungsvorschläge und der eingeleiteten (auch zufälligen) Verbesserungen festzustellen. In Bezug auf Zukunftsfragen und Ausrichtung kommt es zu einer breiten und offenen Diskussion und letztendlich zu einer sprunghaften Entwicklung. Der Bereich ist im Ergebnis bestens vorbereitet auf Themen und Aufgaben, die kurz darauf von Konzernseite angefragt werden. Außerdem werden in der Evaluation deutlich verbesserte Kundenbeziehungen, bessere Kooperation zwischen den Mitarbeitern und den einzelnen Teams, bessere Konfliktfähigkeit sowie mehr Flexibilität festgestellt.

Entscheidend für den Erfolg dieses Veränderungsprojektes sind viele Faktoren. Besonders herauszuheben sind dabei: Die leitenden Führungskräfte waren überzeugt und entschieden für das Vorhaben und erlebten die Anforderungen der Ausgangslage nicht als Krise, sondern nutzten sie als Chance für notwendige Veränderungen und konstruktive Lösungen. Es gab einen konkreten Projektplan, der eine jederzeitige Orientierung und Transparenz möglich machte. Und: die Mitarbeiter waren von Beginn immer informiert, einbezogen und beteiligt.

Wo Chaos und Ordnung miteinander tanzen,
entzündet sich der Funke der Kreativität.

das eurosysteam

3. Kreativität und Innovation

Neben allgemeinen Grundlagen über Wesen und Verlauf kreativer Prozesse wird in diesem Kapitel auch die besondere Bedeutung von Kreativität und Innovation für Unternehmen und Organisationen behandelt; im individuellen wie institutionellen Bereich lassen sich Kreativitätsförderer und -verhinderer beschreiben. Kreativität und Innovation stehen in enger Verbindung zum Thema Veränderung und Entwicklung – kein Neubeginn ohne Öffnung, keine Veränderung ohne neue Ideen und Wege. Die Suche nach besseren Lösungen, effektiveren Verfahren und innovativen Produkten und Leistungen zieht sich durch sämtliche Bereiche der gegenwärtigen Welt. Menschen wie Organisationen sind dabei gefordert ihre Kreativpotenziale zu erkennen, zu fördern und entsprechend zu nutzen. Zahlreiche der hier vorgestellten Grundlagen zur Entwicklung, Förderung und Anwendung von Kreativität können im Beratungs- und Führungsalltag zum Einsatz kommen. Verschiedene Kreativitätstechniken werden exemplarisch vorgestellt und laden ein zum Mitmachen – für die Arbeit allein, zu zweit oder in Kleingruppen.

3.1 Kreativität

3.1.1 Einführung und Definition

Kreativität hat viele Gesichter

Kreativität wird ein immer aktuelleres Thema. Viel diskutiert, analysiert und beschworen soll Kreativität Einzug ins private und mehr noch ins professionelle Leben erhalten. Berater, Führungskräfte und Mitarbeiter suchen in vielen Bereichen nach neuen, kreativen Lösungen, um für sich und ihre Kunden im immer dichter werdenden Wettbewerb Vorteile und Mehrwehrte zu erzeugen. Gleichzeitig bleibt Kreativität irgendwie auch eine große Unbekannte, die im Bereich von Schicksal oder Segnung angesiedelt wird. „Man ist kreativ oder eben nicht." Jeder wäre es gerne, doch nur die wenigsten glauben, es auch wirklich zu sein. Um dem abzuhelfen und Kreativität zugänglicher zu machen, gibt es inzwischen eine Unmenge an Literatur und Fortbildungsmöglichkeiten. Wer sich im Internet bei internationalen Bücherversandhäusern einklickt, wird überschüttet mit tausenden von Titeln zu diesem Thema. Aber ganz ehrlich: Kreativität ist längst da, sie ist überall, in uns und um uns. Unser Leben kann voller kreativer Augenblicke sein, egal was wir tun, solange wir flexibel sind und offen für neue Möglichkeiten bleiben – bereit, die Grenzen der Routine zu überschreiten und neue Wege zu gehen.

Kreativität hat viele Gesichter. Über Jahrhunderte hatten die „wahren“ Künste, wie Musik, Malerei, Literatur oder Architektur den Begriff für sich gepachtet. Heute wird Kreativität nicht nur breiter definiert, sondern auch anders wahrgenommen – sie zeigt sich tagtäglich in der Gestaltung und Entwicklung dieser Welt: ob Gentechnik oder Walkman, ob SOS-Kinderdörfer oder Dosenöffner, ob Schuldenerlasse für Umweltprojekte, die den tropischen Regenwald retten, oder Martin Luther Kings „Ich habe einen Traum”. Ob Sie in Ihrem Schlafzimmer einen Meter zusätzlichen Schrankraum schaffen oder die Zeit für die tägliche Gymnastik gewinnen, ohne etwas von den Dingen aufzugeben, die Sie sonst tun müssen oder möchten. Überall sind es Ideen von Menschen, die etwas Neues schaffen oder Altes in neue Zusammenhänge bringen und anders kombinieren. Ob groß oder klein: Kreativ sind gute Einfälle, die Lösungen bringen, wenn scheinbar nichts mehr geht. Kreativ sein heißt, neue Sichtweisen schaffen, Optionen erweitern, Probleme lösen.

Alle diese Beispiele bringen das Wesen des kreativen Aktes zum Ausdruck: Sie bringen etwas Neues und Sinnvolles in die Welt. Eine Neuerung unterscheidet sich von dem, was vorher getan wurde – aber das reicht noch nicht. Sie muss auch „funktionieren“. Um kreativ zu sein, muss eine Lösung sich in irgendeiner Weise als richtig, nützlich, wertvoll oder sinnvoll erweisen. Gottlieb Guntern (1993) definiert Kreativität folgendermaßen:

Kreativität ist die Fähigkeit, ein Produkt hervorzubringen, das früher oder später von einer Gruppe sachorientierter und kritisch gesinnter Menschen als originell, funktionell adäquat, ästhetisch-formal befriedigend und wertvoll beurteilt wird.

- Das Produkt kann ein Materie-Energie Produkt sein, zum Beispiel eine Maschine, eine Skulptur, ein Möbel oder eine Brücke.
- Das Produkt kann ein Informationsprodukt sein, zum Beispiel ein wissenschaftliches Konzept, eine Methode, eine Finanz- oder Marketingstrategie, eine musikalische Idee, eine Choreographie, ein Design für einen Führungsstil.
- Das Produkt kann etwas sein, das sich schlecht in den obigen zwei Kategorien unterbringen lässt, zum Beispiel eine Produktionsweise in Wirtschaft oder Kunst.

Im Alltag äußert sich Kreativität häufig in dem Versuch, neue Lösungen für alte Probleme zu finden. Dazu meint die Psychologin Teresa Amabile von der Brandeis University in Waltham, Massachusetts, deren Spezialgebiet die Kreativität ist: „Wenn sich eine Vorgesetzte am Arbeitsplatz mit der gespannten Beziehung zwischen zwei Mitarbeitern auseinandersetzen muss, so kann sie durch die Art, wie sie die Situation meistert, Kreativität beweisen. Sie kann die beiden Streithähne dazu bringen, die Situation aus einer neuen Perspektive zu erörtern, eine dritte Person veranlassen, mit den beiden zusammenzuarbeiten oder eine Möglichkeit finden, die beiden physisch zu trennen. Es handelt sich zwar nicht um die Art von Kreativität, mit der man einen Nobelpreis gewinnen kann, aber sie schafft Lösungen, die neu sind und funktionieren“ (Goleman, 1997).

Hirnphysiologische Voraussetzungen – Gehirnhemisphären

Der Mensch ist von Natur aus mit einer linken und einer rechten Hemisphäre des Großhirns ausgestattet. Jede dieser beiden Hemisphären ist für bestimmte Funktionen bei der Verarbeitung von Informationen zuständig (siehe Abbildung 21). Die Aufgaben der linken Großhirnhemisphäre liegen im Bereich der Sprachverarbeitung und Begriffsbildung sowie in der Aufnahme und Verarbeitung von Details. Die rechte Großhirnhemisphäre dagegen ist zuständig für die Aufnahme und Verarbeitung von Zusammenhängen und die Verarbeitung von anschaulichen Informationen wie Bildern und Sprachbildern. In unserem westlichen Kulturraum steht das Denken der linken Gehirnhälfte zumeist im Vordergrund. Wer zu einseitig denkt, hat jedoch Defizite. Dabei ist es egal, ob die Einseitigkeit intuitiv oder analytisch geprägt ist.

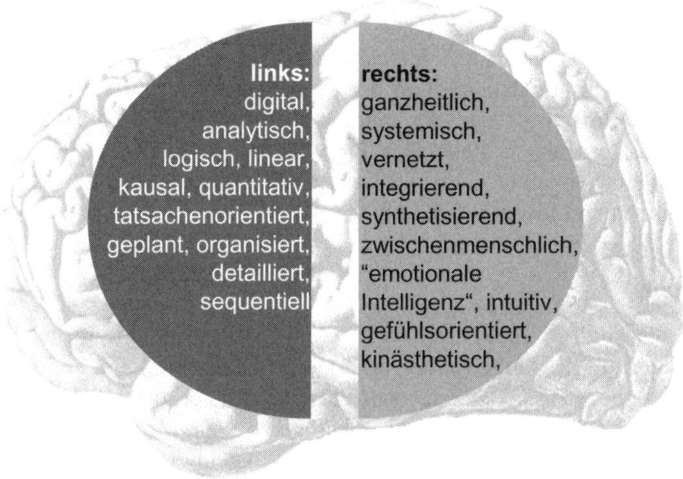

Abbildung 21: Rechts- und linkshemisphärisches Denken

Beim kreativen Arbeiten ist wichtig, dass beide Hirnhälften an der Lösung geistiger Aufgaben beteiligt sind. Im Alltag der Besprechungen, Diskussionen und Tagungen ist man von diesem Ziel allzu oft weit entfernt. Es wird viel geredet und schnell verliert man sich in Details, ohne zu überprüfen, ob die Teilnehmer einen Zusammenhang bilden können. Wer sich vornehmlich auf rational begründbarem, quantifizierbarem und „sicherem" Terrain bewegt, dem gelingt selten die durchschlagende neue Idee. Wer dagegen hauptsächlich intuitiv arbeitet, ist in seinem Denken und Handeln für andere oft schwer begreifbar und produziert „unscharfe" Ergebnisse. Die optimale Bewältigung geistiger Leistungen hängt davon ab, ob sie von beiden Gehirnhälften vollzogen werden kann.

In verschiedenen Phasen des kreativen Arbeitens werden die beiden Hirnhälften unterschiedlich stark benötigt. Während zum Beispiel in der Inkubations- und der Erleuchtungsphase (siehe Abschnitt 3.1.2), eher rechts-hemisphärische, intuitive Prozesse gefragt sind, braucht es in der Verifikationsphase zum Evaluieren und Entscheiden eher Qualitäten der linken Gehirnhälfte. Die beiden Teile stehen so in einem ständigen Wechselspiel, in dem sich Dominanz abwechselt.

3.1.2 Stadien des kreativen Prozesses

Der kreative Prozess, so zeigen uns Berichte von erfolgreichen Forschern und Wissenschaftlern, die wichtige Entdeckungen und Erfindungen gemacht haben, verläuft in verschiedenen Phasen. Poincaré beschreibt den kreativen Prozess anhand von vier Stadien. Dieses Schema wird irrtümlich häufig Graham Wallas (1926) zugeschrieben, der es übernahm und bekannt machte. Die vier Phasen sind:

1. Vorbereitung

In dieser Phase geht es um langes intensives und bewusstes Bemühen, Brüten, Ringen, Suchen, Forschen. Es ist das Stadium der Problemerfassung, der Sammlung und Ordnung des Wissensmaterials und der inneren Sensibilisierung auf alles, was mit dem Problem in Zusammenhang steht. Das Problem soll möglichst genau und auf vielen verschiedenen Ebenen untersucht und strukturiert werden, um das „Rohmaterial" für neue Perspektiven und Ideen zu bekommen.

2. Inkubation

Dies ist die Phase der unbewussten Weiterverarbeitung: die Ideen und Informationen ruhen lassen und auf das Unbewusste vertrauen. Es ist das Stadium, in dem die erarbeiteten Dinge im unbewussten Bereich „schweben" und innerlich verarbeitet werden. „Die Einzigartigkeit der Kreativität, d. h. ihre Fähigkeit, Neues zu finden und zu gliedern, hängt davon ab, wie weit vorbewusste Funktionen ungehindert arbeiten können" (Kubie, 1966).

3. Erleuchtung

Die Erleuchtung ist das Stadium der plötzlichen Erkenntnis. Die innere Umstrukturierung ist soweit vollzogen, dass das freie Spiel der Assoziationen erste Einfälle in das Bewusstsein aufsteigen lässt. In dem Moment, wo die Beziehung zur Realität bzw. zum Problem erkannt und bewusst wird, tritt oft das sogenannte Aha-Erlebnis auf.

4. Verifikation

In dieser Phase werden die Ideen überprüft und ausgearbeitet. Es ist ein Weg des Formens und Testens, der Konzipierung und Konzentration sowie des Umformens.

3.1.3 Voraussetzungen für Kreativität

In den Vereinigten Staaten werden jedes Jahr besonders kreative Menschen aus den unterschiedlichsten Feldern von Kunst, Wissenschaft und Gesellschaft mit dem MacArthur Preis ausgezeichnet. Die Preisträger werden aus der Stiftung des Milliardärs MacArthur für drei bis fünf Jahre gesponsert, um sich ausschließlich ihrer kreativen Arbeit widmen zu können. Denise Shekerjian (1991) hat sich mit 40 Preisträgern und ihrem kreativen Wirken beschäftigt und dabei viele Parallelen entdeckt. Die Voraussetzungen, um außergewöhnliche kreative Leistungen möglich zu machen, sind im Folgenden beschrieben.

Voraussetzungen für Kreativität sind:
- Talent und Kreativität,
- Risiken eingehen,
- offen sein und locker bleiben,
- die äußeren Bedingungen,
- learning by doing,
- Visionen entwickeln,
- spielend glückliche Zufälle ermöglichen,
- Harmonie von Intuition und Verstand.

Talent und Kreativität

Oft wird Kreativität herausragenden Individuen und ihrem außergewöhnlichen Talent zugesprochen. Genies werden gekürt und der Rest der Bevölkerung bleibt außen vor. Ganz so ist die Realität nicht. Vielmehr haben Studien ergeben, dass besonders intelligente, „hochbegabte“ Kinder nicht unbedingt besonders kreativ sind. Sie produzieren und reproduzieren zwar hervorragende Intelligenzleistungen, aber nicht zwangsläufig Produkte, die sich durch besondere Originalität, Funktionalität oder Ästhetik auszeichnen. Das Gleiche lässt sich über technische Begabung sagen. Jemand kann ein virtuoser Pianist sein, ohne in seinem Leben auch nur ein einziges Stück selbst zu komponieren.

In Bezug auf Talent gilt es festzustellen, dass ein geringer Teil der Menschheit über außergewöhnliche Talente verfügt und gleichzeitig in jedem Einzelnen Potenziale vorliegen, die kreatives Schaffen in irgendeiner Form ermöglichen. Mehr als im „Nicht-Vorhandensein“ von Talent liegt die Schwierigkeit manchmal darin zu erkennen, was genau die eigenen Talente sind. Talent ist ganz einfach gesagt das, was einem leicht fällt, was man natürlich in sich hat, was ohne Mühe von der Hand geht. Oft empfindet man Talente als Kleinigkeiten, die es kaum Wert sind, so bezeichnet zu werden. Es ist das, was man sowieso schon immer getan hat. Doch der genaue Blick lohnt sich. Neben dem „sich klar werden“, wo persönliche Ausprägungen liegen, kommt es dann darauf an, sich auf bestimmte Kontexte zu konzentrieren, um diese – vielleicht noch rohen – Talente weiterzuentwickeln und in konkrete Ergebnisse umzusetzen. Dabei muss man eine gewisse Ausdauer entwickeln, um in Lernschleifen immer besser zu werden.

Risiken eingehen

Kreativ zu werden, bedeutet immer auch, sich auf Risiken einzulassen. Es bedeutet, sich aus der Zone des Bekannten und Vertrauten herauszuwagen, sich selbst ins Scheinwerferlicht zu wagen – vielleicht mit etwas, das noch nicht völlig ausgereift ist. Es bedeutet, auch in Bereiche vorzudringen, die außerhalb der Sicherheit der eigenen Erfahrung und des eigenen Fachwissens liegen. Es bedeutet, eventuell Fehler zu machen, Ressourcen aufs Spiel zu setzen und Kollegen oder Freunde zu enttäuschen oder auf dem eingeschlagenen Weg hinter sich zu lassen. Daraus ergibt sich die Frage, wie man es schaffen kann, den Mut aufzubringen, solche Risiken einzugehen. Nun könnte man glauben, dass erfolgreiche Menschen eine Selbstsicherheit und „Erfolgsgewissheit" besitzen, die es ihnen leicht macht, immer wieder Risiken einzugehen. Das Gegenteil ist der Fall. Auch Erfolg und positive Erfahrungen verringern nicht die Angst vor dem erneuten Sprung ins kalte Wasser.

Kein Einziger unter den MacArthur Preisträgern gab zurückliegende Erfolge als Hauptquelle von Mut und Zuversicht beim Eingehen von Risiken an. Das verbindende Element war vielmehr ein Gefühl von Demut und Dankbarkeit einer Sache gegenüber, die größer ist als sie selbst. Jeder kreative Neuanfang ist so schwierig und riskant wie alle anderen zuvor – ob bei einem Gedicht, einer Symphonie oder einem wissenschaftlichen Projekt. Um Risiken eingehen zu können, muss man mit Ängsten umgehen, zumindest zeitweise. Oder wie Chuck Jones, der Zeichner von Bugs Bunny, sagt: „In meinem langen Leben als Cartoonist habe ich nicht ein einziges Bild gezeichnet, in dem ich diesem Ungeheuer – der Furcht – nicht begegnet bin. Im Trickfilm ist es ein Stück Filmmaterial, bei mir ein Stück Papier. Nie habe ich eine Zeichnung beendet, ohne mich zu fragen, ob ich jemals die nächste zustande bringen würde. Oder ob ich sie überhaupt beginnen könnte!" (Goleman, 1997).

Offen sein und locker bleiben

Wenn über große kreative Durchbrüche berichtet wird, geht es zumeist nur um diesen einen glorreichen Moment, an dem sich sozusagen der Himmel auftut, das Licht der Erkenntnis alles erhellt und eine Idee geboren wird. Was dagegen selten beschrieben wird, ist der lange Weg der Ungewissheit, der einem solchen Moment vorausgeht. Und genau das – die Ungewissheit, die chaotische Phase des Umherirrens und Experimentierens – ist gewissermaßen der Nährboden, auf dem kreative Leistungen gedeihen. Viele Menschen empfinden Unbehagen in unklaren Phasen des „Sich-Treiben-Lassens" und bevorzugen statt dessen klare, vorgegebene Wege und Bedingungen, wo Sinn und Zweck ihrer Handlungen eindeutig sind. Kreative tun sich zumeist leichter im spielerischen, scheinbar ziellosen Experimentieren und begrüßen eine unstrukturierte Zeiteinteilung.

Genau das ist es, was zum Beispiel die MacArthur Preisträger David Stuart, Robert Axelrod und Frederick Wiseman tun. Während der Maya-Forscher Stuart stunden- oder tagelang ohne bewusstes Ziel durch Stapel von Hieroglyphen blättert, liest der Politikwissenschaftler Axelrod routinemäßig Zeitschriften und Magazine, die absolut nichts mit seinem Themengebiet zu tun haben, und für Filmemacher Wiseman, einem Guru des Dokumentarfilms, gibt es überhaupt keine andere Art zu arbeiten. Wenn er das Thema für einen Film gewählt hat, besteht seine einzige Vorbereitung mehr oder weniger darin, eine Dreherlaubnis zu besorgen. Während er den Ort des Geschehens erkundet und mit den Menschen dort spricht, sich über ihre Routinen und Verhältnisse informiert, entsteht der Film vor seinem geistigen Auge, und er beginnt zu filmen. Die Offenheit die Dinge so zu filmen, wie sie sich darstellen, und sich vom Moment inspirieren zu lassen, hat er nur, wenn er sich nicht durch ein Drehbuch oder andere Vorüberlegungen bereits zuvor einschränkt.

Der Kreativitätsforscher D. N. Perkins (1984) aus Harvard berichtet in The Mind's Best Work über eine Studie die Ähnliches bestätigt. Jacob Getzels und Mihaly Csikszentmihalyi zeigten dabei in einem Versuch mit Kunststudenten, dass eine Phase von zufälligem Entdecken bei einem kreativen Projekt erfolgsversprechender ist als eine zu frühe Einengung auf konkrete Ziele. Im Experiment wurde von den Studenten verlangt, für ein Stillleben eine Reihe von Gegenständen auszusuchen und zu arrangieren. In der Auswertung stellten die Forscher einen Zusammenhang fest zwischen dem Vorgehen der Studenten, den erzeugten Ergebnissen und ihrem professionellen Erfolg sieben Jahre später. Die Kreativsten unter ihnen (gemessen am späteren Erfolg) spielten mit mehr verschiedenen Objekten, untersuchten diese genauer und suchten sich ungewöhnlichere Teile für ihre Kompositionen aus. Dabei hatten die meisten keine klare Vorstellung, was sie in ihren Zeichnungen eigentlich festhalten wollten, sondern entdeckten die Zusammenstellung im Verlauf ihres spielerischen, ziellosen Experimentierens.

Ein verfrühtes und zu enges Festlegen auf einen bestimmten Rahmen behindert also kreative Lösungen. Förderlich ist dagegen sich auch einmal treiben zu lassen, dabei offen zu bleiben für äußere und innere Stimuli und neue und unerwartete Wege einzuschlagen.

Die äußeren Bedingungen

Howard Gardner (1986), Psychologe, Intelligenz- und Kreativitätsforscher und selbst MacArthur Preisträger, meint, die entscheidende Frage ist nicht, „was ist Kreativität?", sondern „wo ist Kreativität?" Die Frage auf diese Weise zu stellen, lässt erkennen, dass Menschen und Institutionen darüber entscheiden, ob und wie Kreativität erwünscht, gefordert und gefördert wird. So gesehen ist es eine (unternehmens)kulturelle Frage, ob Menschen ungewöhnliche Dinge tun können, und ob und in wie weit diese Dinge akzeptiert werden. Ein System, das Konformität und Fehlervermeidung in seiner Werteskala hoch platziert, lässt Außergewöhnliches, Unterschiedliches und Innovatives kaum zu. Gleichzeitig liegt es im Ermessen des Einzelnen für sich selbst zu erkennen, welche Bedürfnisse und speziellen Bedingungen er bevorzugt, und sich die Umstände im ihn umgebenden Mikrokosmos so zu gestalten, dass sie kreatives Schaffen ermöglichen und fördern. Dabei geht es um äußere Faktoren wie Raum- und Zeiteinteilung genauso wie um Kreativitätstechniken und Handlungsweisen wie zum Beispiel Hemingways Angewohnheit, im Morgengrauen zwanzig Bleistifte zu spitzen und den Schreibtisch nicht zu verlassen, bis er etwas Akzeptables zu Papier gebracht hatte.

Learning by doing

Sich intensiv mit dem zu beschäftigen, was man gerade tut, ist ein weiterer Aspekt von Kreativität. Es scheint zunächst profan, doch der springende Punkt ist, sich wirklich auf ein Thema einzulassen. Der Weg wird zum Ziel und neue Ziele ergeben sich auf dem Weg. Sich bewusst auf etwas einzulassen und sich damit auseinander zu setzen, ist grundlegend anders als ein Ziel fest im Auge zu haben und sich, während man versucht, es zu erreichen, nur halb auf seine Arbeit, auf das, was gerade im Moment passiert, zu konzentrieren. Innovation entsteht, wenn man eine Sache durchdringt. In Picassos Zeichenbüchern finden sich oft zahlreiche Wiederholungen des gleichen Themas. Durch Vergleichen der Variationen ließ er sich für weitere Motive inspirieren. Kirk Varnedoe, Direktor für Malerei und Bildhauerei am Museum of Modern Art in New York, geht noch einen Schritt weiter, wenn er sagt: „Es ist im Prozess des Arbeitens und im sich selbst (beim Arbeiten) Wahrnehmen, dass Innovation entsteht.“ Wer tief in eine Materie vordringt und sich dabei selbst reflektiert, entdeckt im scheinbar Offensichtlichen neue Zusammenhänge und neue Möglichkeiten.

Visionen entwickeln

Um sich auf Risiken einzulassen, um Ungewissheit auszuhalten, um sich profund in wiederkehrenden Schleifen mit einer Sache zu beschäftigen, um gegen den Strom der vorherrschenden Meinung anzuschwimmen, um all diese (natürlichen) Widerstände anzunehmen und zu überwinden, braucht es ein unerschütterliches Commitment zu einer Vision von großem Ausmaß. Wer sich auf seine kleine, private Welt reduziert, limitiert seine Kreativität darauf, sich darum zu sorgen, das, was er hat, zu beschützen und das zu erreichen, was ihm fehlt. Um einen Schritt weiter zu gehen und große Dinge zu bewegen, braucht es eine Vision, die größer ist als das eigene Selbst.

Der Psychologe K. R. Eissler sagt hierzu: „Die Träume eines kreativen Menschen sind geprägt vom Verlangen eine Ordnung zu schaffen, die nicht undenkbar ist. Das bedeutet eine Ordnung, die einen höheren Grad an Realität besitzt als die fassbare, sichtbare Realität um uns. Um dieses Verlangen zu befriedigen und etwas Neues zu schaffen, umarmt der Visionär die Welt, die er erfährt, und lehnt sie im nächsten Moment vollkommen ab. Er ist gleichzeitig ein nüchterner Realist und ein romantischer Träumer.“

Spielend glückliche Zufälle ermöglichen

„Glück bevorzugt den vorbereiteten Geist", sagte Louis Pasteur einmal. „Glückliche Zufälle", von denen viele Innovationen eben auch abhängen, kann man entweder als solche nehmen und hoffen, dass sie einem auch selbst vielleicht irgendwann widerfahren, oder man nimmt eine Haltung ein, die es ermöglicht, dass solche Gelegenheiten eintreten, man sie wahrnimmt und auch noch nutzen kann. Dazu gehört die Aufmerksamkeit, die kleinen Nuancen im Alltag wahrzunehmen, die Neugier, Hinweisen auch in unbekannte Gebiete zu folgen, und die Gelassenheit bei allem professionellen Ernst, entspannt zu sein und Spaß zu haben. Edward de Bono (1994), Psychologe und Kreativitätsexperte, meint, Spielen ist die beste Methode, um den Zufall zu ermöglichen, etwas zu sehen, was man zuvor nicht bemerkt hat. Er geht noch weiter und empfiehlt, dass dieses Spielen, um wirklich erfolgreich zu sein, vollkommen auf Design und Konzeption verzichten muss. Genau wie ein exakt geplantes Experiment der Versuch ist, die Natur den Pfad der logischen Erklärung entlang zu scheuchen, ist Spielen der Versuch, Phänomene eintreten zu lassen, die sonst nicht eingetreten wären. Spielen als Experiment mit dem glücklichen Zufall. Solches Spielen ist der Versuch, die „Magie" der Kindheit aufleben zu lassen, wo nichts unmöglich und schon gar nichts undenkbar ist. Unter den MacArthur Preisträgern war kaum jemand, der spielerischen Zeitvertreib mit Musik, Tanz, Freunden, Kindern oder Sport nicht nur zum Ausgleich benutzte, sondern auch bewusst einsetzte, um auf „andere Ideen" zu kommen.

Harmonie von Intuition und Verstand

Auf der einen Seite ist der Instinkt, dieses diffuse, feine Gefühl, das uns dazu bringt, uns „aus dem Bauch heraus" für oder gegen etwas zu entscheiden und bestimmte Wege zu beschreiten, das uns Kraft und Zuversicht gibt oder Zweifel und Unbehagen bereitet, ohne dass es dafür mess- oder zählbare Gründe gibt. Auf der anderen Seite steht der Verstand, der logische, deduktive, rationale Prozess, verständlich, linear, sequentiell, dessen Begründungen sich eindeutig verteidigen lassen. Welcher Stimme folgt man – dem schwer fassbaren, „irrationalen" Rufen der Intuition oder dem sorgfältig begründeten Ratschlag des Verstandes? Die Antwort ist nicht die Entscheidung zwischen den Beiden, sondern das Streben nach einer Harmonisierung, einer Balance zwischen den beiden (scheinbar) konkurrierenden Einflüssen. Kreativität, wie das Leben selbst, hängt ab von der Synergie der Gegensätze, von der Harmonisierung der Extreme.

Intuition gibt eine grobe Richtung vor, der Verstand bereitet Struktur, prüft und wählt aus. Intuition eröffnet Möglichkeiten, der Verstand sucht aus, bewahrt und entwickelt, was nützlich erscheint und negiert, was ablenkt und unstimmig ist. Intuition ist es, was den Dokumentarfilmer Fred Wiseman entscheiden lässt, dieses oder jenes zu filmen, der Verstand lässt ihn später 90 Stunden Material zu zwei Stunden zusammenschneiden. Seiner Intuition vertrauen zu lernen, und nicht zu früh die „Schere" Verstand einzusetzen, war auch der überwiegende Rat der Preisträger. Urteile zu früh und der zerbrechliche, nicht perfekte Gedanke, den die Intuition hervorbringt, hat keine Chance, sich zu entwickeln.

3.1.4 Weitere Erfordernisse für Kreativität

Weitere Erfordernisse für die Kreativität sind:
- Handwerk/Fachwissen,
- kreative Denkfertigkeiten,
- Umdeuten – Neues nicht gleich verwerfen,
- weg vom Falsch-Richtig-Denken.

Handwerk/Fachwissen

Am Anfang der Kreativität steht das Handwerk. Das Handwerk ist die Summe jener Fertigkeiten, dank derer wir ein Gebiet beherrschen. Wer über ein Handwerk verfügt, weiß, wie man Noten setzt, wie man das Grafikprogramm eines Computers benutzt oder wie man wissenschaftliche Experimente durchführt. Niemand wird Kreatives in der Kernphysik leisten, wenn er nicht etwas – wahrscheinlich eine ganze Menge – über Kernphysik weiß.

Kreative Denkfertigkeiten

Kreative Denkleistungen setzen sich aus spezifischen Denkfähigkeiten zusammen. Hierzu gehört die Fähigkeit, eine größere Zahl von Möglichkeiten durchzuspielen, sich lange auf ein Problem zu konzentrieren, und hohe Ansprüche an die eigene Arbeit zu stellen. Außerdem muss man in der Lage sein, die Dinge aus einer ganz neuen Perspektive zu betrachten, zum Beispiel das Ungewohnte als das Übliche und das Übliche als das Ungewohnte zu sehen.

Gedankliche Flexibilität bedeutet die Fähigkeit, nicht in festgefahrenen Kategorien zu denken, sondern mit Elementen und Konzepten zu spielen. Ein weiteres Kriterium ist Problemsensibilität. Sie bedeutet die Fähigkeit, Augenscheinlichkeiten und vermeintliche Selbstverständlichkeiten problemorientiert zu betrachten und Veränderungsmöglichkeiten zu sehen.

Umdeuten – Neues nicht gleich verwerfen

Carmen Thomas (1998) beschreibt die Technik des Umdeutens in ihrem Buch „Vom Zauber des Zufalls". Das Buch handelt u. a. davon, wie man den Zufall aktiv für die Schaffung von Kreativität nutzen kann, nämlich den „Zufall der Einfälle". Während Carmen Thomas als Rundfunkmoderatorin beispielsweise früher auf der Suche nach der optimalen Besetzung für eine Radiosendung war, gilt ihr Bemühen heute, dem Versuch, das, was da ist, zu nutzen und zu wissen, dass da etwas drin steckt. Ihr Plädoyer gilt einem neuen, kreativen und selbstbestimmten Umgang mit dem Zufall: „Wenn ich will, kann offenbar immer etwas Sinnvolles entstehen, für dessen Sinnhaftigkeit ich jedoch ganz alleine zuständig bin.“

In der Technik des Umdeutens steckt für Carmen Thomas auch, sich davon frei zu machen, dass alles genauestens geplant und berechnet werden muss. Perfekte Planung und präzise Berechnung sind übrigens etwas, das der Selbstorganisation im Wege steht. Selbstorganisation zielt darauf ab, neue Ideen und Vielfalt und damit mehr Flexibilität zu entwickeln und erfordert geradezu, über die gewohnten Muster und Bahnen hinaustreten zu dürfen, um kreativ werden zu können. Wenn unsere Hoffnungen in die Selbstorganisation Früchte tragen sollen, benötigen Führungskräfte wie Mitarbeiter eine innere Haltung demgegenüber, was Kreativität und Selbstorganisation zutage fördern. Das Neue, Ungewohnte und Verrückte kann ja oft nicht schnell genug für unnütz und unbrauchbar erklärt werden, anstatt scheinbar irrationale Aspekte in ein rationales Vorgehen zu integrieren.

Weg vom Falsch-Richtig-Denken

Nur durch die offene Haltung gegenüber der Umwelt können die auftretenden Impulse und Reize ungehindert und ungefiltert aufgenommen, verarbeitet und genutzt werden. Jeder Tag ist voller Möglichkeiten – wenn wir es zulassen. Die Stimme der Kritik ist der Tod aller Inspiration. Am Arbeitsplatz sind die Feinde der inneren Stimme vielleicht die ständige Kritik des Chefs oder der Kollege, der eine vielversprechende Idee sofort niedermacht. Dass Neinsager der Kreativität so viel Schaden zufügen können, verdanken sie zum Teil der zarten Konstitution von Eingebungen. Sehr häufig hegt jemand, der eine kreative Eingebung hat, auch Zweifel an ihrem Wert – eine ganz natürliche Ambivalenz. Doch wenn er seine Idee dann einer engstirnigen Umwelt vorträgt, fällt der kreative Impuls augenblicklich in sich zusammen.

„Meine graduierten Studenten sind wahre Meister darin, neue Geschäftsideen niederzumachen. Ich gebe ihnen die Fallstudie eines Unternehmens, und sie sagen: ‚Das ist falsch, das ist nicht gut, aus den und den Gründen kann es nicht klappen'. Dutzende von Gründen können sie mir aufzählen, warum der Unternehmer scheitern muss.

Dann besucht der Unternehmer den Kurs. Und er sagt: ‚Ja, alle Gründe, die Sie nennen, sind richtig. Aber wir haben die Sache trotzdem in Angriff genommen und fünfzehn Möglichkeiten gefunden, die fünfzehn Probleme zu überwinden, und alles hat geklappt'“ (Goleman, 1997).

3.1.5 Hindernisse für Kreativität

Folgende Hindernisse für Kreativität gibt es:

Blockaden:
- Blockaden der Wahrnehmung,
- gefühlsmäßige Blockaden,
- kulturell bedingte Blockaden,
- umweltbedingte Blockaden.

Kreativitätskiller:
- Beaufsichtigung,
- Bewertung,
- Belohnungen,
- Wettbewerb,
- Gängelung,
- Einengung der Entscheidungsspielräume,
- Druck,
- Mangel an Zeit.

Blockaden im kreativen Prozess

Der kreative Prozess kann durch unterschiedliche Blockaden behindert oder gar unterbrochen werden. Adams (1984) kategorisiert solche Kreativitätsblockaden:

Blockaden der Wahrnehmung:

Die auftretenden Probleme werden oft zu eng oder im falschen Blickwinkel gesehen. Es fällt den Betreffenden schwer, sich von der gewohnten Perspektive wegzubewegen.

Gefühlsmäßige Blockaden:

Hier spielt die Furcht vor den Folgen eine immense Rolle, z. B. die Furcht vor Kritik: „Was sagen die anderen, wenn ich meine Lösungsidee vorschlage?“ Diese Blockade behindert das Produzieren von vielen Ideen, da es um ständige Beurteilungen und Bewertungen geht: „Wie finden das die anderen?”

Kulturell bedingte Blockaden:

Kreative Ideen werden auf Grund von kulturellen Blockaden nicht weitergedacht oder gar nicht erst angedacht. So sind zum Beispiel Themen wie Tod oder Sexualität in unserer Kultur nicht „gesellschaftsfähig“ und werden oft ausgeklammert.

Umweltbedingte Blockaden:

Die Kreativität wird auf Grund von äußeren Rahmenbedingungen behindert. Beispielsweise findet eine kreative Sitzung in einem winzigen Raum mit zehn Personen und schlechter Luft statt. Oder man trifft sich, nachdem man vierzehn Stunden gearbeitet hat und physisch und psychisch total ausgelaugt ist.

Kreativitätskiller

Die psychologischen Zwänge, die Kreativität hemmen, treten schon früh im Leben auf. Teresa Amabile, eine Expertin für Kreativität, beschäftigt sich mit dem Schicksal kindlicher Kreativität. Die von ihr beschriebenen Kreativitätskiller beschränken sich jedoch, wie man bei der Lektüre feststellen wird, keineswegs auf den Umgang mit Kindern (vgl. Goleman, 1997).

Beaufsichtigung:

Wir weichen den Kindern nicht von der Seite und geben ihnen das Gefühl, wir ließen sie bei der Arbeit nicht aus den Augen. Wenn ein Kind unter ständiger Beobachtung steht, versteckt und unterdrückt es alle Impulse zu Risikobereitschaft und Kreativität.

Bewertung:

Wir bringen die Kinder dazu, sich Gedanken darüber zu machen, wie andere sie beurteilen. Kindern sollte es vor allem darum gehen, wie zufrieden sie selbst mit ihren Leistungen sind, statt sich den Kopf darüber zu zerbrechen, wie sie von anderen bewertet oder benotet werden, oder was wohl die Freunde denken.

Belohnungen:

Übermäßige Verwendung von Mitteln wie Sternchen, Geld oder Spielzeug. Wenn solche Belohnungen zu oft und in zu großen Mengen eingesetzt werden, nehmen sie dem Kind das intrinsische Vergnügen an kreativer Tätigkeit.

Wettbewerb:

Wir bringen die Kinder in eine zugespitzte Konkurrenzsituation, in der es nur einen Sieger geben kann. Kinder sollten die Möglichkeit haben, das Tempo ihrer Fortschritte selbst zu bestimmen.

Gängelung:

Wir schreiben den Kindern genau vor, wie sie was zu tun haben – ihre Hausaufgaben, ihre häuslichen Pflichten, sogar ihre Spiele. Oft verwechseln Eltern und Lehrer dieses Hineinregieren in jeden Lebensbereich der Kinder mit ihren legitimen erzieherischen Aufgaben. So gewinnen Kinder das Empfinden, Selbständigkeit sei ein Fehler und Explorationsverhalten Zeitverschwendung.

Einengung der Entscheidungsspielräume:

Wir schreiben den Kindern vor, welchen Beschäftigungen sie nachzugehen haben, statt ihnen die Möglichkeit zu geben, ihren Interessen und Vorlieben zu folgen. Viel besser ist es, wir lassen die Kinder entscheiden, wozu sie Lust haben, und bestärken sie in ihren Neigungen.

Druck:

Wir stellen überhöhte Erwartungen an die Leistungen eines Kindes. Beispielsweise können sich die systematischen Trainingsprogramme, mit denen man Kleinkindern das Alphabet oder die Grundbegriffe des Rechnens einpaukt, bevor sie sich wirklich dafür interessieren, als ausgesprochen kontraproduktiv erweisen, so dass die Kinder am Ende eine tiefsitzende Abneigung gegen das betreffende Fach entwickeln.

Mangel an Zeit:

Doch einer der größten Kreativitätskiller überhaupt ist viel unauffälliger, weil er so tief in unserer Kultur verwurzelt ist, dass wir ihn kaum bemerken. Er hat wesentlich mit der Zeit zu tun. Viel selbstverständlicher als Erwachsene können Kinder jenen extremen Kreativitätszustand erreichen, den wir Flow nennen und der ein Höchstmaß an Lust und kreativen Kräften freisetzt. Im Flow spielt Zeit keine Rolle mehr, es gibt nur den zeitlosen Augenblick.

3.1.6 Kreativität und Stress

Der Einfluss von Stress auf kreative Leistungen ist ein zweischneidiges Schwert. Dieser Punkt könnte genauso unter der Überschrift von Erfordernissen wie unter Kreativitätskillern diskutiert werden. Stress wird in Bezug auf Kreativitätsentfaltung oft eine ausschließlich negative Wirkung nachgesagt. Um kreativ werden zu können, braucht es vor allem Zeit und Muße. Das stimmt so nicht hundertprozentig. Wenn auch grundsätzlich Kreativität eine Lockerheit in vielerlei Hinsicht benötigt, so ist eine gewisse Stressmenge förderlich, wenn nicht sogar notwendig, um kreativ zu arbeiten. Im Modell des Stressforschers Lennart Levi (1975) ist das sehr deutlich zu sehen (siehe Abbildung 22).

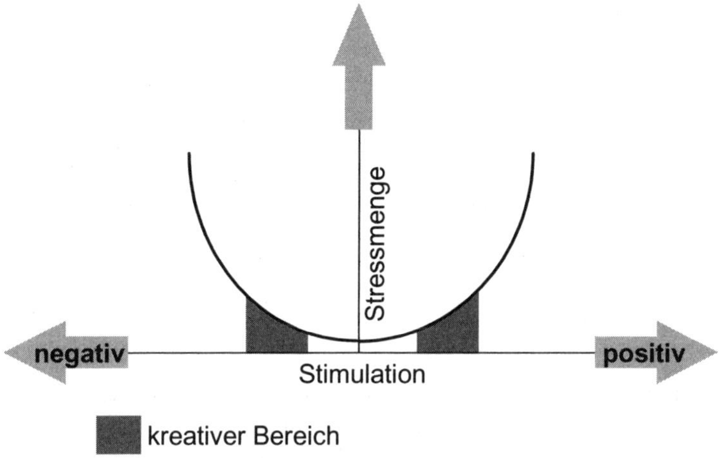

Abbildung 22: Stress und Kreativität nach Lennart Levi (1975)

Auf der Basislinie ist die Stimulation dargestellt, die auf einen Menschen wirkt. Die Vertikalachse zeigt die Stressmenge an. Die Stimulation kann eine Reihe verschiedener Faktoren beinhalten so z. B. physikalische Reize wie Lärm sowie psychosoziale Faktoren wie Termindruck oder die Erwartungen anderer Leute. Die Stimulation nimmt nach rechts immer mehr zu und nach links immer mehr ab. Die parabolische Kurve zeigt den Stressverlauf an. Der Stress nimmt bei steigender Simulation erst ganz langsam und dann exponentiell zu. Das Gleiche geschieht bei Unterstimulation.

Die Frage ist nun, in welchem Bereich ist die größte Kreativität möglich. In der Mitte, wo Stimulanz und Stress gering sind, ist auch die Kreativität gering. Auf den Außenseiten der Achse ist die Stimulation so hoch und der Stress so extrem, dass sie den Menschen stark beanspruchen oder überfordern und die Kreativität hemmen. Der kreative Bereich liegt bei negativer wie positiver Stimulation im gemäßigten Stresslevel. Viele Menschen kennen dieses Phänomen aus eigener Erfahrung. Erst wenn eine Deadline näherrückt und ein gewisser Druck entsteht, kommt Schwung in ein Projekt. Nur wenn man vor einer Präsentation ein gewisses „Kribbeln im Bauch" verspürt, hat man auch die nötige Spannung, um sich „voll ins Zeug zu legen" und wirklich zu überzeugen. Wie steil oder flach die Kurve verläuft, d. h. bei wie viel Stimulation wie viel Stress entsteht, ist sicherlich von Mensch zu Mensch und situationsbedingt verschieden.

3.2 Kreative Prozesse in Unternehmen und Organisationen

3.2.1 Balance zwischen Innovation und Stabilität

Unternehmen sind fortlaufend genötigt, sich auf eine ständig wandelnde Umwelt einzustellen. Die Überlebensfähigkeit eines Systems hängt wesentlich von der Fähigkeit ab, sich als zusammenhängende Einheit zu erhalten, zu lernen und seine interne und logische Organisation zu verändern. Systeme, die an starren, ehemals erfolgreichen Mechanismen der Aufrechterhaltung und des Gleichgewichts festhalten, werden dysfunktional.

Aus der Erkenntnis der Selbstorganisation von Systemen wissen wir, dass Systeme versuchen, sowohl Stabilität aufrecht zu erhalten, als auch Organisationsformen weiter zu entwickeln. Damit haben wir zwei gegensätzliche Verläufe: Stabilität und Veränderung. Als Systeme sind hier Personen, Gruppen, Organisationen oder auch Kulturen gemeint.

Es geht also darum, die richtige Balance und das richtige Maß an Veränderung zwischen Stabilität und Innovation zu finden. In ihrer Flexibilität zeigt sich die multiple Stabilität der Organisationen, und inwieweit sie sich als „lernende Organisation" verhalten können. Die Wirtschaftswelt ist zunehmend auf Mitarbeiter angewiesen, die selbständig denken, die sagen, was sie denken, und die auf Veränderungen mit Phantasie reagieren – die, mit einem Wort, kreativ sind. Unter dem Zwang zur Kreativität müssen die Unternehmen Strukturen schaffen, die es ihren Mitarbeitern erlauben, Ideen, die unter Umständen als ärgerlich oder beunruhigend empfunden werden, offen und ohne Angst vor Repressalien zu äußern.

Der Geist der Kreativität kann am Arbeitsplatz auf vielfältige Weise zum Ausdruck kommen. Am Augenfälligsten ist natürlich die Entwicklung eines neuen Produktes, aber es gibt auch andere Möglichkeiten: z. B. Verbesserung des Kundendienstes, Einführung neuer Managementmethoden, Straffung des Vertriebs, Entwicklung günstigerer Finanzierungsmodelle. Mit kreativen Ideen lässt sich auch die Organisation selbst stärken, indem man zum Beispiel die Eigeninitiative der Mitarbeiter fördert.

Wenn Management wie Belegschaft zu einer kreativeren Einstellung finden, setzt am Arbeitsplatz ein Wandel ein. Dabei geht es nicht nur um das Endprodukt, sondern auch und vor allem um den Arbeitsprozess. Es gilt, Verhältnisse zu schaffen, die es den Mitarbeitern erlauben, dazuzulernen, sich persönlich weiterzuentwickeln und Verbesserungsvorschläge zu machen. Verhältnisse schaffen, bedeutet, Strukturen schaffen. Bei diesen Strukturen handelt es sich in erster Linie um die Etablierung von Teams, die durch enge Kooperation zusammengewachsen sind, um selbstorganisiertes Arbeiten, Führung von Selbstorganisation, Freiheit zum Experiment, Fehlerkultur, den Prozess ständiger Verbesserung und Feedbackkultur.

3.2.2 Schwachstellen im Innovationsprozess in Organisationen

Schlicksupp (1989) formuliert in seinem Buch „Ideenfindung“ wesentliche Schwachstellen für kreative Prozesse, die aus den spezifischen Rahmenbedingungen von Organisationen resultieren:

Schwachstellen für kreative Prozesse sind:
- Mängel in der Informationsverarbeitung,
- Planungsmängel,
- Organisationsmängel,
- Mängel in Personalwesen und Führung,
- Mängel an Innovationsbereitschaft,
- beharrende Denkstrukturen,
- Furcht vor Änderungen,
- hierarchische Kopplung der Akzeptanz von Fähigkeiten,
- Genüge mit dem Mittelmaß,
- Priorität der Tagesgeschäfte,
- Vorgehen ohne Methode.

Mängel in der Informationsverarbeitung

„Nur etwa 45 % der innovationsbezogenen Informationen werden gespeichert, nur 40 % systematisch ausgewertet. Im übrigen gehen die Informationen verloren.“

Planungsmängel

Planungs- und Projekttechniken werden nicht oder nicht genügend beherrscht.

Organisationsmängel

Die potenziellen Ideenlieferanten, die einer Organisation zur Verfügung stehen (wie Mitarbeiter, Kunden, Lieferanten), werden oft nicht konsequent und kooperativ in die Ideensuche integriert. Es gibt wenig formelle „Institutionen“, in denen man sich auf die Suche nach kreativen Feldern begibt.

Mängel in Personalwesen und Führung

Oftmals werden Gründe wie geringe Personalkapazität und hohe Personalkosten für die „kreativen Einsparungen“ angeführt. Aber auch Fragen der Führung und fehlende Motivation dienen der Einengung von kreativen Räumen.

Mängel an Innovationsbereitschaft

Das Innovationsgeschehen bzw. „Nicht-Innovationsgeschehen" wird geprägt durch die vorherrschenden Einstellungen, Erfahrungen, Motivlagen, Auffassungen und andere sozialpsychologisch bedingte Verhaltensweisen im Unternehmen.

Beharrende Denkstrukturen

„Jeder Mensch hat ein individuelles Steuerungssystem der Informationsverarbeitung, das als ‚kognitive Struktur' bezeichnet werden kann und das die Breite und Tiefe der aufgenommenen und im Verhalten berücksichtigten Informationen bestimmt" (Schlicksupp, 1989). Durch die gewohnten Denkinhalte und -strukturen äußert sich ein Verhaftetsein im Denken. Hier gilt es, Änderungen einzuführen, d. h. neue Sichtweisen zu eröffnen und zu vernetztem Denken anzuregen.

Furcht vor Änderungen

In Organisationen sind es oft wenige Personen, die aktiv Innovationen auslösen und durchsetzen wollen, die Change-Agents. Jedoch sind viele Organisationsmitglieder von den Konsequenzen betroffen. Bei denen entstehen Unsicherheiten wie „Was passiert da?" und „Was geschieht mit mir?", Befürchtungen und Ängste. Aus diesen Ängsten heraus werden dann kreative Prozesse behindert oder gar boykottiert. Die Frage nach den Unterstützungsmöglichkeiten für passiv Innovierende und das Streben nach Transparenz sind enorm wichtig.

Hierarchische Kopplung der Akzeptanz von Fähigkeiten

Die Durchsetzung von Innovationen und kreativen Ideen sind an hierarchische Bedingungen wie Machtbefugnisse, Titel, Status und Sachkompetenz gekoppelt. Dadurch kann die Schubkraft für innovative Prozesse völlig ausgebremst werden. „Kästchendenken, Formalismus und Prinzipienreiterei prägen dann das Verhalten" (Schlicksupp, 1989).

Genüge mit dem Mittelmaß

Vergangene Erfolge sollten berechtigt mit Stolz formuliert und dokumentiert werden. Jedoch heißt das nicht, „sich auf den Lorbeeren auszuruhen", und sich auf weiteren Wohlstand und Sicherheit zu verlassen. Innovative Prozesse bedeuten ständige Dynamik und fortlaufende Suche nach den besten Problemlösungen.

Priorität der Tagesgeschäfte

Für Innovations- und Kreativitätsprozesse wird oft nur wenig bis gar kein Raum gegeben – das Tagesgeschäft geht vor. Innovationsprozesse werden nebenher gemacht, Projekte werden verschleppt oder verhindert.

Vorgehen ohne Methode

Schelker (1976) stellte in einer Untersuchung zu „Innovationsprozessen in Unternehmen" fest, dass 90 von 100 Unternehmen regelmäßig ohne Ideenfindungsmethoden arbeiten.

3.2.3 Rahmenbedingungen für Innovation und Kreativität in Organisationen

Um kreative Veränderungsprozesse in Organisationen zu initiieren, brauchen Organisationen eine Balance, ein Wechselspiel zwischen Innovation und Stabilität. Organisationen verstehen wir hierbei als offene Systeme, die selbstorganisierend Informationen, Materie und Energie mit der Umwelt austauschen. Organisationen erlangen Sicherheit durch Rahmenbedingungen. Es geht darum, herauszufinden, welcher Rahmen geschaffen werden muss, damit möglichst kreativ und innovativ gearbeitet werden kann. Die Rahmenbedingungen dafür gilt es, abzustecken und sicherzustellen.

Rahmenbedingungen für Innovation und Kreativität sind:
- Selbstorganisation,
- Freiheit zum Experiment,
- Fehlerkultur,
- Prozess der ständigen Verbesserung,
- Teamarbeit,
- Führung von Selbstorganisation,
- ein zuträgliches Klima für Ideen.

Selbstorganisation

Hierzu zählt vor allem die Einführung bzw. Förderung selbstorganisierten Arbeitens in Teams, die ausführlich in Kapitel 5 behandelt wird. Selbstorganisation bedeutet, dass es einen klaren Arbeitsauftrag gibt, über den zwischen Auftraggeber und Auftragnehmer ein gemeinsames Verständnis herbeigeführt und ein Commitment erzielt wird. Der Arbeitsauftrag bezieht sich allerdings nur auf die Beschreibung der Anforderung und des gewünschten Ergebnisses. *Wie* die Durchführung des Auftrags erfolgt und das gewünschte Ergebnis erzielt wird, bleibt dem Auftragnehmer selbst überlassen. Gerade diese Freiheit, das Vorgehen selbst zu gestalten, eröffnet Freiraum für kreative Prozesse, ermöglicht, dass auch neue Wege zur Lösung einer Aufgabe gefunden werden können.

Freiheit zum Experiment

Eine weitere Rahmenbedingung ist die Freiheit zum Experiment. Kreative Prozesse werden als Experimentierzeiten oder Experimentierphasen definiert und vereinbart: „Wir sind in der Phase, wo es darum geht, viele Ideen zu schaffen. Dabei werden Ideen entstehen, die uns als völlig absurd erscheinen werden. Lasst uns in dieser Zeit einfach damit experimentieren. Hinterher schauen wir, was machbar ist.“ Es muss das Experimentieren deutlich und schmackhaft gemacht werden. Man kann ausprobieren, ohne dass weitreichende Konsequenzen auftreten.

Fehlerkultur

Albert Einstein sagte: „Wer noch nie einen Fehler gemacht hat, hat sich noch nie an etwas Neuem versucht." Und so wird der größte Fehler oft im Umgang mit Fehlern, mit negativen Ergebnissen gemacht. Meist finden nur positive Erfahrungen unsere Beachtung, während negative als Kursabweichung missverstanden werden. Jedoch besteht die Kunst der kreativen Veränderung in dem neutralen Umgang mit Erfahrungen, sie nicht in positiv oder negativ zu spalten, sondern den gemachten Erfahrungen Beachtung zu schenken und von dort aus weiterzugehen. Ein Fehler bei kreativer Problemlösung ist ein Experiment, aus dem man lernen kann, aus dem man wertvolle Informationen für den nächsten Versuch gewinnt. Tatsächlich sind viele Erfindungen nur dank Fehlern zustande gekommen.

Der englische Chemiker William Perkins hat die Herstellungsmethode für künstliche Farben entdeckt, als er versuchte, synthetisches Chinin zu entwickeln – ein Versuch, der misslang. Aber er bemerkte, dass der Schlamm, der dabei entstanden war, einen purpurroten Fleck hinterließ. Eine nähere Untersuchung dieses Flecks markierte den Anfang der synthetischen Farbindustrie.

Mit seiner oft wiederholten Aussage: „Der Misserfolg ist unser wichtigstes Produkt“ hat R. W. Johnson jr., Inhaber des erfolgreichen amerikanischen Unternehmens Johnson & Johnson, darauf hingewiesen, dass Unternehmen fehlgeschlagene Experimente als Teil ihres evolutionären Fortschritts akzeptieren müssen. Und tatsächlich musste JOHNSON & JOHNSON im Verlauf seiner Geschichte etliche schwere Fehlschläge erleiden, etwa seinen Ausflug auf das Gebiet von Genussmitteln auf Cola-Basis (bestehend aus Sherry und Colanussextrakt) und farbigen Gipsverbänden für Kinder, denen „ein frühzeitiges Ende beschert war, als die reinen Lebensmittelfarben die Bettwäsche in eine Farbensymphonie und Krankenhauswäschereien in ein Tollhaus verwandelten“ (Collins, Porras, 1995).

Oft trauen sich Menschen nichts zu, weil sie Angst haben, einen Fehler zu machen. Aus Untersuchungen scheint hervorzugehen, dass sehr kreative Menschen mehr Fehler begehen als ihre weniger einfallsreichen Zeitgenossen. Der Grund ist natürlich nicht, dass sie weniger tüchtig sind – sie versuchen einfach mehr als die meisten anderen. Sie produzieren mehr Ideen, kommen auf mehr Möglichkeiten und denken sich mehr Pläne aus. Manchmal haben sie damit Erfolg und manchmal nicht. Chuck Jones, der vielbewunderte Zeichner von Bugs Bunny, sagt: „Ich denke nicht, dass wir aus unseren Erfolgen lernen. Wir lernen aus unseren Fehlern. Weiß Gott, das ist wirklich nicht das, was wir wollen. Aber erst wenn wir stolpern, merken wir, wohin es uns wirklich treibt" (Goleman, 1997).

Prozess der ständigen Verbesserung

Wir beschreiben die Evolution gern als einen Prozess des „Verästelns und Ausputzens". Dem liegt eine einfache Vorstellung zu Grunde: Wenn man einen Baum hinreichend viele Äste treiben lässt (Variation) und die abgestorbenen Äste sorgfältig wegschneidet (Selektion), dann wird man höchstwahrscheinlich einen Baum mit gesunden Ästen erhalten, der alle Voraussetzungen erfüllt, um in einer sich ständig wandelnden Umwelt zu gedeihen.

Bis auf den heutigen Tag fördert Johnson & Johnson gezielt diesen Prozess des „Verästelns und Ausputzens". Man probiert eine Menge aus, hält an dem, was sich bewährt hat, fest und lässt alles andere schnellstens fallen. Man begünstigt die Variation, indem man ein Arbeitsumfeld schafft, das durch eine starke Dezentralisierung geprägt ist und in dem individuelle Initiative und das Experimentieren mit neuen Ideen gefördert werden. Zugleich wendet Johnson & Johnson strenge Selektionskriterien an. Nur die Experimente, die sich als gewinnträchtig erweisen und die mit der Philosophie von Johnson & Johnson in Einklang stehen, werden in das Geschäftsbereichs-Portfolio des Unternehmens aufgenommen (vgl. Collins, Porras, 1995).

Teamarbeit

Der Vorteil von Teamorganisation liegt in dem Hervorbringen unterschiedlicher Fähigkeiten, die sich gegenseitig ergänzen und gegenseitig zirkuläre Prozesse auslösen, womit die Kreativität erhöht werden kann. Gleichzeitig ist der Erfolg von Teams auch sehr davon abhängig, inwieweit es gelingt, bei Herausforderungen nicht in vorgefertigten Lösungen denken zu müssen, sondern mit Hilfe ihrer Kreativität über ein Bündel von Möglichkeiten zu verfügen, Alternativen abzuwägen und eine Wahl zu haben.

Innovation besteht aus zwei Schritten: der Entwicklung einer neuen Idee und ihrer Verwirklichung. Ein einsamer Erfinder kann zwar eine umwälzend neue Idee haben, aber sie zu realisieren, weiterzuentwickeln und erfolgreich auf den Markt zu bringen, wird ihm immer schwerer fallen, wenn er kein Team an seiner Seite hat.

Führung von Selbstorganisation

Erfolgreiche Selbstorganisation braucht eine entsprechende Führung. Vor allem durch inhaltlich sinnvolle Aufgaben und die strukturierte Vergabe dieser Aufgaben an Einzelne oder Teams. Inhaltlich sinnvolle Aufgaben fördern die Selbstorganisation und Kreativität der Menschen, sie fordern sie heraus. „Die Firmenleitung sieht ihre Aufgabe darin, Veränderungen anzuregen, die Mitarbeiter herauszufordern, indem sie erklärt: Das ist der Standard, den wollen wir erreichen. Beispielsweise hat man bei Patagonia die Entscheidung getroffen, auf die Maschinen zu verzichten, mit denen in der Bekleidungsindustrie Knöpfe angenäht werden. Der Grund: Allzu oft waren die Stiche fehlerhaft. Daher setzte man einen Standard: Kein Patagonia-Knopf sollte jemals abreißen, ganz gleich unter welchen Umständen. Wir haben einfach die Vorgabe gemacht. Daraufhin zerbrach sich jeder in der Firma den Kopf darüber. Das fordert den Verstand und die Phantasie der Mitarbeiter. Und obendrein kommt dabei noch ein ausgezeichnetes Produkt heraus" (Goleman, 1997).

Die Vergabe von Aufgaben und Aufträgen umfasst die verständliche Beschreibung des gewünschten Ergebnisses und die Bereitstellung der erforderlichen Ressourcen (Zeit, Finanzen, Personal, Raum, Qualifizierung) durch die Führungskraft. Die Verantwortung für die Durchführung der Aufgabe liegt in der Hand der Mitarbeiter. Sie steuern die einzelnen Arbeitsschritte selbst. Nur zu vereinbarten Zwischenterminen findet eine gemeinsame Steuerung von Führungskraft und Mitarbeitern statt. Außerhalb dieser Termine darf sich die Führungskraft nicht einmischen. So kann gewährleistet werden, dass die Mitarbeiter selbstorganisiert den Auftrag erfüllen: Sie konzentrieren sich auf geeignete Lösungswege und -alternativen, kreieren neue Ideen und bringen in diesem Feld ihr kreatives Potenzial zur Entfaltung.

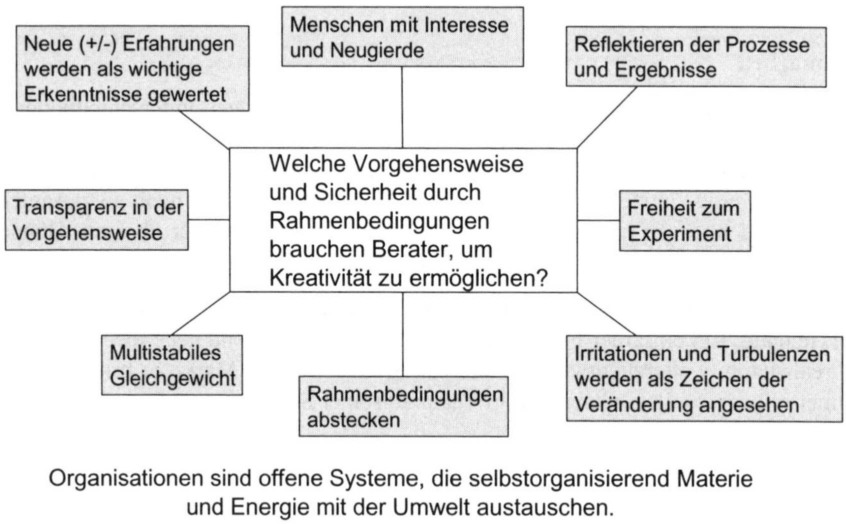

Abbildung 23: Weitere Rahmenbedingungen für Kreativität

Ein zuträgliches Klima für Ideen

Dazu gehört, dass Ideen frei geäußert und freundlich aufgenommen werden. Kein Arbeitnehmer, der ketzerische Vorschläge macht oder scheinbar „dumme" Fragen stellt, sollte befürchten müssen, dass er zynisch und unwirsch abgefertigt wird. Neben den analytischen müssen auch die intuitiven Problemlösungsansätze willkommen sein, weil die Firmenleitung weiß, dass Gefühle und subjektive Werte bei der Entwicklung neuer Ideen eine entscheidende Rolle spielen. Das setzt eine Atmosphäre gegenseitiger Achtung voraus, ein Klima, das jeden Mitarbeiter ermutigt, den anderen seine Ideen und Einfälle mitzuteilen.

In Abbildung 23 sind weitere Rahmenbedingungen für Kreativität und Sicherheit in institutionellen Veränderungsprozessen aufgeführt.

3.2.4 Sieben goldene Regeln der Kreativitätsförderung

Sony-Gründer Akito Morita hielt Kreativität schlicht für „die einzige Methode für ein Überleben im großen, weltweiten Wettkampf". Um die kreativen Potenziale von Mitarbeitern zu mobilisieren und auszuschöpfen, braucht es mehr als nur die neuesten Managementstrategien. Denn auch die Konkurrenz schläft nicht und betreibt *cost reducing, lean management, total quality management, supply management, customer focus, benchmarking* und was nicht auch sonst noch. Wer sich unterscheiden und einen Schritt weiter als die anderen sein will, muss die Ideen seiner Mitarbeiter fördern und nutzen. Welches Denken besonders bei Führungskräften erforderlich ist, um kreatives und innovatives Arbeiten in Unternehmen zu fördern, beschreibt G. Guntern (1994) in seinen „Sieben goldenen Regeln" sehr deutlich.

1. Die Deregulation muss im eigenen Kopf beginnen

Es liegt in der menschlichen Natur, den Ideen anerkannter Autoritäten eher zu trauen als den eigenen, eventuell davon abweichenden Ideen. In der scheinbaren Sicherheit aus vorherrschenden Lehrmeinungen und festen Regeln im Zusammenspiel beschränkt sich die Phantasie vieler Top-Manager darauf, ihre Organisationen noch effektiver und effizienter machen zu wollen. In diesem „linearen Wettlauf" schneller sein zu wollen, zahlt sich für die meisten aber nicht oder nur unzureichend aus. Nur wer bewusst die eigenen Regeln und geltenden Prinzipien in Frage stellt und bereit ist, sie zu verändern, schafft die Voraussetzung für flexibles, kreatives und innovatives Handeln der Mitarbeiter.

2. Vielfalt ist besser als Einfalt

„Es geht darum, die Antennen der Wahrnehmung weit zu öffnen und jede Information aufzunehmen, die nützlich sein kann. Wer immer mit seinesgleichen verkehrt, dem verengt sich die Welt. Seine Ideen unterliegen der Inzucht und Inzucht geht bekanntlich mit einem beträchtlichen Verlust an Vielfalt, Vitalität und Leistungsfähigkeit einher." Besonders übertriebenes Spezialistentum geht oft einher mit einem starken Wahrheitsanspruch und steht der Entstehung von Vielfalt und Neuem so völlig im Weg. „Spezialisten wissen, Kreative staunen." Wer offen, unvoreingenommen und neugierig der Welt entgegentritt und eine solche Haltung ermöglicht und fordert, macht den Weg frei für Vielfalt und neue Ideen.

3. Wo die Sonne der Kultur niedrig steht, werfen selbst die Zwerge lange Schatten

Kreative Leistungen sind nur möglich, wenn man Außergewöhnliches anstrebt. Wer zu schnell zufrieden ist und sich mit dem bereits Erreichten arrangiert, wird auf die erschwerliche Weiterentwicklung seiner Kompetenzen verzichten und seine Heimat im Mittelmaß finden. Das gilt für Personen wie für Organisationen. Verhaltene Ansprüche und geringe Kreativität werden oft verbunden mit verkrusteten Strukturen und veralteten Hierarchien. Es gilt bei allen erwiesenen Vorteilen von flachen Strukturen, wie schnelle Kommunikation, kurze Entscheidungswege und mehr Raum für Eigeninitiative, genau zu prüfen, welche Organisationsform in welcher Organisation angemessen ist. Denn Hierarchien schaffen auch erwünschte Ordnung und geben nötige Struktur. Den Bedingungen angemessene hierarchische Strukturen erfüllen vitale Funktionen und bringen Ordnung ins Denken, Handeln und die sozialen Beziehungen im System. Es gilt allerdings auch beim Thema Strukturen und Hierarchien, den bestehenden Status quo einer Organisation in Bezug auf ihre Funktionalität und das Ermöglichen von Kreativität stetig in Frage zu stellen, genau zu überprüfen und gegebenenfalls entsprechende Änderungen einzuleiten.

4. Du sollst dir ein Bildnis machen!

Im abendländischen Kulturkreis wird seit gut 3000 Jahren die dominante abstrakt, sprachlich denkende Gehirnhemisphäre kultiviert und die Denkprozesse der imaginativen, bildhaften und intuitiven Gehirnhälfte eher vernachlässigt. Wer in der Lage ist, verbal geschickt zu formulieren, gilt als intelligent und bringt es in der Gesellschaft auch zumeist weiter als phantasievolle – und eventuell wortärmere – Menschen, die zudem noch als Phantasten oder Spinner abgetan werden. Wenn nun auch in der Welt abseits der Kunst immer mehr Einfallsreichtum und Kreativität von Mitarbeitern und Führungskräften erwartet wird, muss in der Nutzung des brachliegenden Gehirnpotenzials etwas getan werden. Der Mensch, der seine Imagination abklemmt, ist zum Scheitern verurteilt. Die Imagination zu pflegen und zu trainieren, kann auf verschiedenste Weise geschehen, wie zum Beispiel durch bildhafte Sprache oder kreative Arbeitstechniken. Der bewusste Gebrauch von Metaphern und Analogien regt generell imaginatives Denken an und führt manchmal direkt zu Assoziationen und neuen Erkenntnissen über bekannte Themen. Aber auch Kreativtechniken wie Brainstorming, Visualisierung und viele andere helfen bei einer gründlicheren Nutzung des vorhandenen Potenzials.

5. So-called soft issues are often the hardest facts in life

Wenn Manager sich an „harten Fakten“, den sogenannten facts und figures orientieren, haben sie zunächst natürlich recht. Nur wenn die Zahlen in Ordnung sind, kann ein Unternehmen funktionieren. Wer sich allerdings darauf beschränkt, greift viel zu kurz und ist nicht in der Lage, seine Teams und Mitarbeiter so zu steuern, dass Kreativität, Eigeninitiative und Selbstverantwortung gelebt werden. Themen wie Umgangston, Führungsstil, Erwartungen, Haltungen, Emotionen, Stimmungen und Motivationen sind weder soft issues noch „sozialer Klimbim“. Aus diesen Themen sind die Beziehungen und andere Transaktionen in einer Organisation gewebt. Wer sie dem Zufall überlässt oder sogar offensichtliche Fehlentwicklungen in diesen Bereichen nicht angeht, handelt kurzsichtig und sogar fahrlässig. Kreativität findet dort statt, wo im zwischenmenschlichen Bereich die „soft issues“ stimmen, wo die Beziehungen auf Respekt, Behutsamkeit, Gerechtigkeit und Loyalität bestehen.

6. Wer lacht, schadet der Heimat!

Der Satz, den Guntern einem Graffiti an einer Züricher Autobahnunterführung entnahm, bringt recht bissig die schweizerische und sonstige mitteleuropäische Grundeinstellung auf den Punkt. Gelacht werden darf nur nach Feierabend. Das Vernachlässigen von positiven Emotionen am Arbeitsplatz ist ein äußerst hemmender Faktor für Kreativität. Wer sich aus Furcht vor Fehlern in übertriebenes Sicherheitshandeln, Pedanterie und Perfektionismus flüchtet, wagt sich auch nicht in das unbekannte Land, in dem Kreativität stattfindet. Mit derartiger Besessenheit geht dann auch die Fähigkeit zu spontaner Freude verloren; es entsteht eine „hölzerne Rigidität und erstaunliche Humorlosigkeit“. Humor, Witz, spontane Freude und verspielter Umgang auch mit „heiklen“ Themen sind aber grundsätzliche Bestandteile der Zusammenarbeit in kreativen Teams. Sie sind nicht nur erlaubt, sondern werden regelrecht gepflegt.

7. Wo Information richtig fließt, entsteht ein kreativer Strom

Ein Top-Management ist dann am Kreativsten, wenn es ihm gelingt, einen optimalen Informationsfluss innerhalb des Unternehmens zu organisieren. Es muss dabei relevante Informationen zeitnah und korrekt von oben nach unten übermitteln und außerdem Wege eröffnen, auf denen von unten nach oben und quer zu Funktionen und Hierarchie kommuniziert werden kann. Wie im Biosystem leidet auch die Qualität des Lebens in Humansystemen, wenn zu wenig Materie-Energie ausgetauscht wird. Wo zu wenig oder falsch informiert wird, entstehen Defizite, die mit (zumeist negativen) Projektionen, Vermutungen und Behauptungen ausgeglichen werden. Das geschieht nicht aus Bosheit, sondern aus dem Impuls, den angemessenen, systemeigenen Informationsfluss in Balance zu halten. Es gibt sozusagen ein Grundbedürfnis an Informationsaustausch, das innerhalb eines Systems befriedigt werden muss. So entstehen Reibungsverluste und potenziell unnötige Konflikte, die wiederum kreatives Arbeiten erschweren.

3.2.5 Eröffnen kreativer Felder im Veränderungsprozess

Die angemessensten Möglichkeiten einer Veränderung kommen häufig aus dem System selbst. Sie entstehen kreativ aus dem Experimentieren und dem Ausprobieren von etwas Neuem, dem Prüfen, ob das Neue besser oder schlechter ist. Erst danach kann entschieden werden, welche Neuerungen und Regeln einzuführen sind.

Das bereits bekannte Konzept zum Eröffnen kreativer Felder im Veränderungsprozess (siehe Abschnitt 2.2.2 „Verändern von Transaktionsmustern") wird hier noch einmal, unter besonderer Berücksichtigung der kreativen Prozesse, dargestellt.

Analyse der Gewohnheiten

Der erste Schritt im Eröffnen kreativer Felder besteht darin, die Aufmerksamkeit der Beteiligten darauf zu lenken, was und wie etwas bisher gemacht wurde. Das bedeutet, das Transaktionsfeld und die bevorzugten Transaktionsmuster im Sinne einer „Kontextanalyse" zu beschreiben (vgl. auch Kapitel 1):

- Wer und was gehört dazu?
- Wo liegen die Dinge, die nicht laufen?
- Welche Regeln hat das „Spiel"? Wie gehe ich vor?

Ohne sich wirklich bewusst entschieden zu haben, ist es eine Entscheidung aus einer Auswahl von weiteren Möglichkeiten, die zu diesem Zeitpunkt ebenfalls zur Verfügung gestanden hätten. Diese Möglichkeiten werden durch redundantes Verhalten immer mehr ausgeschlossen, so dass aus einem anfänglichen Trampelpfad schließlich eine gut ausgebaute Autobahn geworden ist. In dieser statischen Umgebung werden stabile Regelkreise aufgebaut, Störungen gleichen sich aus, Lernen ist nicht erfolgreich. Die einmal gebildeten Strukturen schließen neue Informationen und Veränderungsanforderungen immer mehr aus.

Kreative Analyse der bislang ausgeblendeten Optionen

Die Vielfalt eines Unternehmens, eines Teams, einer Gruppe oder zwischen Menschen stellt jedoch noch sehr viel mehr Möglichkeiten zur Verfügung, Situationen anders zu sehen, sie anders zu erklären, andere Bereiche zu betonen, Felder zu verlassen und andere Bedingungen zu schaffen.

Im zweiten Schritt werden die weiteren zur Verfügung stehenden Optionen gesammelt:

- Wie könnte man mit der Situation sonst umgehen?
- Was würden meine Kollegen an meiner Stelle verändern?
- Welche Ideen für Alternativen sind vorhanden?

Es geht darum, herauszufinden, welche Möglichkeiten zu einem bestimmten Zeitpunkt noch zur Verfügung stehen oder gestanden haben. Auch zum „Zeitpunkt X" stehen in aller Regel mehrere Möglichkeiten zur Verfügung, die mehr oder weniger bewusst außer

Acht gelassen werden. Wichtig ist es, nicht bei den naheliegenden Lösungen stehen zu bleiben, sondern sich viele neue und zusätzliche Optionen zu suchen. Die Vielfalt fängt oft erst bei der dritten Variante an. Die erste Variante ist meist das, was man jetzt schon macht. Die zweite Variante ist das genaue Gegenteil und die dritte eröffnet neue Optionen. Beratung induziert Veränderung, bringt die Beteiligten „in Schwung" und ermuntert sie, viele neue Dinge auszuprobieren und zu experimentieren.

Dabei gilt es, zu überprüfen, ob die Varianten tatsächlich etwas Neues darstellen, oder ob sie den jeweiligen Bezugsrahmen gar nicht verlassen. Es fällt uns erfahrungsgemäß schwer, „aus dem Rahmen zu fallen". Wir drehen uns meist wie Goldhamster immer in den gleichen Rädchen und bleiben in unserem Bezugsrahmen. Durch radikale Optionen werden kreative, neue Felder eröffnet. Doch die Frage von Beratern „Was wäre für Sie ein radikaler Einschnitt?" ist oft (gerade bei Organisationen) nicht gefragt.

Externe Berater, die von Organisationen oder Personen eingekauft werden, sollen bei dem Verlassen des Rädchens unterstützen. Es ist jedoch schwierig, wenn der Berater anders, gar absurd denkt, so dass das Gegenüber dieses Denken nicht annehmen kann. Aufgabe von Beratern ist es, sich mit dem Kunden zu koppeln, d. h. jedoch nicht, die eigene Operationslogik auf den Kunden zu transportieren („Ich sage Dir, wie es geht...").

Der Sprung vom ersten in den zweiten Schritt ist der kreative Sprung. Es wird etwas Neues kreiert. Insbesondere bei Menschen, die diesen Schritt fast schon vergessen hatten, kommt es manchmal schon an dieser Stelle zur Phase der „Erleuchtung", die durch plötzliche Erkenntnis, die wie ein Geistesblitz erlebt wird, gekennzeichnet ist. Schlagartig wird ihnen klar, was sie hätten machen können oder machen wollen.

Kreative Erweiterung der neuen Optionen

Im dritten Schritt geht es darum, die neuen Optionen kreativ durchzuspielen, sozusagen in der Phantasie zum Leben zu erwecken und damit den kreativen Prozess am Laufen zu halten. Neue Optionen verändern die individuellen Landkarten und Landschaften. Diese Veränderungen können mit einem Check überprüft und durchgespielt werden:

- Angenommen, Sie würden nach Variante 1 handeln, wie wäre das ...?
- Angenommen, Sie würden nach Variante 2 handeln, wie fühlt sich das an ...?

Es geht um eine Erweiterung auf sonstige Möglichkeiten, andere Erklärungen, neue Informationen und Erfordernisse, um Lösungen, die in anderen Bereichen gefunden werden, um das bewusste Suchen nach Optionen, die nicht nur „Entweder-oder-Lösungen" erlauben, sondern Alternativen darstellen. Es macht Sinn, die neuen Optionen erst einmal auf Zeit in die Handlungen aufzunehmen. Die kreativen Prozesse werden als Experimentierzeiten/Experimentierphasen definiert und vereinbart: „Gehen Sie mit dieser Idee vier Wochen. Lassen Sie uns in dieser Zeit einfach damit experimentieren. Hinterher schauen wir, was machbar ist." Man kann ohne Druck ausprobieren, weil es definitiv noch nicht um die Lösungsentscheidung geht.

Entscheidung für Musterunterbrechung

Um individuelle, kreative und unerwartete Lösungen zu finden und zu entwickeln, gibt es ein hilfreiches und wirkungsvolles Instrument. Es kommt darauf an, ein bestimmtes Verhalten, das als störend, falsch oder hinderlich angesehen wird, konsequent zu unterlassen. Ein spezifisches Muster wird unterbrochen, um Freiräume zu erreichen. Ein System gelangt zu einer radikalen Musterveränderung, wenn eine gängige Vorgehensweise unterlassen wird. Liegt keine Vorschrift vor, muss etwas Neues ausprobiert werden, da man sich nicht *nicht* verhalten kann. Auch die Musterunterbrechung wird als Phase des Experimentierens bezeichnet.

Neue Lösungen erproben und etablieren

Durch die Musterunterbrechung ist das Feld frei für neue Wege, neue Erfahrungen, neue Informationen, neue Erkenntnisse und neue Lösungen. In diesem fünften Schritt setzt die Selbstorganisation ein, auf der Suche nach der für die betreffende Person/Organisation optimalen Lösung. Durch die „Verunmöglichung“ des Alten wird Raum geschaffen für eine autonome Neuorganisation. Es geht also nicht um die inhaltlich „richtige“ Lösung, sondern es gilt, Raum zu schaffen, um über neue Dinge nachzudenken und sie auszuprobieren. Eine schöne Metapher hierfür ist eine Weinprobe: Der Weinkenner wird den Wein anschauen, ihn riechen, nochmals riechen, im Mund verteilen, einen winzigen Schluck trinken, dann wieder ausspucken und neue andere Weine probieren. Es kommt darauf an, verschiedene Weine zu kosten, um den besten finden zu können.

Die gefundenen Lösungen werden ausgewertet, um eine bewusste Entscheidung für die neue Lösung herbeizuführen und möglicherweise noch erforderliche Anpassungen vorzunehmen. Die durch Freiräume gefundenen Lösungen werden allgemein als „maßgeschneidert” empfunden, weil sie aus dem entsprechenden System selbst entwickelt wurden. Die Betroffenen identifizieren sich mit der Lösung – eine unerlässliche Bedingung, um Veränderungen dauerhaft in Systemen zu verankern.

3.3 Methoden und Techniken für kreative Prozesse

In der entsprechenden Fachliteratur gibt es unzählige Techniken und Übungen, die man als Kreativitätsförderer in moderierten Veranstaltungen, Teamarbeit oder zur individuellen Anregung benutzen kann. Wir beschreiben hier einige ausgewählte Techniken, die hilfreiche Denk-, Rede- und Schreibstrategien vermitteln und das Arbeiten in einen lustvollen, spielerischen Akt verwandeln können.

3.3.1 Grundregeln des kreativen Arbeitens

Grundsätzlich ist die Einhaltung von Regeln zum kreativen Denken und Handeln sinnvoll – nicht zuletzt, um mögliche Blockaden oder Kreativitätskiller zu minimieren.

Grundregeln für kreatives Arbeiten:

- Den Fluss der Gedanken und des Diskussionsprozesses nicht stoppen, nicht filtern, auch absurde Ideen können weiterhelfen.
- Versuchen, die Problemsituation völlig neu zu analysieren.
- Unterschiedliche und auch scheinbar unpassende Elemente miteinander verknüpfen.
- Neuen Standpunkt einnehmen, neue Sicht des Problems finden.
- Sich um Flexibilität und Multistabilität im Denken bemühen.
- Kreativität erfordert die Veränderung und Neuordnung von Erfahrung.
- Im Denkprozess häufig die Kategorien wechseln.
- Die Problemstellung möglichst genau definieren.
- Vor der Beschäftigung mit der Aufgabe festlegen, welchen Gütekriterien die Lösungen entsprechen sollen.
- Wechsel zwischen Phasen von Einzelarbeit und Gruppenarbeit, damit die individuellen Ideen reifen können.

3.3.2 Kreativitätsaufgabe

Diese kleine Aufgabe (nach Adams, 1984) gibt eine gute Vorstellung darüber, was im kreativen Prozess (vom Verstehen der Aufgabe über Alternativenentwicklung und gegebenenfalls neuer, tieferer Durchdringung der Ergebnisdefinition) geschehen muss, um eine den gestellten Anforderungen entsprechende Lösung zu erreichen.

Verbinden Sie die neun Punkte in Abbildung 24 mit nicht mehr als vier geraden Linien, ohne den Stift neu anzusetzen.

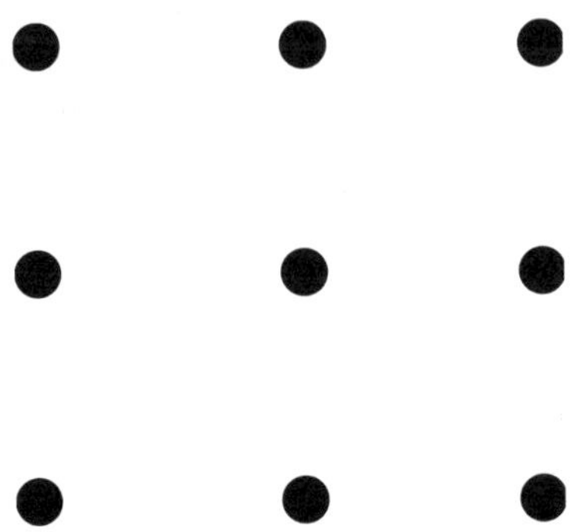

Abbildung 24: Neun Punkte

3.3.3 Brainstorming

Die Idee des Brainstormings wurde von J. Osborne (1953) in den 30er Jahren entwickelt. Von ihm stammt der Satz „Using the brain to storm a problem" – also, das Gehirn benutzen, um ein Problem zu erstürmen – aus dem dann der Begriff „Brainstorming" entstand. Die bekannte Technik kann allein oder in Gruppen angewendet werden.

Hinweise zur Durchführung von Brainstorming:

- Kritik ist regelwidrig; keine Idee wird beurteilt, bevor nicht alle Ideen produziert sind.
- Wilde Phantasien sind willkommen; je kühner die Idee, desto besser.
- Vielfalt statt früher Auslese; je mehr Ideen, desto größer die Wahrscheinlichkeit von erfolgreichen Ideen.
- Kombinationen und Verbesserungen von anderen Ideen sind erstrebenswert.

Alle Assoziationen

Das bedeutet, wirklich nicht denken, sondern vor allem assoziieren, um die Einfälle purzeln zu lassen, und zwar genau so zufällig, wie sie einem in den Kopf kommen. Ziel ist, das Unbewusste in die kreative Arbeit zu integrieren. Spontane Einfälle sind ein verlässlicher Weg zum Unbewussten, während das Denken lediglich den Zugang zum vergleichsweise winzigen und ärmeren Gedächtnis hat. Der Unterschied ist ungefähr so, als ob man eine Abenteuerreise durch eine phantastische Landschaft mit einem Aktenstudium im Archiv zum Thema vergleicht.

Keinerlei Kritik

Das nannte John Osborne „deferred judgement", die aufgeschobene Bewertung. Diese Regel weist auf die schwierige Hürde, Einfälle kritik- und unterschiedslos zunächst einfach zuzulassen und die Bewertung erst am Schluss vorzunehmen, auch wenn einem der Sinn eines Vorschlags nicht einsichtig oder auch unsinnig erscheint. Sich derart zurückzunehmen ist für viele „Kritik-trainierte" Menschen kein leichter Schritt, aber zugleich der lohnendste. So werden Spaß, Vielfalt und neue Ideen ermöglicht und nicht durch ständige „ja, aber" Einwürfe erstickt.

Umnutzen

Wir neigen dazu, Ideen und Einfälle, die nicht auf Anhieb zum Thema passen, gleich zu verwerfen. Man kann aber auch diese Ideen nutzen, indem man sie als Auslöser für weitere Assoziationen verwendet, beispielsweise, indem man in die umgekehrte Richtung weiterdenkt und -assoziiert: von „Mangel" zu „Reichtum", von „keine Zeit" zu „Langeweile", von „Arbeitslosigkeit" zu „Überlastung", von „geht nicht!" zu „warum eigentlich nicht?", von „einheitlich" zu „Chaos", von „Demotivation" zu „Begeisterung".

Tempo-Menge

Dieser Begriff möchte dazu verführen, sich mit einem Trick ins Assoziieren hineinhelfen zu lassen. Die Aufgabe besteht darin, in einem festgelegten kurzen Zeitraum eine Menge Einfälle zum Thema zu produzieren. Das ist anfänglich übungsbedürftig, aber enorm lohnend. So lernt man nicht nur flott und zugleich tiefer zu arbeiten, mit dieser Technik kommt auch der nötige Abfall zustande, aus dessen Humus nachher die schönsten Früchte wachsen.

3.3.4 Kartenabfrage (nach Metaplan)

Die Technik der Kartenabfrage kommt aus der Moderationstechnik (siehe auch Abschnitt 1.5.12) und ist generell gut zur Ideengenerierung in einer Gruppe geeignet. Zur Durchführung wird ein Moderator gebraucht (evtl. einer der Teilnehmer), der die Gruppe durch den Prozess führt. Zusätzlich benötigt man Moderationsmaterial wie Karten, Filzstifte, Pinnwand oder Flipchart. Die Kartenabfrage ist zumeist ein Teil einer Moderation. Nach Abschluss der Ideensammlung wird in einem nächsten Schritt über das weitere Vorgehen mit den erzielten Ergebnissen entschieden.

Hinweise zur Durchführung:
- Moderator formuliert eindeutige, anregende Fragen;
- die Formulierung der Frage beeinflusst maßgeblich das Ergebnis;
- Fragestellung für alle sichtbar an die Stellwand pinnen;
- Anzahl der Karten zur Beantwortung vorher festlegen;
- genügend Zeit zum Überlegen lassen;
- Karten einsammeln;
- für jede Karte gilt:
  - vorlesen,
  - Verständnisfragen ermitteln,
  - Autor Gelegenheit zur Erläuterung geben – Anonymität wahren!
  - Bei Bedarf gemeinsam das Verständnis klären,
  - Karte anheften,
- Kommentare zum Ergebnis einholen und aufschreiben.

3.3.5 Hütchenspiel

Eine weitere Möglichkeit, kreative Prozesse aktiv zu fördern, ist das sogenannte Hütchenspiel (nach Edward de Bono, 1993). Dazu braucht man farbige Hüte, Kappen oder Mützen. Etwas einfacher funktionieren farbige Karten oder Blätter, mit denen sich die Mitspieler positionieren. Die Mitspieler, von denen jeder eine andere Farbe besetzt, diskutieren über das zu behandelnde (oder ein ausgedachtes) Thema wie z. B. die Umsatzerwartungen, die von der Geschäftsleitung für das zweite Halbjahr bekannt gegeben wurden. Jeder Teilnehmer trägt zur Diskussion nur aus der für ihn vorgegebenen Rolle bei. Während der Diskussion machen sich die Teilnehmer Notizen zu neuen Ideen oder Beobachtungen über den Prozess. Nach Ablauf einer festgelegten Zeit (ca. 20 min) wird in der Gruppe über die gemachten Erfahrungen diskutiert und überlegt, welche Schlüsse und Vereinbarungen sich daraus in Bezug auf Ergebnis sowie Zusammenarbeit ziehen lassen.

Diese Übung zeigt eindrucksvoll und auf spielerische Art, wie unterschiedliche Perspektiven das jeweilige Ergebnis kreativer Prozesse beeinflussen und, gleichermaßen, wie viel reichhaltige Ergebnisse aus einer Vielfalt von Ideen und Perspektiven resultieren.

Weißer-Hut-Denken

Fakten, Zahlen und Informationen

Informationen sind sehr wichtig fürs Denken, es ist bedeutsam, Wege zu kennen, direkt an Informationen zu kommen:

Schlüsselfragen:
- Welche Informationen haben wir?
- Welche Informationen fehlen uns?
- Wie bekommen wir Informationen, die wir benötigen?

Weißer Hut ist Denken mit Informationen.

Roter-Hut-Denken

Rot sehen, Emotionen, Ahnungen und Intuitionen

Gefühle sind für das Denken sehr wichtig, Gefühle sind in allen Denkprozessen beteiligt. Gefühle sind „in diesem Moment“, es ist wichtig, sich der Gefühle bewusst zu sein.

Roter Hut ist Denken mit Gefühlen.

Schwarzer-Hut-Denken

Advocatos diaboli, negatives Urteil, warum es nicht gehen wird

Schlüsselfragen:
- Ist es wahr?
- Passt es?
- Wirkt es?
- Was sind die Gefahren und Probleme?

Schwarzer Hut: Kritische Fragen und Einwände sind als Selbsteinschätzung für den Erfolg bedeutungsvoll.

Gelber-Hut-Denken

Helligkeit, Optimismus, positiv, konstruktiv

Schlüsselfragen:
- Was ist der Nutzen?
- Warum wird es wirken?

Gelber Hut: Positives Denken, Begeisterung und der Nutzen einer Unternehmung sind die Triebfeder zum Erfolg.

Grüner-Hut-Denken

Fruchtbar, kreativ, aus Samenkörnern sprießen Pflanzen, Bewegung, Provokation

Schlüsselfragen:
- Exploration;
- Ideen und Suggestion;
- Welche Möglichkeiten gibt es noch?

Grüner Hut: Vielfalt und Blick nach vorne erweitern die Möglichkeiten.

Blauer-Hut-Denken

Abstand und Kontrolle, Überwachung der anderen Hüte

Schlüsselfragen:
- Wo sind wir in unserem Denken?
- Was ist der nächste Schritt?
- Welches Konzept haben wir?
- Zusammenfassung; Was haben wir jetzt?
- Beobachtungen und Bewertungen: Was konnten wir bereits feststellen und wie schätzen wir das ein?

Blauer Hut: Metaebene mit Blick auf den Prozess schafft Klarheit und Struktur für erfolgreiches Arbeiten.

Das Sechsfarben-Denken geht davon aus, dass
- die *Hauptschwierigkeit*, Kreativität zu entfalten, *das Durcheinander beim Denken* ist;
- wir versuchen, *zu viel auf einmal* zu tun. Gefühle, Logik, Hoffnung, Kritik und Kreativität – das alles bestürmt uns.
- wir grundsätzlich alle diese Denkrollen brauchen, aber mit allen auf einmal überfordert sind.

3.3.6 Persönliche Analogie

Diese Technik versucht durch ein erhöhtes persönliches Involvieren der Teilnehmer, neue Sichtweisen und Lösungen für ein Problem zu entwickeln. Im Rollenspiel oder durch imaginatives Visualisieren versetzen sich die Teilnehmer in das Problem bzw. in Problembeteiligte.

In einer solchen Session wurden z. B. 1980 Manager der Firma Gillette vor die Aufgabe gestellt, sich in menschliche Haare zu versetzen. Die Manager versuchten dann, sich die Behandlung durch äußere Einflüsse und Produkte aus Sicht der Haare vorzustellen. Während einige Angst vor dem Haartrockner hatten, machte anderen die tägliche Haarwäsche zu schaffen. Am Ende stand die Erkenntnis, dass ein Shampoo auch die Fähigkeit haben muss, für verschiedene Haartypen geeignet zu sein. Das Resultat war die Entwicklung des Produkts „Silkience", das innerhalb eines Jahres zu einem der zehn meist verkauften Shampoos wurde (vgl. Higgins, Wiese, 1996).

3.3.7 Umkehrung zum Ziel

Durch Einsatz dieser Technik werden über einen Umweg neue Wege zur Lösung eines Themas entwickelt. Die Technik kann zu Einzelarbeit oder in Gruppen verwendet und mit anderen Methoden wie Brainstorming oder Kartenabfrage kombiniert werden. Ausgehend vom eigentlichen Ziel (z. B. Verbesserung der Zusammenarbeit in einem Team) wird das entsprechende Gegenteil (in diesem Fall: Verschlechterung der Zusammenarbeit) formuliert und Wege zur Umsetzung dieses Ziels gesucht. Die entwickelten Ideen zur Verschlechterung führen dann wiederum zu den Maßnahmen, die für eine Verbesserung zu ergreifen sind. Die Methode überspitzt die wesentlichen Punkte und bringt so sehr klar erfolgversprechende Alternativen zum Vorschein.

3.3.8 Die 3-5-Methode

Der Name dieser Methode zum Generieren von Ideen in einer Gruppe kommt dadurch zu Stande, dass jeder Teilnehmer drei neue Ideen in fünf Minuten entwickelt. Zu Beginn der Aufgabe hat jeder Teilnehmer ein Blatt vor sich mit einer leeren Tabelle mit drei Spalten und einer Anzahl von Zeilen, die der Zahl der Teilnehmer entspricht. In den ersten fünf Minuten schreibt nun jeder drei Ideen zum Thema in die erste Spaltenreihe. Danach werden die Blätter (z. B. im Uhrzeigersinn) weitergegeben und jeder Teilnehmer schreibt wiederum drei Ideen unter die drei Ideen seines Nachbarn. Dieses sind zum Teil völlig neue Einfälle, zum Teil Assoziationen oder Weiterentwicklungen zu den bereits auf dem Blatt vorhandenen Ideen. Diese Prozedur wird solange wiederholt bis jeder Teilnehmer auf jedem Blatt seine Gedanken vermerkt hat. Theoretisch kann eine Gruppe von sechs Personen so innerhalb von 30 Minuten 108 Ideen entwickeln. Gewöhnlich gibt es zwar einige Doppelnennungen oder freie Felder, aber die so geschaffene Menge an neuen Ideen bleibt beträchtlich. Zum Schluss werden die Ideen gesammelt, mit Karten und Pinnwänden visualisiert, geordnet und diskutiert. Dann kann über ein weiteres Vorgehen entschieden werden.

3.3.9 Markt der Ereignisse

Bei dieser Methode wechseln nicht die Ideen die Plätze, sondern die Mitarbeitenden selbst. Jeder Teilnehmer, bzw. jede Kleingruppe, brainstormt und visualisiert zum gestellten Thema auf einem Flipchartpapier (oder einer Pinnwand) seine Vorstellungen. Nach einer festgelegten Zeit (20-30 Minuten) hängen die Teilnehmer ihre Ergebnis auf und wandern über den „Marktplatz" um die anderen Ergebnisse zu begutachten. Eine „Ressourceperson" bleibt am Stand zurück, um Interessierten weitere Auskünfte über die Ideen zu geben. Alle Teilnehmer können auf Kärtchen oder einem zusätzlichen Flipchart Kommentare bei jedem „Stand" hinterlassen. Später wird gemeinsam über die neuen Erkenntnisse und mögliche Lösungen diskutiert. Mit dieser Methode werden zahlreiche Ideen produziert und miteinander vernetzt. Sie ist für Teilnehmer viel interessanter als eine Reihe von aufeinander folgenden Frontalpräsentationen. Gerade moderationserfahrene Gruppen erleben es als kreative Abwechslung. Diese Methode erfordert relativ wenig Zeit (je nach Aufgabenstellung und Gruppengröße ca. je 30 Minuten Arbeitsphase, Informieren auf dem Markt, Diskutieren im Plenum) und hat einen hohen Energiepegel durch Aktivität aller Teilnehmer. Es bleibt für die Teilnehmer durch gezieltere Informationsaufnahme außerdem jederzeit interessant; jeder selbst entscheidet wie lange er an welchem Stand verweilt.

Hinweis: Die Teilnehmer sollen sich während oder nach dem Austausch auf dem Markt Notizen machen, über für sie neue Gedanken und Verknüpfungen. Diese Erkenntnisse werden dann gesondert diskutiert und ausgewertet.

3.3.10 Vernissage

Die Vernissage ist eine weitere Technik zur Generierung und Vernetzung von Ideen. Wie beim Markt der Ereignisse produzieren Einzelne oder Kleingruppen auf Flipcharts Ideen zum Thema. Im Unterschied zur Ausstellung geht hier jedoch die Großgruppe (alle Teilnehmer) gemeinsam von Ausstellungsstand zu Ausstellungsstand. An jedem Stand informiert ein Gruppenmitglied der betreffenden Gruppe als „Galerist bzw. Sachverständiger" über die Arbeitsergebnisse und nimmt Anregungen und Kommentare auf. Der Vorteil bei dieser Methode ist, neben einem ebenfalls höheren Energiepegel durch die Bewegung aller Teilnehmer, dass alle Teilnehmer alle Inhalte und Diskussionen mitbekommen. Es ist wichtig, darauf zu achten, dass die Präsentationen sich auf Schwerpunkte beschränken, und schon von anderen erwähnte Punkte nicht nochmals wiederholt werden, da sich der Prozess sonst unnötig in die Länge zieht.

Hinweis: Die Teilnehmer sollen sich während oder nach der Vernissage Notizen machen über für sie neue Gedanken und Verknüpfungen. Diese Erkenntnisse werden dann gesondert diskutiert und ausgewertet.

3.3.11 Mind-Mapping

Mind-Mapping kann als Technik für individuelle Arbeit oder in moderierten Gruppenveranstaltungen eingesetzt werden. Während Ideen und Stoffsammlungen traditionell eher hierarchisch, d. h. untereinander gegliedert dargestellt werden, werden beim Mind-Mapping die Ideen vernetzt dargestellt. So werden logische Zusammenhänge deutlicher und neue Ideen und Verknüpfungen entstehen.

Das zentrale Thema oder Problem wird bei dieser Technik in die Mitte eines Papiers geschrieben und ein Kreis darum gezogen. Als nächstes werden die Themen die im direkten Zusammenhang damit stehen um den ersten Kreis herumgeschrieben, ebenfalls „eingekreist" und mit dem Hauptthema verbunden. Nun wird sich zu jedem Unterthema wieder gefragt, welche weiteren Punkte damit noch in Verbindung stehen oder sonst irgendwie wichtig sind. Diese neuen, erläuternden Punkte werden dann wiederum zu ihrem übergeordneten Thema geschrieben. So entsteht dann ein ganzes Netzwerk aus im Zusammenhang stehenden Ideen. Im Prozess wird klar, an welcher Position im Mind-Map eine Idee stehen muss und welche Themen wie im Zusammenhang stehen.

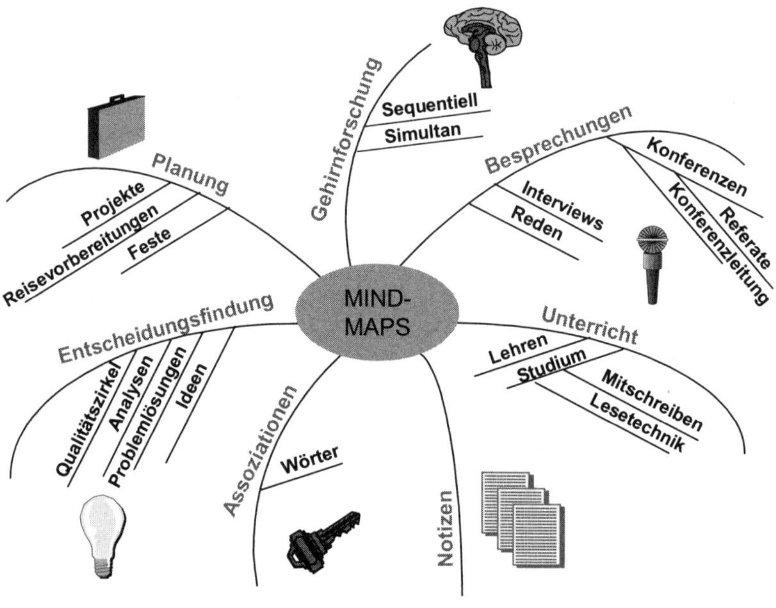

Abbildung 25: Mind-Mapping

3.3.12 Punkten

Bei allen Techniken zur Ideengenerierung stellt sich irgendwann die Frage nach einer Entscheidung oder Bewertung der zur Verfügung stehenden Möglichkeiten. Eine kleine Gruppe kann ein Thema eventuell noch ausdiskutieren und dabei zu einem Konsens kommen. Eine etwas größere Gruppe tut sich da schon schwerer. Zusätzlich erhält man bei einer Diskussion oftmals kein repräsentatives Meinungsbild, da sich dominante Teilnehmer in ihrer Bewertung eher durchsetzen.

Eine gute Möglichkeit, ein ausgewogenes Bild über die Bewertung der Gruppe zu bekommen, ist das Punkten. Jeder Teilnehmer bekommt dazu eine festgelegte Anzahl an Klebepunkten (ca. 5-10), die dann zu den zur Auswahl stehenden Möglichkeiten auf die Flipcharts geklebt werden. Dabei können die Punkte auf verschiedene Vorschläge verteilt oder auf eine Option kumuliert werden. Wenn noch größere Objektivität gewährleistet werden soll, hat sich bewährt, dass die zur Verfügung stehenden Alternativen erst nummeriert werden und die Teilnehmer die Nummern ihrer Wahl vor dem Aufkleben schon auf die entsprechenden Klebepunkte schreiben. So entscheiden sich die Teilnehmer unabhängiger von populären Meinungen (wo viele ihren Punkt kleben) und von dem, was andere (zum Beispiel der Chef) wählen. Danach werden die Punkte ausgezählt und eine Rangliste der Ideen oder Themen aufgestellt.

3.3.13 Bewertungsmatrix

Eine andere Möglichkeit, um zu einer Entscheidung über erzeugte Ideen zu kommen, ist eine Bewertungsmatrix. Dabei repräsentiert jede der beiden Achsen der Matrix ein bestimmtes Kriterium, unter denen die Ideen zu werten sind. So kann ein Team, das beispielsweise Ideen zu strategischen Themen des Unternehmens gesammelt hat, auf einer Achse die Dringlichkeit und auf der anderen die Wichtigkeit der jeweiligen Idee bewerten. Je nach Thema könnten aber auch völlig andere Kriterien auf den Achsen repräsentiert sein.

Jeder Teilnehmer platziert dann auf seiner eigenen Matrix die zu bewertenden Themen und anschließend wird ein gemeinsames Gesamtergebnis errechnet. Dieses Ergebnis wird dann für alle sichtbar vergrößert (auf Pinnwand oder mit PC und Beamer) und diskutiert. Die andere Möglichkeit ist, dass die Gruppe gemeinsam die Bewertung vornimmt und während der Einordnung bereits über verschiedene Sichtweisen diskutiert. Dabei nimmt ein Moderator die Karten mit den jeweiligen Themen und platziert sie den Wünschen der Gruppe entsprechend in die Matrix.

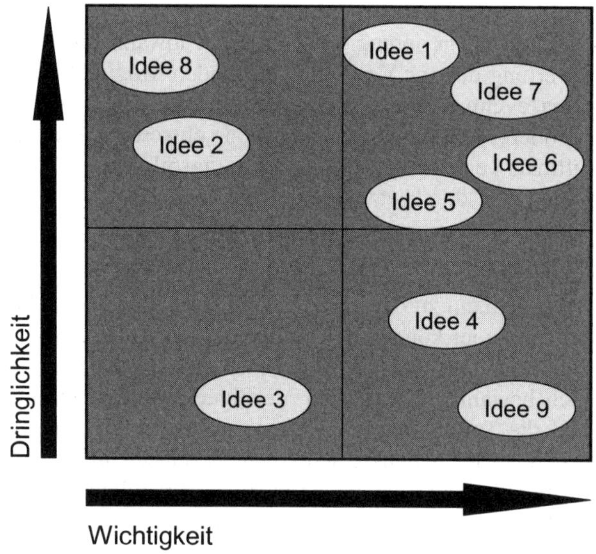

Abbildung 26: Bewertungsmatrix

3.4 Fallbeispiel – Kreativität und Innovation

Ein in der Fachliteratur häufig genanntes Beispiel für die Entfaltung und Nutzung von Kreativität ist die rasante Entwicklung der Firma Johnson & Johnson. Es zeigt sehr deutlich, durch welche Prinzipien neue Ideen in Unternehmen entstehen und erfolgreich umgesetzt werden können.

Johnson & Johnsons zufälliger Eintritt ins Konsumgütergeschäft

1890 erhielt Johnson & Johnson, das damals hauptsächlich antiseptischen Verbandsmull und medizinische Pflaster herstellte, einen Brief von einem Arzt, der darauf hinwies, dass Patienten nach der Anwendung bestimmter medizinischer Pflaster über Hautreizungen geklagt hätten. Fred Kilmer, der damalige Forschungsdirektor des Unternehmens, reagierte unverzüglich, indem er dem Arzt ein Päckchen italienischen Talkums zuschickte, das auf die betroffenen Hautpartien aufzutragen war und den Juckreiz linderte. Anschließend überzeugte er die Unternehmensleitung davon, dass es sinnvoll sei, der Standardpackung ein Päckchen Talkum beizugeben. Zur Überraschung des Unternehmens meldeten sich schon bald immer mehr Kunden, die das Talkum getrennt kaufen wollten. Johnson & Johnson reagierte darauf, indem es ein eigenständiges Produkt mit dem Namen Johnson's Toilet and Baby Powder® auf den Markt brachte, das in vielen Ländern der Erde zu einem Standard-Haushaltsartikel wurde.

Laut offizieller Firmengeschichte traten die Johnsons eher zufällig in das Babypuder-Geschäft ein. Noch wichtiger aber war, dass das Unternehmen damit einen kleinen Schritt getan hatte, aus dem schließlich eine grundlegende strategische Neuausrichtung auf Konsumgüter wurde – ein Zufall, dem Johnson & Johnson einmal 44 Prozent seiner Erträge verdanken würde – und der für das Wachstum des Unternehmens ebenso bedeutsam war wie die Herstellung von medizinischen Geräten und Pharmaprodukten.

Später stieß das Unternehmen wiederum durch Zufall auf ein weiteres bekanntes Produkt. 1920 entwickelte der Firmenangehörige Earle Dickson einen gebrauchsfertigen Verband – der aus medizinischem Klebeband mit kleinen Gazestücken und einer speziellen Beschichtung bestand, um das Festkleben an der Haut zu verhindern – für seine Frau, die ein besonderes Talent dafür hatte, sich mit Küchenmessern zu schneiden. Als er den Vertriebsleuten von seiner Erfindung erzählte, beschlossen diese, das Produkt auf dem Markt zu erproben. Nach einem verhaltenen Einstand und unentwegten Verbesserungen wurden Heftpflaster zum bedeutendsten Umsatzträger in der Geschichte des Unternehmens und festigten den „zufälligen" strategischen Einstieg ins Konsumgütergeschäft.

Das belegt, dass bei Johnson & Johnson ein Prozess der ständigen Verbesserung stattfindet. Im stark dezentral ausgerichteten Unternehmen besteht ein Arbeitsumfeld, in dem die Mitarbeiter experimentieren und kreative Ideen entwickeln können und sollen.

Ebenso kann aber aus einem Experiment auch Misserfolg resultieren. Johnson & Johnson hatte einige schwere Fehlschläge hinnehmen müssen. Das Leben einer Fehlerkultur und Misserfolg gehören zum Experimentieren genauso dazu wie einschlagende Innovationen. Beides ist für das Unternehmen Johnson & Johnson sehr wichtig, um sich weiterzuentwickeln.

Man sollte die Dinge so nehmen, wie sie kommen.
Aber man sollte dafür sorgen, dass die Dinge so kommen,
wie man sie nehmen möchte.

Curt Goetz

4. Strategie- und Prozess-Management

Die wichtigste Frage aus dem Blickwinkel des Strategie- und Prozess-Managements lautet: Was ist heute zu tun, um der Zukunft wirkungsvoll begegnen zu können? Entscheidend sind dabei nicht nur Visionen, sondern ihre Verwirklichung, nach dem Motto: Es gibt nichts Gutes, außer man tut es. Die gemeinsame Veränderung und Ausrichtung braucht eine klare Strategie, festgelegte Meilensteine und Vorgaben, welche Ziele erreicht werden sollen. Veränderungsprozesse müssen vom Managementteam vorangetrieben und gesteuert werden. Das bedeutet auch eine Veränderung im Führungsverhalten und in der Zusammenarbeit, sowie die Einführung von Feedbackkultur und Vorgesetztenbeurteilung. Das Ziel ist, eine sehr hohe Wirksamkeit in allen Aktivitäten zu erreichen, die eine Neuausrichtung begleiten. Damit wird auch klar, dass es sich nicht um einmalige Prozesse handeln kann, sondern ein ständiger Prozess der Veränderung notwendig ist.

Für Berater und Führungskräfte stehen im Zusammenhang mit Strategie- und Prozess-Management drei zentrale Themen im Vordergrund:

1. Zunächst geht es um die Frage, in welche Richtungen die Impulse gehen sollen. Was ist zu tun, was ist zu lassen? Dabei ist zu klären, wie ein Unternehmen zu den richtigen Zielen und Maßnahmen kommt und welche strategischen Planungs- und Management-Prozesse hierzu im Unternehmen angestoßen werden müssen.

2. Zudem muss man sich die Frage stellen, welche grundlegenden Bedingungen in einer Organisation geschaffen werden müssen, damit sich die strategischen Ziele verwirklichen lassen. Das Wissen um die Freiheitsgrade bei der aufbau- und ablauforganisatorischen Entwicklung sowie das Beherrschen systemanalytischer Methoden ist hierbei notwendige Voraussetzung.

3. Und nicht zuletzt gilt es, Kunden bzw. Mitarbeiter bei der Umsetzung zu unterstützen. Umsetzungsprozesse mit hoher Beteiligung der Mitarbeiter haben immer Projektcharakter. Berater wie Führungskräfte müssen das Handwerkszeug modernen Projekt-Managements beherrschen und wissen, wie man Ziele setzt, hohe Motivation ins Team bringt und Abweichungen in den Griff bekommt.

In diesem Kapitel werden hierzu Grundlagen aufgezeigt und anhand von Beispielen verdeutlicht.

4.1 Strategische Planungsprozesse

Eine strategische Unternehmensplanung liefert eine Vorstellung davon, wie sich das Unternehmen entwickeln soll, wo es in drei oder fünf Jahren stehen will und wie es den Weg dorthin beschreitet. Im Kern aller Überlegungen geht es darum, eine einzigartige strategische Position in seiner Branche zu schaffen, um die Zukunft des Unternehmens zu sichern.

Vereinfacht gibt eine strategische Position Antworten auf folgende drei Fragen:
1. Wer sind unsere Kunden?
2. Was sollen wir ihnen anbieten?
3. Wie sollen wir dabei vorgehen?

Dabei ist ganz konkret eine Wahl zu treffen zwischen den Kunden, die man gezielt anspricht, und den Kunden, die nicht angesprochen werden sollen. Ebenso ist die Wahl zu treffen zwischen den Produkten oder Dienstleistungen, die man anbieten und denjenigen, die man nicht anbieten und damit aus dem Angebot streichen will.

Damit stehen im Strategiefindungsprozess klare und eindeutige Entscheidungen für oder gegen einzelne Punkte im Vordergrund. In einem systematischen Planungsprozess überlässt man diese Entscheidungen nicht dem Zufall oder der Intuition. Mit mehr oder weniger Aufwand versucht man vor dem eigentlichen Strategieentwicklungsprozess die Ausgangslage gründlich zu analysieren. Nach Abplanalp und Lombriser (2000) werden dabei folgende Schritte durchlaufen:
- Analyse der Ausgangslage (Strategische Ausgangslage, Umweltanalyse, Unternehmensanalyse, strategische Analyse);
- Strategieentwicklung (Vision, Leitbild, Strategie des Gesamtunternehmens, Geschäftsstrategien);
- Strategieumsetzung (Organisation, Prozesse, Kultur, Projekt-Management, Change-Management);
- Strategiekontrolle (Elemente der Strategiekontrolle, Balanced Scorecard).

4.1.1 Analyse der Ausgangslage

Strategische Ausgangslage

Die erste Aufgabe besteht darin, das gegenwärtige Aktionsfeld des Unternehmens zu bestimmen. Dabei werden folgende Fragestellungen herangezogen:
- Welche Kundenbedürfnisse befriedigen wir, bzw. welche Nutzen, Funktionen und Leistungen erbringen wir mit unserer Geschäftstätigkeit?
- Für welche Kundengruppen werden diese Leistungen erbracht?

- Welche Technologien bzw. Verfahren liegen dieser Leistungserstellung zu Grunde?

Umweltanalyse

Um Chancen nützen zu können und Risiken zu vermeiden, ist ein grundlegendes Verständnis der Umwelt ein Schlüsselfaktor zur Formulierung der Strategie. Hierzu werden ökonomische als auch gesellschaftliche Entwicklungstendenzen erfasst und analysiert. Das größte Problem besteht dabei in der Trennung des Wichtigen vom Unwichtigen. Analysiert werden z. B.

- die ökonomische Umwelt (Wirtschafts- und Handelspolitik, Wachstum, Zins, Wechselkurse, Inflation);
- die Technologische Umwelt als Summe des Wissens, der Methoden und Techniken zur Realisierung von Prozessen;
- die soziale Umwelt durch die Analyse der Veränderungen in den Lebensbereichen von Interessengruppen des Unternehmens (Stakeholder-Ansatz);
- die demografischen sowie die politischen und rechtlichen Entwicklungen;
- die für das Unternehmen wichtigen Ereignisse oder Trends (wie z. B. das Internet);
- die Struktur der Branche mit dem Blick auf die strategischen Möglichkeiten und Gewinnaussichten;
- die Konkurrenzsituation im Hinblick auf das wahrscheinliche Verhalten der Konkurrenten.

Unternehmensanalyse

Die Unternehmensanalyse dient dazu, die strategisch relevanten Stärken und Schwächen des Unternehmens zu ermitteln und jene Kompetenzen zu identifizieren, die von den Konkurrenten nicht ohne weiteres kopiert werden können. Untersucht werden z. B. finanzielle Ressourcen, physische Ressourcen (Produktionsanlagen, Bestände, Halbfertigprodukte etc.) und deren Nutzung, menschliche und organisatorische Ressourcen (im Sinne von Kenntnissen und Fähigkeiten) sowie Prozesse und Strukturen. Darüber hinaus wird auch die Kundenstruktur analysiert, um Aussagen darüber zu erhalten, mit welchen Kundengruppen der größte Umsatz erzielt wird.

Strategische Analyse

Die strategische Analyse setzt die aus der Umweltanalyse und Unternehmensanalyse gewonnenen Daten zueinander in Beziehung. Das Ziel ist die Gewichtung der Bedeutung der erhobenen Informationen sowie die Identifikation kritischer Problemfelder und strategischer Schlüsselfragen. So eröffnet sich eine Chance, wo sich eine Stärke des Unternehmens mit einer Umweltentwicklung verbindet, und umgekehrt eine Gefahr, wo eine Schwäche eine Umweltentwicklung trifft. Die SWOT-Analyse (Strengths, Weaknesses,

Opportunities, Threats) setzt diese Informationen in übersichtlichen Matrizen in Zusammenhang (siehe Abbildung 27).

Umweltfaktoren / **Unternehmensfaktoren**	**Opportunities (Chancen)** 1. Einkommenssteigerung 12% p.a. 2. Zunehmendes Gesundheitsbewusstsein 3. Handelsabkommen in China	**Threats (Gefahren)** 1. Zunahme Beschränkungen im EU-Raum 2. Neue ausländische Konkurrenz 3. Margeneinbruch im Food- Bereich
Strengths (Stärken) 1. Cash 2. F&E 3. Motivation Mitarbeiter	**SO-Strategien** • Entwicklung neuer Gesundheits-Produkte (S2/S3/02) • Kauf eines Nahrungsmittelher-Stellers in Hongkong mit starker Stellung in China (S1/03)	**ST-Strategien** 1. drastische Erhöhung der Werbe-Ausgaben (S1/T1) 2. innovative Produkte im traditionellen Food-Bereich entwickeln (S2/S3/T3)
Weaknesses (Schwächen) • Personalkosten • schwaches Marketing im Südpazifik • Kapazitätsauslastung Südeuropa 65%	**WO-Strategien** 1. Joint Venture mit einem Japanischen Unternehmen (W2/01) 2. Produktionsverlagerung nach China (W1/02/03)	**WT-Strategien** 1. unrentable Operationen in Südeuropa schließen (W3/T1) 2. Diversifikation im Nonfood-Bereich (W1/T3)

Abbildung 27: SWOT-Matrix eines Nahrungsmittelherstellers nach Abplanalp/ Lombriser (2000)

Unternehmen mit mehreren Produkten und verschiedenen strategischen Geschäftseinheiten beschäftigen sich auf der Gesamt-Unternehmensebene mit der Frage, wie die Produkte optimal gemischt werden können oder ob bestimmte Produkte aufgegeben werden sollen.

4.1.2 Strategieentwicklung

Die Strategie eines Unternehmens sollte auf einer gemeinsam entwickelten Vision aufbauen. Die Vision beschreibt als Orientierungsrahmen eine wünschenswerte, mögliche Zukunftsvorstellung und bildet damit eine Art Brücke von der Gegenwart in die Zukunft. Sie soll emotionale Energien freisetzen und sinn- und konsensbildend wirken.

Danach wird in der Regel in einem Mission-Statement beschrieben, in welchen Geschäftsfeldern man tätig sein will, d. h. welche Produkte und Märkte bedient werden sollen.

Die Antworten auf diese Fragen werden in einem Unternehmensleitbild schriftlich festgehalten. Ein solches schriftlich fixiertes Leitbild muss zum Unternehmen passen und bestehende Wertvorstellungen, Gewohnheiten und Denkmuster („Unternehmenskultur“) berücksichtigen, um von den eigenen Mitarbeitern und vom Markt akzeptiert zu werden.

Das Feedback der Mitarbeiter ist somit ein zentraler Punkt bei der endgültigen Formulierung des Leitbildes mit folgenden Inhalten:

- Vision im engeren Sinne,
- Grundwerte,
- Mission,
- Kernkompetenzen,
- Rahmenbedingungen,
- Grundstrategien.

Darauf aufbauend werden die Kernaussagen zur zukünftigen Ausrichtung des Unternehmens entwickelt und in einem knapp gehaltenen, verständlichen und kommunizierbaren Dokument beschrieben. Die Unternehmensstrategie steckt den Rahmen ab, in dem sich das Unternehmen bewegen soll. Sie umfasst neben den Strategien der einzelnen Geschäftseinheiten auch Überlegungen zur Nutzung von Kernkompetenzen und Synergien sowie zur Möglichkeit von Diversifikation oder strategischen Allianzen. Strategien auf der Ebene der Geschäftseinheiten legen fest, wie der Wettbewerbsauftritt in einem bestimmten Geschäftsfeld aussehen soll, damit nachhaltige Wettbewerbsvorteile erzielt werden können.

Insgesamt können auf unterschiedlichen Unternehmensebenen folgende Strategien unterschieden werden:

1. Strategie des Gesamtunternehmens (Corporate Strategy):

Hierbei geht es zum einen um die Haltung zu Grundfragen wie Wachstum, Risiko, Ethik usw., zum anderen um die Frage, in welchen Märkten das Unternehmen Wettbewerbspositionen aufbauen soll.

2. Geschäftsstrategie (Business Strategy):

Die Geschäftsstrategie beantwortet die Frage: Was müssen wir tun, um die angestrebte Wettbewerbsposition innerhalb eines bestimmten Geschäftes aufzubauen und zu halten?

3. Funktionsstrategien:

Hier geht es um die Frage, welche organisatorische Struktur wie z. B. stärkere Prozessorientierung erforderlich ist, damit Geschäftsstrategien optimal unterstützt werden.

4. Abteilungsstrategien:

Auch die Bereichs- und Abteilungsstrategien werden auf eine optimale Unterstützung der Geschäftsstrategie ausgerichtet und formulieren den Weg zu ihrem spezifischen Erfolg.

4.1.3 Strategieumsetzung

Eine Strategieentwicklung ist in einigen zwei- bis dreitätigen Workshops innerhalb weniger Wochen zu schaffen. Der Prozess der Umsetzung ist sehr viel zeitraubender und kann mehrere Jahre andauern. Dies ist im Wesentlichen vom Grad der angestrebten Veränderung abhängig.

Da die Umsetzung den kritischen Erfolgsfaktor darstellt, wird über die Planung hinaus durch ein strategisches Management Folgendes angestrebt:
- Beteiligung der Führungskräfte aus der Linie an der Ausarbeitung der Strategie,
- Beschreibung der unternehmerischen Vision in einem Leitbild,
- Berücksichtigung der Unternehmenskultur bei der Umsetzung der Strategie,
- Durchführung eines systematisch strukturierten Veränderungsprozesses.

Entsprechend der strategischen Zielsetzungen ist ein Weg zu beschreiben, der die Zukunftsplanung des Unternehmens für die Mitarbeiter nicht nur transparent und nachvollziehbar, sondern auch akzeptabel und vielleicht sogar erstrebenswert macht. Dabei sind realistische Ziele und Zwischenziele zu benennen, die einen Bewertungsrahmen abgeben und bei größeren Abweichungen vom Soll-Plan ein Gegensteuern ermöglichen.

Die dabei entwickelten Ideen werden zu Konzepten gebündelt, z. B. einem Personalkonzept, Marketingkonzept usw., die den Rahmen möglicher Aktionen eingrenzen und die späteren Aktivitäten konsequent auf die strategischen Zielsetzungen ausrichten. Bevor es dann an die Umsetzung geht, sind Aktionspläne aufzustellen, die eine Aufgabenverteilung im Unternehmen vornehmen.

Neue strategische Positionen entstehen in einem ständigen Prozess. Es verändern sich die Branchenbedingungen, die Kundenbedürfnisse, die Maßnahmen der Wettbewerber sowie auch die eigenen Kompetenzen und Fähigkeiten. Damit eröffnen sich immer wieder neue Chancen und neue Wege, das Geschäft erfolgreicher zu gestalten.

Ein Unternehmen darf sich daher nie mit dem zufrieden geben, was es hat. Während es seine aktuelle Position verteidigt, muss es auch nach neuen Positionen suchen, die es besetzen kann. Dazu gilt es immer wieder den Blick nach außen auf den Markt (Umweltanalyse: Märkte, Produkte, Kunden – Wachstum, Stillstand oder Umsatzverluste) sowie nach innen (Prozessanalyse: Stärken und Schwächen in der Auftragsbearbeitung) zu richten.

4.1.4 Strategiekontrolle

Die strategische Kontrolle ist ein Prozess, der laufend Veränderungen erfasst und dabei überprüft, inwieweit sie mit den strategischen Zielen in Einklang zu bringen sind. Es geht darum, dass die Veränderungen der Umwelt, die sich negativ oder auch positiv auswirken können, rechtzeitig erkannt werden. Weiterhin muss die Wirksamkeit der Strategie erfasst und beurteilt werden und nicht zuletzt muss die Umsetzung entsprechend der vorgegebenen qualitativen und quantitativen Ziele kontrolliert werden. Hierzu wird zunehmend die Balanced Scorecard-Methode eingesetzt (siehe Abschnitt 4.2.4 „Balanced Scorecard“).

4.2 Methoden der Systemgestaltung

Die Produktlebenszyklen werden immer kürzer, Informations- und Kommunikationstechnologien verändern Unternehmensprozesse in nie gekannten Ausmaßen und die Konkurrenz in liberalisierten Märkten nimmt zu und erhöht den Innovations- und Wettbewerbsdruck.

Die Unternehmen müssen sich damit fortlaufend anpassen. Flexibilität ist von entscheidender Bedeutung. Sie wird erreicht durch schnelle Entscheidungsfindungen, kurze Kommunikationswege, weniger Leer- und Liegezeiten in den Prozessen und effiziente, zielorientierte Bearbeitung aller Teilaufgaben im Leistungserstellungsprozess.

Das Erlangen dieser Flexibilität setzt jedoch eine entsprechende Organisation voraus. Mit dem Ansatz der Geschäftsprozessorientierung wird in den letzten Jahren dieses Ziel vorangetrieben. In den nächsten Abschnitten werden der Ansatz und die entsprechenden Beratungsmethoden näher erläutert.

4.2.1 Geschäftsprozesse

Das Denken in Prozessen statt in Funktionen und Abteilungen führt zu einem ganzheitlichen Gestaltungsansatz, bei dem das Gesamtoptimum der im Unternehmen gebildeten Wertschöpfungsketten im Mittelpunkt steht. Im Folgenden werden hierzu die Grundlagen aufgezeigt.

Prozessdefinition

Voraussetzung für die Festlegung von Regeln zur Prozessgestaltung ist zunächst ein gemeinsames Verständnis des Begriffes „Prozess“. Unter einem Prozess wird hier ein Vorgang (Aktivität) verstanden, in dessen Verlauf ein Objektausgangszustand (Input) in Richtung eines angestrebten Objektendzustandes (Output) gezielt verändert wird. Da die Veränderung in der Regel nicht in direkter Weise möglich ist, ist die Erzeugung definierter Objektzwischenzustände durch Teilprozesse erforderlich. Die Veränderung der Objektzustände erfolgt dabei auf Grund der Einwirkung von Ressourcen (siehe Abbildung 28).

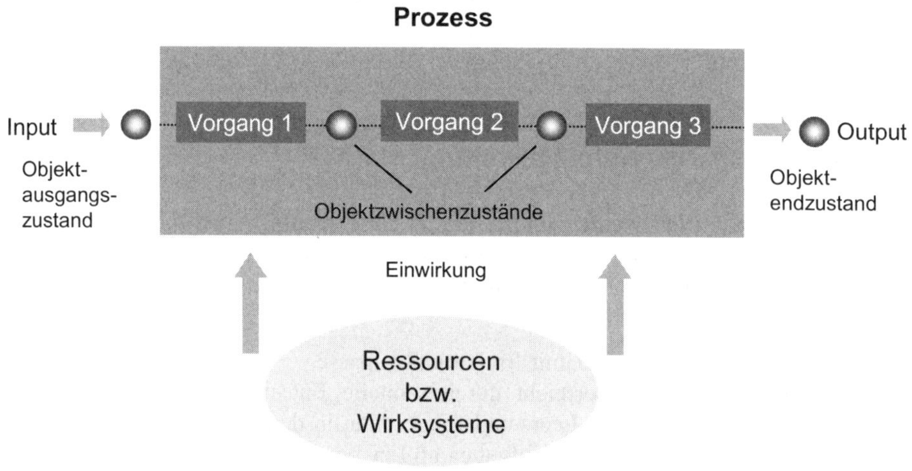

Abbildung 28: Definition Prozess

Prozessarten

Manche Prozesse schaffen einen konkreten Wert für den Kunden in Form eines Angebots, eines Produktes oder einer Dienstleistung. Sie werden als Hauptprozesse oder Kernprozesse bezeichnet.

Beispiele für Hauptprozesse sind der Innovationsprozess, der Produktplanungsprozess, der Produktentwicklungsprozess, der Vertriebsprozess, der Auftragsabwicklungsprozess, der Service- und Wartungsprozess.

Mit zunehmender Komplexität der Hauptprozesse werden weitere Prozesse erforderlich, die diesen Hauptprozess managen und sichern. Der Output dieser Führungs- und Unterstützungsprozesse ist eine interne Dienstleistung für den internen Kunden. Sie werden als Nebenprozesse bezeichnet. Hierzu gehören nach Binner (1998) Prozesse zum Qualitäts-Management, Ressourcen-Management, Personal-Management, Informations- und Kommunikations-Management oder Prozesslenkungs- und Controllingprozesse (siehe Abbildung 29).

Nebenprozesse sind demnach keine eigenständigen Prozesse. Ihre Ausprägungen hängen ganz wesentlich von der Komplexität der Hauptprozesse ab.

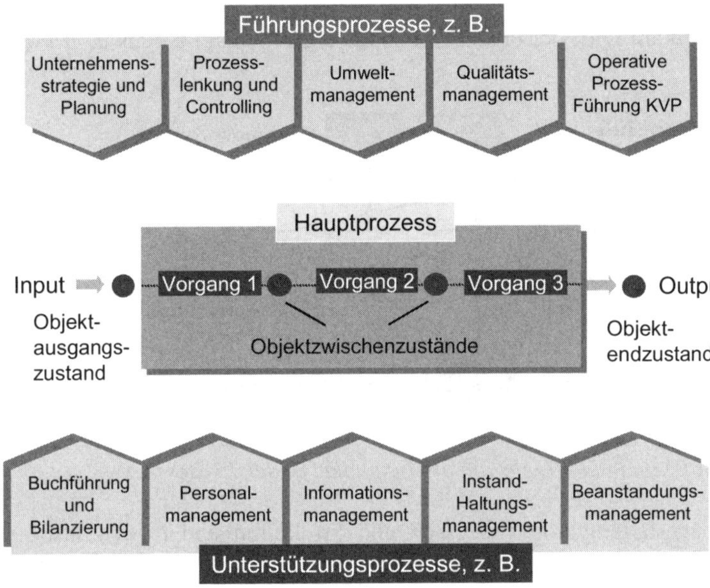

Abbildung 29: Haupt- und Nebenprozesse

4.2.2 Prozessorientierung

Neustrukturierungen von Organisationen sind gegenwärtig meistens mit dem Begriff Prozessorientierung verbunden. Bei diesem Gestaltungsprinzip steht nicht mehr die Optimierung der Aufgabenerfüllung in den funktionalen Bereichen, sondern die Verbesserung der Leistungsfähigkeit cross-funktionaler Abläufe im Mittelpunkt organisatorischer Gestaltungsmaßnahmen. Ziel ist Effizienz im Prozess und damit dessen Beschleunigung, Kostenreduktion und Transparenz. Die Erzeugung eines messbaren Nutzens eines jeden Prozesses steht im Vordergrund.

Diese Bestrebungen resultieren aus der Tatsache, dass bei einer funktionalen Gliederungsform Prozesse entgegen ihres logischen Ablaufes auf verschiedene Organisationseinheiten gesplittet werden und somit Aufgaben auf viele verschiedene Aufgabenträger verteilt werden. Probleme, die sich daraus ergeben, sind Zeitverschleppungen (Liege-, Warte- und Transportzeiten), wiederholte Ausführungen von Aufgaben und Aktivitäten sowohl bei der Ablaufbearbeitung als auch bei der Datenerfassung, hoher Kommunikations- und Abstimmungsbedarf sowie häufiger Wechsel zwischen manueller und DV-gestützter Vorgangsbearbeitung.

Durch das Denken in Prozessen statt in Abteilungen oder Funktionen wird die isolierte Betrachtung und Optimierung einzelner Abteilungsergebnisse zugunsten ganzheitlicher Gestaltungsansätze aufgegeben. Bei der prozessorientierten Sichtweise ergibt sich unausweichlich der Effekt, dass Kunden und Lieferanten ins Blickfeld geraten. Sie bilden am Anfang und am Ende der Prozessketten die eigentlichen Fixpunkte.

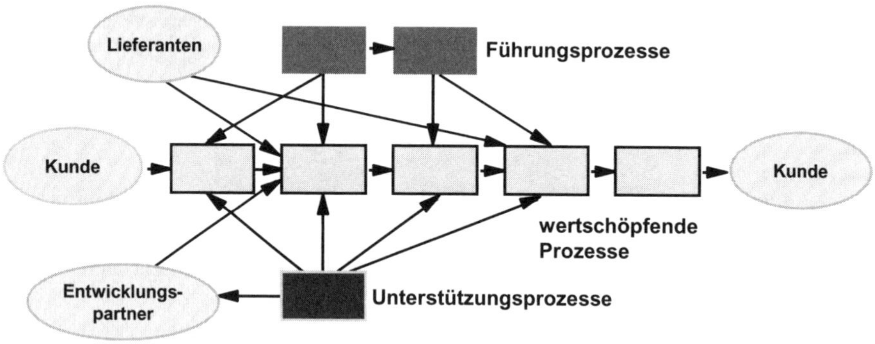

Abbildung 30: Kunde und Lieferant als Fixpunkte in der Prozesskette

Bei der Neugestaltung von Prozessen und Strukturen ändert sich insbesondere die Denkweise. Es wird zunehmend von außen nach innen gedacht und nicht umgekehrt. Dazu gehört auch, dass nicht primär die erbrachte Leistung, sondern der erzielte Kundennutzen im Mittelpunkt steht. Die daraus abgeleiteten Prozessverbesserungen zielen auf die Verkürzung von Informations- und Materialflüssen zum Kunden und zum Lieferanten. Man fordert Entscheidungsbefugnisse in der operativen Ebene, um schneller und flexibler reagieren zu können. Man hinterfragt den administrativen Überbau sowie die Notwendigkeit von Nebenprozessen.

4.2.3 Prozessoptimierung

Ein großes Unternehmen besteht aus einer fast unübersichtlichen Anzahl von Prozessen unterschiedlichster Art und Komplexität. Organisatorische Gestaltungsmaßnahmen größeren Umfangs werden deshalb in drei Phasen gegliedert:

- Identifizierung von Prozessen die im Unternehmen eine wichtige Rolle spielen,
- detaillierte Analyse durch Prozessbeschreibungen und Prozessanalysen,
- Prozessoptimierung bzw. -neugestaltung.

Hinsichtlich der methodischen Vorgehensweise lassen sich zwei unterschiedliche Ansätze beschreiben:

Der *Analytische Ansatz* konzentriert sich auf die bestehenden Aktivitäten und Strukturen. Je nach Zielsetzung wird die vorgefundene Situation Abteilung für Abteilung untersucht, die Prozesse z. B. durch Interviews erfasst, grafisch dokumentiert und analysiert. Aus dieser Situationsanalyse werden Schwachstellen herausgearbeitet und Vorschläge für Prozessverbesserungen aufgezeigt. Dieser direkte Weg vom IST zum SOLL führt zu besseren Prozessen, stellt sie aber in der Regel nicht in Frage.

Dies erreicht man nur, indem man sich von den bestehenden Zwängen freimacht und sich die Frage stellt, wie das Unternehmen denn idealerweise aussehen könnte. Bei diesem *Soll-orientierten Ansatz* findet erst im zweiten Schritt eine Ist-Analyse statt, bei der die Lücke zwischen Ist-Zustand und Soll-Zustand spezifiziert wird. Diese Lücke ist dann Gegenstand der Realisierungsstrategie, in der die schrittweise Entwicklung des Unternehmens vom Ist-Zustand („As is") über Zwischenzustände im Sinne der ständigen Verbesserung („Will be 1, Will be 2", ...) in Richtung Soll-Zustand (Should be) vorangetrieben wird.

Identifizierung von Prozessen

Am Anfang der Prozessneugestaltung steht die Identifizierung der in einer Organisation erforderlichen Haupt- und Nebenprozesse.

Letztendlich muss die Frage beantwortet werden, welche Prozesse in einer Organisation notwendig sind, um die Kunden mit den erwarteten Leistungen zu versorgen. Die Prozessidentifizierung ist manchmal schwieriger als gedacht. Oftmals sind z. B. administrative Prozesse nicht immer sichtbar oder identifizierbar. In Controllingprozessen oder Personal-Managementprozessen ist häufig nur eine Person involviert. Dabei ist der zu Grunde liegende Prozess als implizites Wissen dieser einen Person nicht immer sofort offensichtlich.

Eine umfassende Analyse der von einer Vielzahl von einzelnen Mitarbeitern oder Teams ausgeführten Prozesse sowie deren wechselseitige Beziehungen führt schon bei kleinen und mittelständischen Unternehmen zu umfangreichen Prozess-Strukturen. Mit zunehmender Komplexität dieser Strukturen muss man sich auf das Wesentliche konzentrieren.

Eine Komplexitätsreduktion lässt sich erreichen, indem zielgerichtete Prozesse in den Mittelpunkt der Betrachtung gestellt werden. Man betrachtet dabei die Hauptstränge und deren Ergebnisse innerhalb und außerhalb des Systems. Bei der zielgerichteten Prozessanalyse werden nur diejenigen Teilprozesse betrachtet, welche einen Beitrag zur Erreichung des gesteckten Prozesszieles leisten. Alle anderen Prozesse in diesen Bereichen bleiben im Rahmen dieser Analyse außer Betracht. Die Fragestellung bei der Prozessidentifizierung unter Zugrundelegung dieser Problemsicht lautet somit nicht, „welche Teilprozesse und Vorgänge können in den jeweiligen Abteilungen oder Bereichen unterschieden werden", sondern „welche Vorgänge und Teilprozesse lassen sich auf Grund eines übergeordneten Prozesszieles zu einer Prozesskette zusammenfassen. Diese Prozessketten bilden dann die Ausgangsbasis für weitergehende Analysen.

Prozessanalyse

Voraussetzung für eine Prozessanalyse ist die Beschreibung der Prozesse hinsichtlich ihrer Struktur und ihrer Merkmale. Darauf aufbauend werden durch Prozessanalysen die

Prozesse beurteilt. Zur Beschreibung von Ist- und Soll-Zuständen werden in der Regel definierte *Darstellungstechniken* herangezogen. Grafische Visualisierungen ermöglichen auf Grund ihrer hohen Informationsdichte eine schnelle Erfassung von komplexen Zusammenhängen.

Die Darstellungstechnik hat während dem Planungsprozess zwei Aufgaben zu erfüllen:
- Sie bildet ein Mittel zur Dokumentation von realen und geplanten Sachverhalten.
- Sie dient als Grundlage für die Kommunikation zwischen Berater und Beteiligten des Change-Prozesses.

Die Bedeutung des Kommunikationsaspektes wächst mit der Zunahme der Systemkomplexität, d. h. mit der Zunahme von Abstimmungs- und Entscheidungsprozessen zwischen den Beteiligten.

Die grafischen Darstellungstechniken zur Beschreibung von Prozessen lassen sich in zwei Gruppen einteilen (siehe Abbildung 31).
- Die *vorgangsorientierten Techniken* stellen die Aktivitäten und deren logische Verknüpfung in den Vordergrund.
- Die *informationsflussorientierten Techniken* konzentrieren sich dagegen mehr auf die Informations-Beziehungen zwischen den Aktivitäten und nutzen deshalb zur besseren Verknüpfung eine diagonale Anordnung der Aktivitäten.

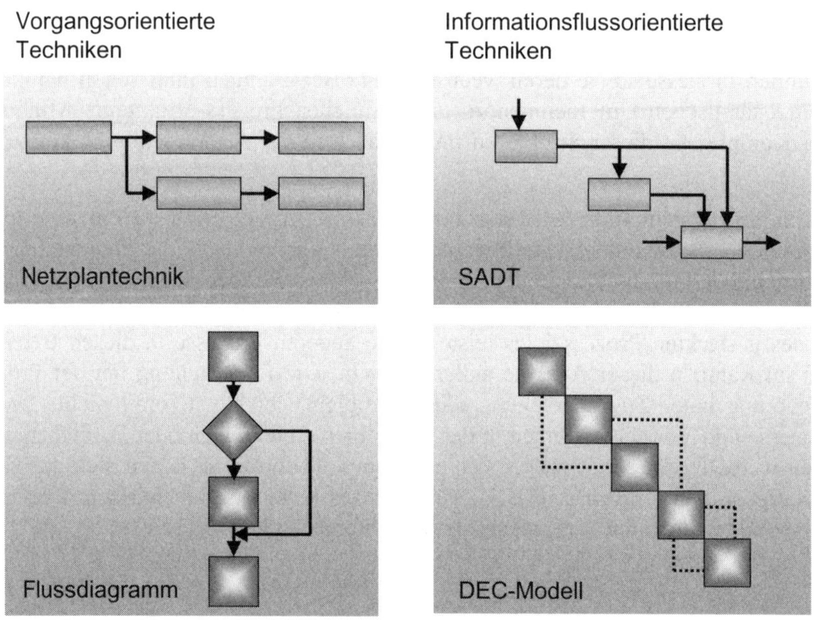

Abbildung 31: Darstellungstechniken

Neben der Technik selbst spielt die Art und Weise der Prozesserfassung im Team eine für das Ergebnis ausschlaggebende Rolle. Die Anwendung von *Post-its* zur ersten Dokumentation auf einer größeren Fläche bzw. Pinnwandpapier ermöglicht eine sehr flexible erste Diskussion.

Inzwischen existieren leistungsfähige Softwaretools, mit denen Erfassung und Dokumentation unterstützt wird. Hierbei lassen sich drei Funktionalitätsstufen unterscheiden:

- Auf der einfachsten Stufe werden Prozesse mittels grafischer Programme dargestellt. Ablaufstrukturen oder Datenflusspläne werden mittels vordefinierter Symbole zusammengesetzt, die entsprechenden Verbindungen und Strukturen werden dabei in hohem Maße automatisch verknüpft.
- Bei der zweiten Gruppe der Prozessanalyse-Tools geht es um Zeichnungsprogramme, bei denen auch die Verarbeitung der Dateninhalte bzw. der Prozessparameter, wie z. B. Kosten, Zeiten möglich ist.
- Die dritte Gruppe bietet neben diesen Funktionen Animation- und Simulationsfunktionalitäten.

Nach der Prozesserfassung durch entsprechende Darstellungstechniken werden die Informationen analysiert. Dabei geht es in einem ersten Schritt um das Verständnis der Wirkbeziehungen der Aktivitäten und Teilprozesse. Im zweiten Schritt besteht das Ziel darin, Doppelaktivitäten zu eliminieren, Verschwendungsherde zu beseitigen, Aktivitäten zusammenzufassen und den dichtesten, verkürzten Prozess zu gestalten.

Hierzu werden Prozesskennzahlen definiert. Da Prozesse in vielfältiger Weise neu- oder umgestaltet werden können, müssen die richtigen Prozesskennzahlen ausgewählt werden. Je nachdem, welches Optimierungsziel im Vordergrund steht, entstehen schlanke, sichere oder schnelle Prozesse.

Standard-Kennzahlen sind (Schmelzer, Sesselmann, 2001):

- Kundenzufriedenheit,
- Prozesszeit,
- Termintreue,
- Prozessqualität und
- Prozesskosten.

Prozesszeit, Prozesstermine und Prozessqualität lassen sich unmittelbar aus dem Prozessgeschehen ableiten. Sie besitzen hohe Aktualität und Aussagekraft, weil sie ereignisnah erfasst und von jedem Mitarbeiter verstanden werden. Die Prozesszeit kann als Durchlaufzeit oder Zykluszeit gemessen werden. Termine werden über die Termintreue gemessen. Sie ist definiert als Anteil der Prozessergebnisse, die ohne Terminverzug in einer Messperiode fertig gestellt wurden. Als Messgröße der Prozessqualität hat sich der First Pass Yield (FPY) bewährt. Unter FPY wird der Prozentsatz an Ergebnissen verstanden, der bereits im ersten Prozessdurchlauf korrekt ist und keine Nacharbeit erfordert.

Kundenzufriedenheit kann periodisch oder nach einer bestimmten Nutzungszeit der Produkte indirekt durch Befragungen ermittelt werden. Prozesskosten sind eine wichtige

Ergänzung der übrigen Prozesskennzahlen, da sie die wirtschaftlichen Auswirkungen von Leistungsveränderungen und Prozessverbesserungen sichtbar machen.

Tabelle 5: Beispiele für Messgrößen in Geschäftsprozessen nach Schmelzer, Sesselmann (2001)

Messgrößen / **Geschäfts-Prozesse**	Kundenzufriedenheit Messgrößen	Zykluszeit (ZZ) Messgrößen	Termintreue (TT) Messgrößen	Prozessqualität (FPY) Messgrößen	Prozesskosten Messgrößen
Auftragsabwicklungsprozess	Kurzbefragung und Termintreue	Zeit von Bestelleingang bis Übergabe	TT Kundenübergabe	Anteil Prozessergebnisse ohne Nacharbeit	Kosten je Auftragsabwicklung
Service-Prozess	Kundenzufriedenheits-Index Service	Zeit von Service bis funktionsfähige Anlage	Einhaltung zugesagter Termine	First time fixed rate	Kosten pro Servicecall
Vertriebs-Support-Prozess	Kundenzufriedenheits-Index Vertrieb	Zeit von Bedarfsanfall bis Bedarfsdeckung	TT Bedarfserfüllung	Vollständigkeit der Information	Kosten je Bedarfsanfall
Entwicklungsprozess	Erfüllungsgrad Lastenheft	Pflichtenheft bis Fertigungsfreigabe	Kumulierte TT Arbeitspakete	Anteil Arbeitspakete ohne Nacharbeit	Kosten je Entwicklungsprojekt

Prozessneugestaltung

Für die Prozessneugestaltung müssen Prozessziele festgelegt werden. Die Ziele für die Prozesse können bottom-up (Kundenbefragungen, Prozess-Benchmarking, Problemanalysen, Zeitvergleiche) oder top-down aus der Geschäftsstrategie festgelegt werden.

Für die eigentliche Neugestaltung der Prozesse lassen sich zwei Vorgehensweisen unterscheiden:

1. komplette Erneuerung (Process Redesign),
2. inkrementelle Verbesserung (Continuous Improvement).

Die Erneuerung, auch als Redesign oder Reengineering von Geschäftsprozessen bezeichnet, ist ein sporadisches Ereignis, während die Verbesserung ein Kontinuum darstellt. Beide Vorgehensweisen ergänzen sich.

Tabelle 6: Merkmale von Prozesserneuerung und -verbesserung (Schmelzer, Sesselmann, 2001)

Merkmal	Erneuerung (Revolution)	Verbesserung (Evolution)
Ausgangspunkt	neuer Prozess	bestehender Prozess
Ziele der Veränderung	Kundenzufriedenheit, Effizienz	Effizienz, Kundenzufriedenheit
Umfang der Veränderung	radikal	inkrementell
Häufigkeit der Veränderung	diskontinuierlich	kontinuierlich
Durchführen der Veränderung	als Projekt	als permanente Aufgabe
Anstoß/Träger der Veränderung	von oben, Management, Projektteam	von oben und unten, alle Mitarbeiter
Wirkung der Veränderung	breit, funktionsübergreifend	innerhalb des Prozesses
Art der Veränderung	kulturell, prozessual, strukturell	kulturell, prozessual, organisationales Lernen
Risiko	hoch	gering

Die durch Erneuerung erreichten Leistungssprünge können über kontinuierliche Verbesserung konsolidiert, stabilisiert und ausgebaut werden. Stabilität allein bedeutet Rückschritt, wenn nicht das Erreichte laufend verbessert wird. Erneuerung und Verbesserung werden durch verschiedene Beratungsmethoden unterstützt. Die bekannteste Methode der Erneuerung ist das *Business-Process-Reengineering (BPR)*. Die in der Praxis am häufigsten angewande Methode der Prozessverbesserung ist *Kaizen* (fortlaufende Prozessverbesserung).

4.2.4 Beratungsmethoden (Beispiele)

Balanced Scorecard

Die Balanced Scorecard ist ein Instrument, das eine umfassende, zukunftsgerichtete und an der Unternehmensstrategie orientierte Steuerung des Unternehmens ermöglichen soll. Die Methode selbst basiert auf der konsequenten Umsetzung zielorientierten Managements. Ziele werden definiert und die notwendigen Maßnahmen zur Erreichung der Ziele geplant. Die Umsetzung dieser Maßnahmen wird mit Hilfe geeigneter Kennzahlen – getreu dem Motto: „If you can't measure it, you can't manage it" – gemessen und gesteuert. Die Balanced Scorecard systematisiert diesen Prozess für die Umsetzung der strategischen Ziele in die operative Ebene.

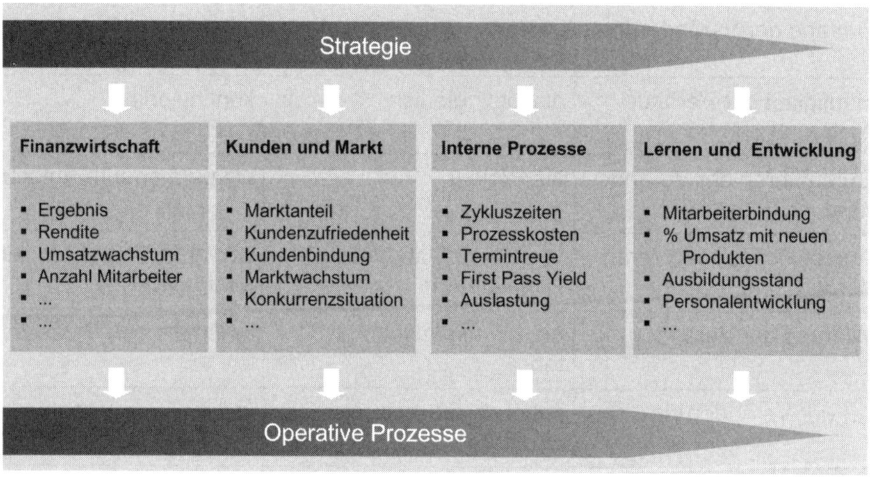

Abbildung 32: Perspektiven der Balanced Scorecard

Hierzu wird ausgehend von der Unternehmensstrategie ein kompletter Satz von Leistungsfaktoren definiert. Er enthält sowohl finanzielle als auch nicht-finanzielle Faktoren in einer ausgewogenen Anzeigentafel der „Balanced Scorecard". Die Scorecard unterteilt sich in vier Perspektiven:

- Die *finanzwirtschaftliche Perspektive*:
  Sie zeigt an, ob die Unternehmensstrategie, ihre Umsetzung und Durchführung überhaupt eine grundsätzliche Ergebnisverbesserung bewirken.
- Die *Kundenperspektive*:
  In dieser Perspektive werden die Kunden und Marktsegmente, in denen das Unternehmen konkurrieren soll, sowie Kennzahlen zur Leistung der Geschäftseinheiten in diesen Marktsegmenten identifiziert.

- Die *interne Prozessperspektive*:
  Die Prozessperspektive identifiziert die kritischen Prozesse, in denen die Organisation ihre Verbesserungsschwerpunkte setzen muss. Herkömmliche Ansätze richten ihren Fokus in der Regel auf die Verbesserung der existierenden Prozesse. Die Scorecard identifiziert darüber hinaus auch neue Prozesse, die ein Unternehmen zur Ereichung ihrer Ziele noch schaffen muss.
- Die *Lern- und Entwicklungsperspcktive*:
  Sie identifiziert diejenige Infrastruktur, welche die Organisation schaffen muss, um langfristiges Wachstum und Verbesserung zu sichern. Hierzu gehören Investitionen in Weiterbildung, Informationstechnologien und Systeme.

Diese vier Perspektiven sind durch ein hierarchisches Beziehungsgefüge miteinander verknüpft. Aus der Finanzperspektive werden z. B. die Ziele für die Markt- und Kundenperspektive abgeleitet und aus dieser Perspektive wiederum die Ziele für die internen Prozesse. Damit wird eine Durchgängigkeit und Konsistenz im Ursache-Wirkungsbeziehungsgeflecht innerhalb einer Balanced Scorecard zwischen den Perspektiven sichergestellt.

Die Balanced Scorecard als Methode bildet den Handlungsrahmen für einen stufenweisen Spezifikationsprozess. Die vorgegebenen Strukturen und Kennzahlengerüste dienen als Checkliste für die Erarbeitung einer unternehmensspezifischen Scorecard (Friedag, Schmidt, 2000). Die Methode lässt es grundsätzlich zu, dass je nach Anforderung über die vier Perspektiven hinaus auch weitere Perspektiven wie etwa die Lieferantenperspektive, die Kreditgeberperspektive, die Kommunikationsperspektive usw. hinzugenommen werden können.

Die unternehmensspezifische Entwicklung geschieht top-down-orientiert. Zunächst wird die Gesamtarchitektur festgelegt und die Balanced Scorecards für das gesamte Unternehmen entwickelt. Eine Top-Scorecard für das Unternehmen insgesamt, Scorecards für die Ebenen darunter, bis hin zu Scorecards für Teams und Mitarbeiter. Für jedes Scorecard-Tableau werden dann die Kennzahlen für die darin enthaltenen Perspektiven entwickelt. Jedes Scorecard-Tableau besteht somit aus mehreren Perspektiven, in denen die strategischen Ziele, das Aktionsziel, die Aktion selbst und die dazugehörigen Kennzahlen enthalten sind.

Tabelle 7: Beispiele für Aktionsideen und Kennzahlen nach Friedag, Schmidt (2000)

Interne Prozessperspektive (Auszug)			
Strategischer Weg	**Aktionsziel**	**Aktion**	**Kennzahl**
Kunden-orientierung	Gezielte Kunden-ansprache durch Nutzung und Erweiterung der Kundendatenbank	Kundendatenbank weiterentwickeln und zielgerichtet auswerten	Umsatz-Kosten-Faktor je Kunde
Kunden-orientierung	Durch gezielte Orientierung auf die Kundenwünsche die Rückgabequote neuer Produkte senken	Statistik und Auswertung Reklamationen	Rückgabequote neue Produkte/ Rückgabequote gesamt Zurückgewonnene Abos/Kündigungen
eCommerce	Systematische Erweiterung der Zugriffsmöglichkeiten auf die eigene Webseite	Eintragung in Linklisten und Suchmaschinen	Anzahl entsprechender Zugriffe
...	...	...	...

Aufbauend auf den Unternehmensstrategien wird die Balanced Scorecard durch folgende Schritte erarbeitet:

- Schaffung des inhaltlichen Rahmens mit der grundsätzlichen Architektur und Umfang der Balanced Scorecard und des organisatorischen Rahmens durch die Festlegung des Gesamtprojektes mit allen Elementen der Projektarbeit.
- Entwicklung der eigentlichen Balanced Scorecard mit der oben geschilderten Top-down Vorgehensweise, indem von den Teams alle Messgrößen ausgewählt, Zielwerte festgelegt und die strategischen Aktionen bestimmt werden.
- Management des Roll-outs durch Einbindung der strategischen Projekte in die operativen Arbeitsabläufe und die Führungsstruktur des Unternehmens.
- Integration der Balanced Scorecard in den Lernprozess des Unternehmens.

Der letzte Punkt liegt den Entwicklern der Balanced Scorecard, Kaplan und Norton, besonders am Herzen (Kaplan, Norton, 1997). Sie sehen das Instrumentarium nicht in erster Linie als Kontrollsystem, sondern als strategisches Managementsystem und als Bezugsrahmen für die Strukturierung der folgenden Managementprozesse:

- die Vision und Strategie klären und herunterbrechen,
- die strategischen Ziele und Maßnahmen verknüpfen und kommunizieren,
- die strategischen Initiativen planen, mit Zielen versehen und abstimmen,
- das strategische Feedback und das Lernen verbessern.

Kaplan und Norten halten den Feedback-Prozess für den innovativsten und wichtigsten Aspekt des gesamten Scorecard-Managements. Dahinter steht insbesondere die Erkenntnis, dass die klassischen Planungs- und Kontrollmodelle, in denen das Ergebnis von oben gesteuert und kontrolliert wird und Abweichung als Fehler behandelt wird, den heutigen Anforderungen an das Management nicht mehr entsprechen.

Business-Process-Reengineering

Business-Process-Reengineering ist eine Methode, die auf einem fundamentalen Umdenken und einem radikalen Neuentwurf von Geschäftsprozessen beruht. Das Ziel besteht in sprunghaften Verbesserungen von kritischen, interdependenten Leistungsmaßen wie Kosten, Qualität, Service und Zeit. Dabei geht es nicht um Verbesserungen *von* 10 %, sondern *auf* 10 % des alten Wertes, beispielweise um eine Verkürzung der Durchlaufzeit bei einer Auftragsbearbeitung von 30 auf 3 Tage!

Die bekanntesten Autoren über Business-Process-Reengineering Hammer und Champy (1994) bringen es auf den Punkt, wenn sie schreiben: „Business Reengineering stellt die Frage, wie wir unsere Arbeit jetzt in Anbetracht der heutigen Marktanforderungen und der heutigen technologischen Möglichkeiten organisieren wollen. Dabei geht es nicht um die Frage „Wie können wir unseren heutigen Arbeitsablauf optimieren?“, sondern um die Frage „Warum tun wir das, was wir heute tun überhaupt? Und warum tun wir es so und nicht anders?“ Es geht also tatsächlich darum, die Art und Weise wie ein Unternehmen arbeitet, von Grund auf neu zu erfinden. Wie Menschen und Unternehmen gestern gearbeitet haben, ist im Business Reengineering nicht von Belang.“ Hammer und Champy meinen mit dem letzten Satz nicht etwa, dass man keine Ahnung vom Geschäft zu haben braucht, sondern vielmehr, dass es sich nicht lohnt, an bestehenden Abläufen und Strukturen Verbesserungen vorzunehmen, solange man nicht alles radikal in Frage gestellt hat. Was alles in Frage zu stellen ist, zeigt anschaulich die folgende Tabelle:

Tabelle 8: Merkmale des Übergangs im Reengineering nach Hammer und Champy (1994)

	Von	**Zu**
Prozesse	Komplex	Einfach
Arbeitsinhalte	Einfach	Komplex
Führungsstil	Kontrolle	Verantwortung
Organisationsstruktur	Hierarchie	Team
Personalstruktur	Arbeiter/ Angestellter	Profis/ Unternehmer
Focus	Chef	Kunde
Ausrichtung	Funktion/Aufgabe	Prozess
Maßstab	Geschäftiges Trei- ben	Resultat
Karriere	Beförderung	Entwicklung
Manager	Aufseher	Coach
Wertewelt	Bewahrend	Schöpferisch

Die Hauptmerkmale von Business-Process-Reengineering lassen sich wie folgt zusammenfassen:

- Kunden- und Prozessfokussierung,
- fundamentales Überdenken aller Aufgaben und Abläufe,
- radikales Redesign aller Strukturen und Verfahrensweisen,
- Nutzung der Möglichkeiten der modernen IuK-Technologie,
- Quantensprünge der Prozessleistung.

Dabei kommt der Identifizierung von Geschäftsprozessen eine hohe Bedeutung zu. Hohe Bedeutung haben Prozesse, die maßgeblich den Aufbau und Ausbau von Kernkompetenzen beeinflussen. Als *Kernkompetenzen* werden diejenigen Kompetenzen eines Unternehmens bezeichnet, die das Know-how in den angestammten Geschäftsfeldern abbilden.

Die hierbei zu Grunde liegenden Kernprozesse werden im Rahmen von Business-Process-Reengineering besonders betrachtet. Folgende Fragen stehen bei der Identifizierung im Vordergrund:

- Welche Geschäftsprozesse haben den größten Einfluss auf Kernkompetenzen, zukünftige Wettbewerbsvorteile und zukünftigen Unternehmenserfolg?
- Welche wichtigen Geschäftsprozesse müssen auf Grund einer veränderten Geschäftsstrategie oder veränderten Wettbewerbsbedingungen überdacht werden?
- Welche wichtigen Geschäftsprozesse haben die Grenze ihrer Leistungsfähigkeit erreicht und weisen gravierende Leistungsdefizite auf?
- In welchen Geschäftsprozessen sind die Wettbewerber erfolgreicher und leistungsstärker?
- Wie hoch sind bei den wichtigsten Geschäftsprozessen die Erfolgschancen und der Aufwand einer Erneuerung?

Die Grundgedanken des Business-Process-Reengineering sind ohne Zweifel ein wichtiger Beitrag zur Diskussion um das Unternehmen der Zukunft, auch wenn Erfahrungen zeigen, dass mit der radikalen Neu-Organisation eines Unternehmens auch erhebliche Risiken verbunden sind. Viele Business-Process-Reengineering-Projekte scheiterten, weil weder Management noch Mitarbeiter bereit waren, vorhandene Besitzstände, Strukturen und Abläufe grundsätzlich in Frage zu stellen. Auf der anderen Seite führte die Veröffentlichung des Ansatzes dazu, den Aspekt der Kundenorientierung noch mehr in den Vordergrund zu stellen und vorhandene Aufbau- als auch Ablauforganisationen radikal daran zu orientieren. Damit wurden das Bewusstsein für die Bedeutung von Geschäftsprozessen geschärft und viele Veränderungsprozesse angestoßen.

Simultaneous Engineering

Schon Mitte der 80er Jahre wurde in der Automobilindustrie bewiesen, dass die Parallelisierung von Prozessen unterschiedlicher Fachdisziplinen und damit die Verkürzung von Durchlaufzeiten möglich ist.

Simultaneous Engineering hat das Ziel, Planungsaktivitäten nach ganz bestimmten Prinzipien neu zu organisieren. Dabei wird ein ganzheitlicher Ansatz zu Grunde gelegt, d. h. personelle, organisatorische und technische Gestaltungsgrößen werden im Veränderungsprozess wechselseitig berücksichtigt, um ein optimales Ergebnis zu erzielen. Die wesentlichen Prinzipien sind:

- Einführung des Phasenmodells anstelle sequentieller Ablauflogik,
- gleichzeitiges Arbeiten der Fachbereiche in cross-funktionalen Teams von Anfang an,
- Steigerung des Aufwandes in den frühen Phasen des Projektes,
- intensive Kundenorientierung (extern und intern),
- gezielter Einsatz von systematischen Methoden,
- Anwendung innovativer Informationstechnologien.

Ein wesentliches Kennzeichen des Simultaneous Engineering ist die konsequente Umsetzung einer phasenorientierten Vorgehensweise. Wie ein solches Phasenmodell aussehen kann, wird in Abbildung 33 deutlich.

Beispiel Kleinserienproduktion

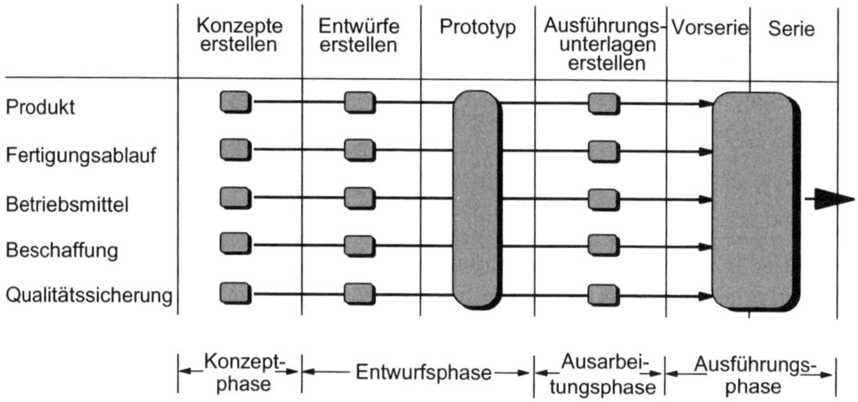

Abbildung 33: Prozessorientiertes Phasenmodell des Simultaneous Engineering

In dem Beispiel der Abbildung wird der Auftragsabwicklungsprozess auf der obersten Gliederungsebene in eine Konzept-, Entwurfs-, Ausarbeitungs- und Ausführungsphase gegliedert. Was auf den ersten Blick wie die übliche Phasengliederung des Konstruktionsprozesses aussieht, beinhaltet jedoch weit mehr. Die Fachdisziplinen Produktkonstruktion, Fertigungsplanung, Betriebsmittelkonstruktion, Beschaffung und Qualitätssicherung sind nämlich nicht entlang der Phasen, sondern quer dazu angeordnet. Dies bedeutet, dass die Fachspezialisten grundsätzlich in jeder Phase an ihren Aufgabenstellungen arbeiten. Das Fertigungs-, Beschaffungs- oder Qualitätssicherungskonzept wird zur gleichen Zeit wie das Produktkonzept erstellt. Das Gleiche gilt für die Entwurfs- wie auch für die Ausarbeitungsphase.

Entsprechend der systemtechnischen Vorgehensprinzipien „vom Groben zum Detail" sowie „vom Abstrakten zum Konkreten" wird in allen Fachdisziplinen gleichzeitig nach der optimalen Lösung gesucht und diese in den Teamsitzungen hinsichtlich eines Gesamtoptimums abgestimmt. In Phasenreviews am Ende jeder Phase werden die endgültigen Entscheidungen gemeinsam getroffen und die Lösungen zur weiteren Bearbeitung in der nächsten Phase freigegeben.

Damit rückt der zweite Aspekt der SE-Methodik, „die Denkweise der Teammitglieder", in den Mittelpunkt der Betrachtung. Erst wenn man Simultaneous Engineering als Schlüssel zur Gestaltung teamgerechter Prozesse betrachtet, erschließen sich die Vorteile, die den eigentlichen Erfolg ausmachen.

Engineeringprozesse sind optimal gestaltet, wenn sich jedes Teammitglied zu jedem

Zeitpunkt in die Problemstellung eingearbeitet hat. Nur dann ergeben sich in einer Teamsitzung jene Auseinandersetzungen, die zu wirklich innovativen Lösungen führen.

Diese Voraussetzung ist bei der sequentiellen Auftragsabwicklung nicht erfüllt, da hier in der Regel nur ein Teil der Fachbereiche zu einem bestimmten Zeitpunkt tätig ist. Ein Fertigungsplaner in der frühen Konzeptphase kann deshalb nur Ratschläge geben, wie die Kollegen aus der Konstruktion an der einen oder anderen Stelle das Produkt fertigungsgerechter gestalten könnten. Dies wird heute schon in vielen Unternehmen durch die frühzeitige Einbeziehung von Spezialisten praktiziert.

Eine höhere Qualität erreicht man jedoch, wenn Mitarbeiter nicht nur einbezogen, sondern in den Lösungsprozess dadurch integriert werden, dass sie zu jedem Zeitpunkt mit ihren eigenen Ausarbeitungen auf gleicher Höhe sind. In Abstimmungsprozessen versucht jeder der Beteiligten seine Interessen aus seiner Sicht zu vertreten. In Teamsitzungen wird dann nicht aus reinem Pflichtgefühl beraten, sondern es wird diskutiert und manchmal eben auch kontroverse Meinungen hart ausgefochten. Indem um die beste Lösung gerungen wird, ist die Voraussetzung gegeben, dass die Diskussionen auf höchstem Niveau verlaufen und zu wirklich innovativen Ergebnissen führen.

Dazu ist jedoch ein *Paradigmenwechsel* im Denken der Prozessbeteiligten notwendig. Die Fertigungsplanung ist nicht notwendigerweise ein Folgeprozess der Produktkonstruktion. Meist reichen die Erfahrungen aus vorangegangenen Aufträgen aus, um mit dem Fertigungs- und Montagekonzept beginnen zu können, ohne dass man die konstruktiven Details des neuen Auftrags kennt.

Der Paradigmenwechsel im Denken liegt darin, dass die Fertigungsseite nicht reagiert (im Sinne: Gebe mir eine Zeichnung, damit ich den Prozess spezifizieren kann), sondern aktiv in die Lösungsfindung mit eingreift (im Sinne: Bevor die Konstruktion ihre Überlegungen auf den Tisch legt, wollen wir einmal unsere Überlegungen zur Verbesserung der Fertigungsprozesse aufzeigen).

Das Gleiche gilt für den Beschaffungsprozess. Abgesehen von der Langläuferbeschaffung wartet der Einkäufer auf eine ausreichende Spezifizierung des Teiles, damit er beim Lieferanten anfragen kann. Ein Paradigmenwechsel in der Beschaffung bedeutet, dass der Einkäufer zum Partner des Konstrukteurs wird. Er hat die Aufgabe, die Möglichkeiten und Leistungsfähigkeiten der Lieferanten in Bezug auf ein bestimmtes System zu beurteilen. Er hat auf dem Markt verfügbare Standardlösungen in die Teamdiskussion einzubringen. Die Konstruktion hat in den Teamsitzungen zu begründen, warum bestimmte Standardsysteme in diesem Projekt nicht verwendet werden können.

Erst wenn alle Teammitglieder bereit sind, in den frühen Engineering-Phasen ihre Erfahrung und ihr Wissen in gleichem Maße einzubringen, greift der wichtigste Vorteil der Teamarbeit, nämlich gleichzeitig in der Breite und in der Tiefe denken und arbeiten zu können.

Geschäftsprozessmanagement/Kaizen/KVP

Die stetige Verbesserung von Produktionsverfahren und Dienstleistungen ist ein wichtiger Faktor, um Kosten zu senken, die Qualität zu verbessern und die Arbeitszufriedenheit der Mitarbeiter zu erhöhen. Diese Zielsetzung wird durch die Methode *Kontinuierlicher Verbesserungs-Prozess (KVP)* angegangen, die der japanischen Methode *Kaizen* (japan. für „Vervollkommnung") nachempfunden ist. Mit Hilfe des Kaizen haben es japanische Unternehmen geschafft, mit Kosten zu produzieren, die um bis zu 30 % unter denen ihrer westlichen Konkurrenz liegen (Imai, M., 1992).

Bei beiden Methoden ist der Wert, den eine Leistung oder ein Produkt für den Kunden erbringt, das zentrale Element. Zu diesem Wert tragen jedoch nicht sämtliche Aktivitäten bei, die in einem Unternehmen für die Leistungserstellung erbracht werden. Entscheidend sind allein diejenigen Aktivitäten, die einen Kundennutzen schaffen. Der Rest ist unnötige Arbeit, Verschwendung, oder schlicht Wertvernichtung. Daraus ergibt sich die Überlegung, betriebliche Leistungsprozesse allein auf wertschöpfende Abläufe und Vorgänge zu beschränken. Zielsetzung ist, den Wertschöpfungsprozess als Kette ineinandergreifender Glieder so zu gestalten, dass sämtliche Formen der Verschwendung verschwinden.

Darüber hinaus fördert Kaizen prozessorientiertes Denken, weil die Prozesse genauso wichtig genommen werden wie das Ergebnis selbst. Kaizen verlangt, dass man die Prozesse sehr genau kennt und absolut im Griff hat, um ständig Verbesserungen durchführen zu können.

Folgende Prinzipien stehen im Mittelpunkt der Betrachtung:
- Die Kunden werden in den Vordergrund gerückt.
- Der Wert einer Leistung wird durch den Kunden definiert.
- Eindeutige Wertschöpfung im Sinne von Nutzleistung wird gefördert.
- Unnötige Verschwendung wird beseitigt.
- Schnittstellen werden überprüft, um die Qualität zu sichern.
- Leistungen, die keinen Wert erzeugen, werden identifiziert und minimiert.
- Wertschöpfung wird als ununterbrochener Fluss verstanden.
- Es werden nur Produkte hergestellt, die von einer nachfolgenden Einheit angefragt werden.

Betrieblicher Fortschritt geht im Kaizen nicht den Weg der großen Innovation mit radikalen Produktivitätssteigerungen wie beim Business-Process-Reengineering, sondern setzt darauf, die betrieblichen Abläufe in vielen kleinen, alltäglichen Schritten stetig zu verbessern. In ihrer Summe führen diese kleinen Schritte jedoch zu den Eingangs erwähnten beachtlichen Ergebnissen.

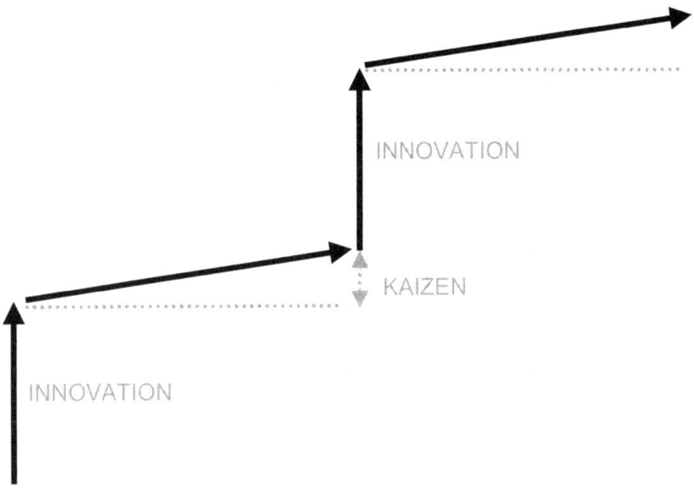

Abbildung 34: Kaizen vs. Innovation

Kaizen ist nicht nur Vorgehen, sondern auch und gerade Philosophie. Alle Mitarbeiter, top-down und bottom-up, haben die gleichen Ziele. Jeder ist den Zielen verpflichtet. Jeder ist betroffen. Jeder ist beteiligt. Gemeinsam in KVP-Gruppen bemühen sie sich, Verbesserungsvorschläge zu erarbeiten und im eigenen Arbeitsbereich umzusetzen. Grundsätzlich wird dabei jeder Verbesserungsvorschlag in der Gruppe geprüft und erst nach einer gemeinsamen Entscheidung verworfen oder in Angriff genommen. Wichtiger Erfolgsfaktor dabei ist der Gruppenfaktor, ein Gemeinsamkeitsgefühl, das kreativen Problemlösungen den Weg bahnt, die nur durch das Zusammenwirken aller möglich wird.

Die Methode Kaizen erfordert keine eigene Organisation, sondern bedient sich der Gremien und Verantwortlichen der Prozessorganisation (Schmelzer, Sesselmann, 2001).

Das *Managementteam* führt Kaizen unternehmensweit ein und baut die erforderliche Kaizen-Infrastruktur auf (Anpassung des Entgeltsystems, Anpassung des betrieblichen Vorschlagwesens, Projektleiter, Training, Beratung und Coaching).

Im Mittelpunkt stehen die *Kaizen-Teams*. Sie erarbeiten und implementieren eigenverantwortlich Verbesserungen im Rahmen der Zielvereinbarungen, visualisieren Probleme, Maßnahmen und Ergebnisse der Teamarbeit und formulieren und bewerten teamübergreifend Kaizen-Probleme.

Unterstützt werden sie von den *Prozess-Teams*, die den wertschöpfenden Prozess verantworten. Sie treffen die Zielvereinbarungen mit den einzelnen Kaizen-Teams und bewerten die Ergebnisse aus Prozesssicht. Sie koordinieren die einzelnen Kaizen-Teams und lösen bei Bedarf teamübergreifend Kaizen-Probleme.

Aufgabe der *Prozess- und Teilprozessverantwortlichen* ist es, die Kaizen-Teams so zu unterstützen, dass sie motiviert arbeiten. Hierzu zählen die zeitliche Freistellung, die Bereitstellung organisatorischer Hilfsmittel, die Vermittlung von Gesprächspartnern, die Koordination mit anderen Kaizen-Teams, die Lösung teamübergreifender Probleme und die Anerkennung von Erfolgen.

Folgende typische Merkmale des japanischen Arbeitslebens stehen in einem engen Verhältnis mit dem Erfolg des Kaizen:

- *Problem- und Prozessorientierung:*
  Fehler werden als Chance begriffen, dazuzulernen. Dies steht mit einer Kultur des Anschuldigens und Bestrafens in krassem Widerspruch. Die Ursache von Fehlern und Verschwendung wird in einem Zusammenspiel von Mensch, Maschinen, Methoden und Material gesehen, nicht bei einem einzelnen Mitarbeiter!
- *Teamorientierung:*
  Es besteht eine fest verwurzelte Kultur, in Teams zu arbeiten und sich dem Teamkonsens unterzuordnen.
- *Beteiligung:*
  Alle Mitarbeiter haben die Möglichkeit, sich im Rahmen ihrer Tätigkeit am Verbesserungswesen zu beteiligen.
- *Freie Entscheidung:*
  Es bestehen keine Richtlinien oder inhaltlichen Vorgaben für die KVP-Gruppen. Diese können ihre Arbeitsthemen frei wählen.
- *Beschäftigungssicherheit:*
  Dieses Prinzip schützt die Mitarbeiter davor, sich selbst „wegzurationalisieren“. Zwar weicht dieses Prinzip auch in japanischen Unternehmen langsam auf, doch sind es nach wie vor insbesondere die sicheren „Kernbelegschaften“, die den KVP vorantreiben.
- *Konzentration auf Kerngeschäft:*
  Die Unternehmen streben danach, ihre Kompetenz im Kerngeschäft zu erhöhen. Die dabei verfolgten Visionen und Zielsetzungen werden klar kommuniziert und sind den Mitarbeitern bekannt.

Total Quality Management – TQM

Total Quality Management ist Anfang der 70er Jahre als Weiterentwicklung der klassischen – auf die Produkte und die Produktion beschränkten – Qualitätssicherung entstanden. Dies war eine Antwort der Amerikaner und Europäer auf ähnliche Strategien, die vor allem den fernöstlichen Industrien zu bemerkenswerten Wettbewerbsvorteilen im Kampf um die internationalen Märkte verholfen haben.

Total Quality Management ist eine integrierte, das gesamte Unternehmen mit allen Aktivitäten und Mitarbeitern sowie die Unternehmensumwelt einbeziehende Führungsstrategie, mit deren Hilfe aus Kundenanforderungen abgeleitete Qualitätsziele vorgegeben und erfüllt werden.

TQM hat folgende charakteristischen Merkmale:

- Kundenzufriedenheit,
- Mitarbeiterzufriedenheit,
- Nutzen für die Gesellschaft,
- Qualität,
- Zeit und
- Kosten.

Die TQM-Zielkriterien sind umfassend: Sie berücksichtigen die Zufriedenheit aller Anspruchsgruppen (Kunden, Mitarbeiter und Gesellschaft) sowie die Aspekte Qualität, Zeit und Kosten.

Damit kann Total Quality Management als die umfassendste (Qualitäts-)Strategie angesehen werden, die für ein Unternehmen denkbar ist. Vom Kunden über die eigenen Mitarbeiter bis hin zum Zulieferanten werden alle Bereiche vollständig erfasst und integriert.

Das Total Quality Management baut nach Frehr (1994) auf vier großen Elementen auf:

1. Managementverpflichtung und Vorbildfunktion,
2. Qualitätsmanagementsystem,
3. Qualitätswerkzeuge und
4. TQM-Bausteine.

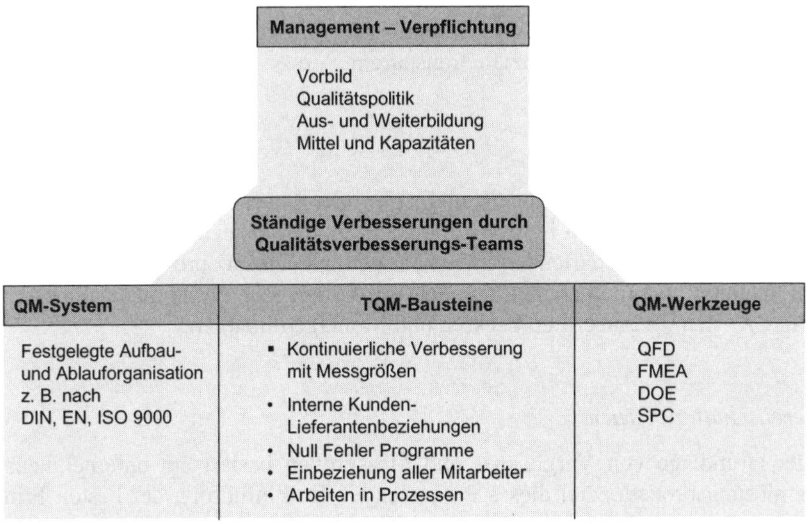

Abbildung 35: TQM-System nach Frehr (1994)

Das richtige Zusammenwirken aller vier Elemente in allen Bereichen des Unternehmens ergibt ein wirkungsvolles TQM.

Benchmarking

Unter Benchmarking versteht man einen kontinuierlichen Prozess, bei dem die eigenen Produkte, Leistungen und Prozesse mit denen anderer Unternehmen verglichen werden. Also die Suche nach den besten Praktiken durch ein Denken ohne Scheuklappen.

Benchmarking ist der rationellste Weg, um sicherzustellen, dass ein Unternehmen die Kundenanforderungen bestmöglich erfüllt und dem Wettbewerb auch langfristig gewachsen ist. Es ist ein systematischer Ansatz zur überdurchschnittlichen Verbesserung der betrieblichen Leistungsfähigkeit. Zur permanenten, rationellen Analyse und Optimierung der betrieblichen Abläufe dienen als Vergleichs- und Messgrößen das interne und branchenbezogene Wissen, vor allem aber Erfahrungen und Erkenntnisse branchenfremder Unternehmen. 90 % aller Verbesserungsanregungen werden außerhalb der eigenen Branche gefunden. Benchmarking schafft durch die Erweiterung des Betrachtungshorizontes die Voraussetzungen für einen erfolgreichen, unternehmensbezogenen Optimierungsprozess.

Folgende Grundprinzipien prägen die Vorgehensweise beim Benchmarken:

Der Vergleich mit anderen:

Alleine die Absicht, besser werden zu wollen, reicht nicht aus. Ausgangsbasis und Ziele müssen konkret definiert werden. Benchmarking-Projekte zeigen, dass der Vergleich mit anderen über die eigene Situation Klarheit bringt. Durch Fakten und Zahlen werden Stärken und Verbesserungspotenziale transparent.

Das Messen der Leistung:

Das Messen dient der Beurteilung von Erfolg oder Misserfolg der Maßnahmen. Fortschritte werden sichtbar und motivieren die Beteiligten. Benchmarking befasst sich sowohl mit einfach zu beschaffenden Informationen wie Umsatz pro Mitarbeiter, Preis von Serienprodukten und Lieferzeiten als auch mit komplexen Zusammenhängen wie Fehlerquoten, Kosten, Engineeringprozessen und Montageprinzipien.

Die Bereitschaft, zu lernen:

Auf der Grundlage von Vergleichs- und Messgrößen basiert ein unternehmensweiter Problemlösungsprozess. Ziel dieses Prozesses ist die Einführung der besten Prinzipien und Methoden im eigenen Unternehmen. Die branchenextern orientierte Suche nach Lösungen erhöht dabei die Wahrscheinlichkeit, eine überdurchschnittliche Produktivitätssteigerung zu erreichen. Voraussetzung für den Erfolg ist die Bereitschaft, von anderen zu lernen.

Benchmarking wird in der Praxis erfolgreich häufig über unabhängige Dritte geführt, d. h. ein unabhängiger Außenstehender sammelt im Auftrag der Benchmark-Teilnehmer alle Daten, ermittelt daraus Durchschnittsgrößen und Bandbreiten und rückübermittelt dann jedem Teilnehmer diese anonymisierten Größen, die dieser dann mit seinen eigenen Werten vergleichen kann.

Lernende Organisation

Der Begriff „Lernende Organisation“ ist in den letzten Jahren zu einem Handlungsprogramm geworden. Gemeint ist eine gesamtheitliche Ausrichtung des Unternehmens auf „Lernen“, auf kontinuierliche Verbesserung und auf Innovation.

- Lernfähigkeit und Lernwilligkeit wird auf allen Ebenen des Unternehmens ins Zentrum gerückt.
- Werte und Verhalten der Führungskräfte und Mitarbeiter sind dynamische Erfolgsfaktoren.

Voraussetzung dafür sind weniger neue Werkzeuge als die Haltung und die Werte, die das Unternehmen langfristig anstrebt. „Lernendes Unternehmen“ ist kein „Mäntelchen“, das sich eine Organisation aus Imagegründen umhängt. Es zeigt sich im konkreten Handeln. Was tun nun Unternehmen, um die Organisation auf ein Lernen vorzubereiten und auszurichten?

Kurz- und mittelfristig geht es darum, das Management einer Organisation oder eines Unternehmens auf eine gemeinsame Zielrichtung und eine gemeinsame Umsetzung, verbindliche Commitments und veränderten Spielregeln auszurichten. Das bedingt, dass das Managementteam zu einer guten Zusammenarbeit geführt werden muss. Die Organisationseinheiten (Betriebseinheiten, Teams, Projekte) müssen in ihren Aufgaben selbständig handeln, was eine Änderung in der Zusammenarbeit bedeutet. Hier nützen Programme und Werkzeuge, die der Organisation zur Verfügung gestellt werden nicht allein, sondern nur ein *radikales Umdenken der Mitarbeiter* und vor allem ein *konkretes Handeln der Führungskräfte*.

In einer lernenden Organisation fühlt sich das Management für die Veränderungen im Zusammenspiel und im gemeinsamen Handeln verantwortlich. Normale Turbulenzen und Irritationen sind keine Störungen, sondern erwartetes Geschehen. In Feedbackschleifen werden die gewonnenen Erfahrungen und neuen Informationen aufgenommen und verarbeitet. Damit das gelingen kann, ist eine Feedbackkultur im Unternehmen als notwendige Grundbedingung einzuführen.

Tabelle 9: Messgrößen und Steuerung in der lernenden Organisation

Messgröße	Steuerung
Mitarbeiter	Leistungsbeurteilung, Potenzialanalyse, Entwicklungsplanung
Team	Externe/interne Kundenorientierung, Lösungsfähigkeiten, Kooperation, Teamfähigkeiten, Multistabilität, Teaminnovation, Prozessverbesserung
Organisation	Kontextbezogenheit (Politik/Recht, Kultur, Standort, Wettbewerb), Feedbackkultur, Projektorganisation, Personalentwicklung, differenzierte Vergütungssysteme, Mitarbeiterbefragung, Kundenbefragung, Führungskräftebeurteilung

In Bezug auf Beratungsleistungen sind folgende Maßnahmen für eine lernende Organisation interessant:

- Leadership und Veränderungsmanagement,
- Teamentwicklung und Projektmanagement,
- Veränderung der Unternehmenskultur,
- neue Zusammenarbeit,
- Umgang mit Veränderungsprozessen.

Die Veränderung zu einer gemeinsamen Ausrichtung braucht eine klare Strategie, festgelegte Meilensteine und Vorgaben, welche Ziele erreicht werden sollen. Der Veränderungsprozess muss vom erweiterten Managementteam vorangetrieben und gesteuert werden. Das bedeutet eine Veränderung im Führungsverhalten und in der Zusammenarbeit, die Einführung einer Feedbackkultur und Vorgesetztenbeurteilung. Das Ziel ist, eine sehr hohe Wirksamkeit in allen Aktivitäten zu erreichen, die die Neuausrichtung begleiten. Damit sind Geschäftsprozesse nicht nur Informationsprozesse, sondern vor allem Prozesse von veränderten Beziehungen. Veränderungsmanagement zur lernenden Organisation beginnt am Besten mit Vertrauen und Aufbruchsstimmung für den Wandel; erst dann startet das Unternehmen mit den Gesprächen über Anforderungen und Angebote. Ziel ist es, die Grundlagen immer besser werdender Leistung und Zufriedenheit durch Commitments auf allen Ebenen auszuhandeln.

Damit die lernende Organisation Wirklichkeit werden kann müssen folgende Voraussetzungen erfüllt sein:

- hohe Transparenz zwischen allen Ebenen und Beteiligten,
- breite Beteiligung und Dialog zwischen allen Akteuren,
- Orientierung der Veränderungsziele am Bedarf der internen und externen Kunden,
- Ideenvielfalt, Querdenken, Kreativität und ungewöhnliche Lösungen,
- Wertschätzung und Anerkennung für alle Beteiligten,
- Selbstorganisation und Teamgeist,

- Prinzip der Lernschleifen: Alle Erfahrungen werden in Lernschleifen ausgewertet und Fehler werden als Chance für Verbesserungen gesehen. Dies wird zur Selbstverantwortung und Selbststeuerung befähigen.

Kritisch ist zu bemerken, dass in vielen Unternehmen das Prinzip der lernenden Organisation einfach nur als Worthülse angenommen wird, bestenfalls in einem reinen Anhäufen von Wissen. Aus dieser Richtung entwickelt sich auch die Enttäuschung und Kritik an den Programmen zur lernenden Organisation. Hier müssen Unternehmen verstehen, dass Bildungsprogramme und Informationsflut nicht ausreichen – dies ist ein Zustand einfachsten Lernens (Lernen 1. Ordnung). Spürbar wird ein Handeln als lernende Organisation erst dann, wenn man gelernt hat zu lernen (Lernen 2. Ordnung). Das zeigt sich, wenn tatsächlich Konsequenzen aus den Erfahrungen (z. B. Kundenbefragungen und Kundenbeschwerden, Vorschläge von Mitarbeitern und Teams zur Prozessverbesserung oder konkrete Veränderungen aus Projekterfahrungen) gezogen werden. Das Unternehmen ist einen großen Schritt weiter, wenn das Lernen gelehrt wird – „wie lernen wir" statt „was lernen wir" (Lernen 3. Ordnung). Hier entsteht eine konkrete Verknüpfung mit der Selbstorganisation, weil Mitarbeiter selbstverantwortlich Lernschritte planen und umsetzen können. Lernen in Bezug auf Inhalte, Form und Zweck, das Suchen neuer Wege und Lösungen sowie das Problematisieren bisherigen Lernens sind Zeichen höchster Wissensverarbeitung und veränderten Handelns (Lernen 4. Ordnung). Hier bleibt der nachhaltige und messbare Erfolg nicht aus, wie konkrete Analysen nachweisen können.

4.3 Methoden des Projektmanagements

Während bei der Systemgestaltung die eigentliche gestalterische Arbeit für das Finden und Umsetzen der Lösung im Vordergrund steht, geht es bei den folgenden Methoden des Projektmanagements um die Frage der Organisation und Koordination des Problemlösungsprozesses.

Durch die zunehmenden Veränderungsprozesse in den Unternehmen hat sich die Bedeutung des Projektmanagements in den letzten Jahren gewandelt. Unter Projektmanagement werden heute nicht nur die Planungs- und Kontrollmethoden verstanden, die in der Hand eines hauptamtlichen Projektleiters zur Planung und Abwicklung großer und komplexer Projekte herangezogen werden. Projektmanagement wird zunehmend als Führungskonzept verstanden, bei dem durch ergebnisorientierte und zielgerichtete Arbeitsformen eine höhere Kundenorientierung erreicht wird.

Projektmanagement wird somit zu einem Instrument der Unternehmensführung, mit dem abteilungsübergreifend Aufgaben gelöst, Innovationen entwickelt oder bestehende Systeme optimiert werden.

Die Methoden und Werkzeuge des Projektmanagements können auf unterschiedliche Weise dargestellt werden. Es wird hier eine Untergliederung in fünf Stufen gewählt, wobei jede Stufe eine systematische und eine teamorientierte Dimension enthält.

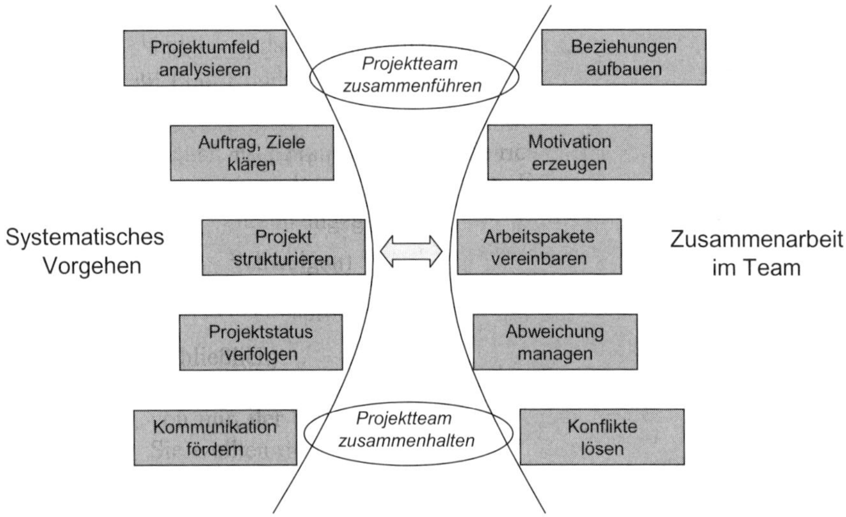

Abbildung 36: Projektmanagement Wegweiser

In den folgenden Abschnitten werden die Grundlagen modernen Projektmanagements dargestellt.

4.3.1 Projektumfeld analysieren und Beziehungen aufbauen

Projekte und das Projektmanagement operieren in einem Umfeld, das weitreichender ist, als das des Projektes selbst. Das Projektteam muss diesen weiteren Kontext kennen, denn nur das Tagesgeschäft zu bewältigen reicht nicht aus. Zwei Erfolgsgrößen stehen in der Startphase eines Projektes im Vordergrund.

Zunächst geht es um den Aufbau des Projektteams. Abhängig von der Projektgröße kann das Projektteam selbst in unterschiedliche Ebenen und Gruppen gegliedert sein. In der Startphase des Projektes wird ein *Kernteam* zusammengestellt, das mit dem Projektleiter das Projekt grob plant und die Zieldefinitionen bis auf Teilprojektebenen herunterbricht (Termine, Kosten, Ergebnisse). Danach erfolgt abhängig von den Projektzielen und den zu erbringenden Leistungen die Benennung der Teammitglieder und der Teilprojektteams.

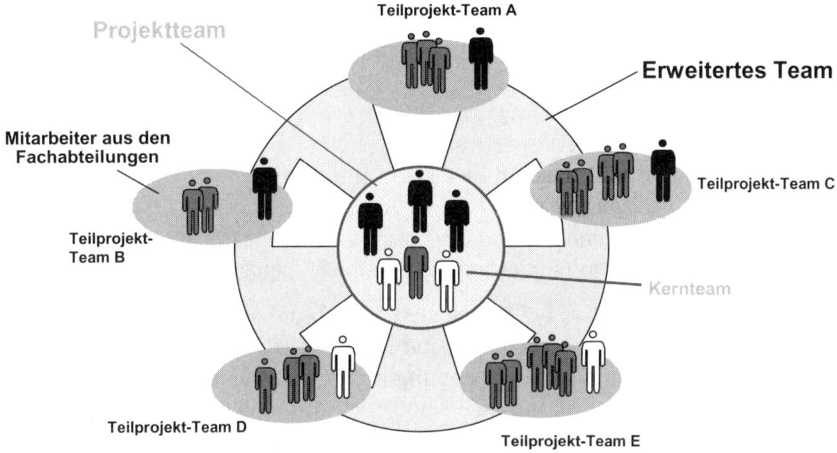

Abbildung 37: Projektteamstrukturen aufbauen

Projekte sind eingebettet in eine oder mehrere Organisationseinheiten. Zwischen den temporären Projekten, der Organisation und dem weiteren Umfeld bestehen ständige Informationsbeziehungen. Daher ist bei der Leistungserstellung das Projektmanagement ständig gefordert, die Projektziele im Verlauf der Projektabwicklung den Veränderungen im gesamten Umfeld anzupassen. Dies setzt voraus, dass man das gesamte Umfeld kennt. Dies erreicht man durch eine Analyse der *Projekt-Interessengruppen*.

Interessengruppen eines Projektes können Individuen oder Organisationen sein, die aktiv in das Projekt involviert sind (Beteiligte), oder deren Interessen möglicherweise positiv oder negativ durch die Projektausführung oder den erfolgreichen Projektabschluss beeinflusst werden (Betroffene).

Das Projektteam muss die verschiedenen Interessengruppen identifizieren, feststellen, was deren Bedürfnisse und Erwartungen sind und dann diese Erwartungen steuern und beeinflussen, um einen erfolgreichen Projektverlauf sicherzustellen.

Interessengruppen jedes Projektes sind z. B.:
- Projektleiter und das Projektteam – die Personen, die für die Durchführung des Projektes verantwortlich sind.
- Kunden – Individuen oder Organisationen, die das Produkt verwenden werden.
- das eigene Unternehmen – die Organisation, deren Mitarbeiter am Direktesten betroffen sind durch die Arbeit für und an dem Projekt.
- Sponsor – Individuum oder Gruppe innerhalb der durchführenden Organisation, die die finanziellen Mittel für das Projekt zur Verfügung stellt.

Weitere Unterscheidungen sind z. B. interne und externe Interessensgruppen, Besitzer und Kapitalgeber, Zulieferer und (Vertrags-)Lieferanten, Projektteammitglieder und deren Familien, Regierungsstellen und Medienvertreter, einzelne Bürger, Lobbyisten und die Organisation als Ganzes.

Dabei ist im Sinne einer Risikobetrachtung denjenigen Interessensgruppen eine besondere Bedeutung zuzumessen, die Konflikte erwarten lassen und über starken direkten Einfluss verfügen.

4.3.2 Auftrag und Ziele klären und das Team motivieren

Im Verlauf eines Projektes kann man im Gegensatz zu Routinearbeiten nicht aus Fehlern lernen. Es gibt keine Wiederholung, es muss auf Anhieb klappen.

Erschwerend kommt hinzu, dass bei Projektstart Mitarbeiter aus den unterschiedlichsten Bereichen zusammengebracht werden. Sie sind in der Regel verschiedene Führungsstile gewohnt und gehen mit den anderen Teammitgliedern unterschiedlich um. Da Projekte häufig unter Zeitdruck stehen, müssen alle Mitglieder im Projektteam schnell zueinander finden. Die intensive Beschäftigung mit den Projektzielen fördert die Begeisterung und das Wir-Gefühl aller Beteiligten.

Ziele helfen dem Team, dem Handeln innerhalb des Projektes einen Sinn zu geben. Sie wirken motivierend, weil der Fortschritt verfolgt wird und alle gemeinsam am Erfolg teilhaben können.

Ziele helfen, effizienter zu arbeiten, weil sich das Team am Ergebnis orientieren und so besser Wichtiges von Unwichtigem unterscheiden kann.

Damit die Ziele diese Funktionen erfüllen können, müssen sie bestimmte Voraussetzungen erfüllen:

- Ziele, die nicht erreichbar oder nicht sinnvoll oder widersprüchlich sind, demotivieren nur.
- Ziele, die zu leicht erreichbar sind, spornen nicht an.
- Bei Zielen, die nicht nachprüfbar bzw. messbar formuliert sind, kann der Erfolg nicht nachgewiesen werden.
- An Ziele, die nicht vereinbart sind, fühlt sich keiner gebunden.
- Ziele, die nicht präzise und schriftlich formuliert sind, werden unterschiedlich verstanden.
- Zu Zielen gehören auch die Mittel, um sie erreichen zu können.

In vielen Fällen ergibt sich ein Projektanstoß aus der Unzufriedenheit mit dem Ist-Zustand. Dementsprechend abstrakt und allgemein fällt auch die erste Zielumschreibung aus. Die Erwartungen des Auftraggebers sind oft unpräzise formuliert und deshalb ist eine Erfolgskontrolle nur schwer möglich. Meist wird nur mit groben Anforderungen das magische Dreieck des Projektmanagements – Leistung, Termine und Kosten – umschrieben. Diese Initialziele reichen aber für die Projektsteuerung nicht aus. Sie müssen um weitere Zielkategorien ergänzt werden (Vorgehensziele, personelle Ziele, politische Ziele etc.) und in einem gemeinsamen Zielklärungsprozess innerhalb des Projektteams weiter aufgebrochen werden.

4.3.3 Projekt strukturieren und Arbeitspakete vereinbaren

Projekte entziehen sich einer routinemäßigen Bearbeitung, da das Projektteam sich beim Projektstart jedes mal neu strukturiert und die Projektaufgaben sich meist unterscheiden. Die Zerlegung der Gesamtaufgabe in überschaubare und gut zu handhabende Einheiten ist eine der wesentlichen Voraussetzungen, um das Projekt realistisch planen und steuern zu können.

Die vollständige Gliederung der Aufgaben eines Projektes und dessen Aufteilung in Arbeitspakete wird als *Projektstruktur* bezeichnet und in einem Projektstrukturplan abgebildet. Die *Arbeitspakete* sind die kleinsten Struktureinheiten in der Projektstruktur. Sie beschreiben Aufgaben mit eindeutigen Ergebnissen und werden einem einzelnen Teammitglied oder einem Teilprojektteam zugeordnet. Komplexere Arbeitspakete werden zur feineren Planung nochmals in Vorgänge (Aktivitäten) aufgegliedert. Diese Vorgänge werden zur Ermittlung von Aufwand und Dauer des Arbeitspaketes herangezogen. Sie werden aber nicht mehr im Projektstrukturplan erfasst.

Folgende Vorgehensweise hat sich beim Prozess zur Arbeitspaket-Definition im Projektteam bewährt:

Tabelle 10: Vorgehensweise zur Erstellung einer Projektstruktur

Nr.	Arbeitsschritt	Durchführung	Tipp
1	Festlegung konkreter End-Ergebnisse (bzw. Lieferungen)	Sammeln aller konkreten Ergebnisse, die vom Team oder Einzelnen zum Ende oder einem früheren Zeitpunkt geliefert werden müssen In der Regel lassen diese Ergebnisse sich sinnvoll strukturieren und zusammenfassen	Das Ganze lässt sich mit Post-its sehr flexibel gestalten
2	Festlegung von Arbeitsphasen bzw. Meilensteinen	Aufmalen eines Zeitstrahls auf zwei zusammengeklebte Pinnwandpapiere (am rechten Ende stehen die Ergebnisse, siehe auch Abbildung 38)	
3	Festlegen von Zwischenergebnissen (wenn erforderlich für die Abstimmung, z. B. Pläne etc.)	Entlang der Meilensteinlinien werden für jedes Endergebnis die Zwischenergebnisse eingefügt	Hier kann man auch Post-its mit einer anderen Farbe nehmen

4	Bestimmung der notwendigen Aktivitäten, um diese Zwischenergebnisse bzw. Endergebnisse zu produzieren	Beschreiben dieser Aktivitäten auf diesen Pinnwänden (sind noch keine Arbeitspakete)	Am Besten auch mit (etwas größeren) Post-its
5	Zusammenfassung dieser Aktivitäten zu Arbeitspaketen und Zuweisung zu einer verantwortlichen Einheit	Überlegung, wer hat welche Kompetenz und kann welches Arbeitspaket übernehmen (Bündelung der Aktivitäten bezogen auf eine bestimmte Person oder ein Team, hier möglichst große Einheiten bilden – Selbstverantwortung)	Einkreisen der „Aktivitäten-Post-its" mit dem Filzstift
6	Commitment erzeugen	Gespräche führen bzw. Commitment einführen	
7	Schriftliche Dokumentation	Arbeitspaket Vereinbarungen festhalten zwischen Gesamtteam und AP-Verantwortlichen	

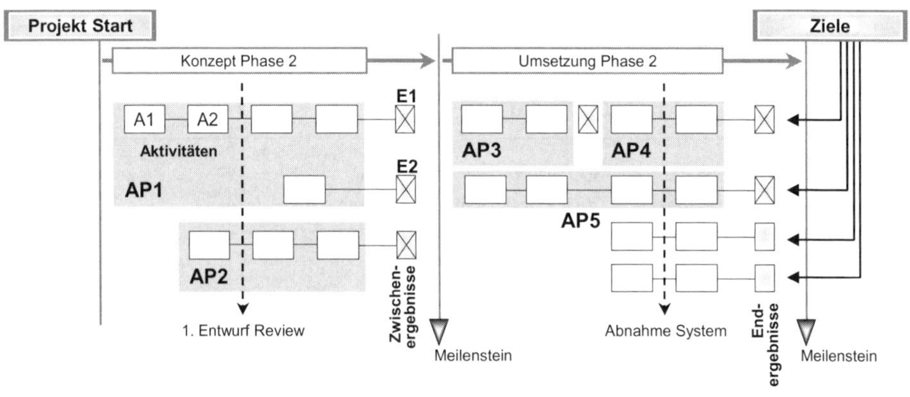

Abbildung 38: Projektstrukturierung

Ob ein Arbeitspaket von dem verantwortlichen Teammitglied entsprechend den Planungen abgearbeitet wird, hängt stark von der Art und Weise der *Arbeitspaket-Vereinbarung* ab.

Selbstverantwortung für ein Arbeitspaket wird dann erreicht, wenn das Schnüren der Pakete vom Teammitglied beeinflusst werden kann, d. h., wenn Klarheit darüber besteht, warum diese Leistung gerade von ihm in dieser Form benötigt wird. Und dies wird nur erreicht, wenn die Teammitglieder auf Grund ihres Fachwissens bei der Erarbeitung der Projektstruktur und insbesondere bei der Arbeitspaketdefinition intensiv beteiligt werden.

Arbeitspakete werden deshalb vom Projektleiter nicht einfach übergeben, sondern müssen partnerschaftlich vereinbart werden.

Dabei werden die erwarteten Ergebnisse (Ziele) des Arbeitspaketes mit dem Projektmitarbeiter besprochen und verhandelt. Jedes Teammitglied schätzt sich selbst hinsichtlich seiner Kompetenz, dem zu leistenden Aufwand und der Dauer des Arbeitspaketes ein. Diese Selbsteinschätzung wird den Zielen des Projektes gegenübergestellt und auf Machbarkeit überprüft. Denn nur das Teammitglied selbst kennt seine Erfahrungen und kann auf dieser Basis Prognosen abgeben. Alles andere führt zu Plänen, die nicht selten von den beteiligten Projektmitarbeitern als „jenseits von Gut und Böse" beurteilt und deshalb auch nicht ernst genommen werden.

4.3.4 Projektstatus verfolgen und Abweichung managen

Projektmanagement ist Management der Abweichung. Die Kunst besteht darin, Abweichungen frühzeitig zu erkennen und geeignete Steuerungsmaßnahmen einzuleiten. Diese zentrale Frage im Projektmanagement ist weitaus mehr als der Vergleich zwischen Ist- und Soll-Zustand. Um Abweichungen zufriedenstellend zu managen, ist ein grundsätzlich neues Verständnis von Projektarbeit erforderlich:

- Abweichung wird als Normalität betrachtet.
- Alle Aktionen und Arbeitspakete werden realistisch definiert.
- Das Ergebnis (Lieferumfang) und dessen Messbarkeit wird in den Vordergrund gestellt (nicht die Aktion, der Prozess).
- Jede Aussage wird kritisch hinterfragt (Im Sinne, ist das wirklich möglich oder machbar?).
- Im Projektmanagement-Prozess wird ständig nach Abweichung gefragt (in Bezug auf Ziele, Risiken, Arbeitspakete, Aktionsliste, etc.).
- Einführung der Regel: Nicht die Abweichung ist negativ (denn es gibt immer tausend Gründe dafür), sondern das zu späte Melden dieser Abweichung gegenüber dem Projektleiter und dem Team (denn hierfür gibt es nur wenige Gründe).

Treten die ersten Abweichungen auf, müssen folgende Regeln eingehalten werden:

- Konsequente Haltung: Abweichung ist das Problem *aller* Teammitglieder.
- Das Team ist jederzeit über alle Abweichungen informiert.
- Der Projektstatus wird deshalb im Team und für das Team erhoben und aufbereitet (nicht für das Lenkungsteam).
- Einhaltung des Prozesses: Erfassung, Bewertung, Maßnahmenplanung, Durchführung, Feedback.
- Je früher die Abweichung erkannt wird, desto vielfältiger sind die Handlungsalternativen.
- Bei ersten Anzeichen, dass Maßnahmen nicht greifen, Einschalten der nächsten Ebenen (Lenkungsinstitution, Geschäftsführung, Kunde ...).

Die Verfolgung des *Projektstatus* ist dann eine mehr administrative Aufgabe des Projektleiters und des Projektteams.

Die in der Projektplanung bzw. bei der Arbeitspaketvereinbarung erarbeiteten Soll-Aussagen zu Terminen, Kosten, Kapazitäten und Ergebnissen bilden die Grundlage für das Projektcontrolling und zur Feststellung des Projektstatus. Dabei werden in den verschiedenen Darstellungen (Terminplan, Projektkostenübersicht) den Soll-Werten Ist-Werte gegenübergestellt.

Der Projektstatus wird in der Regel im Projektstatusbericht dokumentiert und hat folgende Ziele:

- Dokumentation des jeweiligen Abwicklungsstandes des Projektesfür das Team. Der Abwicklungsstand kann gleichzeitig zur Information der wichtigsten Projektbeteiligten genutzt werden.
- Alle im Rahmen der Projektabwicklung aufgetretenen und erkennbaren Engpässe und Abweichungen, deren Ursachen sowie mögliche Auswirkungen auf den weiteren Projektverlauf sollen aufgezeigt werden.
- Alle ergriffenen Maßnahmen sollen dokumentiert werden.
- Besondere Vorkommnisse im Projektablauf sind festzuhalten (z. B. Lieferantenwechsel, persönliche Veränderungen der Projektbeteiligten).

4.3.5 Kommunikation fördern und Konflikte lösen

Projektteams müssen sich treffen, um ihre Ziele, Aufgaben und Verantwortungen zu definieren und ihre persönlichen Beziehungen aufzubauen. Wenn dies geklärt ist, z. B. in einem Workshop, müssen nicht immer alle Teammitglieder an jeder Sitzung teilnehmen.

Die Kommunikation zwischen den Teammitgliedern muss jedoch funktionieren. Die rasante Entwicklung der Kommunikationstechnologie bietet hierzu eine Vielzahl von Möglichkeiten auch über Standorte hinweg. Diese Möglichkeiten müssen nur jeweils nach dem spezifischen Zweck ausgewählt und genutzt werden. Teambesprechungen, einzelne Gespräche, Telefongespräche und Telefonkonferenzen, E-Mails, Intranet-

Datenbanken und über weite Entfernungen auch Video-Konferenzen bilden das Handwerkszeug. Das wichtigste hierbei ist jedoch, dass es passiert.

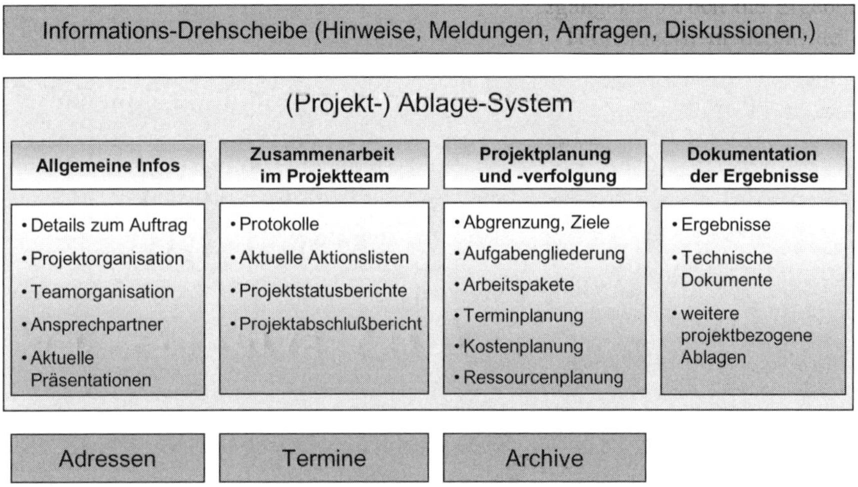

Abbildung 39: Zugriff auf alle wichtigen Projektinformationen

Der Projektleiter hat hier eine zentrale Aufgabe wahrzunehmen und dies zu fördern, denn *jemand der keine Informationen hat, kann keine Verantwortung übernehmen. Jemand, der Informationen erhält, kann nicht anders, als Verantwortung zu übernehmen.*

Auf Grund der fehlenden räumlichen Organisationseinheit sind Teambesprechungen bzw. Projektsitzungen von besonderer Bedeutung, um ein Gefühl der Gemeinsamkeit und Zugehörigkeit entwickeln zu können. Sie bilden darüber hinaus die zentrale Informationsdrehscheibe in der Projektarbeit.

Projektsitzungen bzw. Teambesprechungen sollten in periodischen Abständen (wöchentlich, zweiwöchentlich etc.) an gleichem Ort und zur gleichen Zeit stattfinden. Für große Projektteams ist es sinnvoll, eine feste Reihenfolge der einzelnen Themen (Teilprojekte) mit festgelegter Mindestanwesenheitszeit der Teammitglieder zu vereinbaren. So kann gemeinsam geregelt werden, wer, wann, wozu teilnehmen soll. Wenn die Regel besteht „alle immer", steigt die Unzufriedenheit, denn nicht jedes Thema ist für alle von gleich großem Interesse.

Wenn du ein Schiff bauen willst, so trommle nicht
Männer zusammen, um Holz zu beschaffen,
Werkzeuge vorzubereiten, Aufgaben zu vergeben und
die Arbeit zu erleichtern, sondern lehre die Männer
die Sehnsucht nach dem endlosen weiten Meer.

Antoine de Saint-Exupéry

5. Teamentwicklung

Im Mittelpunkt des Kapitels steht die Frage, welche inneren und äußeren Strukturen die Zusammenarbeit im Team braucht. Selbstorganisation und Selbststeuerung spielen hierbei eine entscheidende Rolle. Die unterschiedlichen Aufgaben und Rollen von Führungskräften und Teams im Rahmen selbstorganisierten und selbstgesteuerten Arbeitens werden differenziert und praxisnah beschrieben. Im Rahmen der Teamentwicklung kommen die bereits erläuterten Grundlagen systemischen Denkens und Handelns, die Konzepte von Selbstorganisation und Veränderungsprozessen sowie die Grundlagen kreativer Prozesse zur Anwendung. Sie fließen in die Konzeption und Umsetzung organisatorischer Maßnahmen zur Einführung von Teamarbeit in Organisationen und Unternehmen ein.

Der erste Teil des Kapitels behandelt die Grundlagen von Teamarbeit. Zunächst stellt sich die Frage nach dem Sinn und Zweck von Teamarbeit im Rahmen der modernen Organisationsentwicklung. In diesem Zusammenhang wird schnell erkennbar, dass es sich bei der Einführung von Teamarbeit um einen organisatorischen Veränderungsprozess handelt. Ein wesentliches Element für jede Teamarbeit stellt der Beginn der gemeinsamen Arbeit dar, die Teambildung. Die verschiedenen Aufgaben im Rahmen der Teambildung werden ausführlich erläutert. Der zweite Teil enthält eine Einführung zum Thema Teammanagement. Eine besondere Rolle spielt hierbei die Zusammenarbeit zwischen Führung und Team, oder mit anderen Worten, das Wechselspiel zwischen Führung und Selbstorganisation. Die unterschiedlichen Aufgaben von Führungskräften und Teams im Rahmen selbstorganisierten und selbstgesteuerten Arbeitens werden differenziert und praxisnah vermittelt. Neben praktischen Tipps und Werkzeugen im dritten Kapitel runden Outdoorelemente und die praktische Zusammenarbeit in interkulturellen Teams das Bild ab.

5.1 Grundlagen

5.1.1 Einführung von Teamarbeit ist Kulturwandel

Sinn und Zweck von Teamarbeit

Es gibt keinen Zweifel daran, dass Teamarbeit zu den effizientesten Ansätzen gezählt werden kann, um komplizierte und vielschichtige Aufträge zu bearbeiten. Teams arbeiten besser und schneller und lösen vor allem das Wissens-Dilemma des Einzelnen, nicht gleichzeitig in der Breite und in der Tiefe denken und arbeiten zu können. Hinter dem Einsatz der Teamarbeit steckt die Erkenntnis, dass eine Gruppe, die gelernt hat, als Team zusammenzuarbeiten, bei der Durchführung komplexer Aufgaben wesentlich größere Erfolge erzielt, als wenn Einzelne ein Problem angehen.

Die intensive Zusammenarbeit führt zu Ergebnissen, die besser sind als die Summe der einzelnen Leistungen.

Durch die Möglichkeit, Verschiedenheit zu nutzen, Vielfalt zu ermöglichen und optimal zielorientiert zu handeln, erfasst Teamarbeit als erfolgreiche Organisationsform immer mehr Teile der Unternehmen. Unternehmen stehen sowohl vor der Herausforderung, Komplexität für Lösungsvielfalt zu erreichen als auch, die wachsende Komplexität handhaben zu können. Der Vorteil von Teamorganisation liegt im Herausstellen unterschiedlicher Fähigkeiten, die sich einerseits ergänzen, andererseits aber auch gegenseitige zirkuläre Prozesse auslösen, und dadurch Kreativität und Produktivität erhöhen können. Ebenso entsteht aus Teamarbeit ein kollektives Bewusstsein, „das Wissen des Unternehmens", das die Leistung der Gesamtorganisation verstärken kann. Das sich daraus ergebende Potenzial an Kreativität, Innovation und Produktivität wird zwar gesehen, aber noch immer unterschätzt.

Teams sind produktiver als eine Gruppe von Einzelpersonen, wenn die Leistungsziele für das Gesamtprojekt und für jeden Einzelnen klar vereinbart wurden. Diese gemeinsame Verantwortung für das Gesamtergebnis trotz unterschiedlicher Fähigkeiten und Erfahrungen ist ein wesentliches Merkmal von Teams im Gegensatz zu Arbeitsgruppen. Gemeinsame Verantwortung erreicht man dadurch, dass Planung, Durchführung und Kontrolle dem Team selbst überlassen werden.

Das Ergebnis und die Qualität der Teamarbeit sind jedoch in hohem Maße von Teamstruktur und Teamkultur abhängig. Das Team muss bei Projektstart die Chance erhalten, abhängig von den Projektzielen und -aufgaben, die Teamstrukturen selbst zu definieren. Hier ist zu klären, wer zur Lösung der Aufgabe gebraucht wird und wer über seine Fachkompetenz hinaus zusätzliche Aufgaben übernehmen kann. Dabei steht die Antwort „dafür bin ich nicht zuständig" ganz oben auf der Negativ-Hitliste. Darüber hinaus muss Klarheit darüber entstehen, wie miteinander umgegangen und kommuniziert wird.

Alte Vorurteile und hausgemachte Schwierigkeiten

Der Einführung von Teamarbeit stehen nach wie vor Einwände und Befürchtungen entgegen. Teamarbeit braucht Selbstorganisation und Selbstverantwortung. Gerade dies bereitet Managern oft Sorgen, denn es wird richtig erkannt, dass Teamarbeit mit Kontrollverlust einhergeht. Teamarbeit scheitert oft auch an Vorurteilen wie „im Team zu arbeiten sei zu kompliziert", „man muss sich mögen", „jeder sucht doch nur seinen Vorteil", „in Teams wird viel zu viel geredet", „in Teams will jeder mitentscheiden", „der Projektleiter muss Kontrolle ausüben und besteht dann noch ein Team?" etc. Viele dieser Einwände haben mit unserer Erwartung an Zusammenarbeit zu tun und mit der Unerfahrenheit, Unterschiede auszubalancieren und Konflikte angemessen lösen zu können.

Ein weiterer Aspekt ist, dass Teamarbeit in bestehende Linien-Strukturen eingefügt wird und damit oftmals im Widerspruch zur hierarchischen Ordnung steht. Eine Menge Interessensgegensätze werden so ausgelöst, aber oftmals nicht strukturell gelöst, weil das eine radikale Veränderung der bisherigen Ordnung nach sich ziehen würde. So lässt man die bestehende Ordnung unangetastet, was die Probleme und ihre Lösungen auf die Teamebene verlagert. Dort muss der Widerspruch zwischen Linien- und Teamverantwortung ausgehalten werden, was häufig genug im Desaster endet und zu Unrecht der Teamarbeit, den Beziehungen und den Persönlichkeiten im Team angelastet wird. Es sind jedoch die Symptome für ungeklärte Strukturen oder unvereinbare Gegensätze von Organisationsformen.

Einführung von Teamarbeit als Veränderungsprozess

Die Einführung von Teamarbeit wird die bestehende Organisation und Ordnung verändern (müssen). Konkurrenz zwischen den neuen, teamorientierten Einstellungen und Verhaltensweisen und althergebrachten Gewohnheiten sind absehbar, natürlich und unvermeidlich. Hinzu kommt, dass sich die Zusammenarbeit im Team selbstähnlich gestaltet (vgl. Binnig, 1989), das heißt, es bilden sich vergleichbare Muster, Regeln und Werte heraus wie in der sonstigen Struktur des Unternehmens. Natürlich gibt es im Unternehmen unterschiedliche Formen der Zusammenarbeit, dennoch werden sich die Spielregeln des gesamten Unternehmens in den Teams wiederfinden: Wie werden Aufgaben strukturiert und koordiniert, wie werden Informationen und Ergebnisse weitergegeben und wie wird miteinander kommuniziert? Veränderungen, zum Beispiel in Bezug auf Klarheit in der Aufgabe und Durchführung, wirken sich auch auf andere Bereiche des Unternehmens aus.

Allen Beteiligten muss klar sein, dass es sich bei der Einführung von Teamarbeit um einen Veränderungsprozess und nicht um eine Einzelmaßnahme handelt. Für den Berater ist es sinnvoll, dem Kunden gegenüber offen darüber zu sprechen. Beispielsweise stellt sich die Frage, welcher der neu organisierten Handlungsabläufe und welche Verhaltensweise, individuell oder in den Teams, optimal sind? Dies können wir vorher nur annehmen; wissen können wir es erst, nachdem es gelebt und ausprobiert wurde. Wenn man dieses konzeptuelle Wissen offen kommuniziert, ist es leichter möglich, beispielsweise eine Test- und Experimentierphase abzusprechen. In dieser Zeit werden die neuen Vorgehensweisen probeweise und alternativ durchgeführt. Nach einiger Zeit werden die neuen Erfahrungen überprüft und bewertet. Dann wird entschieden, ob sich die Veränderung bereits bewährt hat. Bei guten Lösungen werden oft kleine, aber wirkungsvolle Anpassungen vorgenommen. Manchmal werden in der Veränderungsphase „ganz nebenbei" noch andere Potenziale entdeckt, die uns wie unerwartete Geschenke in den Schoß fallen. Bis sich eine solche neue Erfahrung setzen kann, benötigt man 4-6 Wochen, bevor eine erneute Überprüfung der Veränderung möglich ist.

Bei der Einführung von Teamarbeit ist daher eine Prozessorientierung von großer Bedeutung, um Anstrengungen und mögliche Ergebnisse realistisch einschätzen zu können. Allzu leicht fallen Menschen wieder in die alten Verhaltensmuster und Trampelpfade zurück, die ja nicht nur starre Wiederholung von Bekanntem bedeuten, sondern auch Sicherheit, Vorhersagbarkeit und Strukturiertheit in einer ansonsten chaotischen Welt. Dies gilt nicht nur für das Verhalten, sondern auch für Wahrnehmungsgewohnheiten. Die an einem Teamentwicklungsprozess Beteiligten sollten überschauen können, wie Veränderungsprozesse verlaufen können und was sie, positiv wie negativ, beeinflusst.

Vergleichen Sie hierzu Kapitel 2 und 3, zusammenfassend kann zur Wiederholung Folgendes gesagt werden: Um einen Veränderungsweg beschreiten zu können, müssen die Beteiligten als mindeste, aber nicht einfach zu erfüllende Bedingung, zu einer Veränderung motiviert sein. In jedem Veränderungsprozess – und so auch bei der Einführung von Teamarbeit – ist es normal, dass sowohl Anteile von Begeisterung und Aufregung als auch von Zweifeln und Einwänden vorhanden sind. Überwiegen Begeisterung und Aufregung zusammen mit der Motivation zur Veränderung, so werden mit Hilfe der Berater praktische Anleitungen zum Beschreiten neuer Wege bzw. zum Unterbrechen alter Wege erarbeitet.

Werden die alten Verhaltensweisen dann konsequent unterlassen, kommt es bei den betroffenen Personen und ihrem Umfeld in der Regel zu einer vorübergehenden (meist kurzen) Phase von Turbulenzen und Irritationen, in der sich bereits die Strukturen neuen Verhaltens und neuer Sichtweisen andeuten. Im Rahmen von Teamentwicklungsprozessen kommt den Führungskräften die wichtige Aufgabe zu, das Team in den schwierigen Phasen von Irritation und Turbulenzen zu begleiten und zu unterstützen.

5.1.2 Die Basis erfolgreicher Teamarbeit

Teams müssen, um erfolgreich zu sein, eine Reihe von strukturellen, fachlich-inhaltlichen und sozialen Fragen für sich klären. Welche Strukturen sind für Teams erfolgversprechend? Was ist zu beachten, um die Effektivität zu steigern, die Produktivität zu erhöhen und Selbstorganisation zu ermöglichen? Wie können sich Teams zwischen Stabilität und Veränderung den Herausforderungen immer neu anpassen?

Team oder Gruppe

Zunächst gilt es zu klären, wie der viel gebrauchte Begriff Team zu verstehen ist. In einem Team arbeiten Personen zielorientiert zusammen, indem sie ihre Arbeit selbst planen, organisieren, durchführen, kontrollieren und verantworten. In einer Gruppe arbeiten Personen funktional zusammen; die verschiedenen Aufgaben sind klar geregelt und dem Einzelnen zugeordnet im Hinblick auf den Prozess und das Ziel. Der wesentliche Unterschied zwischen Team und Gruppe ist dementsprechend die Selbstorganisation. Das Team hat ein wesentlich höheres Maß an Entscheidungsfähigkeit, an Verantwortung für den gesamten Prozess, an Freiheit bei der Lösungssuche und in der Durchführung der Kontrolle.

Selbstorganisation – Alles in einer Hand

Das wesentliche Element erfolgreicher Teamarbeit liegt darin, dass sich ein Team im Hinblick auf ein gemeinsames Ziel (Arbeitsauftrag) selbst organisiert.

Teams können ihre komplexen Aufgaben nur kreativ erfüllen, wenn Freiräume gewährt und Verantwortungen delegiert werden, wenn sie zur Projekt- und Prozessarbeit befähigt werden und wenn die soziale Kompetenz gestärkt wird. Der Erfolg von Teams ist sehr davon abhängig, inwieweit es gelingt, bei schwierigen Herausforderungen nicht in vorgefertigten Lösungen denken zu müssen, sondern aus einem Bündel von Möglichkeiten Alternativen abzuwägen und eine Wahl zu haben. Selbstorganisation und Eigenverantwortung fördern die Motivation, führen zu kreativeren Ergebnissen und entlasten Vorgesetzte und Coaches.

Ein wesentlicher Fehler bei der Teamorganisation besteht darin, die Aufgaben und den Veränderungsprozess von Teams in Durchführung, Verantwortung und Kontrolle zu trennen. Häufig gehören diejenigen, die Entscheidungskompetenz haben und für das Ergebnis verantwortlich sind, überhaupt nicht den Teams an. Obwohl das Team Ideen hat, Vorschläge macht und Entwürfe erstellt, wird die Entscheidung woanders getroffen; eine sehr irritierende und frustrierende Situation. In vielen Unternehmen wird diese Situation auf Grund langer Prägung gar nicht wahrgenommen, ja sogar für völlig normal erachtet. Erst durch Symptome wie hohe Reibungsverluste, anwachsende Inaktivität und mangelnde Lösungen werden die durch derartige Strukturen bedingten Störungen sichtbar. Ein anderer Fehler in diesem Zusammenhang wird begangen, wenn die Kontrolle über den Verlauf von Projekten nicht vom Team durchgeführt wird, sondern ein „Verantwortlicher" ständig in die Arbeit hineinregiert und so ein erfolgreiches Arbeiten behindert. Für erfolgreiche Teamarbeit gilt: Alles in eine Hand – Verantwortung, Durchführung, Kontrolle, Kompetenz.

Klein, aber groß

Die erfolgversprechende Größe von Teams wird von Experten unterschiedlich festgelegt. In unserer Erfahrung gibt es gut funktionierende Teams zwischen zwei und etwa 20 Personen. Darüber hinaus wird es schwierig für ein Team, effektiv zu kooperieren, und es entstehen zwangsläufig kleinere Sub-Teams. 50 Personen können theoretisch ein Team bilden, hätten aber in logistischer wie sozialer Hinsicht enorme Hindernisse zu überwinden, um sich gemeinsam ausrichten und gut zusammenarbeiten zu können.

Komplementäre Kompetenzen

Die Kompetenzverteilung und Ausrichtung im Team ist eine wichtige Voraussetzung. Alle für die Aufgaben- oder Projekterfüllung erforderlichen fachlichen Kompetenzen müssen innerhalb des Teams vorhanden sein, zusätzlich geschult oder von außen zugezogen werden. Eine wichtige Kompetenz von Teammitgliedern ist eine Haltung von Zielorientierung, gemeinsamer Entscheidungsfindung und dem Schaffen neuer Lösungen. Ein „Team Player" zu sein, bedeutet den gemeinsamen Auftrag vor eigene Interessen zu stellen und im Sinne guter Lösungen ständig die Verbesserung von Prozess und Zusammenarbeit anzustreben. In diesem Zusammenhang bekommen soziale Kompetenzen ihre hohe Bedeutung. Kommunikation pflegen, heißt Raum und Zeit zur Verständigung schaffen, Unterschiede wahrnehmen und klarstellen, Übereinstimmung anstreben und Konflikte konstruktiv lösen. Soziale Kompetenz ist zunächst auch eine Haltung, die durch Wissen und bestimmte Techniken umgesetzt wird.

Ausrichtung auf gemeinsame Ziele

Zu gemeinsamen Zielen, die ein Team leiten, gehören definierte Leistungsziele ebenso wie eine Vision, eine Art sinnstiftende Grundlage auf der die Teammitglieder aufbauen. Beide Teile müssen vorhanden und kompatibel sein. Nur dann gelingt es, dass jeder Einzelne im Team seine persönlichen Karriere- und Erfolgsziele über den Erfolg des Teams zu verwirklichen sucht. Bildlich gesprochen, haken die Teammitglieder ihre Individualziele an die Teamziele ein wie Expeditionsbergsteiger ihre Kurzseile an das Fixseil. Nur wenn gemeinsame Ziele erstrebenswert erscheinen, wird das Team alles dafür tun, sie zu erreichen. Das Management hat bei der Zielsetzung für Teams eine wichtige Rolle. Wenn Teams sich bei der Zieldefinition selbst überlassen bleiben, kann das oft zu Unruhe und Verunsicherung führen.

Einen gemeinsamen Weg finden

Um die eigentliche, inhaltliche Arbeit zu leisten, muss ein Team neben einer gemeinsamen Ausrichtung eine gemeinsame Arbeitsweise finden. Dies braucht, besonders in der Startphase der Teamarbeit, einen gewissen Zeitaufwand, um grundlegende Themen wie

Aufgaben- und Rollenverteilungen und Spielregeln für die Zusammenarbeit auszuhandeln. Im Prozess werden die Zuteilungen und Abmachungen immer wieder auf ihre Wirksamkeit hinterfragt und verbessert.

Commitment – gemeinsam Verantwortung übernehmen

In einem Team gemeinsam Verantwortung zu übernehmen, hat eine vielschichtige Bedeutung. Zum einen bedeutet es, dass das Team die Verantwortung für den übernommenen Auftrag, den selbstorganisierten Umsetzungsprozess sowie das dabei erarbeitete Ergebnis übernimmt. Zum anderen heißt es, dass jedes Teammitglied Verantwortung für seine Aufgaben und Pflichten bis zur Zielereichung übernimmt und sich „committed“, Zeitrahmen und Qualitätsmerkmale aber auch Spielregeln der Zusammenarbeit einzuhalten. Die Teammitglieder übernehmen also gemeinsam für das Ganze Verantwortung und stehen gegenseitig für ihren Teilbeitrag in der Verpflichtung.

Aktive Beteiligung aller Mitglieder des Teams

Der Zielfindungsprozess zu Beginn der Teamarbeit muss alle Beteiligten einschließen. Damit startet die Teamarbeit. Das Team denkt und handelt in Verantwortung füreinander im Hinblick auf die Herausforderungen und auf das gesetzte Ziel. Prozess und Ergebnis gehören dabei zusammen. Die persönliche Verantwortlichkeit zeigt sich im Verhalten zueinander. Wer darauf wartet, dass andere, die Kollegen, die Geschäftsführung, die Mitarbeiter oder die Untergebenen etwas tun, der ist weit weg von eigener Beteiligung. Nicht, „Was sollen die anderen ändern”, sondern „Was will ich tun“, nicht „Was kannst du tun”, sondern „Was kann ich tun“, zeigt, ob jemand in den Prozess integriert ist und seine Verantwortung wahrnimmt. Es sind nur Mitarbeiter im Team, die mitarbeiten können und wollen. Mitarbeiter mit Beobachtungs-, Kontroll- und Platzhalteraufgaben von Außenstehenden sind in der Teamarbeit weder gewünscht noch nützlich. Die Identifikation eines jeden Teammitglieds mit den erarbeiteten Zielen, Strukturen und Spielregeln des Teams ist die Voraussetzung für eine erfolgreiche Durchführung des Arbeitsauftrags. Voraussetzung für die Identifikation ist, an allen wichtigen Teamprozessen beteiligt zu werden und sich aktiv zu engagieren. Dies gilt sowohl im Bereich der Anforderungen und Anstrengungen als auch im Hinblick auf Anerkennung und Wertschätzung.

Spielregeln der Zusammenarbeit

Teams müssen sich ständig zwischen Autonomie und Gemeinschaft bewegen. Um dieses Wechselspiel in der täglichen Zusammenarbeit zu meistern, brauchen Teams klare, funktionale Strukturen und Spielregeln. Die Zusammenarbeit koordiniert und integriert einzelne Prozesse und Beziehungen in ein gemeinsames Ganzes. Die Regeln der Zusammenarbeit (siehe Abbildung 40) werden zu Beginn der Teamarbeit festgelegt und im Prozess bei Bedarf angepasst.

Wie gestalten wir
- Auseinandersetzungen?
- Kooperationen?
- Entscheidungsprozesse?
- Autonomie?
- Hierarchien?
- Konflikte?

➡ Und welche Weltsicht leitet uns dabei?
Wie denken wir über ...?
Welche Regeln steuern unser Verhalten?

Abbildung 40: Muster und Regeln der Zusammenarbeit

Hierarchien werden im Team nur gebildet, um Prozesse zu regeln und Zuständigkeiten zu klären. Sie beruhen auf Kompetenz. Jede Hierarchieposition beinhaltet Rechte und Pflichten. Teamleiter oder Teamsprecher sind Teil des Teams. Erfolg und Misserfolg gehören dem gesamten Team und sind nicht teilbar.

Wer Kompetenz hat, braucht Entscheidungsspielraum. Das gilt für das Team ebenso wie für seine Mitglieder. Teams betreiben Selbststeuerung und Selbstverwaltung. Wo ein Problem auftritt, werden Lösungen gesucht, muss entschieden und gehandelt werden. Entscheidungsprozesse werden gemeinsam geregelt und basieren auf der laufenden Informationsverarbeitung. Hierbei wird zwischen Alternativen ausgewählt und das zukünftige Handeln im Hinblick auf das Ziel ausgerichtet.

Konfliktmanagement, Auseinandersetzungsstrategien und Kooperation von Menschen in Teams sind ein Ausgleich zwischen Autonomie und Gemeinschaft. Gute zwischenmenschliche Beziehungen zeichnen sich nicht durch das Fehlen von Konflikten aus, sondern durch Konsensfähigkeit. Zuviel Gemeinsamkeit tötet eigenständige Gedanken, und zuviel Eigenständigkeit lässt jeden das Rad immer wieder neu erfinden. Konflikte werden als Interessensgegensätze, als normales Geschehen, betrachtet, klar definiert und in einer ehrlichen Suche nach Übereinstimmung im Team gelöst. Es wird geprüft, ob gemeinsame Beschlüsse eingehalten werden. Konflikte ergeben sich aus Unterschieden. Diese Unterschiede sind die notwendige Voraussetzung, um Neues zu kreieren und die erwünschte Innovation zu entwickeln.

Feedbackkultur

Zusammenarbeit im Team ist ein lebendiger, dynamischer Prozess. Die Zusammenarbeit löst gegenseitig organisierte Prozesse aus, die vorhandene Fähigkeiten und vorhandenes Wissen durch fortwährenden Informationsaustausch ergänzen und ausbauen können. Ein Prozess der ständigen Verbesserung im Team wird nur über Feedbackschleifen erreicht. Das heißt, es muss genügend Zeit und eine entsprechende Form für Feedback über die gemeinsame Arbeit zur Verfügung gestellt werden.

Ganz einfach ausgedrückt: Wer zusammen erfolgreich arbeiten will, braucht Zeit für Denkleistungen, Entspannung zur Regeneration und die Möglichkeit, über die Zusammenarbeit, Vorgehen und Beziehungen zu reflektieren. Wer erfolgreich voranschreiten will, muss in der Lage sein, sich vom Feedback der Erfahrungen leiten zu lassen und Konsequenzen ziehen zu können.

Von der Hierarchie zum Team

Als Team zusammenzuarbeiten erfordert eine besondere Haltung mit entsprechenden Verhaltensweisen, eine Art Teamkultur. Zu einer solchen Kultur zu finden, ist gleichermaßen Ziel wie andauernder Entwicklungsprozess, der in regelmäßigen Feedbackschleifen reflektiert, angepasst und verbessert wird. Kontraproduktive Haltungen und Verhaltensweisen, die in hierarchischen Organisationsstrukturen oftmals anzutreffen sind, haben im Team keinen Raum. Sie werden offen angesprochen und gemeinsam in teamgemäße, erfolgsfördernde Qualitäten verwandelt.

Tabelle 11: Von der Hierarchie zum Team

Von:		Zu:
Ich bin wichtig! Kein gegenseitiges Verständnis, Unnachgiebigkeit untereinander	➡	Wir sind wichtig! Rücksicht auf andere, Verständnis füreinander, Kompromissbereitschaft
Neid, Eifersucht, gegenseitige negative Kritik, Cliquenbildung	➡	Gegenseitige Anerkennung, positive Kritik, Hilfsbereitschaft, Anregungen
Klatsch hinter dem Rücken, Feindseligkeiten	➡	Offene Aussprache verhindert Spannungen
Geringere Identifikation, wenig Mitverantwortung	➡	Besseres Verständnis durch Mitverantwortung und Mitwirken an gemeinsamen Zielen
Leistungsfähigkeit des Einzelnen wird nicht voll genutzt	➡	Steigerung der Produktivität und volle Entfaltungsmöglichkeiten aller Mitglieder

5.1.3 High Performance Teams (Spitzenteams)

Zusätzlich zu den zuvor genannten Grundlagen für Teamarbeit, gibt es eine Reihe von Faktoren durch die sich Spitzenteams, die tatsächlich überragende Ergebnisse erzielen, von anderen abheben. Die folgenden Kriterien, die solche „High Performance Teams" auszeichnen und letztlich den Unterschied ausmachen, müssen aus dem Team heraus wachsen und lassen sich nicht künstlich oder gar von außen erzeugen.

Bedeutungsvolle Werte und Themen

Spitzenteams fühlen sich einander verbunden durch mehr als eine gemeinsame Aufgabe. Es sind gemeinsame Werte und Ideen, die tiefer gehen, die dem Team Identität geben und es zu einer „verschworenen Gemeinschaft" machen. Solche Grundübereinstimmungen, eine Art Teamkultur, vereinfachen die Kommunikation und lassen Teams bis an individuelle und gemeinsame Grenzen gehen. Es existiert ein echtes „Wir-Gefühl".

Energie und Spaß

Spitzenteams zeichnen sich durch ihre besonders hohe Energie aus. Wer ein solches Team erlebt, spürt fast schon körperlich den hohen Energiepegel, der bei der Arbeit und in der Interaktion zustande kommt. Niemand muss einem solchen Team von außen sagen, dass Überstunden oder andere Extraleistungen erbracht werden müssen. Es ist selbstverständlich. Gleichzeitig wirkt das Spitzenteam dabei nicht gestresst, sondern strahlt auch unter Volldampf Spaß an der Sache aus.

Gemeinsame Geschichte

Spitzenteams haben Geschichte. Die Mitglieder sind zusammen durch bestimmte, bedeutungsvolle Phasen gegangen. Diese Phasen oder Ereignisse können genauso kleine Anfänge wie große Erfolge oder Fehlschläge gewesen sein, auf jeden Fall aber Zeiten, in denen Bedeutendes gemeinsam erlebt wurde. Gemeinsame Geschichte verbindet und schweißt ein Team zusammen.

Gegenseitige Verpflichtung

In Spitzenteams fühlen sich die Teammitglieder nicht nur dem gemeinsamen Erfolg, sondern auch dem persönlichen Wohlergehen und der Entwicklung der Anderen verpflichtet. Man unterstützt sich in der persönlichen wie beruflichen Weiterentwicklung und vergrößert so gemeinsames Potenzial und Erfolg.

5.2 Aufgaben von Führung und Team in der Kooperation

5.2.1 Grundgedanken

Eine teamorientierte Neuausrichtung zielt ab auf eine Arbeitsorganisation, in der einzelne Mitarbeiter und Teams stärker als bisher Selbstverantwortung übernehmen und die Bewältigung ihrer Aufgaben entsprechend selbst organisieren und steuern. Dieses Handeln in Selbstverantwortung führt zu fortlaufenden Lernprozessen und ständiger Entwicklung bei den Mitarbeitern und damit insgesamt zu einem Wachstum der Ressourcen des Unternehmens.

Die klare Definition der vier Elemente Auftrag, Ergebnis, Rahmenbedingungen und Meilensteine, die im Folgenden aus verschiedenen Blickwinkeln betrachtet werden, ermöglicht im Wesentlichen den Prozess der Selbstorganisation und Selbststeuerung in Teams.

In der Praxis zeigt sich, dass Teams Aufträge oft anders verstehen, als sie von ihrem Auftraggeber gemeint und ausgesprochen waren. In der Zusammenarbeit mit Teams fragen wir generell: „Sind Sie sich einig darüber, welche Aufgaben und Ziele Ihr Team verfolgt?" Die Antwort ist oft eine Welle der Empörung: „Was denken Sie denn!" Prüft man die Übereinstimmung nach, gibt es meist erhebliche Abweichungen. Wie kommt das? Das gleiche gilt für Chefs, wenn man sie fragt, ob ihre Teams mit ihnen über die Anforderungen und Zielstellung übereinstimmen. Auch sie glauben, alles sei geklärt und sind völlig überrascht, wenn sich Unstimmigkeiten herausstellen. Das Gleiche trifft zu in Bezug auf das erwartete Ergebnis der Arbeit. Auch hier gibt es Unklarheiten durch zuviel Raum für verschiedene Interpretationen.

Dieses Phänomen ist weniger ein Informations- als vielmehr ein Kommunikationsproblem. Informationen werden auf dem Hintergrund eigener Vorstellungen und Erfahrungen gefiltert und bewertet. Häufig bleibt zu wenig Zeit für die gegenseitige Auftragsklärung. Wenn Anforderungen zu wenig präzise formuliert sind, entsteht hieraus ein Freiraum für persönliche Interpretationen. Sollen Mitarbeiter und Teams jedoch selbständig arbeiten, ist hier eine Klärung wichtige Voraussetzung, um spätere Schwierigkeiten und Zeitverzögerungen zu vermeiden.

Rahmenbedingungen klar festzulegen, ist der nächste wichtige, und oft vernachlässigte Punkt. Beispielsweise gibt es im Bezug auf personelle Ressourcen oftmals Schwierigkeiten, wenn Teammitglieder anderen Anforderungen (z. B. in einer anderen Funktion oder Abteilung) in höherem Maße als erwartet gerecht werden müssen. Daneben sind Rahmenbedingungen auch zeitliche, finanzielle und materielle Ressourcen, die dem Team zur Verfügung stehen.

Meilensteine sind festgelegte Treffen, an denen der Prozess und das Fortschreiten im Sinne des Erfolgs von Auftraggeber und Team gemeinsam analysiert wird.

Wenn eigenverantwortliches, selbstorganisiertes und selbstgesteuertes Arbeiten erfolgreich gelingen soll, müssen die Partner, Auftraggeber und Auftragnehmer, respektive Führungskraft und Mitarbeiter, bestimmten Anforderungen gerecht werden.

5.2.2 Aufgaben der Führung

Die Aufgaben der Führung (siehe Abbildung 41) im Prozess der Selbstorganisation liegen im wesentlichen in der Vorbereitung der Aufträge an die Mitarbeiter und in der Auftragsklärung. Damit Mitarbeiter lernen, mehr Eigenverantwortung zu übernehmen und erfolgreich und selbständig die an sie gestellten Aufgaben zu bewältigen (Selbstorganisation), bedarf es „passender“ Anforderungen und einer gemeinsamen Auftragsklärung. Sowohl die Formulierung des Auftrags wie auch die Durchführung der Auftragsklärung fallen von Mitarbeiter zu Mitarbeiter und von Team zu Team unterschiedlich aus, je nach Erfahrung, Fähigkeit, Fertigkeit und Kenntnis im Bereich von Selbstorganisation, Teamarbeit und fachlicher Kompetenz.

1. **Auftrag und Aufgaben festlegen:** klar/nachvollziehbar/durchführbar
2. **Ergebnis definieren:** Qualität/Zeit/Kosten
3. **Rahmenbedingungen:** Einsatz der Ressourcen
4. **Steuerung über:** Meilensteine und Feedbackschleifen

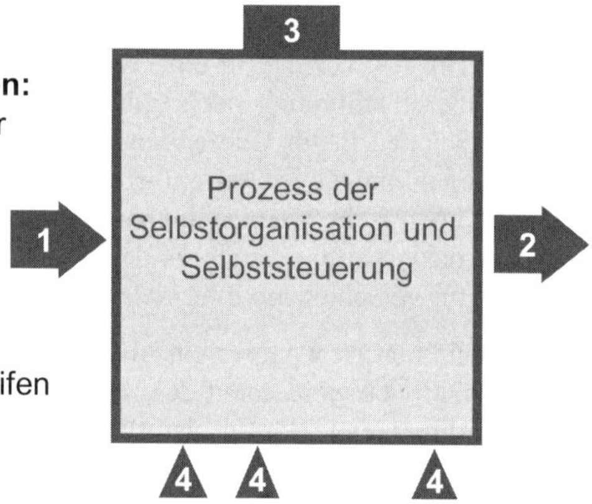

Abbildung 41: Aufgaben der Führung

Die Verantwortung und damit die Aufgabe der Führung liegt darin, zu erkennen, wie die Aufgabe und die Auftragsklärung zu gestalten ist, damit die selbständige Durchführung der Aufgabe im Team erfolgreich gelingt. Die Kompetenz des Auftraggebers zeigt sich außerdem darin, klare Anforderungen und Vorstellungen über das gewünschte Ergebnis auszuarbeiten und mit den Mitarbeitern so genau zu diskutieren, bis ein gemeinsames Verständnis dafür entwickelt wurde.

Dasselbe gilt für die Klärung der Rahmenbedingungen. Diese festzusetzen ist ebenso Sache der Führung. Häufig wird nicht genug Sorgfalt auf die Rahmenbedingungen gelegt: Wechselnde Prioritäten, Einflussnahme unterschiedlicher Vorgesetzter oder fehlende Kompetenz höhlen Selbstverantwortung aus oder lassen es an der notwendigen Ausstattung für die Aufgabe fehlen.

Der eigentliche Prozess der Selbstorganisation und Selbststeuerung des Auftragnehmers ist tabu für den Auftraggeber. Eingriffe sind nur möglich zu den verabredeten Meilensteinen. Selbstorganisation und -steuerung bedeutet, dass nicht nur die Durchführung der Aufgabe in der Hand des Auftragnehmers liegt, sondern auch die Verantwortung und Kontrolle.

Die Führung von selbstorganisierten Prozessen erfordert ohne Zweifel ein deutliches Mehr an Engagement und Arbeit im Vorfeld der Aufgabe durch die sorgfältige Vorbereitung des Auftrags. Gleichzeitig ist sie die Bedingung dafür, dass die Führungskraft in der Durchführung der Aufgabe deutlich entlastet wird und sich, nach der Auftragsklärung, im Wesentlichen der gemeinsamen Steuerung anlässlich der definierten Meilensteine widmen kann.

Abbildung 42: Selbstorganisation im Team

Hinweise zur Formulierung von Zielen:
- Ziele, die nicht erreichbar oder nicht sinnvoll oder widersprüchlich sind, demotivieren nur.
- Ziele, die zu leicht erreichbar sind, spornen nicht an.
- Bei Zielen, die nicht nachprüfbar bzw. messbar formuliert sind, kann der Erfolg nicht nachgewiesen und damit streitig gemacht werden.
- An Ziele, die nicht vereinbart sind, fühlt sich keiner gebunden.
- Ziele, die nicht präzise formuliert sind, werden unterschiedlich verstanden.
- Zu Zielen gehören auch die Mittel, um sie erreichen zu können.

5.2.3 Aufgaben des Teams

Planung, Durchführung, Verantwortung und Kontrolle der Ergebniserzeugung gehören in die Hand des Teams. Hieraus leiten sich Aufgaben eines Teams in der Rolle als Auftragnehmer ab. Das Team nimmt den Auftrag entgegen und prüft, ob und inwieweit vom Auftraggeber alle erforderlichen Informationen (klare Aufgabenstellung, Definition des erwarteten Ergebnisses, Rahmenbedingungen und Meilensteine) gegeben sind und ob alle erforderlichen Ressourcen bereitgestellt sind. Oftmals wissen die Teammitglieder selbst besser als der Auftraggeber, welche Ressourcen und Rahmenbedingungen für die Durchführung der Aufgabe benötigt werden und welche Meilensteine zweckmäßig erscheinen. Nicht selten können diesbezügliche Fragen des Teams, aber auch Verständnisfragen bezüglich der Anforderungen und vor allem, bezüglich des gewünschten Ergebnisses, noch erheblich zur Auftragsklärung beitragen. Erfahrungsgemäß ist für viele Führungskräfte die konkrete Beschreibung des erwünschten Ergebnisses vor der Durchführung und Fertigstellung ungewohnt. Wenn diese Informationen und Bedingungen geklärt und erfüllt sind, übernimmt das Team verantwortlich den gestellten Auftrag.

Spielregeln

Bevor mit der konkreten Umsetzung begonnen werden kann, muss das Team sich klar werden, wie es zusammenarbeiten will und kann.

Aufgaben des Teams sind:
1. Auftrag und Aufgaben klären und verantwortlich übernehmen,
2. Rahmenbedingungen und Ressourcen feststellen und verhandeln,
3. Prozess festlegen und ständig verbessern (bez. des externen und internen Kunden),
4. Steuerung erfolgt über Arbeitspakete/Meilensteine/Feedbackschleifen,
5. Ergebnis erzeugen, bez. Kosten, Zeit und Qualität.

5.2.4 Das Zusammenspiel

Auftragsklärung

Arbeitsaufträge an Teams, die das gewünschte Ergebnis selbstorganisiert und erfolgreich erzielen sollen, können vom Chef nicht verordnet, sondern nur gemeinsam vereinbart werden. Vereinbaren bedeutet, ein gemeinsames Verständnis bezüglich des Auftrags sicherzustellen, seitens des Teams auf dieser Verständnisbasis die Verantwortung für die erfolgreiche Durchführung des Auftrags zu übernehmen und darüber einen Vertrag (commitment) mit dem Auftraggeber zu schließen. Dieses Aushandeln kann weder zwischen Tür und Angel noch als E-mail-Rundschreiben vonstatten gehen. Der Start einer Zusammenarbeit im Team, sei es für ein bestimmtes Projekt oder als generelle Organisationsform in einer Abteilung, ist eminent wichtig und braucht ausreichend Zeit sowie einen angemessenen Rahmen. Idealerweise veranstaltet man einen moderierten Workshop, um die offenen Punkte zwischen Führung und Team zu diskutieren und zu festen Vereinbarungen zu kommen.

Ziele:
- gemeinsames Verständnis und Klarheit erzeugen,
- Vorstellungen abgleichen,
- Commitments vereinbaren,
- Verantwortung übertragen und übernehmen.

bezüglich:
- Aufgaben, Anforderungen und gewünschtes Ergebnis,
- Rahmenbedingungen und Ressourcen,
- Meilensteine und Feedbackschleifen.

Meilensteine als gemeinsame Steuerung und Lernschleifen

Erfolgreiche Selbstorganisation erfordert weiterhin, dass sich Chefs während der Durchführung im Team nicht einmischen. Die Steuerung kann nur gemeinsam mit dem Team erfolgen. Zu diesem Zweck werden im Auftragsklärungsgespräch sogenannte Meilensteine definiert. Meilensteine spielen eine wichtige Rolle für die fortlaufende Steuerung der Prozesse. Sie können steuernd so gesetzt werden, dass in den Phasen Zwischenergebnisse zu dokumentieren sind. Häufig wird das Arbeitspensum vor einem Review-Termin gesteigert.

Meilensteine sind:
- Review- bzw. Freigabetermine am Ende jeder Projektphase,
- Übergabezeitpunkte bzw. Freigaben von Arbeiten in Engpassabteilungen an den Kunden oder Externe,
- Ecktermine für Abnahmen, Inbetriebnahmen oder auch
- frei vereinbarte Termine.

Auftraggeber und Team nutzen die Meilensteine als Gelegenheit, den Fortgang des Prozesses zu reflektieren und erforderliche Änderungen an der Planung vorzunehmen und somit eine Lernschleife zu durchlaufen. Damit die Steuerung rechtzeitig erfolgen kann, dürfen die Meilensteine nicht zu weit auseinander liegen, zu Beginn eher in kürzeren Abständen.

Im Zusammenspiel zwischen Führung und Team ergeben sich auf der Zeitachse vier Phasen, jeweils mit Aufgaben und Meilensteinen.

Phase 1: *Ein gemeinsames Verständnis erzeugen.*
- Der Auftraggeber informiert den Mitarbeiter oder das Team über die Aufgabe; diese beschreiben, wie sie die Aufgabe verstanden haben.
- Gegenseitige Verständnissicherung: Sprechen wir von derselben Sache?
- Das Ergebnis ist eine Übereinstimmung bezüglich des Auftrags.

Phase 2: *Ressourcen ermitteln und Zustimmung herbeiführen.*
- Der Auftragnehmer prüft, ob er den Auftrag annehmen kann: eigene Ressourcen, Ressourcen der Mitarbeiter etc.
- Das Ergebnis ist eine Vereinbarung über die Rahmenbedingungen mit allen Beteiligten.
- Erst jetzt kann das Commitment für den Auftrag erfolgen.

Phase 3: *Die Struktur für die Ausführung erarbeiten.*
- Der Auftragnehmer bereitet die Grobstruktur bezüglich Ressourcen, Zeit, Qualität, Meilensteine und Feedbackschleifen vor.
- Das Ergebnis ist die Übereinstimmung über das Vorgehen und die gemeinsame Steuerung (bei Teams als Auftragnehmer).

Phase 4: *Die konkrete Umsetzung mit Meilensteinen (Lernschleifen) und ständigen Verbesserungen.*
- Die Auftragnehmer führen die Aufgabe durch.
- Das Ergebnis ist das gewünschte Resultat mit voller Zufriedenheit der Führung und der Begeisterung des Teams und der Mitarbeiter.

Tabelle 12: Auftragsklärung zwischen Führung und Team

Ziel: Zufriedenheit und Begeisterung	***Ergebnis ist:***
■ Gemeinsames Verständnis erzeugen	➡ *eine Vereinbarung über die Rahmenbedingungen mit allen Beteiligten*
■ Ressourcen ermitteln und Zustimmung herbeiführen	➡ *ein konkretes Verständnis*
■ Struktur für die Ausführung erarbeiten (Ressourcen, Zeit, Qualität, Meilensteine, Feedbackschleifen)	➡ *die Übereinstimmung über das Vorgehen und die gemeinsame Steuerung*
■ Konkrete Umsetzung mit den Lernschleifen und ständigen Verbesserungen	➡ *das gewünschte Ergebnis mit voller Zufriedenheit der Führung und der Begeisterung des Teams*

5.2.5 Teambildung – Gemeinsam durchstarten

Erfolgreiche Teamarbeit braucht eine einheitliche Ausrichtung auf *ein gemeinsames Ziel, klare Strukturen und Spielregeln*, in denen die Zusammenarbeit geregelt wird, und ausreichende Kompetenzen für selbstorganisiertes Arbeiten. Diese Teambildungs-Aufgaben müssen zu Beginn einer jeden neuen Aufgabe durchgeführt werden. Gerade dieser Prozess der Teambildung zu Beginn der Zusammenarbeit wird in vielen Fällen vernachlässigt. Ein Team braucht Zeit und Raum, um die zahlreichen Punkte zu diskutieren und feste Vereinbarungen zu treffen. Am Besten wird auch dieser Prozess in einem moderierten Workshop begonnen.

Es gibt vier wesentliche Voraussetzungen für Teamarbeit:
1. Wollen, dass im Team zusammengearbeitet wird.
2. Wissen, was ich will.
3. Verstehen, was andere wollen.
4. Bereit sein, Unterschiede im Dialog zu bearbeiten.

In unterschiedlicher Form und zu wiederkehrenden Gelegenheiten stellen sich drei zentrale Fragen im Teambildungsprozess:
1. Was wollen wir tun?
2. Welche Aufgabe hat dabei jeder Einzelne?
3. Wie wollen wir miteinander arbeiten, damit wir unsere Arbeitsziele erfüllen?

Ziele Definieren:

Was *wollen wir tun?*

Ein Team muss Auftrag und Ziele kennen, ausführlich miteinander besprechen, so klar wie möglich definieren und die Zustimmung der Einzelnen zu diesen Zielen absichern. Beim Definieren der Ziele bzw. der Aufgabe oder Herausforderung ist die genaue Formulierung wichtig für die spätere Arbeit. Die Ziele müssen konkret, verständlich, herausfordernd und erreichbar sein. Um eine hohe Motivation im Team zu erreichen, ist ein vitales Interesse am Erfolg aufzubauen. Die Bedeutung von Auftrag und Ergebnis für das Unternehmen muss hoch und die Aufgabe für die Teammitglieder sinnvoll sein.

Das Team fragt sich: Was ist unsere Aufgabe bzw. Herausforderung? Ist der Auftrag eindeutig formuliert? Sind die Ziele definiert, sind sie klar, erreichbar, herausfordernd? Wie wichtig ist dieser Auftrag für das Unternehmen, für uns? Ist er sinnvoll?

Strukturen und Rollen klären:

Welche Aufgabe hat dabei jeder Einzelne?

Die Aufgaben und Rollen für die einzelnen Teammitglieder bei einem gegebenen Ziel müssen genau vereinbart werden. Es ist beim Klären der Strukturen und Rollen darauf zu achten, dass tatsächlich Verantwortung, Kompetenz, Durchführung und Kontrolle im Team liegen. Fehlende Kompetenzen müssen gegebenenfalls geschult oder angefordert werden.

Das Team fragt sich: Wen brauchen wir zur Zielerreichung und welche Aufgaben haben dabei die Einzelnen? Wer kann zur Lösung der Aufgabe beitragen? Welche Sachkompetenz, welche zeitliche Verfügbarkeit und welches persönliche Engagement werden für die Umsetzung gebraucht, um qualifiziert arbeiten zu können? Wurden konkrete Anforderungsprofile für Teamleader und Teammitglieder aufgestellt, gemessen an den Projektzielen und der nötigen Zusammenarbeit? Erfüllen der Teamleader und die Teammitglieder diese Anforderungsprofile? Welche Unterstützung, Beistand, Hilfe braucht das Team für die Umsetzung vom Management?

Beziehungen regeln:

Wie wollen wir miteinander arbeiten, um die Ziele zu erreichen?

Die Frage, wie die Kommunikation im Team geregelt wird, beinhaltet vereinbarte Spielregeln, soziale Kompetenzen in der Zusammenarbeit, ein angemessenes Konflikt- und Stressmanagement und eine Haltung von Dialogbereitschaft. Das Regeln der Beziehungen wird oft „nebenbei" oder gar nicht behandelt, was eine erfolgreiche Teamarbeit behindert oder zum Scheitern bringen kann. Beziehungen brauchen einvernehmliche Spielregeln, um eine offene und Spontaneität zulassende Atmosphäre zu schaffen.

Das Team fragt sich: Wie sollen/wollen wir miteinander arbeiten, damit wir unsere Arbeitsziele erfüllen? Wie wollen wir die Kommunikation regeln? Wie wollen wir mit Störungen und Konflikten umgehen? Wie wollen wir Entscheidungen fällen? Wie wollen wir nach und mit Außen kommunizieren? Wie erreichen wir als Team Autorität, Glaubwürdigkeit und Führung?

Für Menschen, die bislang wenig in Teams zusammengearbeitet haben und für Teams, die neu zusammenarbeiten, kann sich der Teambildungsprozess aufwändiger gestalten als erwartet. Darum ist es wichtig, genügend Ressourcen einzuplanen und sicherzustellen.

Ein gemeinsames Verständnis hinsichtlich der Ziele, Strukturen und Spielregeln für die Zusammenarbeit zu erzielen, braucht seine Zeit. Wenn diese Prozesse nur halbherzig erfolgen, macht sich das meistens recht bald bemerkbar, spätestens dann, wenn es zu ersten Problemen in der Durchführung des Auftrags kommt. Gerade in diesen Situationen zeigt sich, ob die Teambildung auf sicheren Füßen oder nur auf dem Papier steht. Ein gemeinsames Verständnis erzielen bedeutet, dass sich die einzelnen Teammitglieder ihrer Gemeinsamkeiten und ihrer Unterschiede im Hinblick auf ein bestimmtes Thema bewusst sind. Das ist keineswegs gleichbedeutend mit „einer Meinung sein". Die Aufgabe für das Team besteht darin, in gemeinsamen Gesprächen herauszufinden, was jeder einzelne über ein bestimmtes Thema denkt. Hierzu bedarf es vor allem einer inneren Grundhaltung der Teammitglieder, die die Unterschiede untereinander nicht brandmarkt, sondern willkommen heißt. Nur so kann die Stärke des Teams, die ja gerade in der Ideenvielfalt liegt, überhaupt zum Ausdruck kommen.

Wenn Transparenz über die im Team vorliegenden Gemeinsamkeiten und Unterschiede erzielt werden konnte, benötigt das Team im nächsten Schritt ein Konzept für den Umgang mit den unterschiedlichen Gewohnheiten, Meinungen, Erwartungen und Interessen, um handlungs- und entscheidungsfähig zu bleiben. Je größer die Unterschiede, die in relevanten Bereichen auftreten, um so wichtiger wird es, in Richtung „Konsenssuche durch Lösungsvielfalt" zu denken. Wer nur an eine (seine) Lösung denkt, tut sich erfahrungsgemäß schwer mit Mitmenschen und Kollegen, die anderer Meinung sind. Nur wer bereit ist, in Kooperation mit den Teamkollegen weitere, neue Lösungen zu entwickeln, kann dazu beitragen, die kreativen und innovativen Potenziale des Teams freizusetzen und zu entwickeln.

Komponenten in der Teamentwicklung sind:
- Freiheit,
- offene Kommunikation,
- Experimente,
- Chaos,
- Ausstattungen wie Raum, Zeit u. a.

Entwicklungsphasen der Teamfindung

Der Prozess der Teambildung braucht Zeit. Es kann nicht von Beginn an reibungsfreie Zusammenarbeit erwartet werden. Wenn Teams für Projekte oder im Zuge einer Reorganisation neu zusammengestellt werden, durchlaufen sie oft bestimmte Phasen, in denen sich das Klima im Team entwickelt, bis sich schließlich Strukturen, Regeln und Verhaltensmuster herausgebildet haben. Dann kann sich das Teampotenzial entfalten und die Kreativität und Produktivität ausgeschöpft werden. Die „Teamentwicklungsuhr" nach Lumma (2000) stellt den Verlauf dieser Entwicklung entlang der englischen Phasenbezeichnungen Forming, Storming, Norming, Performing sehr klar dar (siehe Abbildung 43).

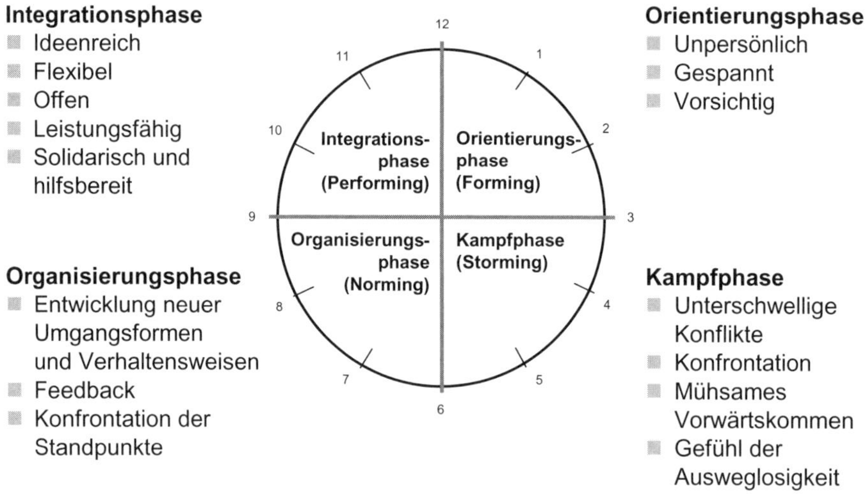

Abbildung 43: Die Teamentwicklungsuhr nach Lumma (2000)

5.3 Tipps und Tools für erfolgreiche Teamarbeit

Nachfolgend stellen wir einige Regeln und Instrumente zur erfolgreichen Arbeit in Teams vor.

5.3.1 Regeln für kreatives Teamwork

Folgende Regeln gibt es zu beachten:

- Alles zählt, keine Abwertung, keine Ausgrenzung.
- Kein Elfer-Raus spielen; Verantwortung für den Teamprozess; gegenseitige Ideenentzündung.
- Unterschiedliche Ideen durchaus ausformulieren, aber nicht gegeneinander stellen; Unterlassung von Polarisierungen.
- Umgang mit Unterschieden: Entweder nebeneinander stehen lassen in der Intervention/Reflecting Team oder in ein Nacheinander umwandeln; Unterlassung von richtig/falsch oder schlechter/besser Diskussionen.
- Jeder bringt seine Sache durch. Es ist kein gemeinsamer roter Faden nötig. Jeder versucht, seine Idee durchzusetzen.
- Derjenige, der gearbeitet hat, bekommt zuerst Raum, sich zu entlasten und wird von den anderen fragend unterstützt. Die Kollegen überrollen ihn/sie nicht sofort mit eigenen Ideen.

5.3.2 Feedback – Information statt Angriff

Ein offener Austausch gehört zu den wichtigsten Grundpfeilern der Zusammenarbeit im Team. Dabei ist der Einsatz von Feedback eine wichtige Technik. Ohne die Kenntnis und Umsetzung von Feedbackregeln (siehe Abschnitt 1.5.11) stellen kritische Äußerungen immer eine Gefahr für die „Chemie“ im Team dar. Die Kommunikation rutscht bei Kritik häufig sehr schnell auf eine emotionale Ebene und lässt die sachlichen Inhalte verpuffen und die Kommunikation leiden. Wichtige Informationen gehen so verloren. Das liegt nicht an bösem Willen oder schlechten Beziehungen, sondern ist eine „natürliche“, soziale Reaktion. Der Kritisierte fühlt sich leicht persönlich angegriffen und bedrängt und reagiert schützend. Das bedeutet, dass man entweder ausweicht und sich gegen die „Anschuldigung“ verteidigt oder zum verbalen Gegenangriff übergeht und die Defizite oder die Schuld des anderen hervorhebt. In beiden Fällen ist der Informationsgewinn und Lerneffekt für die Partner gleich null.

Wenn kritische Rückmeldungen allerdings als Feedback formuliert und dabei bestimmte Regeln beachtet werden, ist es möglich, sich sachlich auszutauschen und neue Informationen über die angesprochene Angelegenheit und sich selbst zu erhalten. Besonders wichtig ist hierbei für Feedbackgebende bei der Formulierung sehr achtsam zu sein und bestimmte Punkte einzuhalten. Das bedeutet nicht die Fakten zu verwischen und in „rosarotes Papier“ zu verpacken. Es kommt vielmehr darauf an herauszustellen, dass die Rückmeldung die subjektive Sicht des Feedbackgebers ist („ich habe den Eindruck, dass ...“) und sich auf konkrete, persönliche Beobachtungen statt auf Verallgemeinerungen oder schwammige Aussagen Dritter bezieht. Für den Feedbacknehmer steht im Vordergrund sich – entgegen des direkten Impulses – nicht sofort zu verteidigen, sondern den Ausführungen des Gegenübers mit Interesse zu folgen und sie als Information über die Sicht des Anderen entgegen zu nehmen.

Die Auswirkungen von Feedback sind weitreichend. Es entsteht die Möglichkeit für offenen Austausch auch über schwierige Themen. Die Stimmung im Team wird besser, das Vertrauen wächst. Neue Möglichkeiten und Ideen entstehen. Konflikte werden sichtbar und lassen sich klären. Ein gegenseitiger und gemeinsamer Lernprozess, in dem alle Unterstützung erfahren, wird etabliert.

Häufig besteht die Sorge, die Einrichtung einer Feedbackkultur könne gefährlich sein, da man sich gegenseitig Verletzungen und Kränkungen zufügen könne. Diese Sorge ist unbegründet, wenn sich das Team klar an die Spielregeln hält und sich darüber einig ist, dass es sich um ein entwicklungsorientiertes Feedback handeln muss.

Konkreter Ablauf eines Feedbacks

Bei einem persönlichen Feedback, z. B. im Team, kann der Ablauf wie folgt sein:

- Das Team sitzt zusammen; jeder äußert seinen eigenen persönlichen Standpunkt. Eine Person beginnt von sich selbst „Fertigkeiten“, „Verhaltensweisen“ und Stärken zu benennen, die sie aus eigener Einschätzung noch weiter entwickeln möchte.

- Im Folgenden geben alle Personen, die möchten oder gebeten werden, ein „entwicklungsförderndes Feedback“ zu der vorher gehörten Selbsteinschätzung. Hierbei liegt der Fokus auf folgenden Fragen: „Was sehe ich an Dir?“ – „Was kannst Du gut und was machst Du gut?“ – „Wo solltest Du an Dir arbeiten?“

In diesem Feedback kann man sich auf die von der Person selbst genannten Stärken und Entwicklungsfelder beziehen, diese Aussagen und Erkenntnisse bekräftigen oder relativieren, oder man hat Erkenntnisse und Ideen, die noch nicht genannt sind. Jede Person der entsprechenden Gruppe oder des Teams lässt sich Feedback geben, die Reihenfolge ist beliebig. Wichtig ist nur, dass jeder Feedback bekommt.

Entwicklungsförderndes Feedback

Die Haltung der Teilnehmenden entscheidet darüber, ob ein entwicklungsförderndes Feedback zustande kommt:

- Ich beschreibe, was ich konkret wahrnehme.
- Ich trenne Beschreibungen von Bewertungen.
- Ich urteile nicht, weil ich durch meine Außenposition nicht unbedingt über alle relevanten Informationen verfüge. Hier sind Formulierungen hilfreich, wie „... ich beobachte, wie du ..., ich kann sehen, dass du, ... mit anderen zeigst du folgende Reaktionen oder folgendes Verhalten ... etc.“

Entwicklungsfördernde Empfehlung

Auch beim Benennen von Empfehlungen entscheidet zunächst die Haltung der Feedback-Geber, ob diese vom Feedback-Nehmer als für seine eigene Entwicklung förderliche Ideen erkannt werden. Mit der Einstellung, dem anderen zu nützen, ihn in seiner Entwicklung zu fördern, können Kränkungen nur als Missverständnisse auftreten, die im Gespräch sofort ausgeräumt werden können. Vom Vorgehen und von den Formulierungen her heißt das, dass man zunächst die Stärken kommentiert, Anerkennung und Wertschätzungen ausspricht und sich dann den noch auszubauenden Fähigkeiten zuwendet.

Hier helfen Formulierungen wie:

„Aus meiner Sicht könntest du deine fördernde Wirkung auf deine Mitarbeiter noch erhöhen, wenn du ...“

Oder: *„Wie du selbst gesagt hast, bist du immer noch recht kritisch mit deinen Mitarbeitern; in deinem Wunsch, quasi perfekte Ergebnisse zu liefern, schaust du immer noch sehr auf die Mängel. Ich möchte dir empfehlen, mal für eine Woche, oder jeden zweiten Tag über die Dauer von zwei Wochen, jede Kritik zu unterlassen.“*

Oder: *„Unter Stress wirkst du immer recht barsch auf mich, man könnte förmlich Angst vor dir bekommen, obwohl ich weiß, dass du es gut meinst. Vielleicht könntest du daran arbeiten, entweder deine Arbeitsorganisation so zu verändern, dass du weniger unter*

Stress gerätst, oder du musst dich unter Stress ganz besonders kontrollieren, damit du dennoch ruhig und gelassen deinen Mitarbeitern begegnest."

Zeitabstände für Feedbackrunden

Feedbackrunden sollten einmal im halben Jahr durchgeführt werden, wobei man dann auf Aussagen der vorangegangen Feedbackrunden zugreift, Fortschritte kommentiert und untermauert, was schon beim letzten Mal gesagt wurde.

5.3.3 Regeln für Teamsitzungen

1. Beim Start ein 5-Minuten-Plausch zur Begrüßung

Wer zu angestrengt und gehetzt ist, wird seine Arbeit nicht kreativ gestalten können und seine Kollegen und Kolleginnen überhaupt nicht bemerken. Lächeln, freundliche Umgangsformen und Humor sind die Garanten für ein gutes Miteinander.

2. Festlegen der Themen

Achten Sie darauf, dass zunächst alle Themen benannt und vermerkt sind. Zeitdruck schafft für den Gesamtprozess oft unerwünschte Prioritäten.

3. Klären, wer mit wem an welchen Themen arbeiten soll

Nicht alle Themen sind für das ganze Team bestimmt. Nicht jedes Thema ist für alle von Interesse. Nehmen Sie sich die Freiheit, Untergruppen zu bilden oder das Team zu verkleinern. Sie sparen Zeit und steigern die Qualität des Ergebnisses. Stellen Sie sich die Frage, wer mit wem an was und mit welchem Ziel arbeiten soll.

4. Auf Spielregeln achten

Will ein Team erfolgreich zusammenarbeiten, muss Angst voreinander und Kritik aneinander schwinden. Sie stellen dies sicher, wenn Sie einige Spielregeln einführen:

- Rahmenbedingungen abstecken.
- Kein „aber", jede Idee wird ernst genommen.
- Fehler schaffen neue Informationen.
- Nichts zurückhalten.
- Freiheit zum Experiment schaffen und für Alternativen sorgen.
- Mit Interesse, Neugierde, Enthusiasmus, Humor und Hoffnung alles angehen.

5. Gedanken und Ideen sichern

Bevor das Team oder die Untergruppen zu diskutieren beginnen, erst die eigenen Gedanken und Vorstellungen aufschreiben. So vergessen Sie nicht, was Sie selbst sagen wollten. Neue Gedanken gehen leicht verloren, weil sie noch unbekannt und manchmal unsicher sind, altes Wissen erstickt leicht „luftige" Ideen zum Nachteil der Kreativität.

6. Was schon gesagt ist, braucht nicht ständig wiederholt zu werden

Wenn sich die Redebeiträge wiederholen, dann sind alle neuen Ideen im Spiel, mehr Informationen können zu diesem Zeitpunkt nicht gewonnen werden. Machen Sie einen Schnitt, sonst laufen Sie Gefahr, gute Gedanken zu zerreden oder Koalitionen zu bilden: „Wer hält zu wem, welche Interessengruppe setzt sich durch?"

7. Auf das Klima im Team achten

Wenn Sie nicht immer wieder auch auf Ihr eigenes Zusammenarbeiten schauen, dann entgeht Ihnen, dass sich die Stimmung verschlechtert oder die Luft durch unterdrückten Ärger sich streitsüchtig auflädt, aber auch dass bestimmte Interessen aus der Balance geraten. Wenn das Klima schlecht wird, machen Sie eine Veränderung, zum Beispiel eine Pause, ein persönliches Gespräch, ein privateres Treffen etc. Gute Beziehungen müssen gepflegt werden. Lassen Sie keine Spielverderber zu. Wer die Luft verpestet, muss sich ändern oder gehen.

8. Das Ziel im Auge behalten

Fragen Sie sich regelmäßig, wie ihr Standort in Bezug auf das Ziel ist. Oft wird das Ziel, wie beim Wandern oder Segeln, nur kreuzend gefunden. Nur wer sein Ziel kennt, findet den Weg.

9. Festlegen von Regeln und Vorgehensweisen

Wer keine Regeln festlegt, wird wie ein Blatt im Wind getrieben. Um entsprechenden Erfolg im Vorgehen zu haben, ist es wichtig, sich festzulegen und Regeln und Operationen konkret zu beschreiben. Das schafft Sicherheit und Überprüfbarkeit.

10. Keine Angst vor Änderungen

Im Laufe der Zeit treten Änderungen ein, die Sie berücksichtigen sollten. Wer zu starre Strukturen hat, kann sich nicht flexibel anpassen. Strukturen in Frage stellen oder bestimmte Vorgehensweisen bewusst zu unterlassen, schafft Raum für neue Kreationen.

11. Teammitglied als Moderator

In der Rolle des Moderators hat man genügend Distanz, um den Prozess zu beobachten und Änderungsbedarf zu erkennen, etwa, weil ein Konflikt nicht offen angesprochen wird oder das Team das Ziel aus den Augen verliert.

Wenn der Moderator eigene Interessen vertritt und aktiv mitdiskutieren möchte, sollte er mit einem Teamkollegen die Rolle tauschen. Nach Möglichkeit Moderation und persönliches Mitdiskutieren klar voneinander trennen. Mit einer halbherzigen Moderation, die ja schließlich eine Dienstleistung für den Erfolg des Teams darstellt, verspielt man leicht die Kompetenzen als Gesprächsleiter, die einem die Kollegen zugebilligt haben.

5.3.4 Regeln für Prozessbeobachter

Die Methode der Prozessbeobachtung unter Einsatz eines Reflecting Teams kann sich für die Zusammenarbeit in Teams als sehr sinnvoll erweisen. Je größer die Zahl der Teammitglieder und je höher die Anforderungen, beispielsweise in Stress- oder Konfliktsituationen, um so komplexer gestalten sich die ablaufenden Prozesse im Team. In derartigen Situationen bedarf es einer gewissen Distanz zum aktuellen Geschehen, um überblicken zu können, was auf der Prozessebene in einem bestimmten Moment abläuft. Ein Reflecting Team besteht aus zwei Mitgliedern des Teams. Ziel ist es, Schwingungen in bisherigen Denk- und Handlungsmustern und somit eine Erweiterung der Handlungsoptionen zu erzeugen, jedoch keine eindeutigen Lösungsvorschläge zu geben.

Die beiden Teammitglieder positionieren sich für eine bestimmte Zeit räumlich außerhalb des Teams, um den Prozess in Ruhe beobachten zu können, ohne selbst involviert zu sein. Nach einer bestimmten Zeit unterbrechen sie das Team, um ihre Beobachtungen und Ideen zum Prozess auszutauschen. Die anderen Teammitglieder sind im Raum anwesend und hören zu. Auf diese Weise erfahren sie unterschiedliche Ideen zum Geschehen, und anstelle von klaren Anweisungen oder instruktiven Informationen werden sie in ihren eigenen Gedanken entsprechend aufgeweicht oder „perturbiert". Anschließend entwickelt sich dann in ihnen eine eigene Idee für das weitere Vorgehen. Es entsteht ein „kreatives Feld".

In ihrem Vorgehen sollten die Reflecting Team-Mitglieder folgende Regeln beherzigen:
- Weniger auf den Inhalt, sondern mehr auf den Prozess achten.
- Nach Möglichkeit kein Blickkontakt mit den anderen Teammitgliedern.
- Alles mitteilen.
- Zirkulieren.
- Aussagen von der gegenteiligen Seite beleuchten.
- Abwertung nein – Konfrontation ja.
- Möglichst viele und unterschiedliche Deutungen und Sichtweisen entwickeln.

5.3.5 Teamcheck

Die folgenden Checklisten bieten Ihnen als Berater oder Führungskraft in übersichtlicher Form Werkzeuge, die Sie beim Aufsetzen von Teams einsetzen können.

Fragen zum erfolgreichen Aufsetzen von Teams:

1. Welche Sachkompetenz und welche Fähigkeiten werden für die Umsetzung gebraucht, um qualifiziert arbeiten zu können? Fragen Sie zu diesem Thema die vorgesehenen Teamleader und Teammitglieder, sie wissen oft besser, wer oder was noch fehlt.
2. Welche zeitliche Verfügbarkeit und welches persönliche Engagement wird gebraucht? Stellen Sie konkrete Anforderungen auf.
3. Sind die zeitliche Verfügbarkeit und das persönliche Engagement vorhanden?
4. Wurde ein konkretes Anforderungsprofil für Teamleader und Teammitglieder aufgestellt, gemessen an den Projektzielen und der nötigen Zusammenarbeit?
5. Zu welchem Grad erfüllen Teamleader und Teammitglieder diese Anforderungsprofile? Wo müssen Kompetenzen geschult bzw. zugekauft werden?
6. Welches vitale Interesse haben Teamleader und Teammitglieder am Projekterfolg? Schreiben Sie konkrete Punkte auf und fragen Sie nach.
7. Welche Unterstützung, Beistand, Hilfe wird bei der Umsetzung vom Management gebraucht? Fragen Sie das Team.
8. Ist der Auftrag klar und eindeutig formuliert? Prüfen Sie selbst und holen Sie sich direktes Feedback vom Teamleader und den Teammitgliedern ein.

Fragen zur Reflexion nach Teambildungs-Sitzungen:

1. Was sind die Zielvereinbarungen?
2. Welche Ressourcen sind bereits vorhanden und welche müssen ausgebaut werden?
3. Welche Herausforderungen und Chancen haben sich bereits ergeben?
4. Welche Lösungen wurden entwickelt?
5. Wie ist der Zeitplan für die Umsetzung?
6. Wie und durch wen wird er/sie unterstützt? (Unterstützungsplan)
7. Welche Messkriterien sind für den gemeinsamen Erfolg festgelegt worden?
8. Welche Probleme und Turbulenzen müssen bis zur Erreichung des Ziels durchschritten werden?

5.4 Teams go Outdoor

Lernen, entwickeln, verändern und Fortschritt bedeuten immer Aufbruch. Auch in der Zusammenarbeit im Team verlassen wir einen uns bekannten und vertrauten Ort, um den Schritt ins Neuland zu wagen. Gewissermaßen überwinden wir Grenzen, mit denen wir uns individuell umgeben. Möchten wir Neues, müssen wir unsere alte, so lieb gewonnene, da uns Sicherheit gebende „Komfortzone" verlassen. Outdoor-Training spürt in erstaunlicher Klarheit und Geschwindigkeit diese Grenzen auf, bietet ein Forum zur Analyse und ermöglicht die unmittelbare Umsetzung gefundener Veränderungsstrategien.

„Aha-Erlebnis" statt Fun Event

Outdoor-Events erfreuen sich seit Jahren großer Beliebtheit bei Unternehmen, die ihren Mitarbeitern etwas neues zur Steigerung der Produktivität und Motivation bieten möchten. Als „Fun-Erlebnis", Selbsterfahrungskurs und zur Teamentwicklung werden Mitarbeiter und Führungskräfte dazu in Wälder und Wüsten geschickt, von Bergen abgeseilt oder durch Klettergärten geleitet. Die Erfahrung zeigt eine steigende Akzeptanz, im Einzelfall fast schon ein Verlangen der Unternehmen nach Outdoor-Seminaren. Das Feedback, welches in den letzten Jahren an uns heran getragen wurde, unterstreicht die Wichtigkeit und Einzigartigkeit dieser Seminarform, besonders im Bereich der Teamentwicklung. „Wir sind einen weiten Schritt voran gekommen!", „Jetzt ist der Knoten geplatzt!", „So klar und deutlich haben wir uns als Team noch nie erlebt!", „Wir sind als Team zusammengewachsen!" sind nicht seltene Aussagen nach Outdoor-Maßnahmen.

Für viele Teilnehmer findet hier das erste Mal ein Workshop mit Erfahrungen außerhalb eines – manchmal doch sehr eindimensionalen – Seminarraumes statt. Hier kann die Grundlage geschaffen werden, einen nötigen Veränderungsprozess im Unternehmen oder bei den Teilnehmern selbst mit viel Motivation und persönlicher Betroffenheit anzugehen. Oft entdecken Teams an so einem Tag neue, ungeahnte Möglichkeiten, identifizieren hinderliche Verhaltensmuster oder erkennen Konfliktbereiche. Kernprobleme werden analysiert und gemeinsam Lösungsmöglichkeiten gefunden, die das Team teilweise unmittelbar umsetzt. „So kann es auch funktionieren" – und der Wunsch, das Erlebte auf den Arbeitsalltag zu übertragen, ist geschaffen.

Worauf kommt es an?

Outdoor ist ein innovatives Instrument in der Teamentwicklung. Es erfordert viel Erfahrung seitens der Trainer und viel Einsatz seitens der Teilnehmer. Besonders in den Zeiten eines boomenden Outdoor-Marktes ist es wichtig zu prüfen, ob die anbietenden Spezialisten hohe Standards garantieren können. Zum einen muss selbstverständlich 100 %ige Sicherheit bei den Übungen gewährleistet sein. Um konstruktive und fruchtbare Entwicklungen im Team zu ermöglichen, ist es außerdem unerlässlich, die Outdoor-Erfahrungen nicht als isolierte Erlebnisse stehen zu lassen. Die Einheiten sollen vielmehr die Möglichkeit bieten, im Seminar erarbeitete und erlernte Konzepte sowie Verhaltensweisen aus dem beruflichen Alltag erlebbar und spürbar zu machen und so Erkenntnisse und Veränderungen anzustoßen. Zur Verfestigung der Ergebnisse sind zusätzlich Feedback- und Reflexionsschleifen während und nach den Einheiten nötig. Eine Outdoor-Maßnahme ist gut, wenn der Trainer die Teilnehmer motivieren kann (auch nach Niederschlägen weiterzumachen) und in der Lage ist, sensibel sowie zielgerichtet die Reflexion zu moderieren und so die Erkenntnissicherung zu unterstützen.

Es können sich allerdings auch Problemfelder auftun. Outdoor ist ein Spiegel der Realität, und Realität ist manchmal schonungslos. Hier ist das Geschick und die Erfahrung der Trainer gefragt, in solchen Situationen einfühlsam aber auch mit der nötigen Gelassenheit zu reagieren und auf die Teilnehmer individuell einzugehen. Schon in der Planung sollte klar sein, was die Maßnahme bezwecken soll. Für Teamentwicklung ist Outdoor generell gut geeignet. Wenn allerdings Konflikte oder schwerwiegende Probleme im Team bearbeitet werden sollen, sind Maßnahmen wie Coaching oder Konfliktmoderation eher angezeigt.

Outdoor als erweiterte Wahrnehmung

Aus verschiedensten Lebenssituation kennen wir alle „Outdoor" als eine Form des Wahrnehmens, Entdeckens, Erlebens und Lernens. Wir machen unsere Erfahrungen nicht allein auf kognitive Art, verschiedene Menschen nehmen verschieden wahr. Wenn verschiedene Kanäle angesprochen werden, können Eindrücke solide in uns verankert werden. In traditionellen Seminaren und Teamentwicklungen wird überwiegend rational abgespeichert. Als mögliche Folgen gehen Informationen verloren, Potenziale und Problemfelder bleiben unerkannt, menschliches Zusammenleben und -arbeiten ist erschwert.

Im Team „outdoor" zu arbeiten, appelliert an den ganzen Menschen. Erfahrungen können auf verschiedenen Ebenen gemacht werden. Neue Erkenntnisse tauchen auf, die vorher unerkannt blieben. Outdoor ist gleichermaßen Spiel und Realität. In der Regel geben Gewohnheiten Sicherheit. Sie behindern aber gleichzeitig Neues wahrzunehmen. So kann der Arbeitsplatz, aber auch ein Seminarraum, uns veranlassen, eingeschränkt wahrzunehmen. Dasselbe gilt für das Gespräch über den Job unter Kollegen. Mit Outdoor-Teamentwicklung wird ein Erfahrungsraum geschaffen, frei von belastenden Verbindungen und Ankern. Auf einmal ist Kollege X in der Lage, die Gruppe anzuleiten, obwohl er sonst immer stumm auf das baldige Ende der Teamsitzung hofft. Der Chef vertraut sich seinem Kollegen Y an, obwohl er im Alltag nicht in der Lage ist, Kleinigkeiten zu delegieren. Wird in der Reflexion die Analogie zum Alltag hergestellt, greift Outdoor effizienter und schneller als manch langes Seminar.

Welche Ziele verfolgt Outdoor?

Outdoor-Übungen haben verschiedene Zielsetzungen. So kann beispielsweise der Aufbau von Vertrauen, sich selbst und den anderen gegenüber, im Vordergrund stehen. Zielsetzung kann sein, einem Team einen Arbeitsauftrag zu unterbreiten, um dadurch Einblick in einen Prozess zu bekommen, der sich so oder ähnlich auch am Arbeitsplatz abspielt. Wichtig ist hierbei, die Aufträge komplex und anspruchsvoll genug zu gestalten, um den nötigen Ernst und Ehrgeiz zu erzeugen, und um nicht zu über- oder zu unterfordern.

Mögliche Zielsetzungen:

- Vertrauen aufbauen;
- sich selbst und die anderen besser/anders kennen lernen;
- unterschiedliche Positionen im Team einnehmen und erleben;
- Arbeitsaufträge im Team lösen;
- Teamarbeit verbessern;
- Muster der Zusammenarbeit und Kommunikation erkennen;
- Problemfelder im Team erkennen und analysieren;
- bessere Kommunikationswege und Umgangsformen finden.

Was passiert da draußen?

Viele Menschen können sich nur schwer vorstellen, was bei Outdoor-Trainings eigentlich genau passiert. Mit Survivaltrainings, Würmeressen und Urschreierfahrungen hat moderne Outdoor-Teamentwicklung allerdings nichts gemein. Je nach Ziel der Maßnahme gibt es eine große Anzahl von möglichen Übungen mit unterschiedlichen Schwierigkeitsgraden und Aufwand, die durchgeführt werden können. Zum Aufbau von Vertrauen führen sich beispielsweise Partner, von denen einer „blind" ist, wechselseitig durch schwieriges Terrain oder aber Teammitglieder seilen sich von Felsen ab oder überwinden mit einer Seilwinde gemeinsam einen Fluss. Auch in fest installierten Hochseilgärten, die viele Tagungshotels inzwischen eingerichtet haben, werden zahlreiche vertrauensbildende Übungen durchgeführt. Um eine Entwicklung im Teamprozess anzustoßen, gibt es Übungen, bei denen Teammitglieder sich gegenseitig durch Spinnennetze bugsieren, gemeinsam mit verbundenen Augen ein Seil zu einem Quadrat formen oder aber ein Floß, eine Hütte oder eine Brücke bauen. Die Liste der möglichen Outdoor-Übungen ist lang und muss auf den individuellen Bedarf sowie den möglichen oder erwünschten Aufwand abgestimmt werden.

Sinnvolle Outdoor-Übungen müssen freiwillig sein, es darf kein Gruppenzwang herrschen und übertriebenes akrobatisches Geschick verlangt werden. Die Teilnehmer können bewusst in die Rolle des Beobachters gehen, um dadurch ihr eigenes Team zu erleben. Outdoor wird zweifelhaft, wenn die falschen Übungen ausgewählt werden und/oder nicht die hinreichende Motivation im Team erkennbar ist, die „Komfortzone" zu verlassen. Ein klares „Ja" zu Outdoor sollte deswegen bereits im Vorgespräch festgestellt werden. Da trotz jahrelangem Einsatz von Outdoor wenig über dieses Thema kommuniziert wird, eilt leider oft ein zweifelhaft belasteter Ruf dem erfolgversprechenden Konzept voraus. Im Gespräch wird zumeist festgestellt, dass die vermeintlichen Ängste und Befürchtungen nichts mit der Realität der tatsächlichen Maßnahmen zu tun haben.

5.5 Zusammenarbeit in interkulturellen Teams

Interkulturelle Kompetenz – ein Muss für die Zukunft

Die Globalisierung der Märkte ist heute für Unternehmen bereits eine Tatsache. Die Zusammenarbeit von Menschen aus unterschiedlichen Ländern und Kontinenten in Projekten und Teams ist erfolgsentscheidend für die Mobilität auf weltweiten Märkten. Viel zu häufig treten vermeidbare Missverständnisse auf, wenn Menschen unterschiedlicher Kulturen sich begegnen. Projekte scheitern oder Beziehungen werden abgebrochen, ohne dass die Beteiligten sich der eigentlichen Ursachen bewusst sind. Aus Fehlschlägen werden gegenseitige Schuldzuweisungen. Unternehmen, die diese Problematik erkennen und ihre interkulturelle Kompetenz systematisch aufbauen, haben daher einen Wettbewerbsvorteil. Sie können auf globalen Märkten kreativer, flexibler und effizienter agieren.

Aus diesem Grund steigt sowohl der Bedarf an interkulturell kompetenten Mitarbeitern sowie an geeigneten Trainingsmaßnahmen für Mitarbeiter, die die Herausforderungen der internationalen Zusammenarbeit bewältigen sollten. Ziel ist die Entwicklung einer hohen Sensibilität und Offenheit im Umgang mit Menschen anderer Herkunft, um Missverständnisse in der Zusammenarbeit zu vermeiden und über Strategien für die Bewältigung kulturell bedingter Schwierigkeiten zu verfügen.

Aus systemischer Sicht stehen Beziehungen und gegenseitige Beeinflussungen im Mittelpunkt und weniger individuelle Eigenschaften. Wenn Menschen unterschiedlicher Kulturen zusammenkommen, entsteht etwas Neues. Durch ihr Eintreten in eine neue Kultur verändert eine Person bereits und wird verändert. Dadurch entstehen Chancen, aber auch große Irritationen. Das Fremde weckt Neugier und Faszination, gleichzeitig löst es Unsicherheit und Unbehagen aus. Aufkommender Stress hindert uns, beobachtend und aufmerksam an andere Kulturen heranzugehen und schränkt so die Handlungsmöglichkeiten ein. Deshalb ist es für den Erfolg von interkulturellen Beziehungen entscheidend, von Anfang an dafür Wissen und Fähigkeiten aufzubauen. Es kommt darauf an, sich selbst und die Beziehungen zu reflektieren, Regeln und Verhaltensmuster zu erkennen, kulturelle Differenzen zu erfassen und neue Möglichkeiten im Umgang miteinander zu entwickeln.

Menschen mit interkultureller Sozialkompetenz haben sich mit Stressphänomenen auseinandergesetzt und sind fähig zu einem gelassenen Umgang mit fremden Situationen und Kontexten. Sie erleben Unterschiede als Bereicherung, statt sie abzuwerten. Sie stülpen anderen Menschen keine eigenen Vorstellungen über, trotzdem überzeugen sie durch ihr Auftreten und ihre vielfältigen Möglichkeiten. So erzeugen sie keinen offenen oder passiven Widerstand und tragen zum nachhaltigen Erfolg der Zusammenarbeit bei.

Besonders in interkultureller Zusammenarbeit ist in Unterschieden zunächst keine Bedrohung, sondern eine wertvolle Ressource für Unternehmen zu sehen. Es besteht die Möglichkeit, von anderen Ideen, gedanklichen Herangehensweisen und Umsetzungsstrategien zu lernen und sich selbst weiterzuentwickeln.

Was bedeutet interkulturelle Kompetenz?

Interkulturelle Kompetenz hat zwei wesentliche Aspekte. Zum einen besteht sie aus landes- und kulturspezifischen Kenntnissen. Im professionellen Kontext sind dies meist Kenntnisse aus dem Verhaltensbereich im Geschäftsleben wie die Form der Begrüßung, die hierarchischen Verhältnisse in Unternehmen, akzeptierte Formen der Zusammenarbeit und ähnliches. Der reinen Vermittlung von Kenntnissen über eine spezifische Kultur im Rahmen eines Seminars sind jedoch Grenzen gesetzt. Eine Kultur ist nie ein starres, unveränderliches Gebilde, das genau beschrieben oder erklärt werden kann. Die Mitglieder einer Kultur sind individuelle Persönlichkeiten, die sich – auch wenn sie aus der gleichen Kultur stammen – in erheblichem Maße voneinander unterscheiden können. In einem Seminar, das nur Wissen über eine bestimmte Kultur vermittelt, besteht daher die Gefahr, zur Verfestigung von stereotypen Ansichten beizutragen und insgesamt zu kurz zu greifen.

Daher muss ein zweiter Aspekt, die interkulturelle Sozialkompetenz, einen Schwerpunkt bilden. Sie besteht in einem feinen Gespür für Unterschiede und in einer Sensibilität anderen Menschen gegenüber, unabhängig von ihren Wurzeln. Sie zeigt sich in einer entspannten Haltung von Offenheit für kulturelle Besonderheiten sowie in vorsichtigen Probehandlungen zum Ausloten der „Spielregeln“ der fremden Kultur. Letztlich steht auch bei Begegnungen internationaler Art die Beziehung zwischen zwei Personen im Vordergrund. Daher ist die Fähigkeit zu Kontakt und Begegnung entscheidend. Wenn wir neue Beziehungen knüpfen können und unser Handeln bewusst wahrnehmen, ist das die beste Grundlage für erfolgreiche internationale Zusammenarbeit.

Häufig löst Unbekanntes und Fremdes bei uns zunächst ein unbehagliches Gefühl aus, da wir nicht genau wissen, wie wir mit dem Neuen umgehen sollen. Als „Nicht-Zugehöriger“ eines Systems fühlen wir uns leicht etwas verloren, ausgeschlossen oder gar bedroht. So entstehen Stressphänomene, die uns hindern, uns beobachtend und aufmerksam an das neue System anzunähern. Sie schränken unsere Handlungsmöglichkeiten ein. Wie bereits erwähnt haben sich interkulturell kompetente Menschen mit diesen Stressphänomenen auseinandergesetzt und sind zu einem gelassenen Umgang mit dem „Fremden“ in der Lage. Sie erleben Unterschiede als Bereicherung, statt sie abzuwerten. Sie versuchen nicht, anderen Menschen eigene Vorstellungen überzustülpen. Gerade ein solches Vorgehen ist häufig der Grund für das Scheitern internationaler Projekte, da die Betroffenen offenen oder passiven Widerstand zeigen werden und die Zusammenarbeit fehlschlägt.

Worauf kommt es bei der Entwicklung interkultureller Kompetenz an?

Ziel bei Schulungen in diesem Zusammenhang muss sein, die persönlichen Fähigkeiten von Menschen in interkultureller Sozialkompetenz zu entwickeln und zu stärken und so eine hohe Leistungsfähigkeit in der Zusammenarbeit in interkulturellen Teams und Projekten zu ermöglichen.

Dabei steht im Vordergrund:

- Neugier, Sensibilität und Offenheit im Umgang mit Menschen anderer Herkunft zu entwickeln;
- Unterschiede als wertvolle Ressource und nicht als Bedrohung wahrzunehmen;
- eigene Werte zu klären, unterschiedliche Werte zu respektieren und offen für das Entstehen neuer Werte zu sein;
- andere Ideen, gedankliche Herangehensweisen und Umsetzungsstrategien kennen zu lernen, sich mit ihnen auseinander zu setzen und von ihnen zu lernen;
- neue gemeinsame Handlungsplattformen bilden zu können;
- gemeinsame tragfähige Commitments zu schaffen;
- Neuerungen und Veränderungen erfolgreich einzuführen;
- Krisen und Konflikte zu meistern;
- Stress-Situationen zu bewältigen.

Effektive Schulungsmaßnahmen trainieren Basisfähigkeiten für erfolgreiche interkulturelle Tätigkeiten und vermitteln nachgeordnet landes- und kulturspezifisches Detailwissen. Dabei sollten sie die internationale Sozialkompetenz aufbauen, an der persönlichen Haltung der Teilnehmer arbeiten und neue Handlungsmöglichkeiten einüben. Durch Probehandeln im Training und in der Praxis wird man fit für den Einsatz neuer Verhaltensweisen in fremden Situationen. So stärken Menschen ihre Flexibilität und Stabilität und erweitern ihre Fähigkeiten zu Kontakt und Begegnung. Im landes- und kulturspezifischen Training erwerben sie Kenntnisse über das akzeptierte Verhaltensrepertoire. Sie lernen, sich an anerkannte kontextbedingte Kommunikationsstile anzupassen: z. B. an Rituale, hierarchische Verhältnisse, anerkannte und übliche Formen der Zusammenarbeit.

Ausblick

Zum gegenwärtigen Zeitpunkt werden die Möglichkeiten und Chancen der interkulturellen Zusammenarbeit noch nicht annähernd genutzt. Noch immer stehen die Schwierigkeiten, die sich bei – forcierter – internationaler Kooperation ergeben klar im Vordergrund. Die zwischenmenschliche Komponente der Globalisierung hinkt so der Entwicklung auf technischer und strategischer Ebene noch weit hinterher. Gerade Großunternehmen bekommen das bei Fusionen deutlich zu spüren. Das Erhöhen der interkulturellen Kompetenz der Mitarbeiter wird daher zukünftig nicht mehr von nachgeordneter Priorität sein („da sollten wir vielleicht auch was machen"), sondern ein elementarer Bestandteil von Personalentwicklung und Veränderungsstrategie werden – zumindest in Unternehmen mit internationalem Anspruch. Und wer wird sich dabei ausschließen können?

5.6 Praxisbeispiel/Fallstudie

Teambildungsprozess Personalabteilung

Ausgangslage

Frau Moritz ist neue Leiterin der Personalabteilung in einem Unternehmen im Telekommunikationsbereich. Die Personalabteilung ist in vier Aufgabenfelder aufgeteilt: Personalservice, Qualifizierung, Weiterbildung, und Rekrutierung. Jedes der vier Teams hat einen Leiter. Bei Frau Moritz laufen die Teams zusammen. Bereits vor ihrem Amtsantritt kommt es in der Abteilung zu Umstrukturierungsmaßnahmen, bei denen Verantwortungen unter den Mitarbeitern umverteilt und mehrere Positionen neu besetzt werden. Frau Moritz übernimmt eine Abteilung mit hohem Know-how, in der sich aber durch die Neuausrichtung für die Mitarbeiter ein großer Klärungsbedarf in Bezug auf Identität, Aufgabenverteilung und Zusammenspiel ergibt. Sie nimmt sich vor, einige Arbeitsbereiche zusätzlich zu verändern, die Aufgaben der einzelnen Teams genau festzulegen, Schnittstellen zu klären und die Zukunftsausrichtung des gesamten Bereichs für interne und externe Kunden deutlich zu machen. Außerdem soll die Kooperation nach Innen und Außen verbessert werden.

Zielsetzung

In Zusammenarbeit mit einem Berater entwickelt Frau Moritz ein Konzept, um die begonnen Umstrukturierungsmaßnahmen in der Personalabteilung erfolgreich weiterzuführen. Zu den Themen Zusammenarbeit in der Abteilung, erfolgreiche Ausrichtung auf die Zukunft und Qualitätssicherung planen sie drei Workshops. Diese sollen zeitlich versetzt in einem Zeitraum von vier Monaten stattfinden und die gesamten 30 Mitarbeiter der Personalabteilung mit einbeziehen. Dadurch ist jeder Mitarbeiter mit in den Prozess der Neuausrichtung involviert.

Vorgehen

1. Workshop: „Zusammenarbeit im Bereich“

Der Berater trifft sich vor Beginn des ersten Workshops mit Frau Moritz und den Leitern der Aufgabenfelder. In einem Brainstorming wird der Status quo der Zusammenarbeit in der Abteilung ermittelt. Hier werden erste wichtige Themen sichtbar und offene Fragen können geklärt werden. Daraufhin stellt die Personalleiterin ihr Konzept für die neue Aufstellung der Abteilung vor. Es zeigt sich, dass der Plan zur Beseitigung der Probleme im Bereich nicht so leicht auf alle einzelnen Teams übertragbar ist. Es entsteht eine angeregte Diskussion zwischen ihr und den Teamleitern. In dieser Diskussion werden schnell Konfliktbereiche deutlich, die der Berater aufgreift und daran gemeinsam mit den Teamleitern überlegt, wie die zukünftige strategische Ausrichtung der Abteilung aussehen könnte. Anschließend stellt die kleine Runde Leitprinzipien auf, die zur Vorbereitung des Workshops am Nachmittag dienen. Hier ist eine Versammlung der gesamten Personalabteilung geplant, auf der die vier Teamleiter, Frau Moritz und der Berater die Zielsetzung für den gesamten Veränderungsprozess in der Personalabteilung vorstellen werden.

Zu Beginn des Workshops versammeln sich die Mitarbeiter der Personalabteilung in einem großen Stuhlkreis. Frau Moritz begrüßt, stellt den Berater als Moderator für den Workshop vor und leitet in das Thema ein. Sie und die Teamleiter erläutern die Ziele, die sie mit der Abteilung erreichen möchten, und die Maßnahmen, die dafür vorgesehen sind. Sie weist darauf hin, dass für eine erfolgreiche Umsetzung der Pläne das Engagement der gesamten Abteilung notwendig ist. Um das Stimmungsbild der Abteilung zu verdeutlichen, verteilt der Berater anschließend Karten, auf denen jeder Mitarbeiter die Themen auflisten soll, über die aus seiner Sicht unbedingt gesprochen werden muss. Die genannten Themen werden geordnet, visualisiert und im Laufe des Workshops in den Gruppen- und Plenumsdiskussionen aufgegriffen. Im Plenum diskutieren anschließend alle gemeinsam darüber, welche Leistungen die Kunden der Abteilung zukünftig erwarten können. Der Berater moderiert die Diskussion und schreibt die Beiträge auf Karten, die er dann an einer Pinnwand gemeinsam mit den Anwesenden ordnet, bewertet und priorisiert.

Im nächsten Programmpunkt ruft der Berater die Abteilung auf, sich in ihren vier Teams zusammenzufinden und die folgenden Fragen zu beantworten:

- Welche Aufgaben und Ziele hat unser Team?
- Was sind unsere Kernaufgaben?
- Was sind die kritischen Erfolgsfaktoren für unsere Arbeit?

Nachdem die Teams die Fragen beantwortet haben, werden die Ergebnisse der Gesamtgruppe vorgestellt und am Ende des Nachmittags diskutiert. Dabei wird immer wieder abgeglichen, in wie weit diese Ergebnisse mit den vorher diskutierten Erwartungen der Kunden übereinstimmen.

Am nächsten Tag trifft sich wieder die gesamte Gruppe und beginnt die Sitzung mit persönlichen Feedbacks und Informationen. Die Stimmung ist gelockert und es wird sichtbar, dass die Mitarbeiter großes Interesse haben, zum erfolgreichen Gelingen des Workshops beizutragen. Damit die Zusammenarbeit der einzelnen Teams nach innen und außen geklärt wird, fordert der Berater die Teams auf, sich wieder in den Kleingruppen ihrer Teams zu sammeln, um die Schnittstellen ihres Teams zu ermitteln. In der großen Runde werden diese Schnittstellen vorgestellt und es kommt zu heftigen Diskussionen über einige unklar organisierte Arbeitsabläufe. Zwischen einzelnen Mitarbeitern zeigen sich dabei große Spannungen. Der Berater beobachtet den Verlauf der Diskussion, bündelt gelegentlich die Aussagen und macht neue Aspekte sichtbar, um dann den nächsten Schritt einzuleiten: Die Teilnehmer erarbeiten nun gemeinsam Spielregeln, die für die Zusammenarbeit förderlich und notwendig sind. Als nächsten Punkt legen die Teilnehmer Arbeitspakete und Verantwortliche für Veränderungsvorhaben fest, die zur Verbesserung der zuvor diskutierten Themen führen sollen. Als letzten Schritt in diesem Zusammenhang überlegt jeder Teilnehmer, welchen persönlichen Beitrag er zum Gelingen der geplanten Vorhaben und zum Erreichen der Ziele leisten wird. In der Abschlussrunde zeigen sich die Teilnehmer gespannt, ob die Arbeitspakte bis zum nächsten Workshop erfüllt sein werden. Einige stehen dem gesamten Prozess sehr kritisch gegenüber, so dass der Berater die Versammelten dazu aufruft, Karten auszuteilen, mit denen sie Kollegen zu einem Gespräch einladen. In diesem Gespräch sollen die Mitarbeiter untereinander ihre Probleme und Differenzen direkt klären. Nach dem die Einladungskarten verteilt sind, beginnen die ersten Gespräche und Termine für weitere Treffen werden vereinbart. Damit endete der erste Workshop.

Tabelle 13: Agenda Teamworkshop 1

1. Tag	
Tee/Kaffee; Begrüßung	
Brainstorming Status quo	BL/TL
Input: Die strategische Ausrichtung und der wertschöpfende Prozess	Berater
▪ Feststellen der Leitprinzipien ▪ Vorbereitung und Zielsetzung des WS ▪ Klären der kritischen Erfolgsfaktoren für die drei Workshops und den Gesamt-Prozess	BL alle
Mittagspause	
Tee/Kaffee; Begrüßung	
Brainstorming und Kartenabfrage: Über welche Themen müssen (wollen) wir reden?	alle
Portfolio-Analyse ▪ Welche Leistungen können unsere unterschiedlichen Kunden zukünftig von uns erwarten? ▪ Bewerten und priorisieren	alle alle
Pause	
Gruppenarbeit: ▪ Welche der Aufgaben und Ziele hat unser Team? Was sind unsere Kernaufgaben? Was sind unsere kritischen Erfolgsfaktoren? ▪ Vorstellen in der Gesamtgruppe mit Diskussion und Lernschleife	Teams
Abendessen	

2. Tag	
Warming up	
Anfangsrunde für persönliche Feedbacks und Infos	alle
Zusammenarbeit nach innen und außen: ▪ Welche internen Schnittstellen haben wir? ▪ Wie organisieren wir Zusammenarbeit an den Schnittstellen und welche Kommunikationsstandards sind nötig? ▪ Wie organisieren wir die externen Schnittstellen? Was sind kritische Erfolgsfaktoren?	Teams alle
Pause	
Welche Spielregeln brauchen wir miteinander ?	alle
Mittagessen	
Nächste Schritte planen: ▪ Welche Konsequenzen ergeben sich? ▪ Welche Aktivitäten müssen bis zum 2. WS mit Elan angegangen werden? ▪ Wer übernimmt welches Arbeitspaket?	alle
Was ist mein persönlicher Beitrag zur Zielerreichung?	TN
Abschlussrunde	alle
Ende	

2. Workshop: „Erfolgreiche Ausrichtung auf die Zukunft“

Einen Monat später folgt ein eintägiger Workshop. Hierzu treffen sich wieder zuerst die Teamleiter der vier Teams mit Frau Moritz und dem Berater. Sie berichten dabei von aktuellen Problemen und Erfolgen in ihren Teams. Dabei zeigt sich, dass die einzelnen Teams aktiv an ihren Arbeitspaketen gearbeitet haben und die Abteilung einer erfolgreichen Ausrichtung auf die Zukunft ein gutes Stück näher gekommen ist. Es wird auch deutlich, dass noch immer einige Unklarheiten über das weitere Vorgehen und die Ziele herrschen. Diese Themen werden in der kleinen Gruppe analysiert, wobei der Berater die Diskussion moderiert.

Am Nachmittag versammelt sich die gesamte Personalabteilung mit dem Berater in einem Stuhlkreis. Der Berater fordert in dieser Sitzung die einzelnen Teams auf, vom Stand der Dinge in der Erledigung ihrer Arbeitspakte zu berichten. Die Verantwortlichen der Teams stellen dann die bisherigen Ergebnisse und Probleme dar. Dabei wird deutlich, dass alle Mitarbeiter dazu beigetragen haben, die Aufgaben zu lösen, und dass der größte Teil der Arbeitspakete bereits erledigt ist. Einige Aspekte werden noch einmal verschoben, neu verteilt oder sogar ganz gestrichen, da sie mit in andere Projekte einfließen. Danach wird nochmals auf die Ziele des Gesamtprojektes eingegangen, und Frau Moritz schildert, wie sie den bisherigen Prozessverlauf und die inhaltlichen Ergebnisse einschätzt. Es herrscht große Zufriedenheit bei allen Mitarbeitern der Personalabteilung über die gemeinsamen Leistungen in den Veränderungsprojekten; man ist der Meinung, dass dem Erfolg der Abteilung in Zukunft nichts mehr im Weg stehen wird. Um die Kommunikation untereinander weiter zu fördern, wird wieder eine persönliche Feedbackrunde durchgeführt. Die Stimmung dabei ist gut, der Berater achtet auf die Einhaltung der Feedbackregeln und die Teilnehmer äußern offen Wertschätzung und Kritik. Anschließend ruft der Berater wieder zum Verteilen von „Gesprächseinladungen" auf, womit der Workshop endet.

Ergebnis

3. Workshop: Follow up & Qualitätssicherung

Am Ende der viermonatigen Umstrukturierungsphase findet der vorerst letzte Workshop zur Teambildung statt. Dazu versammelt sich noch einmal die gesamte Personalabteilung mit dem Berater. Hier berichten die Teamleiter über die Fortschritte in den Veränderungsvorhaben und die Wirkung der „klärenden Gespräche" zwischen Mitarbeitern. Das Abteilungsklima sowie die Arbeitsabläufe haben sich in den letzten Monaten erheblich verbessert. Die Hauptgründe dafür scheinen zu sein, dass die Aufgabenbereiche für jedes Team jetzt genau abgesteckt sind, Unklarheiten an den Schnittstellen beseitigt wurden und Arbeitsabläufe gestrafft und besser auf die Kunden ausgerichtet wurden. Ein weiterer Workshop zur Teambildung scheint vorerst nicht nötig zu sein, da die Teilnehmer Instrumente erlernt haben, mit denen sie eigenständig an einer dauerhaften Entwicklung weiterarbeiten können.

Man gibt immer den Verhältnissen die Schuld für das,
was man ist. Ich glaube nicht an die Verhältnisse.
Diejenigen, die in der Welt vorankommen, gehen hin
und suchen sich die Verhältnisse, die sie wollen,
und wenn sie sie nicht finden können, schaffen sie sie selbst.

George Bernard Shaw

6. Beratungsmodelle für Stress-, Krisen- und Konfliktmanagement

Dieses Kapitel bildet ein Grundverständnis über jene Prozesse, die Stress-, Krisen- und Konfliktsituationen zu Grunde liegen, und bettet diese in die Grundlagen systemischer Organisationsentwicklung ein. Ziel ist es, Menschen und Organisationen in solchen in aller Regel schwierigen Situationen beratend und moderierend begleiten und unterstützen zu können. Die Grundlagen eines systemischen Krisen- und Konfliktmanagements finden enge Bezüge zu den Grundlagen systemischer Beratung (Kapitel 1), Veränderungsmanagement (Kapitel 2) und Teamentwicklung (Kapitel 4). Personen, die mit der Beratung und Führung von Mitarbeitern in Organisationen und Unternehmen betraut sind, benötigen Konzepte für Stress-, Krisen- und Konfliktmanagement. Gerade im Verlauf von organisatorischen Lern- und Veränderungsprozessen kommt es zu Irritationen und Turbulenzen, zu Stress, Krisen und Konflikten, allesamt Situationen, in denen die beteiligten und betroffenen Menschen Unterstützung seitens ihrer Führungskräfte durch Coaching und Leadership benötigen.

In den Abschnitten 6.2, 6.3 und 6.4 werden die den Stress-, Krisen- und Konfliktsituationen zu Grunde liegenden Prozesse und ihre Bedeutung für menschliche und organisatorische Lern-, Entwicklungs- und Veränderungsprozesse aus systemischer Sicht erläutert. Eine besondere Rolle für den professionellen, beratenden Umgang mit diesen komplexen Situationen spielt die Fähigkeit von Beratern zu einer umfassenden Selbstreferenz. Dieses Kapitel enthält mehrere Fragebögen für die Analyse der persönlichen Stress-, Krisen- und Konfliktmuster. Praktische Hinweise für unser Beratungshandeln im Stress-, Krisen- und Konfliktmanagement sowie die Einbettung von Krisen und Konflikten in die Organisations- und Unternehmenskultur runden das Thema ab.

6.1 Einführung in Stress-, Krisen- und Konfliktmanagement

Aus systemischer Sicht betrachten wir Krisen und Konflikte als etwas Natürliches zwischen Menschen, die zusammen leben und arbeiten. Konflikte resultieren u. a. daraus, dass Menschen die Wirklichkeit, in der sie leben, individuell unterschiedlich wahrnehmen und deuten. Gleichwohl mangelt es häufig an erfolgreichen Erfahrungen und Konzepten im Umgang mit unterschiedlichen Zielen, Meinungen und Gewohnheiten. Konflikte werden meist negativ interpretiert.

Krisen sehen wir ebenso als natürliche Stadien in Entwicklungsprozessen von Menschen und Organisationen. Sie sind dadurch gekennzeichnet, dass eingespielte Verhaltensmuster für die aktuellen Ziele und Anforderungen nicht mehr funktional sind und aufgegeben werden müssen. Insbesondere für die Zusammenarbeit in Teams spielen Konzepte für den Umgang mit Konflikten eine nicht zu unterschätzende Rolle. Der Vorteil von Teamarbeit liegt im vergleichsweise hohen Potenzial für Kreativität und Innovation gegenüber der Arbeit Einzelner. Ideenvielfalt zu generieren, stellt hohe Ansprüche an die Teammitglieder im Hinblick auf das Zusammenspiel von Autonomie einerseits und Kooperation andererseits. Um eine Zusammenarbeit zu erreichen, die auf Ideenreichtum und -vielfalt ausgerichtet ist, braucht es Konzepte für den Umgang mit Unterschieden. In diesem Sinne verstehen wir Konfliktmanagement als den Umgang mit Unterschieden und Konflikte als natürliche Phänomene in der Zusammenarbeit in Teams. Das Fehlen von Konflikten ist eher ein Warnsignal als ihr Auftreten.

Stress, Krisen und Konflikte gehören zu den gemeinhin wenig geliebten Phänomenen menschlicher Existenz. Dies ist auch für Berater und Führungskräfte nicht anders. Nachdem sie aber häufig gerufen werden, um in Problem- und Krisensituationen Unterstützung zu geben, ist der Umgang mit Stress, Krisen und Konflikten essentieller Teil ihrer Arbeit.

Stress, Krisen und Konflikte sind nicht identisch, gehören jedoch oft zusammen: Krisensituationen sind oft mit chronischen Konflikten verknüpft und lösen bei den beteiligten Personen häufig Stress aus. Dennoch ist nicht jede Konfliktsituation identisch mit einer Krise und muss auch nicht notwendigerweise Stress auslösen. Außerdem tritt Stress in vielen Situationen auf, die nicht gleichzeitig das Ausmaß einer Krise annehmen.

In diesem Zusammenhang sind die Konstrukte jedes Einzelnen herauszustellen, die entscheiden, wie dessen Realität sich gestaltet. Es gilt dazu zwei generelle Feststellungen zu machen:

1. Durch unsere Deutungen und Handlungen gestalten wir die Welt, die wir erleben, fortwährend mit.
2. Jede Kommunikation und jede Begegnung ist ein co-kreativer Prozess, für den die Verantwortung nicht delegierbar, sondern nur teilbar ist.

Sowohl bei Stress als auch bei Krisen und Konflikten gilt, dass sie „uns nicht geschehen“, sondern dass wir durch Denken, Deuten und Handeln an Kreation, Fortbestand und Auflösung dieser Erscheinungen beteiligt sind.

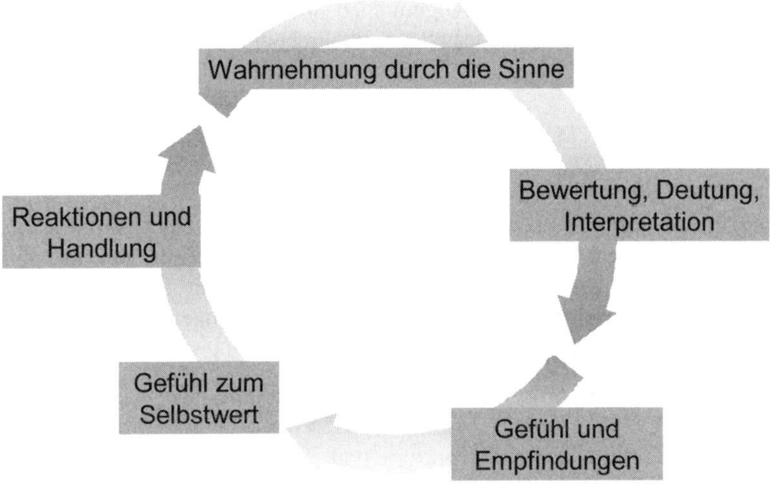

Abbildung 44: Das Bewusstseinsrad

Das Bewusstseinsrad (siehe Abbildung 44) gibt uns ein hilfreiches Konzept an die Hand, wie wir – ausgehend von der Wahrnehmung – unsere Deutung und Handlungen verständlich machen und Veränderungsmöglichkeiten erkennen können. Die Schaltstelle liegt hierbei bei Deutung und Interpretation: „Die Menschen kranken an ihrer Interpretation der Welt" (Watzlawick, 1974).

6.2 Stressmanagement

6.2.1 Grundlagen

Einleitung

Stress ist eine grundlegende Erscheinungsform des Lebens und ein zentrales Merkmal der Beziehung zwischen Organismus und Umwelt. Das Thema ist ein bedeutsamer Forschungsgegenstand der verschiedensten Wissenschaftsdisziplinen. Trotz oder gerade wegen der vielschichtigen Herangehensweisen gibt es auch keine einheitlich gültige Definition. Was ist Stress demnach? Wir möchten im Rahmen diese Kapitels den Stressbegriff weit definieren und als physiologische oder psychologische Reaktionen auf Reize in der Umwelt eines Organismus bezeichnen. Das ist zunächst eine neutrale Aussage. Stress kann anregen und uns zu Höchstleistung bringen, er kann aber auch krank machen. Die Reaktionen auf Stress unterscheiden sich je nach Mensch sowie Art und Dauer der Stress-Situation und können eine Reihe von Symptomen wie beschleunigten Herzschlag, feuchte Hände, und Nervosität, in ernsten Fällen sogar Angstzustände, Depressionen oder schwere organische Erkrankungen mit sich bringen. In jedem Fall gilt es, sich über die Wirkungen von Stress im Allgemeinen und unsere persönlichen Stressmuster im Speziellen klar zu werden und Verhalten und Umgang erfolgreich anzupassen.

Stressformen

Eu-Stress

Eu-Stress tritt auf, wenn die Stress-Situation als Stimulation und positive Herausforderung erlebt wird. Es kommt zur Ausschüttung von Adrenalin und von Endorphinen, die sogar ein Hochgefühl (das berühmte „Champagner-Kribbeln“) erzeugen können. Es gehört dazu, dass sich der Körper anschließend wieder entspannt, denn ein Dauerstress wird nicht als Eu-Stress erlebt.

Dazu kommen noch bestimmte Qualitäten der Stress-Situation wie
- das subjektive Gefühl der freien Wahl,
- das subjektive Gefühl der freien Kontrolle und
- die Möglichkeit, Konsequenzen vorherzusehen.

Dis-Stress

Dis-Stress tritt auf, wenn eine Stress-Situation als Überforderung empfunden wird, nicht angemessen verarbeitet werden kann und subjektiv als Bedrohung empfunden wird. Dis-Stress tritt weiterhin auf, wenn Adrenalin nicht abgebaut oder nicht benutzt wird und der Körper anschließend keine oder nur unzureichende Entspannung findet.

Unter Stress, sowohl unter Eu- wie auch unter Dis-Stress, verändert sich unser Verhalten. Ob wir aber eine Stress-Situation als „eu“ oder „dis“ erleben, hängt nicht nur von den „objektiven“ Gegebenheiten, sondern stark von unserer eigenen Lebensgeschichte ab, d. h. wie wir gelernt haben, Stress-Situationen selektiv wahrzunehmen, zu bewerten und darauf zu reagieren. Hier spielen nicht zuletzt die kulturellen und gesellschaftlichen Muster eine wichtige Rolle. Dennoch gibt es eine individuell spezifische Abfolge (individuelles Stressmuster) von Wahrnehmung – Bewertung – Reaktion (siehe dazu auch Abbildung 44). Wir reagieren dabei stets als ganze Person, d. h. unser Verhalten ist immer gekoppelt an unser Fühlen, unser Denken und unseren Selbstwert.

Reduktion der Gehirnleistung unter Stress

Unter Stress verändert sich unser Verhalten. Jeder kennt dies beispielsweise bei Müdigkeit, Überforderung oder bei emotionaler Betroffenheit. Genauer gesagt heißt dies, unsere Handlungsoptionen reduzieren sich, unsere Flexibilität, auf schwierige Situationen angemessen und eventuell kreativ zu reagieren, nimmt oft rapide ab. Das liegt darin begründet, dass die Gehirnleistung und damit die Reaktionsfähigkeit davon beeinflusst sind, ob das Vernunfthirn, das Emotions- oder das Instinkthirn gerade im Einsatz ist. Die in verschiedenen Zeitepochen entstandenen Hirnebenen haben folgende Merkmale:

- Das Vernunfthirn ist mit etwa 5 Millionen Jahren der jüngste entwicklungsgeschichtliche Teil. Zweigeteilt (in linke und rechte Hälfte) arbeitet es weltzentriert, relativistisch und flexibel. Es ermöglicht Weisheit, Visionen, Kreativität, kann Urteile revidieren, wenn überzeugende, rationale Argumente auftauchen, ist aber auch störanfällig und kann durch Instinkte und Emotionen außer Kraft gesetzt werden.
  Es stehen mehrere Handlungsoptionen zur Verfügung; Denken, Fühlen und Handeln geschehen koordiniert und intuitiv.
- Das Emotionshirn ist etwa 165 Millionen Jahre alt und verantwortlich für Emotionen und Stimmungen. Es agiert ich-zentriert, absolutistisch und rigide und fällt Urteile und Vorurteile, die einem rationalen Prozess schwer zugänglich sind. Hier entstehen aber auch starke Emotionen, Lernprozesse werden gefördert und eine zentrale Rolle bei der Motivation wird ausgeübt.
  Die Handlungsoptionen sind eingeschränkt auf emotionales Handeln.
- Der älteste Teil, das Instinkthirn, ist ca. 280 Mio. Jahre alt. Es reguliert Funktionen der Selbst- und Arterhaltung sowie den Territorialinstinkt, Weckinstinkt, Explorationsinstinkt und Leistungstrieb.
  Es stehen keine Handlungsoptionen mehr zur Verfügung, es wird entweder nach dem Flucht-Kampf- oder Totstellreflex gehandelt.

Wenn wir uns also in einer Stress-Situation befinden, kann die Gehirnleistung unter Beteiligung unseres Emotions- oder Instinkthirns unsere Denk- und Entscheidungsmöglichkeiten erheblich reduzieren.

Die Evolution des Gehirns

Jedes Lebewesen besitzt einen genetischen Code, der sein Verhalten zu großen Teilen mitbestimmt. Im Laufe der Evolution musste sich dieser Code den sich ständig verändernden Bedingungen anpassen. Vor 500 Millionen Jahren haben die ersten Wirbeltiere eine spezielle Reaktion auf Stress entwickelt, die zunächst nur für Notfälle gedacht war. Bei Gefahr produziert das Gehirn Signalstoffe, die in das Blut abgegeben werden und die Produktion und Abgabe von Hormonen durch die Nebennieren anregen.

Heute ist die Stressreaktion nicht mehr nur ein Kampf-Flucht-Reflex, sondern ein Grundmechanismus des menschlichen Lernens. Sobald wir in eine unvorhergesehene Situation gelangen oder auch nur auf irgendeine Weise überrascht werden, laufen folgende Reaktionen ab: Wir haben Herzklopfen, ein komisches Gefühl in der Magengegend, die Hände werden feucht und Angst macht sich in uns breit. Während dessen wird in unserem Gehirn das noradrenerge System aktiviert. Dieses System besteht aus Nervenfasern, die den Signalstoff Noradrenalin produzieren und das Gehirn in höchste Alarmbereitschaft versetzen. In Sekundenbruchteilen werden alle dort gespeicherten Informationen abgesucht, um etwas gegen den anstehenden Stress ausfindig zu machen. Lässt sich eine Lösung für das Problem finden, beruhigt sich das noradrenerge System wieder. Aus der anfänglichen Bedrohung ist für den Betroffenen eine von ihm zu bewältigende Herausforderung geworden, aus Angst wurde Zuversicht. Diese Stressreaktion ist weiter oben schon als Eu-Stress beschrieben worden, sie ist kurzzeitig und kontrollierbar.

Gerald Hüther (1999) schreibt in seinem Buch „Biologie der Angst“, dass sich die Verbindungen zwischen den Nervenzellen in unserem Gehirn in Abhängigkeit von ihrer Benutzung festigen oder verkümmern. Durch die erfolgreiche Bewältigung einer Herausforderung bahnt sich zunächst eine Verbindung. Entstehen ähnliche Stress-Situationen, so wird die „erfolgreiche“ Verschaltung immer wieder aktiviert und dadurch verfeinert und gestärkt. Im Laufe seines Lebens erlernt der Mensch also Strategien, die sich im Gehirn in Form der oben erwähnten gespeicherten Informationen wiederfinden. Der Mensch wird immer kompetenter, immer besser und immer unempfindlicher.

Was passiert aber, wenn wir in Situationen geraten, in denen die bisher erfolgreich angewandten Muster nicht zum Erfolg führen? Wenn in unserem Gehirn keine Lösung gefunden wird, sich also keine entsprechende Verbindung findet, gehen zusätzlich zu den Alarmglocken noch die Sirenen an. Der Angstschweiß tropft uns von der Stirn, die Situation ist unkontrollierbar geworden. Bei dieser Art von Stressreaktion produzieren die Nebennieren in großen Mengen das Stresshormon Kortisol. Die anfängliche Angst steigert sich bis zur Verzweiflung, Ohnmacht, Hilflosigkeit. Die andauernde Belastung zehrt die letzten Energiereserven auf, wir sind von Selbstzweifeln geplagt und fühlen uns müde und kraftlos. Dieser Stress, der Tage, Wochen, aber auch Monate andauern kann, ist der schon erwähnte Dis-Stress. Ein solcher Dauerstress bewirkt im Gehirn, dass sich Verschaltungen zurückbilden – vor allem diejenigen, die für unsere eingefahrenen Strategien zuständig waren. Das bisherige Lösungssystem wird destabilisiert. Die Nerven verfallen in eine Art Winterschlaf, und die alten gebahnten Hirnverbindungen lösen sich auf. Dadurch werden alte Erfahrungen beseitigt, und es wird Platz für neue Ideen geschaffen. Dadurch, dass diese Ideen sich ihre Verbindungen komplett neu bahnen müssen, ist es möglich, dass sich völlig neue, unvorhersehbare Wege eröffnen. So haben selbst Dauerstress und „Überforderung“ eine positive Seite.

6.2.2 Persönliche Stressmuster

Um sein persönliches Stressmanagement – oder das seiner Mitarbeiter bzw. Kunden – verstehen und verbessern zu können, ist es wichtig, sich mit den Strategien der Stressbewältigung im Alltag auseinander zu setzen. Die folgenden Fragen sollen dabei helfen, sich über Stressmuster bewusster zu werden und gegebenenfalls an ihnen zu arbeiten.

Arbeitsblatt

1. Was sind meine Stressauslöser? Genaue Beschreibung!
2. In welchem Kontext sind sie besonders wirksam?
3. Durch Veränderung welcher Kontextbedingungen kann ich den Stress steigern bzw. reduzieren?
4. Wie ist das genaue Transaktionsmuster der Stressauslösung! Zentraler Anteil dabei?
5. Wie groß ist die Notwendigkeit bzw. die Motivation zur Veränderung?
6. Welche Veränderung wäre wünschenswert? Zieldefinition!
7. Angenommen, das Ziel wäre erreicht, welche Auswirkungen gäbe es für mich und meine Umwelt?

6.2.3 Stressmanagement

Grundlagen des Stressmanagements

Im Beratungs- und Führungsalltag sehen wir uns oft mit eigenem oder fremdem Stress konfrontiert. Ob in der Zusammenarbeit unter Kollegen, in Coaching- oder Beratungssituationen, ständig treffen mehr oder weniger gestresste Personen aufeinander oder produzieren in ihren Transaktionen Stress. Es ist im Sinne des erfolgreichen Arbeitens und eines guten Miteinanders entscheidend, Stresszeichen und Stressmuster wahrzunehmen und bewusst darauf einzugehen.

Bei Menschen, die auf der Ebene des Emotions- oder Instinkthirns betroffen sind, ist ein rationaler Zugang nicht möglich. Hierbei kann als Faustregel gelten, dass sie sich in ihren Gefühlen erst ernst- und angenommen fühlen müssen, bevor ein „Aufstieg in rationale Ebenen" überhaupt erst anvisiert werden kann. Dies gilt jedoch hauptsächlich bei der Beteiligung auf der Ebene des Emotionshirn, bei Gefühlen wie Verletztsein, Gekränktsein oder Überforderungen.

Bei einer Betroffenheit auf der Ebene des Instinkthirns ist der Zugang schwieriger, da es sich hier meistens um Kampf- oder Flucht-Reflexe handelt. Hier geht es um existentielle Fragen, die in der Regel auch vom Berater nicht ad hoc geklärt werden können. Typische Beispiele für eine Beteiligung des Instinkthirns sind die „Rücken-an-der-Wand"-Situationen. Hier wissen sich Menschen oft nicht mehr anders zu helfen, als dass sie mit Gewalt gegen sich selbst, andere Personen oder Dinge reagieren.

Erste Hilfe unter Stress

Sofern wir auf der Ebene des Emotions- oder sogar Instinkthirns betroffen sind, gibt es nur eines: *zurück auf die kognitive Ebene*. Hier kann analysiert werden, hier stehen wieder Optionen zur Verfügung. Hier kann man sich auch entscheiden, emotional zu reagieren. Beim Tauchen mit Druckluft beispielsweise kommen Menschen leicht in Situationen, die als äußerst stressintensiv empfunden werden, und neigen dann zu emotionalen und gefährlichen Kurzschlusshandlungen wie fluchtartigem Auftauchen zur Wasseroberfläche. Rationale Entscheidungen sind in solchen Momenten aber absolut notwendig und können im Extremfall sogar über Leben und Tod entscheiden. In der Ausbildung wird Anfängern daher der Grundsatz „stop, think and then act" geradezu eingebläut, um sie dazu zu bringen, in einer Stress-Situation immer zuerst zur kognitiven Ebene zurückzukehren und dann zu handeln. Das Prinzip ist im Grunde übertragbar auf alle anderen Stress-Situationen: innehalten, durchatmen, nachdenken und dann erst handeln. Das bedeutet nicht, sich jegliche Impulsivität abzutrainieren, sondern entsprechend zu reagieren, wenn man in einen Extrembereich gerät, in dem die Optionen sich sehr einzuschränken drohen.

Stressmuster verändern und Ausgleich schaffen

Die Art und Weise, wie wir mit Stress, und besonders mit andauerndem Stress, umgehen, ist nicht angeboren und insofern veränderbar. Wichtig ist dabei zu unterscheiden zwischen den äußeren und inneren Abläufen bei der Entstehung und Verarbeitung von Stress. Außen gilt es, Stressauslöser und zentrale Verhaltensmuster zu identifizieren und zu klären, in wie weit eine Veränderung, die diese Faktoren ausschließt oder entschärft, möglich ist. Eine Musterveränderung (siehe Abschnitt 1.5.11) schafft hierbei Raum für neue Transaktionen. Wichtig ist, Absprachen für Veränderungen zu treffen und zu kontrollieren. Innere Faktoren beziehen sich darauf wie man mit Situationen umgeht und wie es gelingt, einen Ausgleich für unveränderbare äußere Stressfaktoren zu schaffen. Ein solcher Ausgleich entsteht häufig im privaten Bereich durch Familie, Freunde, und Freizeitaktivitäten. Zeit und Raum für Spaß, körperliche Bewegung, frische Luft und ausreichende Phasen der Entspannung zu schaffen, ist hierbei besonders wichtig.

Zusätzlich gibt es eine Vielzahl von Möglichkeiten wie Meditation, autogenes Training, Selbsthypnose, Muskelentspannung, gelenkte Phantasie etc. Viele derartige Techniken lassen sich leicht erlernen und ohne Aufwand einsetzen. Oft genügen bereits fünf oder zehn (regelmäßige) Minuten, um Körper, Geist und Seele zu beruhigen und Stress abzubauen. Beim Erlernen solcher Techniken helfen eine Vielzahl von Fachbüchern, Ratgebern und Seminaren.

Aber auch lernen loszulassen, d. h. eine innere Gelassenheit zu Themen zu entwickeln, die zwar im Alltag im Mittelpunkt stehen und Stress auslösen, sich aber bei näherer Betrachtung oft als nicht *so* wichtig erweisen, ist ein wichtiger Schritt in die richtige Richtung. Gerade dies fällt vielen Menschen in der täglichen Eingebundenheit sehr schwer. Förderlich für die mentale, seelische und körperliche Gesundheit ist, sich in stressreichen Phasen auch auf die Dinge und Werte zu besinnen, die bei genauer Prüfung in der persönlichen Wertigkeit ganz oben stehen. Im beruflichen Alltag geht oft unter, welche anderen Lebensbereiche noch zu Zufriedenheit und Wohlergehen beitragen. In positiven wie negativen Extremsituationen (von Urlaub, Heirat und Geburten bis zu Unfällen, Krankheiten oder Todesfällen) werden den meisten Menschen ihre grundlegenden Werte sehr deutlich und bewusst. Warum also sich nicht auch im stressreichen Alltag einmal daran erinnern? Gerade in Phasen, in denen es im Job „drunter und drüber geht", relativiert das manches und rückt Prioritäten ins rechte Licht.

Die 5 Säulen für das persönliche Wohlbefinden sind:
- Freundschaft,
- Spiritualität,
- Familie,
- Gesundheit,
- Arbeit, Geld verdienen.

6.3 Krisenmanagement

6.3.1 Grundlagen

Zum Verständnis von Krisen ist es zunächst wichtig, die eigene Weltsicht zum Thema („Wie denke ich über Krisen? Wie reagiere ich auf den Begriff, mit welchen Assoziationen?") und das eigene Verhalten in Krisen zu überprüfen. Auch in diesem Zusammenhang gilt: die Realität ist das, wozu man sie macht! Der Begriff Krise entstammt vom griechischen „krisis", das *Wendepunkt* bedeutet. In eine ähnliche Richtung geht auch das chinesische Verständnis von Krise: das Wort „wei-ji" setzt sich aus den Zeichen für *Gefahr* und *gute Gelegenheit* zusammen. In diesen Ausdrücken wird deutlich, dass Situationen, die im Deutschen durch das Wort Krise eher negativ, trist und hoffnungslos beschrieben werden, auch immer etwas Positives, eine Möglichkeit, ein Neubeginn mitschwingt.

危
機

Chinesisch „wei-ji" verbindet „Gefahr" und „Gute Gelegenheit (Chance)"

Grundsätzlich zeichnen sich als krisenhaft erlebte Zeiten durch bestimmte Faktoren aus:
- Innen- bzw. Außenbeziehungen sind gestört.
- Bewährte Strategien und Mechanismen reichen nicht mehr aus.
- Neue Bewältigungsstrategien mit entsprechender innerer Umstrukturierung sind gefordert.

Hilfreich zum Verständnis des Begriffs „Krise" kann die Unterscheidung in Notstand und Krise sein. Während sich ein Notstand mit bewährten Mitteln beseitigen lässt, bedarf es für die Bewältigung einer Krise, bestehende, vertraute Verhaltensoptionen (endlich) aufzugeben und neue Handlungsmöglichkeiten zu entwickeln. Wenn Krisen, beispielsweise Ehekrisen oder berufliche Krisen, mit ihren spezifischen Anforderungen zur Bewältigung nicht als solche erkannt werden, kommt es in der Folge zwangsläufig zu zahlreichen Fehlversuchen, die Krise wird langwierig und nicht zuletzt deshalb als sehr schwierig erlebt.

Nach Lindemann (1995) lassen sich Notstand und Krise als Formen der Anpassungsstörungen wie folgt unterscheiden:

Notstand
- lässt sich mit bewährten Mitteln beseitigen,
- kann durch Wandel erster Ordnung beseitigt werden.

Krise
- erfordert neue Verhaltensmuster,
- kann nur durch einen Wandel zweiter Ordnung überwunden werden.

Aus systemischer Sicht können wir über den Zustand Krise eine Reihe von Aussagen machen.

1. *Von einer Krise kann dann gesprochen werden, wenn sich Muster der Organisation verändern müssen.* Das kann erforderlich werden, wenn z. B. interne oder externe Veränderungen nicht wahrgenommen oder ignoriert werden und mit den gleichen Mitteln bis zu einem Punkt, an dem „nichts mehr geht", weitergemacht wird.

2. *Um mit Krisen erfolgreich umgehen zu können oder sie sogar völlig zu verhindern, muss eine Organisation über Regeln zweiter Ordnung verfügen, die eine Veränderung der Muster erlauben.* Solche Metaregeln sind gewissermaßen „Regeln über die Regeln". Eine Organisation, die beispielsweise die Metaregel hat, bestehende Regeln und Prozesse bei sich ergebenden Änderungen im Umfeld (oder in regelmäßigen Zeitabständen) zu überprüfen und anzupassen, ist weniger gefährdet, in eine schwere Krise zu geraten als eine Organisation, die ohne Metaregeln Prozesse festlegt und an diesen festhält bis eine schwierige Situation zu Veränderung zwingt.

3. *Neue Handlungen in einer Organisation sind oft unmöglich, da sie massiv sanktioniert werden.* Jeder kennt dieses Phänomen: „Das tut man hier nicht!", „das machen wir schon immer so", „so etwas funktioniert hier nicht." Solche Aussagen hört man als Berater, als neuer Mitarbeiter oder jemand, der etwas Neues versuchen will, in Organisationen häufig. Musterbildung und Gewohnheitshandeln stehen neuen Lösungen im Weg, das Festhalten an ehemals Bewährtem führt in die Krise. Auch hier braucht es Regeln, die Veränderung erlauben und lebbar machen.

4. *Krisen und Probleme dienen oft dem Beharren auf alten Mustern (homöostatische Funktion von Problemen).* Oftmals sind Krisen oder Probleme also nicht die Folge des Festhaltens an alten Mustern, sondern dienen dem Weiterexistieren des Systems und seines Transaktionsfeldes in der gegenwärtigen Form des Gleichgewichtes. Ein Problem ist dann gewissermaßen das Symptom, auf das sich das System konzentriert, wenn eigentlich bereits eine grundlegendere Veränderung angezeigt wäre. Daher gilt es, bei Problemen oder krisenhaften Situationen sehr genau hinzusehen, ob es sich um Ursache oder Symptom handelt.

Systematisierung von Krisen – Krisentypen

Problematisierung der epistemologischen Zwickmühle:

Wenn wir von Krise sprechen, müssen wir uns die Verdinglichung des Krisenbegriffs bewusst machen und dürfen nicht vergessen, dass es sich um einen durch unser Denken geprägten Begriff handelt und nicht um eine Sache, ein Ding. In diesem Zusammenhang sind auch die Begriffe „Lösung", „Bewältigung" oder „Auseinandersetzung" kritisch zu sehen. Sie suggerieren ein statisches Krisenbild: die Krise und ihre Bewältigung. Tatsächlich stehen wir immer im Prozess. Krise ist ein Prozess, der aus Handlungen und Kommunikation von Menschen und deren Wahrnehmung besteht. Krise ist auch nicht gleich Krise. Die folgenden Gedanken zeigen eine Möglichkeit für die Systematisierung von Krisen auf.

Einengungskrise:

Auf der personalen Ebene bedeutet dieser Krisentyp, nicht mehr so zu können, wie man will und wie man bisher agiert hat. Das geschieht zum Beispiel bei Krankheit oder Funktionsausfällen. Ein Rückzug auf uns selbst wird erforderlich, eine meditative Haltung, Besinnung und Neuorientierung. In Unternehmen werden Einengungskrisen z. B. als Zusammenbruch von Märkten, Rückgang der Nachfrage oder Reorganisationsprozesse erlebt. Die Krise geht oft über in eine Transformation. Wenn dies nicht geschieht, kommt es eventuell zur Auflösung.

Expansionskrise:

Das Individuum erlebt Expansionskrisen in Zeiten des Neubeginns: Ein neuer Job wird angetreten, man verliebt sich oder macht sich selbständig. Es sind Phasen größerer Umbrüche, Innovationszeiten. Gehindert werden wir dann durch Menschen, die uns im alten Zustand halten wollen oder durch unser eigenes Beharren bzw. durch Unsicherheiten und Ängste. Diese Phasen erfordern Aktivität, unser *Tun*. Auch Organisationen kennen Expansionskrisen. Gerade hier muss Expansion als Krise gesehen werden, da häufig die Chance nicht erkannt wird, Risiken im Vordergrund stehen oder alte Strukturen die Entwicklung behindern. Schnelles Wachstum braucht Krisenmanagement, sonst kommt es zu frühzeitiger Erschöpfung.

Auflösungskrise:

Beziehungen, die sich auflösen, sind ein wichtiges Beispiel für Auflösungskrisen auf personaler Ebene. Sie zeigen sich durch Verschwommenheit und ein Ringen und Suchen nach Halt und klarer Linie. Das begleitende Hauptgefühl in solchen Zeiten ist Unsicherheit. Es erfordert ein Zulassen bzw. ein Loslassen vom Alten. Sinnfragen stehen zur Entscheidung an. Die Antworten können erst kommen, wenn wirklich losgelassen worden ist. Unternehmen oder ganze Industriezweige (wie z. B. Stahl oder Kohle) lösen sich auf, niemand weiß, wie es weitergehen wird. Die Richtung ist nicht klar, die Optionen verschwommen. Die Phase endet in der endgültigen Auflösung des Systems (Systemtod) oder entwickelt sich zur Transformationskrise.

Transformationskrise:

Die Transformationskrise ist die dramatischste Krisenform. Sie ist eine Art äußere oder innere Geburt bzw. Tod. Sie wird begleitet von Machtauseinandersetzung und symmetrischer Eskalation mit dem Schicksal. Sie erfordert eine „innere Häutung", eine Bewusstseinsveränderung, einen Bewusstseinssprung. In Organisationen lösen sich alte Strukturen auf, es entstehen heftige Kämpfe (z. B. zwischen Tarifpartnern, Abteilungen, oder Firmen in Fusionen). Die neu entstehende Struktur ist zunächst nicht bekannt und nicht deutlich. Klar ist nur: Die neue Struktur ist vollkommen anders als die alte.

6.3.2 Persönliche Muster im Umgang mit Krisen

Analog zur Veränderung der Stressmuster kann das Verhalten in Krisen bei sich selbst oder bei anderen Personen nach folgendem Schema überprüft und verändert werden:

Arbeitsblatt

- Wie ist mein Verhalten konkret?
- Wie ist das Verhaltensmuster? Nach welchen Regeln gehe ich vor?
- Welches Ergebnis wird dabei erzielt?
- Was ist mein angestrebtes Ziel?
- Welche Regeln sollten verändert werden?
- Wie sehen diese dann aus?

6.3.3 Krisenmanagement

Handlungsalternativen im Umgang mit Krisen

Krisen sind Übergänge bzw. Veränderungen von Ordnung zum Chaos zu einer neuen Ordnung. Die Grundlagen der modernen Chaosforschung und der Theorie der Selbstorganisation liefern uns die Erkenntnis, dass Veränderungsprozesse unabdingbar mit Phasen des Chaos, der Irritation und Unsicherheit verbunden sind. Kann das System angeregt werden, seinen bisherigen Attraktor aufzugeben, durchläuft es vorübergehend eine Phase der Instabilität, es erlebt einen Phasenübergang. Dieser Phasenübergang ist durch Kreativität und Chaos gekennzeichnet, was dem System erlaubt, einen neuen Attraktor auszubilden und in einen neuen Ordnungszustand einzutreten. Der neue Ordnungszustand unterscheidet sich vom alten durch deutlich veränderte, beobachtbare Transaktionsmuster, die damit Hinweis auf die durchgemachte Veränderung geben. Die Neuorganisation braucht als Voraussetzung die Phase der Instabilität, in der kurzfristig Chaos herrscht. Ohne eine Phase von Verunsicherung würden sich in Systemen keine neuen Muster entwickeln. Ohne Chaos und Krisen kann es also keine wirkliche Veränderung geben.

Menschen und Organisationen müssen regelrecht „eine Krise durchmachen", wenn es zu einer wirklichen Veränderung (von Verhaltensmustern etc.) kommen soll. Erst die erfolgreiche Bewältigung der Krise kann zur Entwicklung neuer, alternativer Lösungsoptionen führen. Hilfreich ist es, für den Umgang mit Chaos und Krisen über entsprechende Konzepte zu verfügen, um diese Situationen erkennen und mit geeigneten Mitteln und Wegen bewältigen zu können.

Grundsätzlich gibt es zwei Hauptmuster im Umgang mit Krisen. Im „Umgangsmuster A" ist die Krise eine Veränderung, die die Ordnung stört. Ein System entwickelt sich unerwartet, unplanmäßig und chaotisch, die Gestaltungsmöglichkeiten mit den bisherigen Transaktionen nehmen ab. Der Grad an Selbststeuerung wird immer geringer, der Grad an Fremdsteuerung nimmt zu. Das Bestreben des Systems ist darauf gerichtet, die bestehende Ordnung zu erhalten. Den stärker werdenden Turbulenzen wird durch mehr Kontrolle entgegengewirkt. Das Verhalten ist gekennzeichnet durch: *Ich wehre mich, ich verteidige mich, ich resigniere.* „Umgangsmuster B" ist von diesem Vorgehen gänzlich verschieden. Als Reaktion auf bestimmte Entwicklungen wird ein Veränderungsprozess bewusst gestartet. Die auftretenden Turbulenzen werden als Übergänge eines freiwillig gewählten Prozesses ver- und durchstanden. Veränderungen werden in Feedbackschleifen beobachtet, Schlüsse gezogen, das Vorgehen verbessert und weitere Optionen geschaffen. Das Verhalten steht unter der Idee: *Ich gehe nach vorn.*

Zentrale Regel für das Verhalten in Krisen

Unsere zentrale Empfehlung zum Umgang mit einer Krisensituation lautet: *Nicht mehr das Gleiche!* Die Bewältigung einer als solche identifizierten Krise erfordert eine Musterunterbrechung (siehe Abschnitt 1.5.11). Die eingespielten Lösungsoptionen müssen aufgegeben werden, so schwer das auch fällt.

6.4 Konfliktmanagement

6.4.1 Grundlagen

Kontextbezogenheit des Stress-, Konflikt- und Krisenmanagements

Jede Krise ist immer die Krise einer Person, einer Organisation, einer Gesellschaft. Jeder Konflikt findet in einem bestimmten System mit einer bestimmten Kultur, d. h. mit ganz bestimmten Regeln des Umgangs und des Miteinanders statt. Und auch Stress, individuell empfunden, ist immer in einen bestimmten Kontext eingebettet. Aus systemischer Sicht macht es nur Sinn, Stress-, Konflikt- und Krisenmanagement zu betreiben, wenn man sich dabei nicht am Einzelphänomen festhält und klassisches Konflikt- oder Krisenmanagement betreibt.

Zunächst sollte man sich bewusst machen, dass der Umgang mit Konflikten und Krisen im Rahmen der Muster und Regeln der Zusammenarbeit (siehe Abbildung 40) nur eine Transaktion unter mehreren betrifft. Im Grunde gehört bei jedem derartigen Auftrag die gesamte Unternehmenskultur auf den Prüfstand, und es ist zu fragen: „Für was sind die auftretenden Konflikte bzw. Krisen eigentlich Symptome?“, „Welche Art von Management wird hier betrieben: ein lineares, hierarchie- und bürokratieorientiertes Management oder ein Management, das auf Selbstorganisation und Chaos als kreative Potenz des Unternehmens und der Mitarbeiter setzt?” Insofern darf Stress-, Konflikt- oder Krisenmanagement nicht an den vordergründigen Problemdefinitionen hängen bleiben. Häufig wird Konfliktmanagement betrieben, das die Bedingungen der Konfliktentstehung nicht reflektiert und das Unternehmen nicht darauf vorbereitet, in Zukunft die entsprechenden Konfliktkonstellationen vermeiden zu können.

Daher ist es erforderlich, an dieser Stelle nochmals auf einige Grundideen des Chaos- und Veränderungsmanagements aus dem zweiten Kapitel zu verweisen. Zusammenfassend genannt seien die Phänomene von Stabilität und Labilität im Veränderungsprozess, die Möglichkeiten der kognitiven Selbstorganisation sowie die individuelle Operationslogik sozialer Systeme. Ebenfalls von großer Wichtigkeit ist die Frage des Umgangs mit der Veränderung von Ordnern und Transaktionsmustern.

Indem wir uns auf diese Grundideen stützen, können wir häufig zügig durch die Krisen- und Konfliktkonstellationen durchgehen und den Finger auf die Struktur der Organisation als Bedingungsgefüge legen. Hier ist unserer Beratung schnellerer und vor allem umfassenderer Erfolg vergönnt.

Wenn also Beratung zur Konfliktlösung angefragt wird, ist es wichtig auch über diesen Tellerrand hinauszuschauen und zu prüfen, welche Kontextfaktoren mitwirken. Der Umgang mit Krisen und Konflikten ist für viele Berater und Führungskräfte besonders bedeutsam, da sie speziell für das Konfliktmanagement häufig keine brauchbaren Instrumente besitzen. Dazu kommt, dass die Erfahrungen mit Konflikten oft nur frustrierende, enttäuschende oder sogar destruktive Erinnerungen heraufbeschwören. Um so wichtiger ist die Entwicklung neuer Handlungsstrategien.

Umgang mit Unterschieden

Wir verstehen Konfliktmanagement im Sinne eines konstruktiven und souveränen Umgangs mit Unterschieden. In Konfliktsituationen stoßen wir ununterbrochen bei uns und anderen auf Polarisierungen in den Kategorien „entweder – oder“ und „richtig – falsch”. Jeder Konfliktpartner nimmt zusätzlich für sich in Anspruch, dass seine Sicht der Dinge „richtig und wahr” sei.

Individuelle Konstruktionen wie Wahrheiten und Wirklichkeiten sind abhängig von den Menschen, die sie sagen, und von dem Beobachtungsstandpunkt, den diese einnehmen. Sie sind beeinflusst von den jeweiligen Biographien und den gedanklichen Verknüpfungen über das, was sie sagen. Subjektive Deutungen prägen das Handeln des Einzelnen wie auch das Handlungsrepertoire von Systemen.

Wenn wir in Polarisierungen denken, werden wir keine Experimente zulassen. Experimente sind aber Optionen auf dem Wege zu besseren Lösungen und für Neuentwicklungen unbedingt nötig. Für den Beratungsprozess im Konfliktmanagement gilt, sich die „Konstruktion der Wirklichkeit“ zu vergegenwärtigen, um nicht den „eigenen Wahrheiten“ zu erliegen und diese für wertfrei zu halten. „Wahrheiten“ sind abhängig von den Menschen und ihren Wahrnehmungen, von deren Erfahrungen, deren Konstruktionen über das, was sie sagen, den Beziehungen und dem Kontext, in denen sie gesagt werden und in dem sie ihre Bedeutung erhalten.

„Wenn wir wissen, dass unsere Welt notwendigerweise eine Welt ist, die wir zusammen mit anderen hervorbringen, dann können wir im Falle eines Konfliktes mit einem anderen menschlichen Wesen, mit dem wir weiterhin koexistieren wollen, nicht auf dem beharren, was für uns gewiss ist (auf einer absoluten Wahrheit), weil das die andere Person negieren würde. Wollen wir mit der anderen Person koexistieren, müssen wir sehen, dass ihre Gewissheit – so wenig wünschenswert sie uns auch erscheinen mag – genauso legitim und gültig ist wie unsere. Ein Konflikt ist immer eine gegenseitige Negation” (Maturana, Varela, 1987).

Viel wichtiger ist es, die Bedeutung des jeweiligen Beobachtungsstandpunktes für die von den verschiedenen Konfliktpartnern erlebte „Wahrheit" zu kennen und Möglichkeiten zu schaffen, den Beobachtungsstandpunkt verändern und wechseln zu können. Aus dieser Perspektive spielen nicht nur Gemeinsamkeiten, sondern auch die Unterschiede in der persönlichen Wahrnehmung eine wichtige Rolle. Um Gemeinsamkeiten wie Unterschiede erkennen zu können, bedarf es zunächst einer offenen Haltung. Nur wer bereit ist, über die Sicht des anderen dazuzulernen, erweitert seinen eigenen Blickwinkel und vergrößert die Möglichkeit, gemeinsam auf neue, bisher unbekannte Möglichkeiten zu stoßen.

Wahrheiten und Wirklichkeiten sind gebunden an den Kontext, in dem Menschen sie sagen, und erst in den Beziehungen erlangen sie ihre Bedeutung. Je nachdem, wer etwas Bestimmtes sagt, wird man ein- und denselben Satz unterschiedlich interpretieren. Jede Beobachtung und jede Beschreibung impliziert somit Unterscheidungen, und diese Unterschiede ergeben sich nicht ausschließlich aus der Wirklichkeit, sondern auch aus den Konstruktionen des jeweiligen Beobachters. Wir bewerten Unterschiede im Sinne von neuen Informationen, die zur Erweiterung des eigenen Blickwinkels führen. Hierdurch eröffnet sich eine Welt der Vielfalt. Wenn es nicht *die Wahrheit* gibt, dann stehen mehrere Betrachtungen als Optionen zur Verfügung, die uns Entscheidungsspielräume verschaffen und damit Freiräume ermöglichen. So finden wir Wege aus Engpässen und verbohrtem Denken.

Konflikte in der Zusammenarbeit, beispielsweise in Teams, sind natürlich. *Es ist das Fehlen von Konflikten, das wir als Warnsignal betrachten können.* Systeme, in denen Konflikte als etwas Belastendes gesehen und fast zwanghaft vermieden werden, bewirken meist das Entgegengesetzte von dem, was sie anstreben. Konflikte entstehen trotz aller oder gerade durch Vermeidung, schwelen unter der Oberfläche und lähmen konstruktive Kooperation. Unterschiedliche Ansichten werden als Bedrohung gesehen und wenn überhaupt nur im stillen Kämmerchen geoutet. Gerade Unterschiede ermöglichen aber erst die angestrebte Ideenvielfalt in einem Team und dadurch ein hohes kreatives Potenzial. Gleichwohl bedarf es immer wieder einer Zusammenführung der Ideen und Meinungen im Hinblick auf vereinbarte Ziele, Rollen und Spielregeln. Um dieses Zusammenspiel auch in kritischen Situationen meistern zu können, benötigen Teams Konzepte und Regeln für den Umgang mit Unterschieden.

6.4.2 Persönliche Konfliktmuster

Arbeitsblatt

- Welche Assoziationen habe ich zum Thema „Konflikt“?
- Wie gehe ich gewöhnlich mit bestimmten Konflikten um? Nach welchem Muster?
- Mit welchem Ergebnis?
- Welche positiven Aspekte hat mein üblicher Umgang mit Konflikten?
- Wie will ich in Zukunft vorgehen, auf was will ich achten, mit was will ich experimentieren, wenn ich in einer Konfliktsituation stehe?

6.4.3 Konfliktarten

Alle in Lehrbüchern hochdifferenzierten Konfliktarten lassen sich auf meistens drei wesentliche, für die Beratung wichtige Konfliktarten reduzieren: Interessenkonflikt, Beziehungskonflikt, Zuschauerkonflikt. Sicherlich treten sie in Mischformen auf, bieten aber dem Berater oder der Führungskraft die Möglichkeit, eine erste Differenzierung durchzuführen und damit auch die Wahl der Mittel zu erleichtern.

Von einem Interessenkonflikt sprechen wir, wenn unterschiedliche Meinungen über Verfahrensweisen in Abläufen und Prozessen besteht.

Schwieriger wird es beim Beziehungskonflikt. Wenn in einer Arbeitsbeziehung eine Entscheidung ansteht, ist sie oftmals von einem Beziehungskonflikt überschattet. Persönliche Abneigungen, Vorurteile, Beleidigungen oder Kränkungen stören jegliche Kooperation. Ein adäquater Entscheidungsprozess muss aber auf sachlicher Ebene und nicht auf der Beziehungsebene geführt werden.

Schließlich finden wir beim Zuschauerkonflikt typische Aussagen wie „Ich fühle mich unbeteiligt“ oder „Ich werde nur gestört“. Wie weit allerdings die Beteiligung des sogenannten Zuschauers im Konflikt wirklich reicht, wird erst im weiteren Lösungsprozess entschieden werden können.

6.4.4 Die Grundmuster der Konfliktlösung

Das Konfliktverhalten unterliegt einem Lernprozess, der sich in sechs Stufen vollzieht (vgl. Schwarz 1995). Immer dann, wenn die Nachteile der gerade angewendeten Konfliktlösung ihre Vorteile überwiegen, ändert sich das Konfliktverhalten und die nächste Stufe wird erklommen (siehe Abbildung 45).

Flucht

Das Naheliegendste und Einfachste ist es, einen Konflikt zu verleugnen oder „auf die lange Bank zu schieben". Ein Problem zu verdrängen birgt scheinbar viele Vorteile: Es ist bequem, zeit- und energiesparend. Verlierer gibt es nicht, niemand leidet und die Distanz zum Konfliktpartner/Konfliktpunkt bleibt gewahrt. Auf Dauer lässt sich das Problem aber nicht durch Flucht beseitigen, da der Konflikt in stärkerer Form wiederkehrt. Wird eine Konfliktsituation immer wieder verdrängt oder aufgeschoben, ist das sehr unbefriedigend und kann sogar zu Depressionen und psychosomatischen Krankheiten führen. Der größte Nachteil ist allerdings, dass kein Lernprozess angeregt wird und somit keine Weiterentwicklung möglich ist. Kann ein Konflikt nicht mehr durch Flucht gelöst werden, begeben sich die Kontrahenten in eine Kampfphase.

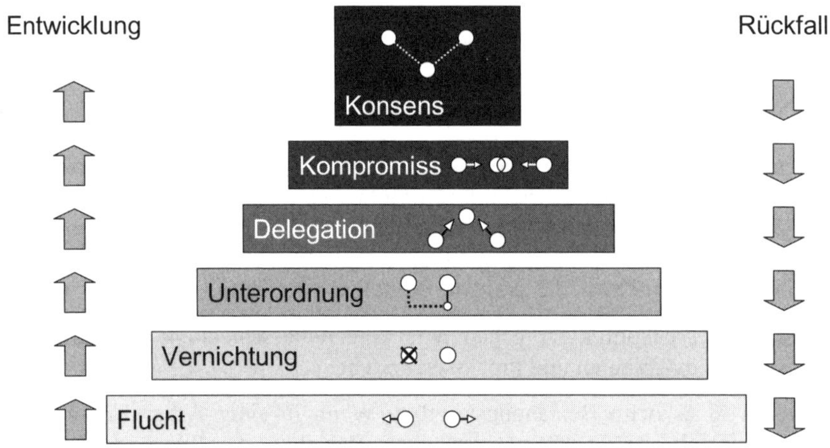

Abbildung 45: Sechs Grundmuster der Konfliktlösung nach G. Schwarz (1995)

Vernichtung

Die Konfliktbehandlung heißt hier, die Gegenposition wird vernichtet. Entlassung, Mobbing oder Rufmord sind Beispiele hierfür. Die Polarisierung in „Entweder-Oder" lässt eine schnelle, dauerhafte Lösung zu, die aber nicht mehr rückgängig zu machen ist. Ein möglicher Fehler ist somit nicht mehr korrigierbar. Nach der Vernichtung des Kontrahenten empfindet der „Sieger" Genugtuung und geht vermeintlich gestärkt aus der Auseinandersetzung hervor. Da mit dem „Gegner" aber auch dessen mögliche Vielfalt an Alternativen ausgestrichen wird, bleibt auch hier der Verlust der Weiterentwicklung.

Auf dem Weg zur nächsten Stufe wird der gegensätzliche Konfliktpunkt nicht mehr ausgelöscht, sondern dem eigenen untergeordnet.

Unterordnung

Diese Konfliktlösung kommt immer dann zur Anwendung, wenn sich bei einer „Entweder-Oder"-Polarisierung nur die eine Position als brauchbar erweist und die Gegenseite diese gezwungenermaßen anerkennt. In Hierarchiesystemen bleibt derjenige, der die zentralere Position inne hat, gegenüber seinen Untergebenen im Recht. Gängige Methoden sind Überzeugen, Überreden, Nachgeben, Bestechen, Manipulieren, Drohen. Wer kennt folgenden Satz nicht? „Solange Du Deine Füße unter meinen Tisch stellst, wird gemacht, was ich sage!" Hieran ist gut erkennbar, dass bei dieser „Lösung" immer nur einer, nämlich der Tischinhaber, Recht behält. Der Tisch-Mitbenutzer hat Angst vor Sanktionen und gibt nach. „Siegen" heißt Recht haben. Es findet zwar eine klare Aufteilung der Verantwortung statt, aber die Rollenverteilung ist starr und unflexibel, wodurch neue Konflikte innerhalb der hierarchischen Ordnungsstrukturen entstehen. Eine Konfliktlösung mittels Unterordnung ermöglicht zum ersten Mal einen Lernprozess. In der Weiterentwicklung entsteht das Muster Konfliktlösung durch Delegation.

Delegation

Zwei Personen sind nicht in der Lage, ihren Konflikt durch Kommunikation zu lösen und ziehen eine, nicht am Konflikt beteiligte, dritte Person hinzu. Die Voraussetzung für eine Delegation ist, dass es eine richtige und eine falsche Lösung gibt und dass die dritte Person die Richtige findet. Die Funktion der neutralen Person besteht darin, im Konfliktfall zu vermitteln und dadurch die Kommunikation der Konfliktpartner aufrecht zu erhalten. Zudem hat der Vermittler durch seine Nicht-Involviertheit die Möglichkeit, die Situation aus der Metaebene zu betrachten.

Im Fall der Delegation bestehen zwei Möglichkeiten der Konfliktintervention:

1. Die neutrale Person entscheidet für die Konfliktparteien. Durch das Betrachten von außen bzw. oben wird das Problem auf eine höhere Ebene, nämlich auf die des Vermittlers, transformiert. Haben beispielsweise zwei Kollegen ein Problem und können sich nicht einigen, erhoffen sie sich von ihrem Vorgesetzten eine Lösung. Führt dieser Vorgesetzte die Kollegen zu einem Ergebnis, bedeutet das für ihn einen Autoritätsgewinn. Möglicherweise bedeutet es aber auch eine grundsätzlichen Delegation, sobald Konflikte auftreten. An diesem Beispiel ist erkennbar, dass für diese Art der Konfliktintervention ein Abhängigkeitsverhältnis und demnach auch eine Hierarchie notwendig ist. Genauer betrachtet betreiben die Kontrahenten hier Konfliktvermeidung, wobei der Weg zur neutralen Person sich immer stärker ausprägt anstatt den besseren Weg einer direkten Konfrontation mit dem Kollegen einzuschlagen.

2. Hilfe zur Selbsthilfe: Ziel ist die Erhöhung der Selbständigkeit und der Konfliktkompetenz. Die neutrale Person steuert den Lernprozess für das richtige Austragen von Konflikten, so dass die Konfliktpartner selbst zu einer Lösung gelangen.

Kompromiss

In einem bestimmten Bereich kann eine Teileinigung erreicht werden. Diese Teileinigung bedeutet natürlich immer auch Teilverlust von eigenen Zielen und Positionen. Ein guter Kompromiss beinhaltet die wichtigsten Teile des Konflikts, während ein schlechter Kompromiss die wichtigsten Teile des Konflikts außer Acht lässt. Der Ausdruck, einen „faulen" Kompromiss erreicht zu haben, macht deutlich, dass hier keine Lösung gefunden wurde und das Problem früher oder später wieder auftauchen wird.

Konsens

Die letzte Stufe des Entwicklungsprozesses im Konfliktverhalten ist der Konsens. Die bisher ausprobierten Konfliktlösungen Flucht, Vernichtung, Unterordnung und Delegation haben versagt. Dieses Scheitern ist notwendig, um die logische Ausweglosigkeit, auch Aporie genannt, des Konflikts diagnostizieren zu können.

In einer Aporie ...

- liegen zwei sich widersprechende Interessen/Behauptungen vor,
- sind beide Interessen wahr/berechtigt,
- sind beide Interessen voneinander abhängig.

Es wird deutlich, dass eine Enweder-Oder-Polarisierung nicht der richtige Weg sein kann, da beide Sichtweisen „wahr" sind. Eine Alternative der anderen vorzuziehen ist nicht möglich, weil sie voneinander abhängig sind. Haben die Kontrahenten diesen aporetischen Charakter einmal erkannt, begeben sie sich in einen dialektischen Entwicklungsprozess. Während der Kompromissphase findet bereits eine direkte Interaktion statt, aber es kann immer wieder passieren, dass die Konfliktpartner in Kampfphasen zurückfallen. Ein Kompromiss ist häufig keine dauerhafte Lösung, unter anderem deshalb, weil beide Parteien möglicherweise als Verlierer aus der vermeintlichen Lösung hervorgehen. Durch den Kompromiss hat sich innerhalb der eigenen Reihen der Gegner ein wenig Platz verschafft. Mit der Einsicht, dass der „andere" Gegensatz innerhalb des „eigenen" Gegensatzes auftritt, beginnt nun die letzte Phase. Die beiden Kontrahenten bemerken, dass ihre Ansichten gar nicht mehr so verschieden sind, und beginnen, den jeweiligen Gegensatz wert zu schätzen. Im Ergebnis ist der Konsens eine Neugestaltung der beiden Gegensätze zu einer Synthese. Die Lösung eines aporetischen Konflikts beinhaltet also beide Positionen, ohne eine der beiden zu vernichten oder auszuschließen. Im besten Fall haben die Konfliktpartner nicht nur beide recht behalten, sondern auch das Gefühl, etwas dazu gewonnen zu haben.

6.4.5 Konflikte erkennen und bewältigen

Elemente im Konfliktmanagement

Grundsätzlich besteht erfolgreiches Konfliktmanagement aus fünf Teilen (siehe Abbildung 46). Es braucht eine *klare Definition* und Abgrenzung der widersprüchlichen Positionen, eine *ehrliche Konsenssuche* und Kompromissbereitschaft der Beteiligten, eine *gemeinsame Alternativenentwicklung*, eine *formelle Entscheidung* sowie wiederholte *Feedbackschleifen* zur Prozessanalyse (vgl. Guntern, 1992). Das nachfolgende Modell ist gewissermaßen das Grundgerüst zum Verständnis von Konfliktmanagement.

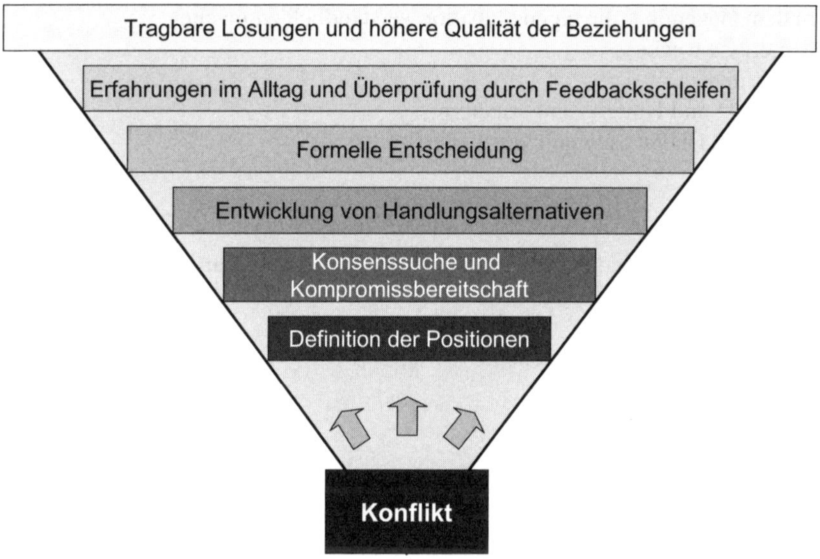

Abbildung 46: Elemente im Konfliktmanagement

Bereiche zur Klärung

Für eine Konfliktlösung müssen die Beteiligten folgende Bereiche für sich selbst und die „andere Seite" wahrnehmen und klären:

1. *Was will der andere?*

   Um die Interessen des Gegenüber herauszufinden:
   - zuhören;
   - nachfragen;
   - Deutungen überprüfen (Bewusstseinsrad);
   - Spiegeln („Ich verstehe Sie so ...").

2. *Was will ich?*

Um die eigenen Interessen zu verdeutlichen:
- über die eigene Position klar werden;
- Definieren der eigenen Ziele;
- Konsequenzen überprüfen („angenommen dass ...“);
- Spielraum abstecken („Was will ich unbedingt? Wie weit kann ich nachgeben?“).

3. *Wie vermittle ich meine Position?*

Um dem Gegenüber die eigene Position verständlich zu machen:
- Interesse wecken;
- mitteilen;
- Kontext und Hintergrund erläutern;
- prüfen („Haben Sie mich verstanden?“).

4. *Wie kann eine Win-Win-Lösung geschaffen werden?*

Um einen Weg zu finden, bei dem beide Parteien profitieren:
- stehen und wirken lassen;
- verhandeln;
- gemeinsamen Nenner suchen;
- Absprachen treffen.

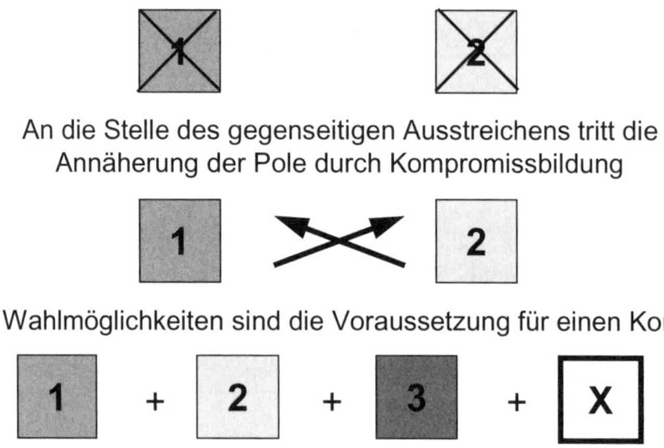

Abbildung 47: Mindestens drei Lösungsoptionen in Konfliktsituationen

Polarisierung vermeiden

Anstelle von Polarisierungen und einer Lösungssuche, die auf einer „Entweder-Oder"-Haltung beruht (und auf eine eben solche Entscheidung hinausläuft), gilt es, im Konfliktgespräch weitere Lösungsalternativen zu entwickeln. Erst wer über mindestens drei Handlungsoptionen verfügt, kann wirklich entscheiden (siehe Abbildung 47). Obwohl es Konfliktparteien oft so erscheint, als gäbe es nur zwei Möglichkeiten, stellt sich meist heraus, dass durchaus noch andere bisher ungedachte Optionen zur Verfügung stehen. Daher gilt die Regel: *Mindestens drei Lösungsoptionen darstellen, bevor entschieden wird.*

Prinzipien im Konfliktmanagement

In den folgenden acht Prinzipien des Konfliktmanagements (nach Fröhlich, 1993) sind die *Essentials* für die Konfliktmoderation zusammengefasst. Sie können generell als Spielregeln im Umgang mit Konflikten angewandt werden. Nur wenn alle Beteiligten sich diese Prinzipien zu eigen machen, ist erfolgreiche Konfliktlösung möglich.

Konfliktbejahung:

Konfliktbejahung bedeutet zunächst, dass die Konfliktparteien gleichermaßen wahrnehmen, dass es einen Konflikt gibt. Darüber hinaus heißt „Bejahung", dass Konflikte als natürlich, zulässig und erwünscht betrachtet werden. Sie zeigen unterschiedliche Meinungen und Interessen an und können die Entwicklung eines Systems voranbringen.

Beiderseitige Verursachung:

Konflikte entstehen in der Beziehung von Menschen. Sie sind ein co-kreativer Prozess, Verantwortung dafür kann nicht delegiert oder getrennt werden. Dies ist für die Beteiligten in Konflikten oft der schwierigste Teil; Menschen tendieren stark dazu, andere in Konflikten als Verursacher oder „Schuldige" zu sehen und sich selbst als reagierende Partei oder sogar als „Opfer" wahrzunehmen.

Kein Gewinner, kein Verlierer:

Bei der Konfliktlösung geht es um Inhalte, Beziehungen und Empfindungen. Für den Nutzen der Beteiligten und der Organisation ist es unerheblich, dass jemand „recht hat" und sich durchsetzt. Gewinner sind beim richtigen Umgang die Sache und die Gesamtheit.

Gefühlsbereinigung:

Vor allem bei länger andauernden, „schwelenden“ Konflikten steht die Bereinigung der Gefühle der Beteiligten im Vordergrund. Ein Moderator muss dafür sorgen, dass Betroffene an irgendeiner Stelle des Konfliktlösungsprozesses aufgestaute Emotionen los werden können. Ohne dass Emotionen wahrgenommen, kommuniziert und bereinigt werden, ist eine inhaltliche Konfliktlösung höchstens eine halbe Sache.

Unverzüglichkeit der Konfliktbereinigung:

Bei zeitnahem Austausch über unterschiedliche Auffassungen oder zwischenmenschliche Geschehnisse sind Konflikte und größere Auseinandersetzungen oft zu verhindern oder bei geringem Umfang zu lösen. Spontane, kurze Feedbacks und Gespräche sorgen für „hygienische“ Verhältnisse. Wenn Konflikte erkannt sind, gilt es sie direkt anzugehen und zu lösen.

Direktheit und Offenheit:

Im Konfliktfall „Ross und Reiter“ zu nennen, nimmt die Last von den eigenen Schultern und schafft bei anderen neue Informationen. So wird dafür gesorgt, dass alle wichtigen Aspekte diskutiert und keine „Altlasten“ weiter mitgeschleppt werden und die Beziehungen belasten.

Vorrangigkeit von Selbsthilfe:

Als Außenstehender der im Konfliktfall hinzugezogen wird – gleichgültig ob Berater oder Führungskraft – gilt es darauf zu achten, dass die Beteiligten generell erst selbst versuchen, eine Lösung zu finden. Ansonsten kann die Delegation von Lösungsverantwortung zum Verhaltensmuster werden.

Abgestufte Maßnahmen bei Fremdhilfe:

Wenn Fremdhilfe zur Konfliktlösung hinzugezogen wird, sollte sie abgestuft eingesetzt werden. Der Grundsatz dabei ist, Lösungsprozesse zu initiieren und gleichzeitig Selbstverantwortung zu fördern. Es sollte stets hinterfragt werden, ob die Mittel verhältnismäßig sind, und ab wann die beteiligten Parteien wieder allein weiter laufen können.

Techniken der Konfliktmoderation

In der Konfliktmoderation können die in Kapitel 1 erläuterten Konzepte und Methoden gut eingesetzt werden. Systemische Instrumente wie Fragetechniken, Kontextanalyse, Skulpturarbeit, Reframing und Metaphern helfen bei der Klärung und Definition des Problems; Feedback, und Reflecting Teams bringen neue Sichtweisen ins Spiel; Musterunterbrechungen schaffen Raum für neue Formen des Umgangs. Zusätzlich erweisen sich die im Folgenden dargestellten Techniken in der Praxis des Konfliktmanagements als erfolgreich. Die in diesem Buch genannten Methoden sind keineswegs isoliert zu betrachten – die Kunst einer guten Konfliktmoderation (wie Beratung überhaupt) besteht vielmehr darin, ein Gespür für den richtigen Einsatz und die effektivste Kombination der Techniken zu entwickeln.

Klassische Konfliktmoderation:

Ein Moderator leitet das Gespräch der Konfliktbeteiligten ein, stellt seine neutrale Rolle dar und erklärt die Struktur und Spielregeln. Er holt sich bei den Beteiligten das Einverständnis zum geleiteten Gespräch ab und lässt sich von beiden Parteien das Interesse an einer Lösungsfindung und den Willen zur ehrlichen Konsenssuche bestätigen. Ein Beteiligter beginnt und stellt seine Sicht der Situation dar. Während er spricht sind nur Verständnisfragen zugelassen, keinesfalls Einwürfe, Verteidigungen, Diskussionen etc. Der „Zuhörer" fasst danach das Gesagte in eigenen Worten zusammen. Der Moderator achtet in beiden Phasen darauf, dass die Beteiligten miteinander sprechen und sich nicht nur dem Moderator zuwenden. Dann stellt die zweite Partei ihre Sicht der Dinge dar und die erste wiederholt das Gehörte mit eigenen Worten.

Anschließend fragt der Moderator die Beteiligten, was sie Neues erfahren haben und was sich an der Ausgangslage nun verändert hat. Im nächsten Schritt entwickeln die Parteien gemeinsam mehrere Lösungsmöglichkeiten und entscheiden sich für die Variante, die für beide den größtmöglichen Nutzen bringt. Dazu werden feste Vereinbarungen (evtl. mit Spielregeln, To-do-Listen etc.) getroffen und protokolliert. Zusätzlich wird festgelegt, wie und wann eine Überprüfung der bis dahin gemachten Erfahrungen durchgeführt wird.

Fishbowl-Technik (siehe auch Abschnitt 1.5.13):

In der Konfliktlösung bewährt sich diese Moderationstechnik, wenn mit einem Teil einer Gruppe über ein Problem diskutiert werden soll, an dem nicht alle beteiligt sind, das aber die gesamte Gruppe betrifft. Die Fishbowltechnik bietet den Rahmen, während die Diskussion entlang der bereits genannten Prinzipien und Vorgehensweisen geführt wird. Dazu diskutiert jeweils eine kleine Runde (Beteiligte, Betroffene, Verantwortliche) gemeinsam mit einem Moderator in der Mitte des Raumes, während der Rest der Gruppe als Zuschauer von außen auf den „Fishbowl" (englisch: Aquarium) schaut. Ein Stuhl in dieser Runde bleibt immer frei für Teilnehmer die auch involviert sind und etwas ansprechen wollen oder auf einen Punkt reagieren sollen. Die kommen dazu in den Innenkreis und kehren nach Beendigung des Themas zurück in den Außenkreis.

Der Moderator achtet im Verlauf auf die Spielregeln, sorgt dafür, dass nur „wesentliche" Personen mitdiskutieren, dass keine allgemeinen oder schwammigen Aussagen gemacht werden, sondern dass „Ross und Reiter" genannt werden. Außerdem sorgt er für Vernetzung und direkte gegenseitige Bezugnahme der Beteiligten und erhöht den Kontakt zwischen den Konfliktparteien. Dies ist besonders wichtig, da Menschen Konfrontationen oft inhaltlich ausweichen oder dazu neigen, entweder zum Moderator oder zum Chef (falls dieser in der Runde sitzt) zu sprechen. Bei heiklen Themen oder zurückhaltenden Teilnehmern kann die Überwindung, in die Mitte zu kommen, zunächst hoch sein. Ein gutes Vorgehen ist in solchen Fällen, wenn man z. B. einen Vertreter jeder Interessengruppe in die Mitte bittet und andere Betroffenen bzw. Verantwortliche bei Bedarf hinzuzieht. Wenn alle Themen besprochen sind, werden wenn möglich formelle Einigungen mit Commitments der Einzelnen bzw. Spielregeln für die Gruppe getroffen.

Harvard-Technik:

Die Harvard-Technik eignet sich ebenfalls gut zur Konfliktlösung in Gruppen. Bei dieser Methode wird nach einer Einführungsrunde das Thema des Workshops (z. B. das angestrebte Ziel einer Abteilung das zu Konflikten zwischen den Mitarbeitern geführt hat) auf ein Flipchart geschrieben und in die Mitte des Raumes gelegt. Anschließend positionieren sich alle Anwesenden zu diesem Thema im Raum. Sie drücken (wie bei Skulpturarbeit) durch Nähe und Distanz sowie durch ihre Körperhaltung ihre Position und ihre Beziehung zum Thema aus. Der Leiter lässt nun erste Kommentare, Eindrücke und Diskussionen zum entstandenen Bild zu. Im nächsten Schritt werden Kleingruppen der Konfliktparteien gebildet, in denen die Teilnehmer „durch die Brille der anderen schauen". Dabei steht im Mittelpunkt herauszuarbeiten, welche Interessen – nicht welche Positionen oder Standpunkte – hinter dem Verhalten der Gegenseite stehen. Die Ergebnisse werden auf Flipcharts dokumentiert. Anschließend werden im Plenum die Gemeinsamkeiten und Unterschiede in den Interessen herausgearbeitet. Oft wird dabei deutlich, dass die „Gegenparteien" viele gleiche Interessen haben – und schon ist der Konflikt etwas gelockert. Eine gemeinsame Lösungssuche kann beginnen. Dazu werden als nächster Schritt objektive Entscheidungskriterien festgelegt, d. h. es wird definiert, welche Qualitäten eine gute Lösung erfüllen muss. In der letzten Phase wird dann gemeinsam eine Lösung entwickelt und entsprechende Vereinbarungen in Bezug auf Verpflichtungen der Einzelnen, Spielregeln und Feedbackschleifen zur Überprüfung der Fortschritte getroffen.

Mediation:

Die Mediation wird bei unterschiedlichsten Konflikten eingesetzt; bekannt geworden ist die Methode als Verbindung zwischen juristischer und psychotherapeutischer Beratung in Scheidungsfällen und als Mediation zwischen Regierungsinstitutionen, Unternehmen und Verbänden in den USA.

Phasen der Mediation:
1. Vorbereitungsphase;
2. Kontraktphase;
3. Vermittlungsphase;
4. Übereinkunftsphase.

Die Methode beruht auf einigen einfachen Grundprinzipien. In der Vorbereitungsphase wird bereits erkundet, wer die Beteiligten sind, wie die Interessen liegen und was das Ziel der Mediation sein soll. Es wird außerdem festgelegt, welche Beteiligten am Verfahren teilnehmen sollen. In der Kontraktphase wird zunächst Kontakt mit und unter den Beteiligten hergestellt und das Verfahren erläutert. Anschließend wird ein Mediationskontrakt hergestellt, das heißt, die Inhalte der Auseinandersetzung werden gesammelt, Konsens- und Dissensbereiche herausgearbeitet und Prioritäten der Konfliktlösung bestimmt. In der Vermittlungsphase werden dann Einzel- und Gruppengespräche durchgeführt und die unterschiedlichen Sichtweisen dargestellt. Der Mediator versucht dabei Konfliktmuster zu erkennen, verborgene Gefühle, Interessen und Hintergründe aufzudecken und die Bedürfnisse der Parteien zu explorieren. Gemeinsam, oder zunächst in Einzelgesprächen, werden dann Lösungsmöglichkeiten vorbereitet und entwickelt. In der abschließenden Übereinkunftsphase werden Vereinbarungen getroffen und Maßnahmen für Umsetzung und Kontrolle vereinbart.

Ganzheitlicher Perspektivwechsel:

Diese Methode ist eine weitere Möglichkeit, „konfliktbeladene" Gruppen oder Teams zur Zusammenarbeit und zu neuen Lösungsoptionen zu führen. Auch in diesem Fall werden die Konfliktparteien in Kleingruppen geteilt und gebeten, sich aus anderer Perspektive Gedanken über das Thema zu machen. Jede Gruppe erstellt dazu ein Plakat, auf dem sie in der Mitte das Thema vermerkt. Auf vier angrenzenden Seiten werden entsprechend folgender Fragen die verschiedenen Ansichten zu diesem Problem visualisiert:
- Wie sieht das Unternehmen das Problem?
- Wie sieht Konfliktpartei A das Problem?
- Wie sieht Konfliktpartei B das Problem?
- Wie sieht der Vorgesetzte das Problem?

Im nächsten Schritt werden die Plakate aufgehängt und jede Gruppe präsentiert dem Plenum ihre Ergebnisse. In dieser Phase lässt der Moderator nur Verständnisfragen keinesfalls aber Kommentare oder Diskussionen zu. Durch das Darstellen und Aussprechen der anderen Sichtweisen wird der Blickwinkel der Teilnehmer erweitert und das „Eis gebrochen". Danach bekommt jeder Teilnehmer drei Kärtchen um Vorschläge für eine Konfliktlösung aufzuschreiben. Die Vorschläge werden eingesammelt, aufgehängt und gegebenenfalls zusammengefasst. Danach bewerten die Einzelnen durch „Punkten" die verschiedenen Vorschläge. Die drei Vorschläge mit den meisten Stimmen werden dann nochmals unter den Gesichtspunkten „Was sind die Chancen und was sind die Risiken der einzelnen Ideen?" diskutiert. Der Vorschlag mit dem besten Verhältnis zwischen Chancen und Risiken wird ausgewählt und die zur Verwirklichung nötigen Maßnahmen geplant und beschlossen.

6.5 Fallbeispiel Krisen- und Konfliktmanagement

Ausgangslage

Ein international tätiges Beratungsunternehmen mit ca. 800 Mitarbeitern wird von zwei Geschäftsführen geführt. Auf der nächsten Hierarchieebene finden sich insgesamt zwölf Abteilungsleiter, die jeweils 50-80 Mitarbeiter und Berater unter sich haben. Die Geschicke des Unternehmens werden durch die beiden Geschäftsführer in enger Verbundenheit mit den zwölf Abteilungsleitern geführt. Es gibt regelmäßige Sitzungen und Klausuren in dieser Gruppe, seit eineinhalb Jahren ist die Stimmung aber zunehmend schlecht. Die Konkurrenz untereinander hat massiv zugenommen und man spricht schlecht übereinander. Insgesamt dreht es sich besonders um einen Abteilungsleiter, der von seinen Kollegen als Kronprinz der Geschäftsleitung gesehen wird. Von der Geschäftsleitung werden externe Berater konsultiert, die den Auftrag bekommen, die Konflikte im Kreis der Abteilungsleiter, zwischen Geschäftsleitung und Abteilungsleitern zu bereinigen und in ein konstruktives und zielorientiertes Arbeitsklima und Handeln zu überführen.

Intervention

Zur Status quo-Erhebung und Analyse wird mit jedem Abteilungsleiter und den beiden Geschäftsleitern ein halbstündiges teilstandardisiertes Interview durchgeführt. Die Ergebnisse werden zusammengetragen und der Geschäftsleitung zusammen mit einer Vorgehensempfehlung präsentiert. Erster Schritt soll eine zweitägige Klausur aller 14 Führungskräfte außerhalb des Unternehmens sein.

Die Klausur beginnt mit einer Kooperationsübung, bei der alle Teilnehmer sich auf einer großen Plane versammeln und hier diverse nur gemeinsam zu lösende Aufgaben erledigen müssen. Bei diesem Einstieg reagieren die Teilnehmer perplex, sie haben bereits mit schweren und konflikthaften Gesprächen gerechnet. Im Folgenden findet eine kurze Einstiegsrunde statt, in der jeder seine Wünsche und Hoffungen für diese zwei Tage darlegt. Nun füllt jeder Teilnehmer maximal drei Karten zum Thema „Über was wir hier unbedingt sprechen müssen" aus. Die Ergebnisse werden auf einer Pinnwand nach den Überschriften: Strategie, Kooperation und Führung bzw. Führungsverständnis geclustert.

Es wird mit sechs Stühlen ein Innenkreis gebildet. Einer der beiden Moderatoren lädt drei Teilnehmer ein, sich in den Innenkreis zu setzten, zwei Stühle bleiben frei. Zwei Regeln werden mitgeteilt:

1. Wer nichts mehr zu sagen hat, verlässt den Innenkreis.
2. Wer im Außenkreis den Impuls verspürt, sich am Gespräch im Innenkreis zu beteiligen, nimmt dort Platz.

Im Innenkreis geschieht ein vorsichtiges Herantasten an die heißen Themen. Der Moderator steuert über Nachfragen, sein Vorgehen ist aufdeckend und Vertrauen in den Prozess schaffend. Über Zwischengespräche der beiden Moderatoren miteinander, die sich über den Verlauf der Diskussion austauschen, werden die Themen gelegentlich gebündelt und unter neuen Aspekten sichtbar gemacht. Ziel dieses Vorgehens ist es, möglichst viele der ungenannten oder nur im Hintergrund behandelten Themen auf den Tisch zu legen und in direkter Begegnung mit den Betreffenden auszuhandeln. Hierbei werden sowohl die beiden Geschäftsführer angegriffen (ihnen wird unter anderem Führungsschwäche und unklare Strukturierung des Unternehmens vorgeworfen), aber auch zwischen den Abteilungsleitern werden nach und nach die heißesten Konfliktthemen angegangen. Bereits am frühen Abend des ersten Tages wird von den Teilnehmern in einer Feedbackrunde bekundet, dass jetzt die wichtigsten Themen auf dem Tisch und die unterschiedlichen Sichtweisen dazu ausgetauscht worden sind. Man findet, dass es an der Zeit ist, in einzelnen Arbeitsgruppen zu den Brennpunkten Vorgehensmaßnahmen und Vorschläge zu erarbeiten. Diese Arbeitsgruppen beginnen noch am ersten Abend, sie sind „cross" zu den bestehenden Substrukturen und nach Zufallsprinzip durch Abzählen zusammengesetzt. Die beiden Geschäftsleiter bilden eine eigene Gruppe.

Diese Gruppenphasen erstrecken sich bis zum Mittag des zweiten Tages und vor dem Mittagessen werden alle Ergebnisse und Maßnahmenvorschläge mitgeteilt und ausgetauscht. Nach der Pause kommt es zu einer Diskussion und einer relativ zügigen Verabschiedung der Maßnahmen. Auch ein Monitoring- und Controllingsystem wird beschlossen, die einzelnen Maßnahmen sollen in regelmäßigen Abständen durch spezielle Personen nachgehalten werden. In sechs Monaten wird es eine weitere eintägige Klausur mit den beiden Beratern geben, bei der der Gesamtverlauf evaluiert werden wird. Im Gesamtverlauf der Tagung waren immer wieder Kooperationsübungen eingestreut, bei denen als Gesamtgruppe, in Unterteams, im Raum und als Outdoor-Übung mehr oder weniger komplexe Tasks erfüllt werden mussten.

Nachbetrachtung

In der Schlussrunde zeigen sich die Teilnehmer sehr zufrieden. Sie sind über den schnellen Stimmungswechsel überrascht, viele führen ihn zurück auf die Mischung zwischen dem zunächst aufdeckendem Vorgehen, dann zielorientierten Arbeitsgruppen mit Vereinbarungen und Kooperationsübungen, die ein Zusammenstehen, gemeinsame Konzeptentwicklung und Durchführung forderten.

In der Folgeklausur nach sechs Monaten hat sich der Erfolg bestätigt. Das Klima ist insgesamt deutlich besser als zu Beginn der ersten Tagung, die Führungsmannschaft hat gelernt, ihr Zusammenwirken in regelmäßigen Analysen und daraus abgeleiteten Verbesserungsschritten selbständig zu evaluieren. Eine weitere Prozessberatung war nicht erforderlich.

> Führung definiert, wie die Zukunft aussehen sollte,
> macht Menschen mit dieser Vision vertraut
> und motiviert sie dazu, diese Zukunft trotz der
> Hindernisse Wirklichkeit werden zu lassen.
>
> *John P. Kotter (1997)*

7. Coaching und Leadership – Konzepte für Entwicklung, Wandel und Führung

Moderne Mitarbeiter, die sich flexibel im Umgang mit komplexen und sich ständig verändernden Rahmenbedingungen zeigen, die im Team und in Projekten kreativ zusammenarbeiten, brauchen eine bestimmte Qualität von Unterstützung. Coaching, als externe Beratung sowie als Führungsstil, unterstützt, schafft Freiraum und Klarheit zur Selbstorganisation und richtet das Denken und Handeln auf persönliche und unternehmerische Ziele aus. Durch Coaching werden Menschen angeleitet, sich kontinuierlich zu überprüfen, neue Ziele und Strategien zu entwickeln und deren Erfüllung zu überprüfen. Coaching begleitet durch kritische Phasen und steigert insgesamt die Motivation, Leistungsbereitschaft und Zufriedenheit. In den ersten beiden Abschnitten dieses Kapitels werden die Konzepte und Techniken für effektives Coaching vorgestellt – für externe Berater und für die Führungskraft als Coach. Das Thema Leadership steht im Mittelpunkt des dritten Teils. Wir beleuchten diesen viel diskutierten Begriff dabei hinsichtlich seiner Bedeutung für die Führungs- und Beratungspraxis.

7.1 Coaching durch externe Berater

7.1.1 Was will Coaching?

In den letzten Jahren haben sich persönliche Beratung, Coaching und Supervision als Ausprägungen der Unternehmensberatung in Organisationen etabliert. Zum Teil noch als geheime Kommandosache oder unter dem Deckmantel der Verschwiegenheit holen sich Führungskräfte aus Wirtschaft, Politik und Öffentlichem Dienst bei externen Beratern persönliche Unterstützung in ihren Führungsaufgaben. Doch immer mehr wird Coaching zum Mittel der Wahl für die Steigerung von Kompetenz und Motivation oder zur Behebung aktueller Mängel und Schwierigkeiten. Coaching wird freiwillig in Anspruch genommen oder im Rahmen von Zielvereinbarungen vorbereitet. Gerade an der Spitze von Unternehmen wird Coaching mehr und mehr zur persönlichen Unterstützung (z. B. als Sparring-Partner oder zum Überprüfen der eigenen Sichtweise) gewählt.

Coaching will die Potenziale von Personen und Teams auf allen Stufen und in allen Lebensbereichen entfalten, um die Leistungen zu maximieren. Coaching kann helfen, das Leben so zu gestalten, dass man seine Potenziale erkennt, erweitert und somit seine Leistungsfähigkeit erhöhen kann.

Der Begriff Coaching wird dem Training von Spitzensportlern entliehen. Im Sport trainiert, berät und begleitet der Coach seinen Schützling und versucht, dessen Leistungen optimal zu verbessern. Der Coach hat Erfahrung im Feld, er ist Experte und Praktiker zugleich und beherrscht das Geschäft der psychologischen, strategischen und didaktischen Unterstützung perfekt. Der Sportler vollbringt eine Leistung, die es zu verbessern gilt, und der Coach fühlt sich der Leistungssteigerung seines Schützlings verpflichtet. Erreicht der Sportler seine Ziele nicht, trennt er sich von seinem Coach, weil dieser sein Können nicht zu steigern vermochte.

7.1.2 Coaching als Erweiterung der systemischen Beratung

In unserem Verständnis ist Coaching eine konsequente Erweiterung zur systemischen Beratung. Beides benutzt die systemischen Grundwerte und Konzepte, z. B. das Dialogprinzip, die Selbstreferenz, die Untrennbarkeit von Prozess und Ergebnis sowie die starke Betonung einer optimalen Beziehungsgestaltung. Coaching verlangt auch dieselben Instrumente (siehe Abbildung 48): Relevante Kontextparameter einbeziehen, gefundene Lösungen herausarbeiten, Meinung des Gegenübers erfragen, eigenes Denken und Handeln einbeziehen, Ziele und Visionen erfragen, Wertschätzungen formulieren, Verantwortung für das Vorgehen übergeben (siehe Abschnitt 1.3).

Im Unterschied zur Organisationsberatung fokussiert Coaching mehr auf den Erfolg und die Entwicklung des Klienten (Coachee). Das zeigt sich in der Grundhaltung wie in der Vorgehensweise des Coaches. Der Coach verschreibt sich der Entwicklung seines Klienten und versucht ihn zu befähigen, seine Situation, seine Ziele und seine Vorgehensweisen klarer und bewusster wahrzunehmen und in seinem Kontext besser und erfolgreicher zu agieren. Es geht ihm darum, bei seinem Klienten eine generelle Entwicklung anzustoßen, ihn zu selbstverantwortlichem Handeln zu befähigen und nicht nur eine Problemlösung im Einzelfall zu erreichen. In seinem Vorgehen bezieht der Coach das System seines Klienten durchaus in die Diskussionen und Überlegungen ein. Während ein Berater wichtige andere Mitglieder des Systems direkt mit in die Beratung (z. B. in Workshops) einbindet und versucht eine Veränderung und Entwicklung im relevanten System zu initiieren, konzentriert sich der Coach mit seinen Maßnahmen primär auf den Klienten. Das heißt, das zu coachende System ist zunächst nur der Coachee selbst.

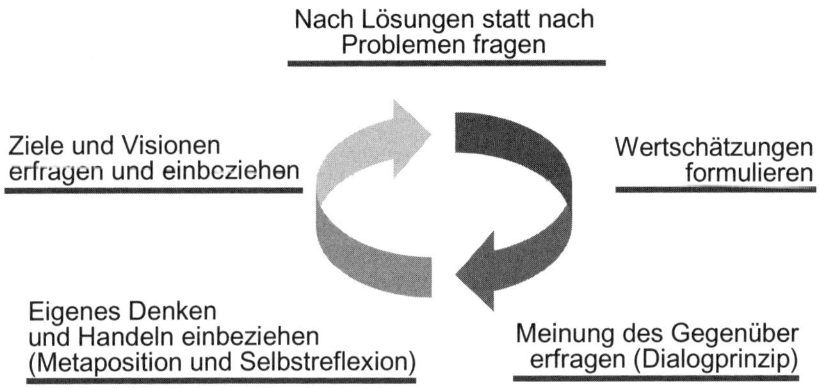

Abbildung 48: Grundlegende Elemente des Coachings

Auch im Coaching sprechen wir von einem co-kreativen Prozess. So wie ein Kaufmann einen Kunden braucht, benötigt der Coach die Kooperation seines Klienten, um erfolgreich zu sein. Das bedeutet: In der Veränderung sind alle gemeinsam Suchende. Das Tun des einen stimuliert das Tun des anderen; dabei geben alle ihr Bestes. Coaching verschafft Freiräume, in denen Kreativität und Flexibilität möglich sind: Experimente aber kein Aktionismus, Tempo aber keine Hetze, Spaß aber keine Bedeutungslosigkeit. Blockierungen werden als Teil des Prozesses verstanden und als Information statt als Schuld, Widerstand und Versagen benutzt. Ergebnis und Wirkung sind vom Prozess nicht zu trennen, und die Autorenschaft gebührt allen Beteiligten.

Prinzipien des Coachings

Lösungsorientierung:
- Das Vorgehen ist lösungs- und zielorientiert.
- Coaching richtet sich auf Gegenwart und Zukunft.
- Problem und Lösung beziehen sich nicht notwendigerweise aufeinander.
- Probleme und ihre Ursachen müssen nicht bekannt sein.

Ressourcen- und Kooperationsorientierung:
- Für Klient/Mitarbeiter ist alles vorhanden, was er zur Problembehandlung benötigt.
- Der Klient ist kooperativ.

Konstruktivität:
- Sprache schafft Realität.
- Coaching ist ein co-kreativer Prozess.
- Die Bedeutung eines „Inputs“ liegt in der Verarbeitung durch den Mitarbeiter.

Veränderung:
- Nichts ist immer dasselbe, Veränderung findet immer statt.
- Kleine Veränderungen führen zu großen Veränderungen.
- Veränderungen in Teilbereichen können Auswirkungen haben auf das gesamte System.

Wirtschaftlichkeit:
- Coaching ist so kurz und sparsam wie möglich angelegt.
- Es gibt stets mehrere Lösungsmöglichkeiten.
- Veränderungen sind schnell erreichbar. Menschen handeln danach und führen die Veränderungen durch.

7.1.3 Die Anforderungen an einen guten Coach

Nicht jeder kann Coach sein. Dennoch kann jeder sich so nennen, denn die Bezeichnung ist nicht geschützt und momentan als Modewort weit verbreitet. Gebraucht man eine solche Bezeichnung, wird man auch daran gemessen. Da der Begriff als Rolle vieldeutig ist, müssen die Konzepte des Vorgehens und die innere Haltung umso trennschärfer sein. Coaches werden ihre Kenntnisse von Methoden und Techniken optimaler Kommunikation, sozialer Kompetenz und Beziehungsgestaltung erweitern.

Die Entwicklung von Menschen zu unterstützen und zu begleiten, ist eine verantwortungsvolle Aufgabe. Wer die Entwicklung von Menschen voranbringt, hat auch seine eigene persönliche Entwicklung vorangetrieben und aus eigenen Fehlern wichtige Lehren gezogen. Selbstreflexion und Eigenentwicklung sind deshalb der Leitfaden eines guten Coaches. Um als Coach wirkungsvoll zu sein braucht es eine bestimmte innere Grundhaltung.

Ein Coach

- zeigt sich anderen Menschen gegenüber interessiert und neugierig;
- hat einen stabilen Selbstwert gepaart mit Selbstvertrauen;
- ist zur Selbstreflexion und Selbstkritik bereit;
- ist am Lernen und an der persönlichen Weiterentwicklung interessiert;
- lebt eine optimistische und auf Erfolg orientierte Grundhaltung;
- handelt ressourcen- und lösungsorientiert;
- besitzt ein „weites Herz" den Schwächen und Fehlern anderer und sich selbst gegenüber.

Coaching kann sehr unterschiedlich realisiert werden. Wichtigkeit und Problemlage werden darüber entscheiden, in welchen Intervallen ein Coaching-Kontakt stattfinden sollte. Die Erfahrung mit Veränderungen jedoch zeigt, dass zu kurzfristige Termine die Eigenkreativität und Problemlösung eher verhindern. Die Intervalle sind so zu wählen, dass in der Zwischenzeit eine Veränderung wirklich möglich ist. Die Beziehung zwischen Coach und „Kunden" muss vertrauensvoll und von partnerschaftlichem Bemühen, Sicherheit und minimalem Druck geprägt sein. Was aber kann ein Kunde von seinem Coach erwarten? Coach und Kunde müssen darin übereinstimmen, welches Ziel erreicht werden soll. Ein Coach, der sich für die Entwicklung verantwortlich fühlt, wird bei wichtigen Themen mit Rat und Tat zur Seite stehen. Sein Feedback wird glaubwürdig sein. Er wird seinen Klienten stärken und stärker machen. Bei großen Lehrmeistern geht man davon aus, dass ihre begabten Schüler besser werden als sie selbst.

Im Coaching sehen wir drei Grundelemente in den Handlungsaufgaben für den Coach:

- *Befähigen*:
  Reflexion über Geschehenes, Verhaltensweisen, Zusammenhänge etc. erhöhen, Schwächen ausbalancieren, Stärken nutzen und ausbauen, Qualifizierung fördern;
- *Mut machen*:
  positive Grundhaltung stärken;
- *Ermächtigen*:
  Verantwortung für die Veränderung übergeben, (besonders wenn Führungskräfte Mitarbeiter coachen, müssen sie die Verantwortung delegieren).

7.1.4 Das Coaching-Gespräch

Im Verlauf eines Coaching-Gesprächs müssen bestimmte Themenbereiche in einer sinnvollen Reihenfolge behandelt werden. Zunächst wird das Thema, das im Mittelpunkt des Gesprächs stehen soll, definiert. Dabei ist es wichtig, dass auch ein Gesprächsziel konkretisiert wird. Es muss klar sein, was der Klient in Bezug auf dieses Thema in dieser Coaching-Session erreichen möchte. Die Gesprächspartner erarbeiten dann eine Zieldefinition, in der Fern- und Zwischenziele enthalten sind. Diese Ziele sind die Vorgaben für die angestrebte Entwicklung im Zusammenhang mit dem Thema.

Anschließend erläutert der Klient den *aktuellen Zustand* der Situation und die bisher versuchten Lösungen. In der nächsten Phase entwickelt er – mit fragender Unterstützung des Coaches – mehrere (mindestens drei) *Optionen* zur Erreichung der Ziele. In dieser Phase ist der Coach besonders gefragt, durch anregende, horizonterweiternde Fragen eine Öffnung zum Denken und Beschreiten neuer Wege beim Klienten zu erreichen. Es ist dabei sehr wichtig darauf zu achten, dass der Klient die Lösungen selber hervorbringt. Nur so wird eine Weiterentwicklung ermöglicht. Der Klient trifft dann eine *Entscheidung* und wählt eine Möglichkeit, aus der ein klares und präzises Vorgehen entwickelt wird; zur Umsetzung dieses Plans geht der Klient sich selbst und dem Coach gegenüber eine eindeutige *Verpflichtung* (Committment) ein. Daraufhin werden die anfangs definierten Ziele erneut überprüft und gegebenenfalls modifiziert.

Die Motivation des Klienten zur Umsetzung der Pläne sollte schließlich ebenso zum Thema gemacht werden wie eventuelle Einwände und zu erwartende Schwierigkeiten bei der Umsetzung. Als letzter Punkt wird eine *Feedbackschleife*, das heißt ein nächstes Treffen zur Überprüfung des Prozesses, vereinbart. Zusätzlich sollte ein Protokoll der Sitzung angefertigt werden. Zur Vorbereitung und Durchführung von Coaching-Sessions sind unter Abschnitt 7.1.5 einige praktische Hinweise aufgeführt

Optionen erweitern und Handlungen verbessern:
1. sammeln,
2. sortieren,
3. bewerten,
4. entscheiden,
5. handeln,
6. Erfahrungen reflektieren,
7. anpassen und besser machen.

7.1.5 Coaching-Technik – Instrumente für die Praxis

Checkliste – Vorbereitung von Coaching-Sitzungen

Sie können diese Checkliste zur Vorbereitung Ihrer Coaching-Sitzungen sowie zur Einstimmung auf das Zusammentreffen mit dem Kunden oder Mitarbeiter benutzen.

1. Im Gespräch versuche ich ausschließlich zu beschreiben statt zu beurteilen.
2. Ich achte darauf, die vom Klienten bereits gefundenen Lösungen anzuerkennen.
3. Ich spreche immer wieder Ermutigungen aus.
4. Ich spreche körperliche und gefühlsmäßige Reaktionen an.
5. Ich beziehe die Wertesysteme und inneren Ziele meines Coachees ein.
6. Was sind meine eigenen Vorstellungen und Ziele in Bezug auf das anstehende Problem? Was soll der Kunde/die Kundin aus meiner Sicht lernen bzw. entwickeln?
7. Ich strebe gemeinsam mit dem Coachee einen möglichst großen Erfolg in der gemeinsamen Arbeit an. Was wäre für mich in diesem Zusammenhang ein großer Erfolg?
8. Welche Faktoren und Hindernisse könnten einem Erfolg entgegenstehen? Was weiß ich bereits vorher über eventuelle Hindernisse?
9. Im Verlauf des Coaching-Prozesses erfrage ich immer wieder die Zufriedenheit des Klienten.
10. Ich werde falsche Hoffnungsinduktion im Sinne von „wird schon irgendwie werden" unterlassen und statt dessen regelmäßige Feedbackschleifen einführen.
11. Bei auftretenden Schwierigkeiten und Problemen werde ich die Ziele und Veränderungsbereitschaft beim Klienten und bei mir selbst überprüfen.

Durchführung von Coaching-Sitzungen – Das GROW-Prinzip

Sie können das GROW-Prinzip (nach J. Whitmore, 1994) als Gedächtnisstütze während Ihrer Coaching-Sitzungen benutzen. Es bietet Ihnen die Möglichkeit, ein klares Schema einzuhalten und dient in kritischen Situationen der Strukturierung des weiteren Gesprächsverlaufs. Das Prinzip (engl. „grow" = wachsen, entwickeln) erhielt seinen Namen durch die Anfangsbuchstaben der wichtigsten Themenbereiche.

Die 4 Etappen des Coaching-Weges nach J. Whitmore (1994) lauten:

GROW:	**G**oal	■ Ziel, mit Fern- und Zwischenzielen
	Reality	■ Realität, aktuelle Situation
	Options	■ Optionen, neue Möglichkeiten
	Will	■ Wille zur Umsetzung/zu festen Vereinbarungen

Falls Sie den Faden verlieren oder nicht weiter wissen, orientieren Sie sich an den folgenden Fragen!

Ziel:
- Was ist das Ziel des Gesprächs?
- Was wollen Sie kurz oder langfristig erreichen?
- Handelt es sich um ein Fern- oder Zwischenziel?
- Wenn es ein Fernziel ist, welches Zwischenziel gehört dazu?
- Wann wollen Sie es erreicht haben?
- Ist es positiv, lockend, erreichbar, messbar?

Realität:
- Wie ist es jetzt geregelt? (wer, was, wann, wo, wie viel, wie oft)
- Wen betrifft es?
- Was haben Sie bisher dafür getan?
- Was ist dabei herausgekommen?
- Was passiert intern wie extern?
- Was hindert Sie daran vorwärtszukommen?

Optionen:
- Welche Optionen haben Sie?
- Was könnten Sie sonst noch tun?
- Was wäre, wenn ...?
- Wünschen Sie noch einen anderen Vorschlag?
- Was sind die Kosten und der Nutzen jeder Option?

Wille:

- Was werden Sie tun?
- Wann werden Sie es tun?
- Werden Sie damit Ihr Ziel erreichen?
- Auf welche Hindernisse könnten Sie stoßen?
- Wie werden Sie sie überwinden?
- Wer muss davon Kenntnis haben?
- Welche Hilfen benötigen Sie?
- Wie werden Sie diese Hilfen bekommen?
- Bewerten Sie auf einer Skala von eins bis zehn, wie wahrscheinlich es ist, dass Sie diese Handlung auch ausführen werden.

Checkliste – Vereinbarung zwischen Coach und Kunden

Sie können diese Checkliste als Reflexions- und Protokollierungsmöglichkeit nach Ihren Coaching-Sitzungen verwenden.

1. Was sind die Zielvereinbarungen?
2. Welche Ressourcen sind bereits vorhanden und welche können ausgebaut werden?
3. Welche Herausforderungen und Chancen haben sich im heutigen Gespräch ergeben?
4. Welche Lösungen wurden entwickelt?
5. Wie ist der Zeitplan für die Umsetzung? (Bis wann?)
6. Wie und durch wen wird er/sie unterstützt? (Unterstützungsplan)
7. Welche Messkriterien sind für den gemeinsamen Erfolg festgelegt worden?
8. Welche Probleme und Turbulenzen müssen bis zur Erreichung des Ziels durchschritten werden?

Zielvereinbarungen im Coaching-Gespräch

Im Coaching kommen verschiedene Zielbegriffe zum Tragen. Zu Beginn eines Coaching-Gesprächs legen Coach und Coachee fest, welches Ziel sie in diesem Treffen anstreben werden. Je nachdem wer das Coaching initiiert hat, verfolgt dabei eine bestimmte Absicht. Ein Mitarbeiter möchte z. B. von seinem Chef über ein inhaltliches Problem in seinem Job gecoacht werden, ein Manager bestellt seinen Assistenten zu einem Coaching-Gespräch, um dessen Konflikt mit einem anderen Mitarbeiter zu besprechen, eine andere Führungskraft möchte sich mit einem externen Coach auf eine strategisch wichtige Verhandlung vorbereiten.

Im Gespräch werden die Nah- und Fernziele des Gecoachten definiert. Hierbei ist wichtig, dass beide Elemente vorhanden sind. Das Fernziel, ähnlich einer Vision, inspiriert, motiviert und gibt die grobe Richtung vor. Nahziele oder Zwischenziele bestimmen die Strategien und einzelnen Schritte auf dem Weg. Im Folgenden wird verdeutlicht, welche Eigenschaften ein gut gesetztes Ziel haben sollten. Die meisten Begriffe sind selbsterklärend, daher hier nur noch einige Anmerkungen. Ein Ziel muss gleichzeitig erreichbar und herausfordernd sein, denn was über- oder unterfordert trägt selten zum Erreichen von Höchstleistungen bei. Nur ein Ziel, das so formuliert ist, dass sich messen lässt ob und in wie weit es erreicht wurde, ist überprüfbar und dient der Verbesserung. Eine positive Formulierung ist ein weiteres, wichtiges Merkmal eines guten Ziels. Bei negativen Formulierungen fällt die Aufmerksamkeit oft genau auf den zu vermeidenden Teil (denken Sie z. B. einmal *nicht* an einen fliegenden Elefanten). Dass Ziele „verstanden" und „akzeptiert" sein müssen, wird beim Vereinbaren oft vernachlässigt. Beide Punkte bedürfen eines echten Dialogs und eventuell einem Aushandeln, bis sie tatsächlich erreicht sind.

Eigenschaften eines guten Ziels nach J. Whitmore (1994) sind:

SMART:	**S**pecific	-	Spezifisch
	Measurable	-	Messbar
	Attainable	-	Erreichbar
	Realistic	-	Realistisch
	Time phased	-	Zeitlich gegliedert
CLEAR:	**C**hallenging	-	Herausfordernd
	Legal	-	Legal
	Environmentally sound	-	Umweltverträglich
	Agreed	-	Akzeptiert
	Recorded	-	Protokolliert
PURE:	**P**ositively stated	-	Positiv formuliert
	Understood	-	Verstanden
	Relevant	-	Relevant
	Ethical	-	Moralisch

Checkliste für den Coaching-Kunden

Die folgenden Fragen eignen sich gut zum Einsatz vor dem nächsten Coaching. Der Coaching-Klient überprüft sich selbst und den Coaching-Prozess im Hinblick auf geplante und erzielte Veränderungen. Die Ergebnisse werden im nächsten Coaching-Gespräch thematisiert.

1. Haben sich meine Haltung und mein Verhalten seit der Coaching-Sitzung verändert? Was mache ich anders als zuvor?
2. Welche Ideen habe ich umgesetzt? Und mit welchem Erfolg?
3. Welche Vorhaben habe ich modifiziert? Und wenn ja, wie?
4. Welche Fähigkeiten konnte ich verbessern?
5. Welche Erinnerungen/Flashbacks und Stimmungen hatte ich bzgl. der letzten Coaching-Sitzung?
6. Wo habe ich Wiederholungs-/Vertiefungsbedarf (Konzepte, Instrumente, Übungen)?
7. Aktuelle Fragen und Bedürfnisse für das nächste Coaching.

7.1.6 Fallstudie: Bereichsleiter sucht Unterstützung

Ausgangslage

Herr Meyer (Name verändert), ist seit vier Monaten Bereichsleiter in einem metallverarbeitenden Unternehmen in Deutschland. Er hat die Stelle neu angetreten und seine Probezeit geht noch weitere zwei Monate. Er hatte Kontakt mit dem Coach aufgenommen, da er in der Ausübung seiner Tätigkeit auf große Schwierigkeiten stößt und bereits überlegt, ob er den Job weiter ausführen will. Nachdem er mit viel Enthusiasmus an dem neuen Arbeitsplatz begonnen hat, will er jedoch nicht ohne gründliches Bemühen die Arbeit aufgeben. Dazu hat er den Coach eingeladen.

Das Gespräch findet in seinem Büro nach Dienstschluss der meisten übrigen Mitarbeiter statt.

Intervention

Nach der Begrüßung, einem ersten Kennenlernen und der Durchführung einer Kontextanalyse über die wichtigsten beteiligten Personen, kommen Coach und Coachee zum Kern des Geschehens.

Coach: „Herr Meyer, worin liegen denn jetzt eigentlich Ihre Hauptschwierigkeiten?“

Herr Meyer: „Ich habe einen Mitarbeiter, der mir bei allen Tätigkeiten Steine in den Weg legt. Ihm wurde ursprünglich die Stelle versprochen, auf der ich jetzt sitze. Er scheint sich damit nicht abgefunden zu haben und arbeitet an vielen Stellen gegen mich.“

Coach: „Herr Meyer, wenn wir uns jetzt diesem Thema zuwenden, was ist aus ihrer Sicht das Ziel unseres Gesprächs und was möchten Sie erreichen?“

Herr Meyer: „Ich möchte Klarheit darüber, ob ich mich weiterhin für eine gute Ausübung meiner Aufgaben hier einsetzen will, und ob ich überhaupt diese Stelle behalten will.“

Coach: „Heißt das, wenn Sie Klarheit über ihre Entscheidung haben, ist für Sie das Ziel des Gesprächs erreicht?“

Herr Meyer: „Ja, und sollte ich mich für das Hierbleiben entscheiden, dann wäre ich auch noch für eine Unterstützung in der Umsetzung dankbar.“

Coach: „In Ordnung Herr Meyer, dann erzählen Sie doch noch einmal genauer, wie sich dieser Mitarbeiter verhält und worin Ihre Schwierigkeiten mit ihm bestehen!“

Herr Meyer: „Mein Mitarbeiter arbeitet an mir vorbei, er hält Informationen zurück, die er dann in Besprechungen und gemeinsamen Teamsitzungen äußert. Außerdem geht er an mir vorbei, um einen der Vorstände zu informieren. Und stellen Sie sich vor, neulich war ich in unserem Standort in Düsseldorf, statt mich dort anzurufen und mich über die Änderung unserer Produktpalette den Standort betreffend zu informieren, ruft er den dortigen Standortleiter an. Informiert ihn und ich sah da vollkommen bescheuert aus, dass ich diese Informationen nicht selber habe. Ich habe manchmal eine solche Wut im Bauch, dass ich am Liebsten schon gar nicht mehr zur Arbeit gehen möchte.“

Coach: „Wahrscheinlich haben Sie noch mehr solcher Beispiele, die alle auf den selben Kern hindeuten, nämlich dass Ihr Mitarbeiter nicht loyal zu Ihnen ist und Sie nicht unterstützt. Ist das richtig?“

Herr Meyer: „Ja, genau das ist richtig!“

Coach: „Was haben sie denn bisher bereits unternommen, um hier eine Änderung zu erzielen.“

Herr Meyer: „Im Prinzip habe ich noch nichts unternommen, der betreffende Mitarbeiter, Herr Franke, kennt alle Abläufe perfekt und ich habe große Sorge, wenn ich ihn anspreche und eventuell brüskiere, dass er nur noch Dienst nach Vorschrift macht, mich komplett boykottiert und dann fürchte ich, bin ich hier sowieso aufgeschmissen. Herr Franke kennt alle Abläufe und Personen bestens, ist Träger aller wichtigen Informationen und mir kommt es vor, dass ich auf ihn angewiesen bin."

Coach: „Da sitzen Sie ja tatsächlich ganz schön in der Tinte. Dann lassen Sie uns mal überlegen, welche Möglichkeiten Sie besitzen, damit umzugehen. Wie ist es denn mit der Möglichkeit des bisherigen Vorgehens, Sie lassen die Sache laufen und unternehmen nichts? Das wäre unsere Möglichkeit eins. Welche weitere Möglichkeit des Umgangs sehen Sie außerdem noch?"

Herr Meyer: „Naja, das Naheliegendste ist ja, dass ich mit Herrn Franke spreche, da bin ich mir aber nicht sicher, wie ich das Ganze aufzäumen soll."

Coach: „Das wäre die Möglichkeit zwei, die wir nachher noch genauer ausloten werden. Gibt es noch eine dritte Möglichkeit?"

Herr Meyer: „Ja, natürlich, ich könnte die Arbeit sofort hinschmeißen."

Coach: „Okay, so könnte das auch gehen, sehen Sie noch eine weitere?"

Herr Meyer: „Jawohl, ich könnte zum zuständigen Vorstand gehen und mit ihm darüber sprechen, aber wenn ich das recht bedenke, würde der mir sagen, ich soll Ordnung in meinen Bereich schaffen und das Ganze würde sich gegen mich wenden."

Coach: „Da könnten Sie recht haben, ich fasse zusammen, Sie haben bisher drei Möglichkeiten, wie Sie vorgehen könnten. Erstens Sie lassen alles beim Alten und warten einfach ab. Zweitens Sie sprechen mit Herrn Franke. Drittens Sie geben die Arbeit sofort auf. Richtig so?"

Herr Meyer: „Ja, richtig so!"

Coach: „Welche Möglichkeit interessiert Sie denn jetzt am meisten, die wir einmal konkret durchgehen sollten."

Herr Meyer: „Die Möglichkeit zwei."

Coach: „Okay Herr Meyer, wie würden Sie denn ein solches Gespräch mit Herrn Franke beginnen?"

Herr Meyer: „Naja, ich würde Herr Franke zu mir bitten und ihm sagen, dass er sich in der Vergangenheit an vielen Stellen illoyal verhalten hat und dass ich das so in keiner Weise dulden kann."

Coach: „Und wie würde Herr Franke aus Ihrer Sicht reagieren?"

Herr Meyer: „Er würde sich wahrscheinlich verteidigen und sagen, es sei nicht so gemeint gewesen usw.“

Coach: „Und welche Wirkung würde dieses Gespräch auf das Verhalten von Herrn Franke haben?“

Herr Meyer: „Ja, das weiß ich eben nicht, ich glaube, dass ich viel zu halbherzig in das Gespräch reingehe, weil ich in jedem Fall vermeiden möchte, dass Herr Franke mich noch intensiver boykottiert. Aber was denken Sie denn dazu?“

Coach: „Ich höre von Ihnen, Herr Meyer, dass Sie doppelt gebunden sind. Einerseits möchten Sie eine Änderung, andererseits fürchten Sie, dass diese Änderung sich gegen Sie richten könnte. Ich denke wir müssten diese Doppelbindung auflösen. Wenn man das Ganze durchdenkt, dann ist ja klar, dass Sie bereits sehr stark mit dem Rücken an der Wand stehen und überlegen, ob Sie denn die Stelle behalten wollen. Das heißt, nicht viel zu verlieren und aus meiner Sicht gibt es nur die eine Möglichkeit mit einem sehr klaren Führungsgespräch mit Ihrem Mitarbeiter, Herrn Franke, um den zur Änderung seines Verhaltens zu zwingen und ihm ansonsten auch eine Beendigung des Arbeitsverhältnisses in Aussicht zu stellen. Selbst wenn Sie dadurch einen sehr wichtigen und erfahrenen Mitarbeiter verlieren, so müssten Sie aus seiner Sicht damit leben und die Ressourcen neu aufbauen. Die Sache stellt sich doch so dar: Entweder Herr Franke arbeitet für Sie, unterstützt sie und ist loyal oder er kann nicht nützen, sondern nur schaden. Was meinen sie dazu, Herr Meyer?“

Herr Meyer: „Sie haben Recht, ich habe keine andere Möglichkeit und mir wird wieder einmal bewusst, dass ich eigentlich zu schwach bin und mich immer davor fürchte, dass die Leute vielleicht gegen mich sein könnten.“

Coach: „Ja, das ist auch mein Eindruck, dass Sie möchten, dass Ihre Mitarbeiter gut von Ihnen denken und dass Sie keinem wehtun möchten. Das ist natürlich menschlich ein guter Zug, bringt Sie aber in der Führung in Schwierigkeiten.“

Herr Meyer: „Ja das sehe ich auch, und das ist auch nicht neu für mich. Aber ich möchte Sie weiter fragen, wie würden Sie denn dieses Gespräch mit Herrn Franke genau angehen?“

Coach: „Ich würde ihn zu einem ruhigen Zeitpunkt, vielleicht auch nach Dienstschluss zu einem Gespräch in mein Zimmer bitten und würde mich inhaltlich sehr gut darauf vorbereiten. Ich hätte Notizen über einige Situationen, in denen Herr Franke sich mir gegenüber illoyal verhalten und gegen mich gearbeitet hat. Die würde ich ihm in aller Ruhe vorlegen und beschreiben und ihm mitteilen, wie ich diese Vorgehensweise interpretiere. Was sagen Sie dazu Herr Meyer?“

Herr Meyer: „Ja, das kann ich mir gut vorstellen. Ich muss halt meine Emotionalität in den Griff bekommen und ich kann mir gut vorstellen, dass die Dokumentation der Fälle für mich hilfreich sein würde und mir zu mehr Ruhe und Gelassenheit im Gespräch verhelfen würde."

Coach: „Klasse Herr Meyer! Wie stellen Sie sich denn selber vor, wie dieses Gespräch dann weiter gehen würde?"

Herr Meyer: „Ja ich würde ihm alles darlegen und würde ihm dann sagen, dass ich ihn in zwei Monaten wieder sprechen will, um zu schauen, wie es weitergegangen ist."

Coach: „Dieser Abstand scheint mir zu lange. Ich empfehle drei Gespräche im Abstand von jeweils zwei Wochen. Aus meiner Sicht sollten Sie hier ganz eng führen und nach diesen sechs Wochen würde Ihnen und Herrn Franke auch klar sein, wie sich die weitere Zusammenarbeit entwickelt."

Herr Meyer: „Ja, das macht viel Sinn."

Coach: „Jetzt denken Sie mal darüber nach und lassen Sie mal auf sich wirken, was Sie noch bräuchten, um in Ihrem weiteren Vorgehen klar zu sein."

Herr Meyer: (nach einer kleinen Pause) „Ja, ich frage mich noch, ob ich Herrn Franke einfach nur mit den kritischen Sachen überfallen soll, oder ob ich ihm auch das Positive sagen sollte, wie sehr ich seine Kenntnisse schätze usw."

Coach: „Ja, was denken Sie Herr Meyer?"

Herr Meyer: „Ja, eigentlich finde ich, sollte ich Beides sagen, das Positive und das Negative."

Coach: „Das finde ich prima. Das würde ich an Ihrer Stelle auf jeden Fall auch machen und ich würde mit dem Positiven anfangen. Diese Teile würde ich mir auch vorbereitend notieren, um auch hier klar zu sein. Aus meiner Erfahrung ist es sehr wichtig, dass Sie die einzelnen Verhaltensweisen genau als Verhaltensweisen beschreiben und sich nicht in Interpretationen und Anschuldigungen ergehen. Ich empfehle Ihnen, Ihrem Mitarbeiter die Verhaltensweisen darzulegen und dann am Schluss ein Resümee zu ziehen. Darin teilen Sie ihm mit, wie das alles auf Sie wirkt, sowohl im Positiven, wie im Negativen. Dann ihm ganz klar sagen, dass Sie sich in vierzehn Tagen, in vier Wochen und in sechs Wochen jeweils zu einem Gespräch wiedersehen und sich austauschen. Bis dahin wird sich auch die weitere Zusammenarbeit entschieden haben. Was denken Sie dazu Herr Meyer?"

Herr Meyer: „Ja prima, so kann es gehen. Ich habe jetzt fast das Gefühl, so kann es gehen und die ganze Sache könnte sich zum Positiven wenden."

Coach: „Ja, das glaube ich auch, Sie scheinen mir jetzt sehr entschlossen, wie Sie weiter vorgehen. Können wir das Gespräch an dieser Stelle dann beenden?“

Herr Meyer: „Ja, ich glaube schon, wir sollten nur den nächsten Termin ausmachen, ich denke es wäre sinnvoll, wenn Sie nach meinem ersten Gespräch mit Herrn Franke wiederkommen, damit wir über das Gespräch gemeinsam nachdenken können.“

Coach: „Ja, ich glaube, das wäre gut. Mir scheint es auch nicht nötig, dass wir in Vorbereitung Ihres erstens Gesprächs noch einmal reden, sondern dass wir uns nach dem Gespräch mit Herrn Franke wiedertreffen.“

Herr Meyer: „Ja, in Ordnung.“

Coach: „Dann lassen Sie mich an dieser Stelle noch einmal die Eckpunkte unseres Gesprächs zusammenfassen...“

Ergebnis

Bei dem nächsten Gespräch zehn Tage später wirkt Herr Meyer bereits deutlich straffer und energischer. Er berichtet, dass Herr Franke im Gespräch sehr betroffen gewesen ist und von sich behauptet habe, er habe sich dies alles nicht bewusst gemacht und natürlich wolle er loyal zu seinem neuen Chef stehen. Er habe aber auch etwas „herumgeeiert“, um das Ganze zu erläutern, aber Herr Meyer sei darauf nicht groß eingegangen. Wie im Coaching-Gespräch verabredet sind zwei weitere Folgetermine jeweils vierzehn Tage später ausgemacht worden. Herr Meyer wünscht eine Fortsetzung der Gespräche, da er auch mit anderen Mitarbeitern und hier besonders seiner Sekretärin diverse Schwierigkeiten hat. Es ergibt sich eine Coaching-Sequenz mit zehn ca. zwei- bis dreistündigen Gesprächen für die Dauer eines halben Jahres. In dieser Zeit hat Herr Meyer sein Führungsverhalten deutlich verändert, er ist an seiner Stelle geblieben und hat seinen Bereich gut im Griff. Der Coaching-Kontakt wird nach Bedarf in größeren und unregelmäßigen Abständen aufrechterhalten.

7.2 Vom Chef zum Coach

Der folgende Abschnitt befasst sich mit den Besonderheiten des Coachings aus der Position des Vorgesetzten. Die bereits für externe Coaches erläuterten Konzepte und Techniken haben auch für den Chef als Coach Gültigkeit und werden deswegen nicht noch einmal gesondert aufgeführt.

7.2.1 Coaching als Führungskultur

Der Ruf nach stetiger Entwicklung, eine von vielen Unternehmen verlangte Umorientierung der Mitarbeiter, erfordert vom Management die konsequente Einführung einer neuen Führungskultur. Flache Hierarchien und modernes Projektmanagement brauchen selbständige, eigenverantwortliche Mitarbeiter, die von ihren Chefs nicht gegängelt, sondern „gecoacht" werden. Hauptaufgabe einer Führungskraft, die sich als Coach versteht, ist dabei nicht, individuelle Seelenmassage zu betreiben, sondern Freiräume für Selbstorganisation und Selbstverantwortung zu schaffen, die Selbstreflexion beim Mitarbeiter zu erhöhen und Entwicklungspotenziale freizusetzen.

Umfragen haben ergeben, dass die persönlichen Fähigkeiten der Menschen in Unternehmen nur zu 30 % genutzt werden. Die Nutzung des Geistes was Einfallsreichtum, Kreativität und neue Lösungen angeht, bleibt oft den Spitzen der Unternehmen vorbehalten. Um das zu ändern und die Potenziale der Mitarbeiter stärker zu entfalten und so ihre Leistungen zu maximieren, braucht es erweiterte Führungskompetenz und Coaching! Und das heißt eben nicht, über Anordnung und Druck eine bestimmte Leistung zu erzielen oder neue Ideen zu erzwingen. Im richtigen Sinne verstanden und angewandt fördert Coaching Selbstorganisation, Eigenverantwortung, persönliche Entwicklung und die Zusammenarbeit mit anderen. Coaching steht in Übereinstimmung mit den Unternehmenszielen und fördert deren Umsetzung.

Alte Unsicherheiten und neue Fehlerquellen

„Wenn der Chef nur noch coacht und Angst hat zu führen, ist das der beste Beweis dafür, dass die antiautoritäre Erziehung in den Unternehmen angekommen ist", zischte der Manager eines Kaufhauskonzerns zu seinem Nachbarn, als auf einem Kongress Coaching als der neue Führungsstil vorgestellt wurde. Im harten Business will sich kein Vorgesetzter auch noch mit dem Seelenleben der Angestellten belasten. Wenn Führungskräfte hören, sie sollen coachen, denken sie, sie müssten ab sofort alle glücklich und zufrieden machen. Trotz solcher verbreiteten Vorurteile nimmt der Anteil der coachenden Führungskräfte stetig zu. In vielen Unternehmen existiert parallel zum Management-Prozess ein separater Coaching-Prozess. Coaching ist dann eine zusätzliche Aufgabe in der Führungsarbeit, wodurch sich gerade bei hoher Belastung Schwierigkeiten ergeben. Zum einen wird dann oft der „Tagesarbeit" der Vorzug gegenüber der „Zusatzbelastung" Coaching gegeben. Zum anderen neigen Führungskräfte dazu, wenn sie unter Druck stehen und den Eindruck haben, es läuft nicht rund, den Prinzipien des Coachings zuwider in direktive Handlungsmuster zurückzufallen.

Ein Chef ist in der neuen Führungskultur immer ein Coach, bei jeder Tätigkeit, wo er geht und steht, mit entsprechender Haltung, Konzepten und Verhalten.

Mitarbeiter-Coaching und Leistungserstellung müssen jedoch keine parallelen Prozesse sein. In modernen Unternehmen mit flachen Hierarchien, der Ausrichtung an Prozessketten, einem funktionierenden Projektmanagement und einer virtuellen Zusammenarbeit mit Kunden und Lieferanten kann eine Führungskraft gar nicht mehr jeden einzelnen Mitarbeiter im klassischen Sinne führen. Die Chefs führen meist nur noch Projekte. Vorgesetzte sind heute nicht mehr die, die alles besser wissen und können – ihre neue Aufgabe besteht darin, die Zusammenarbeit von anderen zu koordinieren

Coaching als Kultur

Eine deutlich bessere Nutzung der Ressourcen entsteht allerdings erst dann, wenn Coaching eine systemische Wirkung auf das ganze System entfalten kann und im Unternehmen breit als Teil einer veränderten Führungskultur geschult, eingesetzt und gelebt wird. Dabei ist es von großer Bedeutung, dass die Führungsspitze nicht nur verbindliche Entscheidungen trifft, sondern sich selbst als Teil dieser Philosophie versteht. Eine Führungskraft, die bei ihren Mitarbeitern Autonomie und Eigenverantwortung fördert, wird das gleiche auch von ihrem eigenen Vorgesetzten einfordern.

Systemisches Coaching ist allgemeine Führungsphilosophie, Haltung und methodisches Vorgehen der Chefs in Unternehmen. In einer veränderten Führungskultur sehen sich alle Führungskräfte als Coaches, und statt in einem „Machen-Sie-das-so"-Verhältnis handeln sie als Unterstützer und Dienstleister ihrer Mitarbeiterinnen und Mitarbeiter. Auf diesem Weg werden Menschen darin unterstützt, sich selbst zu optimieren und ihren Ideenreichtum in die Lösung der anstehenden Fragestellungen und in die Erledigung der anfallenden Arbeiten mit höchstmöglicher Selbständigkeit einzubringen. Nachdem in Organisationen Menschen vernetzt zusammenarbeiten, kann sich Coaching nicht nur auf den Umgang mit Individuen beziehen, sondern wird die Zusammenarbeit und damit die Teamentwicklung und Team-Coaching zum selbstverständlichen Bestandteil haben.

7.2.2 Die Beziehung zwischen Coach und Mitarbeiter

Während der externe Coach fast ausschließlich für den Ratsuchenden da ist, muss die Führungskraft als Coach sowohl die Förderung des Mitarbeiters als auch die Erreichung des Unternehmensziels im Auge behalten. Ganz anders als beim Coach im Sport sind die Regeln, wenn ein Manager versucht, seine Führungsaufgabe in der Rolle als Coach wahrzunehmen. Wenn er versagt, trennt der „Coach " sich im Zweifelsfall vom Mitarbeiter oder vom Team oder lastet ihnen das Versagen an, weil sie seine Erfordernisse nicht erfüllen konnten. Die Verantwortung für das Misslingen wird auf die nächst untere Hierarchieebene zu tragen versucht und wird weder dem Manager direkt zugeordnet noch als gemeinsamer Prozess verstanden. Sich vom Chef zum Coach zu wandeln bedeutet, mit seinen Mitarbeitern gänzlich anders umzugehen. Es braucht eine innere Haltung mit der passenden Philosophie, entsprechenden Werten sowie ein handlungsorientiertes Konzept.

Grundsätze beim Coaching von Mitarbeitern:
- Coaching gelingt nur in einer tragfähigen Beziehung.
- Coaching ist ein Dialog und nicht einseitig.
- Coaching erzeugt immer einen Mehrwert (Ideen, Informationen etc.).
- Der Coach spielt nicht auf dem Spielfeld.
- Coaching braucht konkrete Vereinbarungen.

Coach zu sein, verlangt von der Führungskraft ein ganzes Set an Rollen oder Verhaltensweisen. Sie sind abhängig von den Menschen, mit denen man sich umgibt, von den Zielen, die man verfolgt, und den Herausforderungen, denen man sich zu stellen hat. Damit ist nicht gemeint, die Rolle nach Lust und Laune zu wechseln, z. B. weil man nicht mehr weiter weiß unter dem Motto „... und bist Du nicht willig, dann brauche ich Gewalt". Das wäre Ausdruck von Hilflosigkeit. Unter diesem Verhalten werden Mitarbeiter die Zusammenarbeit verweigern oder stillschweigend innerlich kündigen.

Was wir meinen, ist die Fähigkeit zu Vielseitigkeit und multistabiler Anpassung, der Coach als „Multi-Persönlichkeit" mit einem „Multi-Mind" (siehe Abbildung 49). Bestimmte Berufsgruppen benötigen spezielle Fähigkeiten. Die Fähigkeit von Beratern z. B. ist es, interessiert und neugierig zu sein, in kurzer Zeit ein System zu verstehen und Informationen in einer neuen Weise zu verknüpfen, aber auch Ideen zu haben, etwas in einer neuen Weise zu verstehen. Berater setzen nicht selbst um, sie begleiten und unterstützen. Ein Experte zeigt andere Fähigkeiten, er ist Fachmann mit tiefem Sachverstand. Im Unterschied dazu hat ein Berater ebenfalls Fachwissen, dass er jedoch beratend nutzt. Der Coach nutzt beides, er berät ohne Vorschriften zu machen, er schafft den Rahmen, lässt seinen „Kunden" jedoch ausprobieren und reflektiert gemeinsam mit ihm das Ergebnis, um es dann verbessern zu helfen.

Dazu braucht es ein gemeinsames und gegenseitiges Commitment:
- Coach und Mitarbeiter streben einen möglichst großen Erfolg in der gemeinsamen Arbeit an.
- Coach und Mitarbeiter zeigen, dass sie am Erfolg interessiert sind.
- Der Coach evaluiert, welche Faktoren einem Erfolg im Weg stehen könnten.
- Die Zufriedenheit des Mitarbeiters wird im Laufe des Coaching-Prozesses immer wieder erfragt.
- Keine falschen Hoffnungen machen im Sinne von „Wird schon werden ...", sondern regelmäßige Feedbackschleifen, klares Nachfragen und harte Facts.
- Bei Schwierigkeiten und Problemen: Ziele und Veränderungsbereitschaft bei Mitarbeiter und Coach prüfen.

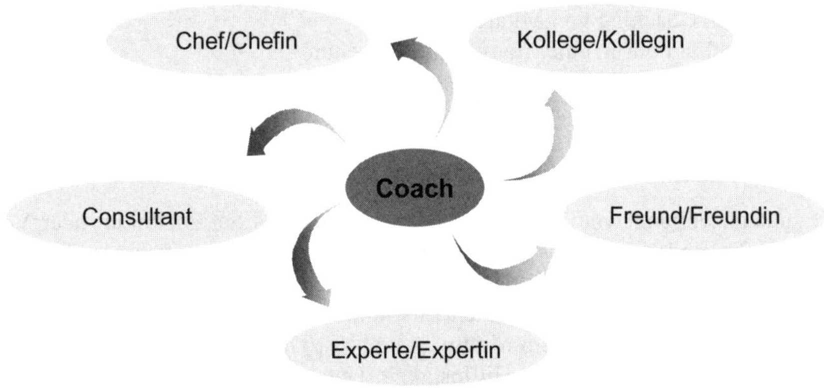

Der Coach lebt eine Rollenvielfalt und muss sich in diesem Mischkontext als Meister des Balancierens betätigen.

Abbildung 49: Beziehungsmöglichkeiten im Coaching

7.2.3 Motivationssteigerung im Coaching-Prozess

Kann man erwarten, dass Menschen mit höchster Energie und mit starker innerer Beteiligung an ihrer Arbeit interessiert sind? Kann man erwarten, dass sie ihre persönlichen Ziele und vielleicht sogar ihre Träume und Visionen mit der Arbeit im Unternehmen verknüpfen? Oder fragen wir anders: Unter welchen Umständen verbinden Menschen ihre persönlichen Ziele und Visionen mit ihrem „Job", unter welchen Bedingungen geben sie ihr Bestes, sind sie höchst motiviert und verhalten und fühlen sich tatsächlich als Unternehmer und Unternehmerin im Unternehmen?

Dies ist dann der Fall, wenn sie persönlichen Gestaltungsspielraum haben und ihre Arbeit persönlich verantworten; wenn besondere Leistung auch besonderen Erfolg und besondere Entlohnung bedeutet und wenn sie sich anerkannt fühlen. Wenn diese Bedingungen erfüllt sind, geben Mitarbeiter ihr Bestes und verbinden ihre persönlichen Ziele mit dem Schicksal des Unternehmens.

Hier kommen der Führungskraft als Coach besondere Aufgaben zu:

- Es wird ein Klima von gegenseitiger Akzeptanz und Wertschätzung geschaffen.
- Die Mitarbeiter werden in erster Linie als fühlende und denkende Menschen und nicht als Rädchen im Räderwerk Unternehmen gesehen und behandelt.
- Die Führungskräfte als Coaches sind am privaten Schicksal ihrer Mitarbeiter interessiert und zeigen dies durch Fragen und Anteilnahme.
- Die Leistungen der Mitarbeiter werden in Worten und Taten anerkannt.

- Auch sogenannte „niedere“ Arbeiten tragen zum Unternehmenserfolg bei und die damit betrauten Personen erhalten dieselbe Wertschätzung wie VIPs (Stichwort: „die Treppe von oben nach unten putzen“).
- Fehler und Fehlleistungen werden als Informationen gesehen und behandelt; sie werden als Aufforderung zur Verbesserung und nicht als Degradierungs- und Abwertungsanlass genommen.
- Die regelmäßigen Teamsitzungen werden als Kooperationsinstrument zur Erzeugung von Synergien und nicht als „ich sage euch mal, was hier zu laufen hat“-Veranstaltung betrachtet.
- Die Teams werden als Leistungsträger gesehen und behandelt, individuelle Leistung ist nur im Kontext der Unterstützung durch viele möglich.
- Die Führungskräfte fühlen sich als Coaches der Transparenz verpflichtet: Informationen werden grundsätzlich an die Mitarbeiter weitergegeben; Wissen und Informationen werden nicht als Macht- und Herrschaftsinstrument missbraucht.
- Über anstehende Veränderungen wird rechtzeitig informiert.
- In Phasen von Turbulenz und Irritationen stehen Chefinnen und Chefs ihren Mitarbeitern mit Rat und Tat unterstützend zur Seite.
- Auf diese Art wird die menschliche und soziale Kompetenz zum entscheidenden Kriterium für die Führungskraft.

Darüber hinaus bietet jeder persönliche Kontakt mit einem oder mehreren Mitarbeitern die Möglichkeit, durch die Gesprächsführung in gezielter Weise auf eine Motivationssteigerung hinzuwirken.

Dies geschieht durch:

1. Fragen, wie die Mitarbeiter ihre Arbeit erleben:
   Wie erleben Sie Ihre Tätigkeit? Macht Ihnen Ihre Arbeit Spaß?

2. Einbeziehen der persönlichen Ziele der Mitarbeiter:
   Welche Ziele haben Sie sich eigentlich für Ihre Karriere gesteckt? Worauf streben Sie hin in Ihrer Tätigkeit? Entspricht Ihre Tätigkeit Ihren Wünschen und Zielen?

3. Erfragen, ob die Tätigkeit interessant genug ist und genügend Herausforderungen bietet:
   Fühlen Sie sich in Ihrer Tätigkeit genügend gefordert? Entspricht Ihre Arbeit Ihren Anforderungen? Fühlen Sie sich genügend herausgefordert? Weckt Ihre Tätigkeit Ihr Interesse?

4. Erfragen, ob die Mitarbeiter mehr Gestaltungsspielraum und eventuell mehr persönliche Verantwortungsübernahme wünschen:
   Brauchen Sie mehr Freiheiten in Ihrer Arbeit? Fühlen Sie sich durch die Rahmenbedingungen in unserer Abteilung eher eingeengt – oder eher zur aktiven und verantwortlichen Gestaltung herausgefordert?

5. Erfragen, ob die Mitarbeiter sich zu Verbesserungsvorschlägen und kreativen Ideen herausgefordert fühlen:
   Ist für Sie hier das Klima eigentlich so, dass Sie sich zu Verbesserungsideen herausgefordert fühlen? Was haben Sie für Ideen, wie man die Arbeitsorganisation unserer Abteilung verbessern könnte? Haben Sie Ideen für eine Verbesserung des Produktes XY? Wie denken Sie, könnten wir unsere Kommunikation hier in der Abteilung verbessern?

6. Berücksichtigen, ob sich die Mitarbeiter mit Ihren Vorschlägen gehört und dafür anerkannt fühlen:
   Finden Sie, dass ich Ihre Idee aus der letzten Teamsitzung genügend aufgegriffen habe? Finden Sie, dass wir genügend zu ihrer Umsetzung getan haben?

7. Allgemeine Fragen zur Verbesserung in der Abteilung:
   Was denken Sie, könnte hier besser werden?

8. Erfragen, ob die Mitarbeiter sich eventuell neue Aufgabengebiete mit größeren Herausforderungen wünschen:
   Denken Sie, dass Sie vielleicht Fähigkeiten haben, die das Unternehmen noch nicht genügend nutzt? Bei welcher Tätigkeit könnten Sie Ihre Talente am Besten rausbringen und nutzbringend einsetzen?

Besonders der folgende Leitsatz zeigt die Philosophie, die dem Coaching-Ansatz zu Grunde liegt:

Wir wollen den Mitarbeitern die Gelegenheit bieten, ihre Kräfte und Fähigkeiten, ihre Ideen und ihren Enthusiasmus in die Arbeit zu ihrer eigenen Zufriedenheit und zum Nutzen des Unternehmens einzubringen und umzusetzen.

7.2.4 Fallstudie: Der Chef als Coach

Beispiel 1:

Gruppenleiter kommt zum Abteilungsleiter, er ist niedergeschlagen und sauer und bittet diesen um Unterstützung.

Gruppenleiter:	„Meine Leute tun nicht das, was ich von Ihnen erwarte! Reden Sie mal ein Machtwort!“
Abteilungsleiter:	„Erzählen Sie mal, was ist denn genau passiert!“
Gruppenleiter:	„Ja, also gestern, als ich ins Büro kam, ... (er erzählt den Sachverhalt)“

Abteilungsleiter:	„Seit wann geht das schon so?"
Gruppenleiter:	„Im Prinzip eigentlich schon seit langer Zeit, seit zwei Monaten ist es aber auffällig schlimmer."
Abteilungsleiter:	„Was haben Sie bereits alles versucht, um eine Änderung zu erzielen?"
Gruppenleiter:	„Tja, gestern habe ich getobt und rumgebrüllt, dass das hier ein Saustall wäre ..."
Abteilungsleiter:	„Wie erklären Sie sich das denn, dass Sie bisher keinen Erfolg hatten?"
Gruppenleiter:	„Ich glaube, ich habe einfach keine Autorität bei den Leuten ..."
Abteilungsleiter:	„Welche anderen Möglichkeiten sehen Sie denn, das Zusammenspiel Ihrer Leute zu verbessern?"
Gruppenleiter:	„Ich müsste vielleicht konsequenter sein, und vielleicht müsste ich auch anders mit ihnen reden."
Abteilungsleiter:	„Jetzt haben Sie zwei Ideen dazu, versuchen Sie doch noch eine dritte!"
Gruppenleiter:	„Tja, es gibt ein oder zwei Stimmungsmacher dabei, wenn ich einmal mit denen reden würde ...?"
Abteilungsleiter:	„Wenn wir jetzt noch einmal an den Anfang zurückgehen: Sie kamen ja mit dem Wunsch, dass ich mich einmischen und ein Machtwort sprechen sollte. Wie sehen Sie das jetzt?"
Gruppenleiter:	„Ich glaube, das wäre nicht gut, ich würde noch schwächer erscheinen."
Abteilungsleiter:	„Ja ich verstehe, Sie denken jetzt, das würde Ihre Position eher noch schwächen und es Ihnen für die Zukunft schwerer machen. Wie kann ich Sie denn stattdessen unterstützen?"
Gruppenleiter:	„Sie könnten mir sagen, wie Sie in meinem Fall vorgehen würden!"
Abteilungsleiter:	„Ich finde Ihre Idee gut, einmal anders mit Ihren Leuten zu reden. Ich würde mich mit ihnen zusammensetzen und mit ihnen über ihre Ziele bei der Arbeit reden, welche Ziele sie haben, wie sie damit zufrieden sind."
Gruppenleiter:	„Ja, das habe ich noch nicht gemacht, ..."
Abteilungsleiter:	„Gibt es andere Personen, die Ihnen dabei hilfreich sein könnten?"
Gruppenleiter:	„Da fällt mir jetzt niemand ein ..."

Abteilungsleiter: „Überlegen Sie mal, was Sie jetzt noch als Vorbereitung für Ihr Vorgehen brauchen könnten? Fällt Ihnen noch was ein?“

Gruppenleiter: „Was mache ich, wenn ich hiermit nicht erfolgreich bin?“

Abteilungsleiter: „Jetzt stellen wir uns beide vor, wie Sie erfolgreich sein werden. Wir stellen uns beide darauf ein. Dann gehen Sie und setzen es erst einmal um. Und dann reden wir wieder miteinander.“

Abteilungsleiter: „Na gut, dann lassen Sie uns verabreden, wann wir wieder darüber sprechen! Ich bin natürlich daran interessiert, wie es weitergeht und würde Sie auch gerne darin unterstützen, dass Sie erfolgreich sind!“

Gruppenleiter: „Ich denke, in 14 Tagen wäre gut ...“

Abteilungsleiter: „Ja, OK. – Apropos Erfolg, fällt Ihnen noch irgendwas ein, was einer erfolgreichen Umsetzung Ihrer Vorhaben im Wege stehen könnte?“

Gruppenleiter: „Nein, vielen Dank!“

Beispiel 2:

Ein Mitarbeitender ist laufend krank, seine Chefin vermutet, dass er „blau macht“, er wurde auch bereits während einer Abwesenheit in der Stadt gesehen. Die Chefin bittet den Mitarbeiter zum Gespräch.

Chefin: „Herr Müller, ich will mal mit Ihnen reden.“

Mitarbeiter: „Ja, was gibt es denn?“

Chefin: „Sie sind in letzter Zeit sehr viel krank, so dass dies im Betrieb aufgefallen ist. In Ihrer Abteilung klagen die Leute, dass sie mit ihrer Arbeit nicht rumkommen.“

Mitarbeiter: „Ja, was soll ich denn machen, denken Sie denn, ich bin absichtlich krank?“

Chefin: „Nein, ich möchte mich allerdings mit Ihnen unterhalten, wie Ihnen die Arbeit gefällt, wie das Klima aus Ihrer Sicht in der Abteilung ist und auch, ob sie besondere Belastungen in Ihrem Leben haben.“

Mitarbeiter: „Ja wissen Sie, ich lebe seit 5 Monaten wieder alleine, meine Frau ist mit unserem Sohn zu ihrer Mutter zurückgezogen, und da ist das Leben nicht leicht. In der Abteilung machen sich die Kollegen nur lustig über mich, so dass ich es dort kaum aushalte.“

Chefin: „Glauben Sie denn, das alles spielt eine Rolle bei Ihren Erkrankungen?“

Mitarbeiter: „Wie soll mich das nicht mitnehmen?“

Chefin: „Wie ist es denn mit der Arbeit, macht Ihnen die Arbeit Spaß?“

Mitarbeiter: „Na ja, das ist alles so eintönig und langweilig, immer dieselben Formulare ausfüllen. Da könnten Sie ja fast eine Aushilfskraft daransetzen. Das entspricht in keiner Weise meiner Ausbildung, und Ihr Vorgänger hatte mir zugesagt, dass diese Arbeit nur vorübergehend sein sollte. Dann wurde der versetzt, und jetzt mache ich den Job schon seit drei Jahren!“

Chefin: „Welche Ideen haben Sie denn, wie man die Arbeit in der Abteilung anders gestalten könnte, und in welcher Rolle würden Sie denn sich sehen?“

Mitarbeiter: „Also, wenn Sie mich fragen würden, dann ...“

Chefin: „Ich halte das für eine gute Idee, wir sollten uns einmal mit den anderen Kolleginnen und Kollegen zusammensetzen und gemeinsam über eine andere Gestaltung sprechen! Denken Sie denn, eine Umorganisation würde Ihnen wieder mehr Freude bei der Arbeit schaffen?“

Mitarbeiter: „Ja, das denke ich schon. Es wäre aber auch wichtig, dass die Kollegen mich nicht wegen meiner Frau lächerlich machen.“

Chefin: „Was haben Sie denn in dieser Richtung schon unternommen?“

Mitarbeiter: „Noch gar nichts. Ich bin einfach zu gekränkt.“

Chefin: „Welche Ideen haben Sie denn, wie Sie mit Ihren Kollegen sprechen könnten, damit dieses Verhalten aufhört?“

Mitarbeiter: „Na, ich könnte Ihnen sagen, dass mich das nervt und mir nicht gut tut.“

Chefin: „Und was weiter?“

Mitarbeiter: „Na, ich könnte speziell mal mit Bürkli reden, der hat vielleicht am ehesten Verständnis und würde das dann den anderen sagen!“

Chefin: „Haben Sie noch weitere Ideen?“

Mitarbeiter: „Vielleicht sollte ich auch mal in einer gemeinsamen Besprechung, wo Sie und alle anderen auch da sind, einfach einmal sagen, dass es mir privat nicht gut geht und dass mich das Gerede nervt?“

Chefin: „Welche Möglichkeit erscheint Ihnen am Erfolgversprechendsten?“

Mitarbeiter: „Was meinen Sie denn? Sie fragen mich immer nur. Sagen Sie doch mal!“

Chefin: „Ich finde die offene Methode, mit allen zu sprechen, am Sinnvollsten. Und wenn ich dann dabei bin, würde ich gerne auch ein paar Worte dazu sagen."

Mitarbeiter: „Ja, das wäre gut!"

Chefin: „Wie wollen wir es denn nun machen? Wie wäre es denn, wenn ich für nächste Woche eine gemeinsame Besprechung ansetzte, wir reden über die Arbeitsorganisation, und dann können Sie gleich auch Ihren Teil sagen?"

Mitarbeiter: „Ja, okay."

Chefin: „Und in 3-4 Wochen würde ich dann gerne noch einmal mit Ihnen ein Gespräch führen, um zu hören, wie sich alles für Sie weiterentwickelt hat. Einverstanden?"

Mitarbeiter: „Ja, gerne. Vielen Dank."

7.3 Leadership – Kompetenz für Berater und Manager

Was ist ein Leader, was hat ein Führer? Welche Qualitäten und Verhaltensweisen zeichnen Menschen aus, denen andere folgen, die andere mitreißen können. Wo ist die Grenze, wo der Übergang vom modernen, begeisternden Manager zum Manipulator der Menschen für seine eigenen Ziele missbraucht? Die Fachliteratur ist voll von Definitionen und Erklärungen darüber, was wahre Führung ausmacht; von Charisma und großen Visionen wird da zumeist berichtet, von der außergewöhnlichen Persönlichkeit der Betreffenden. Oft beziehen sich die Untersuchungen auf die „ganz Großen", die John F. Kennedys und Martin Luther Kings, die Lee Iacoccas und Alfred Herrhausens dieser Welt. Wir möchten im Kontext dieses Buches die Diskussion pragmatisch halten und uns nicht nur auf die konzentrieren, die Nationen und multinationale Konzerne regieren, sondern unsere Aufmerksamkeit auf die richten, die im Alltag der Unternehmen unabhängig von Hierarchieebenen Menschen und Projekte führen. Denn wer Menschen für eine Idee gewinnen möchte und erreichen will, dass sie mit ihrer ganzen Kraft an der Umsetzung eines Plans mitwirken, der braucht Leadership – im kleinen wie im großen Rahmen. Wenn von Leadership gesprochen wird tauchen einige wenige Faktoren immer wieder auf, ganz gleich in welchem Zusammenhang das Thema beleuchtet wird.

1. Ein Leader schafft eine Vision.

Das bedeutet, er schafft eine Idee, ein persönliches Bild für eine erfolgreiche und bessere Zukunft und entwickelt Strategien, die die nötigen Veränderungen für die Durchsetzung dieser Vision bewirken. Eine echte Vision ist keine abgehobene Floskel, die auch auf jede andere Organisation passen würde oder wenig greifbar mit der erfahrbaren Wirklichkeit des Unternehmens zu tun hat. Um die Angesprochenen zu Mitstreitern zu machen, muss eine Vision mehrere Bedingungen erfüllen. Sie muss begeistern, sie muss Sinn geben, sie muss Mut machen, sie muss neugierig machen, sie muss herausfordernd sein, sie muss Stolz erzeugen und sie muss eine Qualität besitzen, die es jedem Einzelnen erlaubt, seine persönlichen Ziele an sie anzuhängen. Die Menschen müssen das Gefühl haben „ja, da will ich auch hin". Um das zu erreichen, bedarf es mehr als den Dreizeiler, der in Messing graviert im Foyer hängt. Es ist eine andauernde Kommunikationsaufgabe.

2. Ein Leader hat Vertrauen.

Dieser Grundsatz geht in verschiedene Richtungen. Ein Leader hat Vertrauen in die Vision, in die Sache, für die er kämpft, er *glaubt* daran, das Richtige für die Organisation, für die Mitarbeiter, die Share-Holder und für sich selbst zu tun. Nur eine feste Überzeugung macht glaubwürdig und lässt den Funken überspringen. Daraus ergibt sich der nächste Punkt. Ein Leader hat das Vertrauen seiner Mitarbeiter. Denn nur wem man vertraut, dem folgt man auch. Ein solches Vertrauen entsteht mitunter dadurch, dass Menschen dass Gefühl haben, gut und richtig informiert zu werden. Vertrauen, der „emotionale Kitt" zwischen Führungskräften und Mitarbeitern, wie es der internationale Führungsexperte Warren Bennis (1986) beschreibt, entwickelt sich auch dadurch, dass eine Führungskraft geradlinig und berechenbar ist. Das bedeutet nicht starres Festhalten an einer einmal eingeschlagenen Linie, sondern Treue zu Prinzipien, Grundsätzen und Werten. Der dritte Aspekt bezieht sich auf das Vertauen des Leaders zu seinen Leuten. Er gibt das Ziel vor, er schafft Rahmenbedingungen und lässt den Mitarbeitern gleichzeitig genug Freiraum für eigene Ideen und Lösungen. Ein Leader delegiert Aufgaben, gibt Verantwortung ab, fördert Zusammenarbeit und Eigeninitiative und regiert seinen Mitarbeitern nicht in ihre Arbeit hinein.

3. Ein Leader lernt immer.

Wer meint, er wisse schon alles, engt sich vorschnell ein und verbaut sich viele neue Türen bevor sie geöffnet sind. Ein Leader lernt über sich selbst dazu, im Umgang mit Erfolg wie Misserfolg. Er sieht Probleme als Informationsquellen und zieht aus jedem Scheitern Nutzen für zukünftige Aufgaben. Er zeigt sich vielseitig interessiert und erweitert seine Kompetenzen stetig. Ein Leader lernt aus Beziehungen und verfeinert seine Kommunikation immer mehr. Er lernt sich selbst und andere Menschen in die Lage zu versetzen, politische, bürokratische und zwischenmenschliche Schranken abzubauen und gegen zufriedenstellende, aber oft unerfüllte menschliche Grundbedürfnisse einzutauschen.

7.3.1 Führungskompetenz in ihrer hohen Kunst

Was heute von Managern mit Führungsverantwortung verlangt wird, sind umfassende Führungskompetenz, exzellente Management-Strategien und eine effektive Umsetzung der strategischen Vorgaben. Glaubt man den Berichten der Fachzeitungen und den Stellengesuchen von Managern, dann gehören mindestens 70 % aller Manager in die Klasse, die diese Fähigkeiten beherrscht. Wiederum andere Experten gehen davon aus, dass man zum Führer geboren sein muss, und sprechen davon, dass 1 % der Menschheit diese Fähigkeiten haben. Das sind schon sehr viel weniger, aber gemessen an der Weltbevölkerung noch eine stattliche Anzahl.

Wir sind der Auffassung, dass Führung zunächst ein Handwerk ist, das Begabte und Berufene leichter erlernen, gleichwohl wird auch ein Nichtberufener durch Aufgeschlossenheit und Interesse durch gutes Handwerk zum Meister.

Unternehmen und Organisationen geben eine Menge Geld dafür aus, ihre Manager in Führungs- und Management-Kompetenzen auszubilden. Jede Wirtschaftszeitung und jedes Wirtschaftsmagazin beschäftigt sich ununterbrochen mit Themen zu Leadership und Führung. Darüber hinaus gibt es eine Vielzahl von Autoren und Trainern, die Managern in Büchern und Ausbildungen ihr Wissen zur Verfügung stellen. Könnte man nun annehmen, dass sich deshalb die Kultur des Führens verbessert hat? Gerade Vorgesetztenbeurteilungen und Interviews mit Mitarbeitern in Unternehmen geben ein anderes Bild ab. Während den Managern in Sachen Management-Kompetenz ein gutes Zeugnis ausgestellt wird, ist das Verhalten der Führungskräfte immer wieder Anlass zur Klage. Mitarbeiter beklagen sich über die zunehmende Unmenschlichkeit, schlechtes Benehmen, mangelnde Kommunikation und über den Missbrauch von Information als Machtinstrument. Was das Schlimmste ist, Mitarbeiter fühlen sich im Ernstfall allein gelassen.

Was also verstehen Führungskräfte unter Leadership, das diese Diskrepanz erklären könnte?

7.3.2 Der Alltag des Managers

Anspruch und Realität

Schauen wir in die Welt der Manager und damit in den Alltag eines Unternehmens, dann wird sofort deutlich, womit Manager ihre Zeit verbringen oder verbringen müssen. In einem unserer Führungskräftetrainings platzt einem Manager der Kragen. „Alles schön und gut, 80 % meines Einsatzes ist Tagesgeschäft, den Berg an Arbeit, den ich vor mir herschiebe, erledige ich, wenn ich mir ein bisschen Luft verschafft habe. Für Führungsaufgaben bleiben mir 20 %.“ Er deutet auf seine Kollegen und sagt ihnen ins Gesicht, dass sie das gleiche Problem haben, ohne es offen zuzugeben.

Was ist die Spielregel? Jeder erklärt Führungsaufgaben für das wichtigste Thema, aber niemand nimmt sich Zeit. In Hochglanzbroschüren und auf Betriebsversammlungen wird verkündet: Die Mitarbeiter sind unser wichtigstes Gut, aber keiner Führungskraft lässt die tägliche Agenda dazu Zeit. Sind es also die Prioritäten, die falsch gesetzt werden? Sind es die Manager, die sich schlecht organisieren können und deshalb dringend ein weiteres Seminar in Zeitmanagement benötigen?

Wenn 80 % der Zeit für Management-Aufgaben benötigt werden, dann hat Mitarbeiterführung nur eine zweitrangige, wenn nicht noch geringere Priorität im Unternehmen. In Zeiten des Umbruchs und in Sachen Veränderung sind Führungskräfte jedoch die „Change-Agents" (häufig gebrauchte Metapher für verantwortliche Personen im Veränderungsprozess). Um Unternehmen auf neue Zeiten auszurichten sind Strukturreformen und Personalabbau oft alles, was Manager zur Veränderung beitragen. Das ist der größte Vorwurf, den Mitarbeiter den Managern machen. Wenn wir die Konzepte einiger ehemaliger Pioniere der deutschen Wirtschaft nachprüfen, besteht die Führungskunst sehr häufig darin, starre Hierarchien zu zerstören und Verantwortung nach unten zu delegieren. Das reicht nicht und führt auch häufig nur zu einem sehr kurzfristigen Unternehmenserfolg! Dort sind Leadership und Führungskompetenzen gefragt, deshalb sollte man die Einstellungen und das Führungsverhalten auf den Prüfstand stellen – und das dauerhaft! Selbst Vorgesetzten-Feedbacks, variable Vergütungssysteme und Führen mit verbindlichen Zielvereinbarungen als aktuelle Führungsinstrumente sind nicht genug.

Was macht aus Vorgesetzten Leader?

Wer heute Teams und Projekte führen muss, wird dies nicht mit herkömmlichem Verhalten bewältigen. Wer unter Kommunikation und Kooperation nur Informationsübermittlung versteht, kann Kreativität, die im Dialog entsteht, nicht entfalten. Und wenn man sich nicht für die Ideen seiner Mitarbeiter interessiert und ihnen auf Fragen keine prompte Antwort zukommen lässt, ist es mit der Führungskultur nicht weit her.

Es sind aber auch zum Teil die veralteten Konzepte, die bei neuen Strukturen und bei Prozess- und Projektorientierung nicht helfen und sich eher kontraproduktiv auswirken. In vielen Unternehmen wird an Linien- und Hierarchiestrukturen festgehalten, die mehr und mehr an Bedeutung verlieren. Sowohl Personalreferenten wie Führungsspezialisten ordnen Führungsverhalten weiterhin nach Führungsrollen ein. Junge Führungskräfte lernen den Unterschied zwischen patriarchalischem, pädagogischem, partizipativem und partnerschaftlichem Führungsstil kennen. Clinton O. Longenecker und Denis A. Giora, zwei amerikanische Dozenten, die Unternehmensführung und Wirtschaftswissenschaften an den Universitäten von Toledo und Pennsylvenia unterrichten, haben in einer Studie 261 Manager aus 18 großen Unternehmen befragt. Auch sie benutzen gängige Klischees wie „sehr partizipativ, selbstherrlicher Typ, sehr laissez-faire oder Anhänger einer Politik der verbrannten Erde". Wichtiger dabei aber war, dass sich offenbarte, wie wenig und oberflächlich in Unternehmen über Führung gesprochen wird, vermutlich weil die Annahme besteht, an persönlichem Führungsstil könne man sowieso nichts ändern.

Somit wird „Führungsstil“ zum Tabuthema, über das erst gesprochen wird, wenn Manager straucheln. Gleichzeitig gaben alle Manager an, über Führungsverhalten „könne und müsse man reden“. Fortgeschrittene Führungskräfte glauben an die Kraft der Worte, die sie als Visionen auf Charts festhalten und glauben, dies sei bereits Leadership, auch wenn die „Visionen“ ihres Unternehmens wortwörtlich den Visionen anderer Unternehmen gleichen. Und last but not least zeigt sich die viel beschworene Wichtigkeit von Führung in der Verteilung des Arbeitsvolumens und in den gelebten Prioritäten – nämlich daran, womit man sich alltäglich in Unternehmen beschäftigt.

Gerd Ammelburg, Unternehmensberater in Neuem Denken, sieht trotzdem eine Entwicklung von „Autorität von Amts wegen“ zu „Autorität aus der Persönlichkeit heraus“. Er meint, nur wenn der Führende von den Mitarbeitern als Mensch geschätzt wird, kann er in Zukunft noch führen. Dieses Urteil zielt darauf ab, dass Führungskräfte vor allem an ihrer „Persönlichkeitsentwicklung arbeiten müssen, weil sie sonst schlicht unqualifiziert sind“. Olya Khaleelee und Ralf Woolf, zwei erfahrene Unternehmensberater aus London, sprechen in diesem Zusammenhang von mangelnder emotionaler Reife bei Führungskräften. Sie spiegeln am Führungsverhalten eines Menschen die emotionale Entwicklung wider. „Oft lassen Unternehmer ein sehr frühes emotionales Entwicklungsstadium erkennen; das bedeutet, dass sie emotional vorpreschen, dann aber oft nicht in der Lage sind, ihre Organisation in die nächste Entwicklungsphase überzuleiten. Je größer und komplexer die Verantwortung einer Position im Unternehmen ist, umso größer ist die Zeitspanne der Ungewissheit und somit auch die Anforderung an die Fähigkeit der Führungskraft, damit zu leben und zu arbeiten.“

In Karriereberatungen macht man junge, ambitionierte Menschen glauben, glatte Biografien mit frühem Studiumsabschluss, ausgezeichneten Noten und nach Möglichkeit etwas Auslandserfahrung sei alles, was man zu einem reibungslosen Karriereweg benötigt. Wer nur eine tadellose Lebensweise nachweisen kann, wird nicht unbedingt persönliche Grenzen überschritten haben, sich durch Lebenserfahrung verändert und sich manchmal eingestanden haben müssen, dass zunächst richtige Ziele sich später als falsch erwiesen haben. Kurzum, solche Führungskräfte kennen ihre Stärken und Schwächen vielleicht nur aus Assessmentcentern. Um Menschen in eine unbekannte Zukunft zu führen ist das zu wenig. Die Messlatte für eine Führungspersönlichkeit liegt höher.

Ein Manager mit Leadership:

- entwickelt Visionen, für sich und seine Umgebung;
- zeigt großes Interesse, unentwegt dazu zu lernen, besonders über sich selbst;
- wird Risiken statt Sicherheit wählen;
- beherrscht und entwickelt exzellente Konzepte und unterscheidet diese von aktuellen Moden;
- gestaltet Beziehungen in angemessener Weise, innerhalb und außerhalb des Unternehmens;
- zeigt ein hohes Maß an Entschlossenheit, um Neues anzuschieben und
- zeigt Ausdauer für das Aushalten von Ungewissheit und Mehrdeutigkeit.

So wird es gelingen, für wichtige und dringliche Vorhaben die Bereitschaft und Begeisterung im Unternehmen zu wecken. Ohne diese Bereitschaft wird im Unternehmen weder dazugelernt noch Sinnvolles verbessert und der Schwung zum Aufbruch wird zu früh abgebremst. Mitarbeiter setzen statt auf Neubeginn auf Sicherheit.

Führung als Teil einer Lerngemeinschaft

Der Politik- und Sozialwissenschaftler Ralf Dahrendorf beleuchtet die andere Seite der Medaille von Führung. Er spricht nicht mehr von Arbeit im Unternehmen, sondern von Tätigkeiten. Darunter versteht er die Bewältigung von Aufgaben, die der Mitarbeiter nicht nur gerne erledigt, weil er sie kann und dafür qualifiziert ist, sondern weil sie ein Stück seines Lebens sind. Durch diese Sichtweise sieht er die schizophrene Trennung eines Menschen in privat und beruflich zu Gunsten einer Lebens- und Lerngemeinschaft aufgelöst. Auch unsere Erfahrungen in Unternehmen zeigen, dass durch das Prinzip, Gespräche im Dialog zu führen und Lösungen für ungewöhnliche Problemlösungen im Team zu suchen, „Lerngemeinschaften" entstehen. Dagegen sind viele aktuelle Diskussionen über Führung und Führungsstile lineare Betrachtungen und Erklärungen aus der Sicht von oben oder von unten. Es zeigt sich immer wieder, gleichgültig welchen Führungsstil eine Führungskraft im Alltag bevorzugt: *Führung ist kein einseitiger Akt, sondern Teil einer Beziehung.*

Im Zusammenspiel zwischen Mitarbeitern, Kollegen und Führungskräften und nach außen mit Kunden, Wettbewerbern und Umwelt werden sich in gemeinsamer Handlung Regeln im Umgang ausprägen. Es ist „der stille Tanz zur lautlosen Musik", wie es der Management-Guru Gottlieb Guntern (1987) prägnant ausdrückte. Zum Tanz gehören immer mehrere und erst die Musik bestimmt die Schrittweise. Im Unternehmen ist die Musik, zu der „getanzt wird", das Umfeld, die Werte und die Haltung aller Beteiligten. Durch Führungsteams, Projektarbeit und cross-funktionale Zusammenarbeit wird schon seit längerem von allen Mitarbeitern im Unternehmen und auf allen Ebenen des Unternehmens, Multistabilität verlangt. Während in einem Team der Mitarbeiter Teammitglied ist, leitet er in einem anderen Team ein Teilprojekt und wieder in einem anderen Team ist er Projektleiter. Wer sich bei dieser Vielfalt von Leistungen auf Funktionen stützt, wird zur Belastung für die Zusammenarbeit und den Fortschritt. Die Aussage „das ist nicht meine Aufgabe" gibt es in Teams nicht. Wer sich auf Rollen beschränkt, ist permanent in Abgrenzungsdiskussionen und Aufgabenbeschreibungen verstrickt. Mitdenken, mitgestalten, anpacken und lernen wird von jedem Menschen im Unternehmen verlangt.

Prioritäten sind Wunschlisten

Führungskräfte wissen oft nicht, womit sie ihre Zeit verbringen. Alle Erfahrungen von Führungskräften zeigen: Die obersten Ebenen des Unternehmens glauben, sie seien mit Planen und Budgetieren beschäftigt. Eigentlich wollen sie erfolgreich Zeitpläne und Lösungswege festlegen, über Strukturen entscheiden und über Kriterien für die Personalauswahl bestimmen. Sie wollen Verantwortung delegieren und Zeit für Mitarbeiter und Kunden haben. Begleitende Beobachtungen zeigen jedoch, dass sich ihr Berufsalltag wesentlich durch Störungen und Unerwartetes gestaltet. Die wichtigen Themen müssen sozusagen nebenher erledigt werden. Terminpläne werden von anderen bestimmt, gestört und geändert. Das liegt nicht nur an den anderen: Weil jeder Tag gänzlich verplant ist, bleibt einfach kein Raum für Wesentliches. „Erfolgreiche Störungen“ im Tagesgeschäft zeigen die wahren Prioritäten und die der anderen Führungskräfte!

7.3.3 Führen in offenen Systemen

Führen in offenen Systemen ist Umgang mit Unterschiedlichkeit und durchlässigen Grenzen. Gegenwärtige Herausforderungen sind nicht durch herkömmliche Management-Lösungen zu bewältigen, sondern sind echte Leadership-Aufgaben. Leadership heißt, Ideen und Befähigungen entdecken, Veränderungen gestalten und Werte für alle schaffen, sowohl für externe als auch für interne Kunden, Mitarbeiter, Lieferanten, Geldgeber und die soziale Umwelt. Dazu brauchen Sie ein hohes Maß an Anpassungsfähigkeit bei sich selbst und bei anderen. Es werden Menschen gebraucht, die nicht glauben, die Welt allein verändern zu können, sondern die mit anderen gemeinsam Ideen kreieren und Optionen als Lösungswege vorbereiten.

Was dringlich ist

Leistungsverbesserung dient der Systemerhaltung, nicht der Veränderung. Das birgt erhebliche Risiken, weil es meist um die Märkte von gestern und heute geht, aber nicht um zukünftige Geschäftsfelder. Das heißt hinterherlaufen statt vorneweg zu sein. Der Arbeitsalltag zwingt zu Realitätssinn und versperrt den Blick in die Zukunft. Bisher wurden Genies als Menschen gewertet, die ungemein kreativ und produktiv oder einfach glückliche Zufälle der Natur sind. Das wird inzwischen in Frage gestellt. Was macht Manager zu Visionären? Visionäre haben die Fähigkeit entwickelt, die Welt immer perfekter zu sehen. Sie erfassen leichter und begreifen, dass es mehr zu sehen gibt als der erste Blick offenbart. Visionäre achten besonders auf Feinheiten, sind scharfsinnig und haben die Fähigkeit zu großer Aufmerksamkeit. Visionen machen einen wesentlichen Teil eines Leaders aus. Deshalb sollte ein Leader in der Lage sein, Visionen zu entwickeln und sich dafür einzusetzen.

Was Nutzen schafft

Die Kernkompetenzen eines Unternehmens und die Befähigung der Mitarbeiter sind auf das Engste miteinander verbunden. Dazu muss ein Unternehmen flexibel gehalten, der Dialog gefördert werden. Nichts wird unter den Teppich gekehrt, unbequeme schwierige Gespräche sind erwünscht. Gerade weil Teamgeist und partnerschaftlicher Umgang auf der Rückseite manchmal mangelnde Konfliktfähigkeit schaffen, weil „gute" Beziehungen nicht gefährdet werden sollen. Führungskräfte müssen lernen zu fragen. Wer fragt, lernt etwas über die Gedanken und Weltsichten der anderen, erfährt etwas vom Wissen der Mitarbeiter und macht Beziehungen offener und belastbarer.

Der Mut zur Wahrheit

Führungskräfte machen sich viele Gedanken, was sie ihren Mitarbeitern zumuten können. Zu den Tabus in Unternehmen gehört der kontrollierte Umgang mit wichtigen und „heißen" Informationen. Menschen als kommunikative Wesen teilen sich mit, erzählen und berichten. In Unternehmen wird viel zwischen den Zeilen gelesen oder durch nonverbale Kommunikation übermittelt. Gerüchte nehmen im Unternehmen den schnellsten Weg. Wer sich einbezogen und informiert fühlt, kann auch aushalten, dass etwas noch nicht bekannt werden soll. „Besserinformierte" schaffen in diesem Zusammenhang nur Ungleichgewichte. Informationskaskaden verfälschen Nachrichten. Informationen müssen so direkt und vollständig wie möglich an Betroffene weitergegeben werden, denn Mitarbeiter messen ihre Führungskräfte daran, wie gut sie sich von ihnen informiert fühlen.

Kompetenzen von Morgen: Team an der Spitze

Der einsame Führer an der Spitze hat ausgedient. Seit Macht und Hierarchiestrukturen sich immer mehr auflösen, wird auch auf höchster Ebene als „Mannschaft" gearbeitet. Komplexe Zusammenhänge und hohe Anforderungen an kreative Lösungen müssen viele gute Denker an einen Tisch führen. Dementsprechend haben viele Unternehmen inzwischen auch die Strukturen entsprechend verändert. Nur wenige Entscheidungen sind noch reine „Chefsache", vorher wird informiert, diskutiert und an einem Konsens gearbeitet. Das setzt natürlich die Einsicht voraus, dass Ellbogenverhalten und Konkurrenzdenken unter Gleichen mehr behindert, als zum Erfolg führt. Eigenständigkeit und Selbstverantwortung wird auf kleinste, kompetente Einheiten übertragen. Das sind manchmal einzelne Personen, aber meistens sind es Teams.

Lernen zu lernen

Auch zu Beginn des 21. Jahrhundert bleibt der Wandel der Unternehmen und Organisationen sowie die daraus resultierenden Folgen Hauptaufgabe und Herausforderung der Führungskräfte. Das Veränderungstempo von Unternehmen wird sich steigern und der Zwang zur Transformation für die Unternehmen deutlich größer werden. Fähige Führungskräfte werden „lernen zu lernen", was sie heute und morgen brauchen und dieses Lernen ständig verbessern. Sie benötigen eine zunehmende Kompetenz, die es ihnen ermöglicht, erfolgreiche Führungswerkzeuge effektiv einzusetzen. Führungskompetenz hat vielfältige Facetten: sie zeigt sich in der Sache, in der Um- und Weitsicht, im Mut etwas zu wagen oder in der Gelassenheit, etwas zu lassen. In der Zusammenarbeit sind vor allem soziale Kompetenzen und nicht nur Fachwissen wesentlich.

Wandel beim Leadership – Vom Motivieren zum Energetisieren (Gerken, 1994):

Klassisches Management

- Der Führende geht vor seinen Mitarbeitern.
- Der Führende entscheidet zwischen Ziel-Alternativen.
- Der Führende motiviert für seine Ziele.

Evolutionäres Management

- Der Führende geht hinter seinen Mitarbeitern (Coaching).
- Der Führende setzt die Vision, die Ziele produziert.
- Der Führende energetisiert für die Selbstorganisation.

7.4 Visionen und Werte – Selbstreflexion

Wer Menschen unterstützt, sich weiter zu entwickeln, beschäftigt sich mit ihren Zielen, Visionen und Werten. Gleichgültig, ob wir als Berater, externer Coach oder Vorgesetzter-Coach auftreten, wir versuchen, die Klarheit und Bewusstheit unserer Gegenüber in diesen Themen zu erhöhen, so dass sie darauf aufbauend ihre Strategien und ihr Vorgehen verbessern können. Wer andere nach Visionen und Werten befragt, sollte zu diesen Themen auch über sich selbst reflektieren. Benutzen Sie die folgenden Fragen zur eigenen Anregung und zur Arbeit mit Ihren Kunden.

7.4.1 Fragebogen zur persönlichen Vision

- Stellen Sie sich vor, Sie hätten die Ziele Ihres Lebens erreicht, die Sie sich so sehnlichst wünschen! Wie sähe Ihr Leben dann konkret aus und welche Wirkung hätte dies?
- Wenn Sie genau der Mensch sein könnten, der Sie sein möchten, über welche Fähigkeiten und Qualitäten würden Sie verfügen?
- Welche materiellen Dinge würden Sie besitzen?
- Wie wäre Ihre Lebensumgebung (Wohnung, soziales Umfeld)?
- Wie wäre Ihre Gesundheit und Ihre Leistungsfähigkeit? Was würden Sie dafür tun?
- Welche Art der Beziehung hätten Sie zu anderen Menschen?
- Welche berufliche Situation hätten Sie? Welche Auswirkung hätte dies bezüglich der Anstrengungen, die Sie dafür unternehmen würden?
- Welche Ziele für die kreativen Bereiche Ihres Lebens hätten Sie?
- Welche Vorstellung hätten Sie für die Gemeinschaft oder Gesellschaft, in der Sie leben?
- Stellen Sie sich vor, Ihr Leben würde nur einem einzigen Zweck dienen. Welcher Zweck könnte das sein?
- Wenn Sie die Antworten zu den Fragen vergleichen, gibt es primäre und sekundäre Ziele?

7.4.2 Fragebogen zu persönlichen Werten

Schritt 1: Werte bestimmen

Wählen Sie aus dieser Liste die zehn Werte aus, die Ihnen am Wichtigsten sind!

■ Abenteuer	■ Freundschaft	■ Qualitäts-beziehung	■ alleine arbeiten	■ Führung
■ Reichtum	■ Menschen helfen	■ Geld	■ Reinheit	■ Respekt
■ Gemeinschaft	■ Religion	■ Status	■ Heimat	■ Ruf
■ Sicherheit	■ Ehrlichkeit	■ innere Harmonie	■ sinnvolle Arbeit	■ berufl. Weiterkommen
■ Integrität	■ Spannende Arbeit	■ Demokratie	■ Kompetenz	■ Spitzen-leistung
■ gesellschaftl. Engagement	■ Kontrolle über andere	■ anderen helfen	■ Effektivität	■ Kreativität
■ Umwelt-bewusstsein	■ Ehrlichkeit	■ Kunst	■ Verantwortung	■ spannendes Leben
■ Leistung	■ Verdienste	■ Einfluss	■ Loyalität	■ Abwechslung
■ Engagement	■ Macht	■ ehrliche Menschen	■ enge Beziehungen	■ Markt-stellung
■ Wachstum	■ Entschluss-kraft	■ Natur	■ Wahrheit	■ Empathie
■ Ordnung	■ Weisheit	■ ethisches Verhalten	■ Entwicklung	■ Wettbewerb
■ Familie	■ Privatheit	■ Wissen	■ Freude	■ Zuneigung
■ finanzieller Gewinn	■ Sex	■ Würde	■ Spaß	■ Unterstützung geben
■ Liebe	■ Fürsorge	■ Stabilität	■ Autorität	■ ...

Schritt 2: Werte streichen

- Nachdem Sie 10 Werte ausgewählt haben, stellen Sie sich vor, Sie dürfen nur fünf benennen. Welche anderen fünf Werte würden Sie aufgeben? Streichen Sie diese durch!
- Stellen Sie sich vor, Sie dürfen nur vier haben! Welchen Wert geben Sie auf?
- Streichen Sie noch einen Wert und noch einen!
- Welcher Wert ist Ihnen der Wichtigste?

Schritt 3: Bedeutung der Werte

- Schauen Sie sich die ersten drei Werte auf der Liste an:
- Was bedeuten Sie genau?
- Wie würde sich Ihr Leben ändern, wenn Sie diese Werte leben würden?
- Spiegeln Ihre Visionen, die Sie entdeckt haben, diese Werte wider?
- Sind Sie bereit, eine Lebensform und eine Organisation zu wählen, in der diese Werte an erster Stelle stehen?

Gleichgewicht halten ist die
erfolgreichste Bewegung des Lebens.

Friedl Beutelrock

8. Unternehmenskultur

Der langfristige Erfolg einer Organisation hängt in unserem Verständnis nicht zuletzt von der Unternehmenskultur ab. Gerade deshalb ist es wichtig, dass Berater und Manager ein Verständnis entwickeln für die Natur von Gleichgewicht und Unterschieden, für die Werte, die in einem Unternehmen existieren, für die Konzepte zur Veränderung und last but not least für das Handwerkszeug für die Veränderung der Unternehmenskultur. Berater und Autoren beschreiben Unternehmenskultur viel zu oft als die „soft facts" des Unternehmens. Als systemisch Denkende wollen wir jedoch das Unternehmen als *organische Einheit* begreifen. Diese Einheit wird letztlich definiert aus den Unternehmensinteressen, den Beziehungen im Unternehmen, aber auch den Beziehungen zu Kunden, Lieferanten und dem beteiligten Umfeld. Gerade in der Fähigkeit, eine Balance zwischen diesen Elementen herzustellen, unterscheiden sich systemische Berater von einem rein betriebswirtschaftlich orientierten Consultant. Programme für Veränderung scheitern oft gerade deshalb, weil die Berater kein Verständnis für diese Zusammenhänge haben und entweder zu strategielastig oder zu toolorientiert sind. Beratungen, deren Ereignisse sich nicht nur in kurzen Erfolgen zeigen, sondern das Unternehmen auf längere Zeit aufstrebend positionieren, werden das Zusammenspiel sowohl nach innen und außen gestalten als auch die zukünftigen Herausforderungen der Märkte und gesellschaftlichen Strömungen anregen und organisieren.

8.1 Herausforderungen an die Unternehmenskultur

Unternehmenskultur ist mehr als soft facts

Wir erkennen eine Kultur an den Mustern und Regeln, mit denen Unternehmen Prozesse und Umgang organisieren und Herausforderungen bewältigen. Es handelt sich hierbei um die Grundprämisse, wie eine Gemeinschaft gelernt hat, ihre Probleme zwischen externer Anpassung und interner Integration zu lösen. Dies kommt sehr oft einer Prägung gleich. Es sind gelernte und integrierte Verhaltens- und Denkweisen, die wiederkehrend für vielerlei Problemlösungen zur Verfügung stehen und redundant angewandt und weitergegeben werden. Sie sind wie selbstverständlich und werden selten noch in Frage gestellt. So gesehen entwickeln Menschen, die einer festen Gruppe angehören, Muster, Werte, Normen und Verhaltensweisen, die wir als *Kultur* bezeichnen können.

Verstehen heißt nicht bewerten

Um als Berater handeln zu können, ist es wichtig, die Kultur eines Unternehmens zu kennen. Daraus lässt sich ableiten, weshalb Problemlösungen in einer bestimmten Weise gesucht werden, weshalb brauchbare Vorschläge kein Gehör finden, weshalb Veränderungen sich mühsam gestalten. Es ist wichtig, herauszufinden, welche Werte ein Unternehmen vertritt. Das ist nicht immer ganz leicht, weil Werte oft verinnerlicht sind und erst durch Gespräche, Interviews, Beobachtungen und Außenfeedback deutlich werden. Schon in diesem Prozess entsteht ein Verständnis, welche Denk- und Verhaltensweisen hemmend und welche nützlich sind. Sehr oft wird aber – selbst von Beraterseite – vor solchen Analysen gewarnt. Man unterstellt dabei, dass Gemeinschaften nicht mit dieser Erkenntnis umgehen können. Das hat jedoch viel damit zu tun, ob wir als Berater solche Phänomene sehr kritisch und abwertend angehen oder respektvoll mit gefundenen Lösungen umgehen. In jedem Fall sollten von Anfang an die Mitarbeiter in einer solchen Analyse mitwirken. Es ist der Beginn eines Prozesses. Einem Unternehmen einfach und knallhart den „Spiegel vorzuhalten", ist weder wertschöpfend noch systemisch.

Wechselwirkungen im Unternehmen

In Unternehmen stehen drei Hauptströmungen in einer Wechselwirkung:

- die Unternehmensziele,
- die Beziehungen der Mitarbeiter im Unternehmen und
- der Kontext des Unternehmens.

Der Kontext beschreibt das Umfeld, das das Unternehmen beeinflusst, zum Beispiel Märkte, Kunden, Lieferanten und Standorte. Abbildung 50 zeigt das Unternehmen als ein „sich organisierendes Ganzes", das unterschiedliche Prioritäten ausbildet. Ein einfaches Phänomen der Interessengegensätze: Jedes Element handelt nach der eigenen Bedürfnislage und wird durch die Interessen der anderen Teile beschränkt (Modell 1). *Der Ausgleich liegt zwischen Freiheit und Beschränkung.* Im Zusammenspiel der Beziehungen, im Austausch der Informationen, in den erbrachten Leistungen, aber auch den Beschränkungen, dem Verwirklichen der Interessen und dem Umgang mit den Gegensätzen wird das Unternehmen geformt.

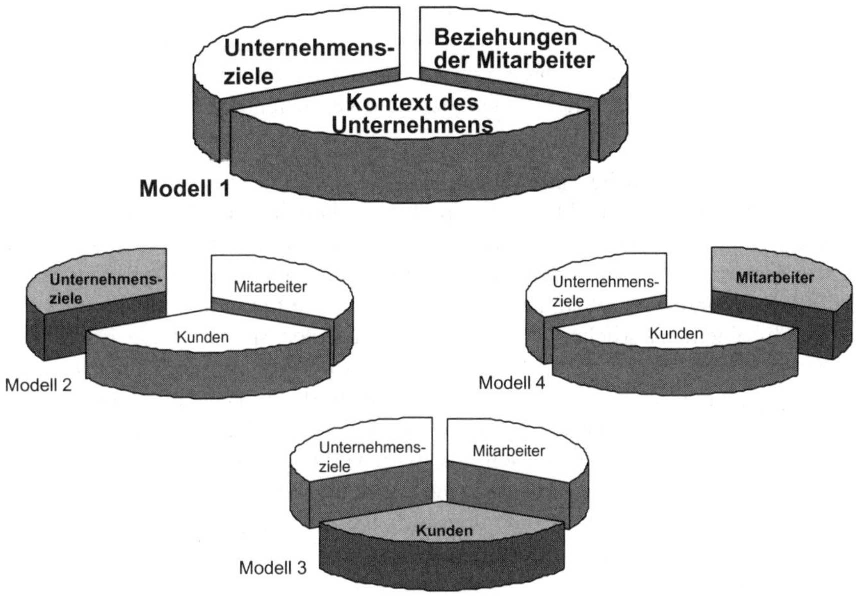

Abbildung 50: Hauptstränge im Unternehmen

Strukturen entstehen und werden erhalten. Natürlich werden auf dieser Basis Strukturen auch verändert (vgl. Guntern, 1987). Das kann in drei Richtungen geschehen, zum Beispiel:

- die Komplexität steigt,
- es werden Elemente ausgewechselt oder
- die Komplexität wird reduziert.

Ebenso ist ein System in der Lage, falls nötig, Strukturen wieder aufzulösen, um Gleichgewicht und Ungleichgewicht auszubalancieren.

Die Erfahrung zeigt, dass, je nach Bedürfnislage und äußeren Bedingungen, sich zu bestimmten Zeiten einzelne Teile mehr oder weniger in den Vordergrund schieben und Bedeutung haben. Erst wenn dabei über einen längeren Zeitraum ein Teilaspekt dominiert und überbetont wird, entsteht ein Ungleichgewicht. Das Prinzip heißt dann: Wenn du verlierst, gewinne ich, oder ich verliere, wenn du gewinnst. Ein Nullsummenspiel, in dem die eigenen Ziele und der Unterwerfungsversuch des anderen die Spielregeln und damit die Wechselbeziehung bestimmen. Immer ist einer der Gewinner und der andere der Verlierer. Ein Prinzip kann auch heißen: Individuelle Interessen zählen nicht. Erst kommt die Firma, dann die Kunden und zuletzt die Mitarbeiter. An den Vorgehensweisen, Vorgaben und Verhaltensmustern können wir erkennen, ob Teile ein Übergewicht entwickelt haben (Modelle 2 bis 4). Ist das System im Ungleichgewicht, zeigt sich die

Überbetonung eines der Elemente. Entweder ist es der Unternehmensgewinn oder es sind die Kunden oder ganz selten die Mitarbeiter. Im unternehmerischen Handeln interagieren die Teile miteinander und müssen in ihren Interessengegensätzen einen Ausgleich suchen: Unternehmen möchten hohe Gewinne machen, Kunden wollen möglichst günstig einkaufen und Mitarbeiter wollen viel Geld verdienen und viel Gestaltungsspielraum haben.

Im Spiel der Kräfte versuchen alle, ihre Interessen durchzusetzen. Trotz Abhängigkeit voneinander sind die Kräfte nicht gleich verteilt, was dann in einen Kampf um Interessen ausarten kann und in Unter- oder Überlegenheit endet. Was unter Stress und Krisenzeiten richtig sein mag, also für eine kurze Zeit bestimmte Interessen zurückzustellen und einem Teil den Vorzug zu geben, ist über einen langen Zeitraum und für normale Zeiten schädlich. Zu einem natürlichen Prozess gehört nach der Spannung die Entspannung. Deshalb muss ein System in der Lage sein, nach großer Kraftanstrengung für eine gewisse Zeit auf eine langsamere Gangart umzuschalten. In der Entspannung erholt sich das System, es erneuert und erfrischt sich. Wenn der Wechsel zwischen Spannung und Entspannung fehlt, beutet sich ein System aus, wird verbraucht und lebt von seiner Substanz. Ein krank machendes, wenn nicht sogar tödliches Spiel. Das Spiel geht auch andersherum: Gibt es keine Herausforderung, die eine Spannung erzeugen kann, erlahmt das System und ist nicht mehr in der Lage, sich zu erneuern. Ebenso auslaugend ist ein Vorgehen, wenn unterschiedliche Voraussetzungen mit den immer gleichen Mitteln beantwortet werden. Was für bestimmte Situationen sehr stimmig sein kann, ist für andere falsch. Mehr des Gleichen ist lediglich die Verarmung von Ideen. Wichtige Unterschiede und Notwendigkeiten werden nicht zur Kenntnis genommen.

Vergleichbares Verhalten kennen wir aus unserem privaten Leben: aus gesellschaftlichen Krisensituationen bei Familien und bei einzelnen Personen. Ein Beispiel: Eine Familie hat in der langen Phase ihres Hausbaus viele Entbehrungen auf sich genommen. Mit dem großen Ziel vor Augen wurde vieles zurückgestellt. Wird ohne Rast und Erholungspause weiter gearbeitet, der Garten bestellt und der Innenausbau vorangetrieben, ohne – wie man sich gegenseitig versprochen hatte – sich zu erholen und Zeit für das Familienleben aufzubringen, dann werden die Beziehungen und die Gesundheit leiden. Erst durch ernsthafte Störungen setzt ein Umdenken ein. Außenstehende erkennen oft viel früher, wie vermeintliche Lösungen eher weitere Störungen verursachen oder gar auslösen, als dass sie bei der Erneuerung helfen. Auch Probleme in Unternehmen sind oft die Symptome für Ungleichgewicht: Zunahme der Fehlzeiten, mangelnde Qualität, häufigere Beschwerden der Kunden, Leistungsabfall, große Fluktuation, fehlende Innovation, Streit und Auseinandersetzungen.

Ungleichgewicht hat Ursachen

Gründe für Ungleichgewichte in Unternehmen sind:

1. Management-Programme, die immer aktuell sein wollen und dabei Modetrends verfolgen, verführen zu Überbetonungen von Teilaspekten. Sie imponieren mit großen Versprechungen und führen zu falschen Erwartungen. Oft sind die Programme nicht genügend erprobt und nur unter sehr bestimmten Voraussetzungen einführbar, oder es entstehen Fehler in der Durchführung, weil sie nachgeahmt sind und nicht wirklich auf das Unternehmen passen, oder sie werden nur halbherzig durchgeführt.

2. Eine Monopolstellung in der Vergangenheit, bedingt durch Produkt- oder Standortvorteile oder fehlende Konkurrenz, die das Unternehmen zwangsläufig in trügerischer Sicherheit hielt.

3. Nabelschau und die Beschäftigung mit sich selbst: Durch persönliche Konkurrenz und Missgunst ist man ständig dabei, Quertreibereien zu veranlassen oder Streit zu schlichten, sodass Wirtschaftlichkeit und Kunden aus dem Blickfeld verschwunden sind.

4. Es wird von der Substanz gelebt: In schwierigen Zeiten sind Unternehmen darauf angewiesen, alle Kräfte zu mobilisieren, diese auf Kunden hin zu bündeln und andere Teilaspekte zu vernachlässigen, um zu überleben. Es wird mit Verlust verkauft und die Mitarbeiter sind zu Einschränkungen bereit. Je länger die „schwierigen Zeiten" andauern, ohne dass eine einschneidende Veränderung eintritt, desto größer und hemmender wird die Schieflage.

5. Zusammenführung unterschiedlicher Hälften: Bei Unternehmenszusammenschlüssen prallen unterschiedliche Prägungen oft stark aufeinander, versuchen sich gegenseitig zu dominieren und fallen wieder auseinander. Das Unternehmen schafft die Integration nicht, das Ungleichgewicht bleibt und wird größer.

Es ist eine weit verbreitete Erscheinung, dass Unternehmen zu immer neuen Management- und Reorganisations-Programmen greifen, um die Leistungsfähigkeit zu verbessern. Eine Maßnahme jagt die andere, die Intervalle werden immer kürzer. Das Springen von Programm zu Programm ist meist ein Zeichen der Hilflosigkeit des Managements, die erzeugten Ergebnisse in ihrer Komplexität zu überschauen. Dabei wird von den Mitarbeitern ständiges Anpassen und Umdenken verlangt. Die eingeleiteten Strategien sind aber oft so kurzlebig, dass sie schon beendet sind, noch bevor die gewonnenen Erfahrungen ausgewertet werden konnten. Stellt sich der Erfolg nicht in kürzester Zeit ein, wird ein neues, „besseres" Programm gestartet. Das hat zur Folge, dass Mitarbeiter die Programme nicht mehr mittragen und sich „ducken, bis die Welle wieder vorbei ist". Die

Mitarbeiter ermüden, resignieren, und die Manager verlieren ihre Glaubwürdigkeit, weil Mitarbeiter ihnen unterstellen, dass sie ihre eigenen Vorschläge nicht ernst nehmen.

Auch die Veränderung der Unternehmenskultur wird häufig im Unternehmen wie ein Programm behandelt. Mit Verlautbarungen und ein paar Workshops glaubt man genug getan zu haben. So wird Unternehmenskultur eher zur kurzfristig angelegten Marketingtaktik statt zu einem gelebten Unternehmenswert. Das Resultat ist die leblose Hülle einer Hochglanzbroschüre, die die Kunden nicht spüren und die Mitarbeiter nicht leben. Auch wird Unternehmenskultur als additives Programm verstanden, das zusätzlich zu anderen gestartet wird.

Was sind entscheidende Defizite, wenn Unternehmen sich entschließen, ihre Unternehmenskultur zu verbessern?

- Es fehlt an realisierbaren Konzepten.
- Das Engagement der Führung ist nicht sichergestellt.
- Es werden Fehler in der Umsetzung gemacht.
- Das Management lässt sich keine Zeit für Entwicklung und Wandel, für flexible Konzepte, die den Prozess begleiten, steuern und aktuelle Informationen einbeziehen.

So heißt die Regel oft nur: schnell, stramm, falsch und ohne Konsequenzen! Wertvolle Zeit und Energie werden mit nutzlosen und schädlichen Aktivitäten vergeudet. Dabei wissen wir: Entwicklung braucht Zeit und Raum. Sie braucht Freiheit, Fehler zu machen, denn diese sind praktische Informationen und helfen Erfahrungen auszuwerten und zu beurteilen. Es geht um die Gestaltung und Ausrichtung des Unternehmens und seiner Beziehungen, nicht um kleine, kurzfristige Ziele. Entwicklung braucht aber auch Beschleunigung und Überzeugung, um überhaupt einen Schritt machen zu können.

Ein weiterer wesentlicher Punkt, weshalb Unternehmenskultur als Zufallsprodukt entsteht und Veränderungen scheitern, ist darin zu suchen, dass meist nur kaufmännische und technische Vorgehensweisen bekannt sind und Erkenntnisse der Sozialwissenschaften kaum berücksichtigt werden. Menschen, die sich ändern sollen, sind keine Maschinen, sondern wollen respektiert und einbezogen sein sowie ihre Interessen berücksichtigt wissen.

8.2 Was lässt Unternehmen erfolgreich sein?

Radikales Profitdenken, starres Fixiertsein auf den Markt und objekthaftes Umgehen mit Mitarbeitern sind alltägliche Strategien, wenn die Wellen in wirtschaftlichen und politischen Krisenzeiten hochschlagen. Noch immer sind Manager und Unternehmensberater, die „verbrannte Erde“ hinter sich lassen, offen bewunderte Helden des Krisenmanagements. Partielles Denken, nicht über den eigenen Tellerrand blicken, das sind häufig praktizierte Denkmuster für die betriebliche Entschlackung. Doch die Konsequenzen, die allgemeinen Kosten zerstörter Sozialstrukturen und Folgekosten, werden die negativen Auswirkungen vermeintlich erfolgreicher Strategien deutlich machen. Gelingt es einem Unternehmen, den Ausgleich zwischen Interessenunterschieden und Zielkonflikten zu finden, wird es dauerhaft in der Lage sein, auf aktuelle Turbulenzen und gesellschaftliche Veränderungen und Umorientierung zu reagieren und vielfältige Lösungen zu finden. Das Unternehmen kann aus sich heraus Kräfte für neue Entwicklungen erzeugen. Die Balance der Unterschiede ist ein Grundprinzip der Natur und damit von Entwicklung und Leben. Häufig wird dieses Prinzip für unrealistisch gehalten, weil Unterschiede nicht als Verhinderung von Erstarrung, sondern als etwas Trennendes empfunden werden. Trennend sind jedoch nicht die Unterschiede, sondern wie mit Gegensätzen umgegangen wird. Balance benötigt zwei wichtige Aspekte: den Zusammenhalt und das Übereinkommen. Beides ist nur in der Begegnung und in der Offenheit der Beziehung möglich.

Fazit: Die Kultur des Unternehmens zeigt sich im Zusammenspiel der Kräfte von Unternehmensprofit, Kundenbeziehungen und Mitarbeiterzufriedenheit. In ihrer Balance bestimmen sie den langfristigen Erfolg des Unternehmens (vgl. Osterhold, 2000).

Abbildung 51: Integrierte Unternehmenskultur

In der Organisation des gemeinsamen Ganzen, das ein Unternehmen darstellt, ermöglicht der Ausgleich von Interessenunterschieden die Anpassung an Entwicklung und Wandel. Jede Überbetonung eines Teilaspektes bringt kurzfristig gewünschte Teilerfolge, geht aber auf Dauer nur auf Kosten anderer Teile. Wenn im raschen Wechsel die Teilaspekte hintereinander oder nebeneinander behandelt werden, geraten sie in zunehmende Konkurrenz und richten sich schließlich gegeneinander. Das führt längerfristig zum Misserfolg des Unternehmens (siehe Abbildung 51). Dies klingt einleuchtend, dennoch sind Lösungen schwierig. Immer noch wird in „Entweder-oder-Kategorien" gedacht und die Harmonisierung scheinbar gegensätzlicher Interessen als unmöglich abgetan. Unternehmenskultur wird dabei noch immer dem zwischenmenschlichen Bereich des Betriebsklimas zugeordnet oder als Marketingstrategie benutzt. Es wird jeweils auf nur einen bestimmten Teilaspekt abgezielt: entweder auf Ergebnismaximierung oder Kundenorientierung oder ganz selten auf Mitarbeiterzufriedenheit. Die gewählten Strategien sind durch Einseitigkeit geprägt. Märkte sind komplexe Gebilde, die wir mit Strategien und Programmen zu kontrollieren versuchen. Ändern sich die Variablen, stehen die eingeschlagenen Strategien sofort auf dem Spiel. Das Nicht-zur-Kenntnis-Nehmen von Wissen über chaotische Verläufe verhindert, dass sich Unternehmen genügend auf Veränderung einstimmen und den Prozess hinreichend beachten. So wird entweder die Kontrolle erhöht, vorschnell abgebrochen oder an unterschiedlichen Stellen unkoordiniert und gleichzeitig durchgestartet. Die Anzahl der gleichzeitig laufenden Aktivitäten wird meist als unternehmerische Vielfalt gepriesen. Davon kann jedoch keine Rede sein, weil die Aktivitäten nicht als Vielfalt behandelt und selektiert werden. Sie sind Hinweis für ungeordnete und in unterschiedliche Richtungen zielende oder sich überlappende Maßnahmen. Sie kosten das Unternehmen viel Geld und ermüden die Mitarbeiter, die den Glauben an das Management allmählich verlieren. Deshalb haben auch Bücher über Managementfehler Spitzenplätze in den Bestsellerlisten.

Fazit: Wer es mit der Kundenorientierung und der Zufriedenheit der Mitarbeiter wirklich ernst meint, der ordnet diese nicht dem Profit unter oder lässt sie für den Profit arbeiten. *Kundenorientierung und Mitarbeiterzufriedenheit stellen für das Unternehmen wie auch der Gewinn einen eigenen, selbständigen Wert dar.* Profit wird nur mit den Kunden und den Mitarbeitern erzielt. Nur wer Gewinn erzielt, hat Kunden und kann Mitarbeiter beschäftigen. Nur mit Mitarbeitern können Kunden bedient und Gewinne gemacht werden. Durch eine systemische Betrachtung und eine multiple stabile Ausrichtung werden die Anpassungsleistung und die Entwicklungsfähigkeit auf unterschiedlichen Gebieten möglich. Das Unternehmen kann durch mehr Flexibilität und Stabilität erfolgreicher sein. Auf einem Bein wird man bekanntlich schnell müde und ein Dreibein-Hocker ist der stabilste Sitz. Das bedeutet in der Praxis: Das Unternehmen muss sich darauf ausrichten, ständig dazuzulernen und Prozesse der ständigen Verbesserungen zu praktizieren.

8.3 Lernende Unternehmen und lernende Führung

Die Ausrichtung des Unternehmens auf Zukunft, auf aktuelle Herausforderungen und Problemlösungen setzt voraus, dass das Unternehmen Wissen aufnimmt und Fähigkeiten erzeugt, die bisher noch nicht zur Verfügung standen. Führungskräfte müssen heute in der Lage sein, auch kulturverändernd zu wirken. Immer mehr achten Unternehmen heute darauf, dass ihre Führungskräfte Kompetenzen mitbringen, die auch in ihrem Führungsverhalten die kulturelle Entwicklung vorantreiben können. Unternehmenszusammenschlüsse, internationale Vernetzung, begrenzte Ressourcen, hohe Eigenständigkeit der Mitarbeiter und neue Formen der Zusammenarbeit wirken sich nachhaltig auf die Kultur des Unternehmens aus.

Worin zeigt sich ein lernendes Unternehmen und lernende Führung?

Das lernende Unternehmen mit all seinen Mitarbeitern und Führungskräften

- ist bereit, in immer währendem Kreislauf Strukturen und Prozesse zu erneuern, weiterzuentwickeln und auch wieder aufzulösen,
- kennt die aktuellen Strömungen, die die Selbstorganisation steuern, kann sich von diesen wieder lösen und neue aufbauen,
- plant seine Entwicklung, um Probleme zu lösen,
- sucht Erkenntnisse aus neuen Erfahrungen statt Urteile zu fällen. Damit können Lösungen, die bereits früher für Probleme gefunden wurden, in neuem Licht gesehen werden,
- ist sich im Klaren, dass erst der Wechsel zwischen Chaos und Struktur es ermöglicht, Zustände zu verlassen und Starrheit zu vermeiden,
- trennt nicht in Prozess und Ergebnis,
- reflektiert sowohl Prozesse als auch Beziehungen.

Zur Verständlichkeit dieser Aussagen ist es nützlich, aktuelle Veränderungsstrategien unter die Lupe zu nehmen und sich zu veranschaulichen, weshalb diese Vorgehensweisen nur kurzfristige oder zu geringe Erfolge bringen. Damit erklärt sich auch das Scheitern vermeintlich gut durchdachter Vorhaben.

Da sich die Umwelt der Unternehmen immer rascher und immer umfassender verändert, werden sich auch Unternehmen und ihre Führungskräfte verändern müssen. Die Frage ist natürlich wohin? Normalerweise sind es gerade die Werte, die sich eher stabilisierend auswirken und manchmal die Weiterentwicklung aufhalten. Es ist für ein Unternehmen zukunftsentscheidend, ob sich seine eigene Kultur lernorientiert und innovativ formt. Es kommt entscheidend auf die Führungskräfte an, ob sie den Wandel unterstützen und nach außen ausdrücklich vertreten. Wenn Führungskräfte über Selbstreferenz verfügen, selbstkritisch sind und Situationen vorurteilsfrei beschreiben können, werden sie auch bereit sein Änderungen maßgeblich zu unterstützen. In Zeiten des Wandels brauchen Führungskräfte eine hohe Motivationsfähigkeit und emotionale Kraft, um Irritationen, Turbulenzen und auch schmerzhafte Prozesse auszuhalten, um so das Unternehmen in einer Übergangsphase zu führen.

Auf dem Weg zu einem lernenden Unternehmen, sollte schrittweise vorgegangen werden. Zunächst wird die grundsätzliche Bereitschaft geprüft, ob das Unternehmen gewillt ist sowohl Regeln als auch Verhaltensmuster zu verändern. Danach können die gemachten Erfahrungen reflektiert und Konsequenzen gezogen werden. Schon so wird oft ein neues Bewusstsein erreicht. Bei vorhandenen Problemen werden mehrere Möglichkeiten und mehrere Lösungen entwickelt. Erst dann wird die gegenwärtig beste ausgewählt. So kann durch Auslese der weniger tauglichen Varianten eine beste Lösung herausgefunden und stabilisiert werden.

8.4 Teilaspekte der Unternehmensausrichtung

8.4.1 Teilaspekt Profitmaximierung

All zu oft setzen aktuelle Management-Strategien gezielt auf den wirtschaftlichen Erfolg, verlangen konsequente Vorgehensweisen und versprechen enorme Einsparungen und hohe Gewinne. Doch sie stehen auf Grund ihrer Einseitigkeit auf tönernen Füßen. Sie erfassen Teilaspekte, orientieren sich nicht an den Mitarbeitern, sondern verlangen blinde Gefolgschaft und führen zur Suboptimierung (siehe Abbildung 52).

- Strategische Verbesserungsprogramme,
- Programme reichen nicht aus,
- Ungleichgewicht,
- ohne Bezug zu Kunden und Mitarbeitern,
- nur Teilaspekte,
- führen zur Suboptimierung.

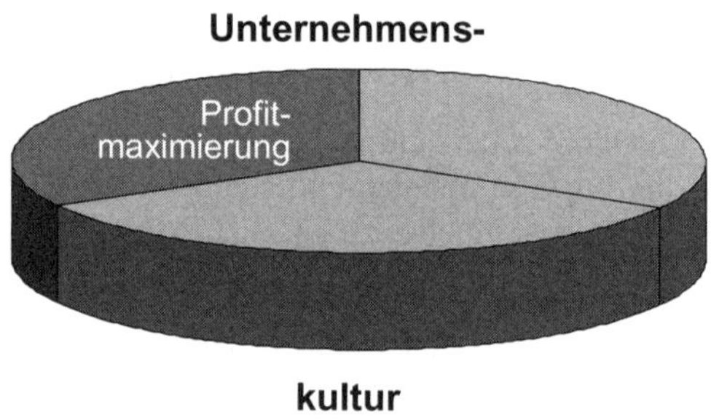

Abbildung 52: Teilaspekt Profitmaximierung

Zunächst sind solche Programme sehr einleuchtende, in sich geschlossene Konzepte. Sie sehen in einem Bereich gezielte Maßnahmen, Veränderungen und dann auch Ergebnisse vor. Doch schon für sich allein genommen werden die erwarteten Erfolge meist nicht erzielt. Wesentliche Gründe hierfür sind, dass die Maßnahmen zu kurz greifen; die Konsequenzen werden nicht nachhaltig genug gezogen, kritische Erfolgsfaktoren werden nicht genügend herausgearbeitet, oder für die notwendigen Konsequenzen werden keine Mittel bereitgestellt. Mit diesem Mangel an Konsequenz in der Durchführung wird der Erfolg gefährdet. Zum Beispiel wird rationalisiert und prozessoptimiert meist mit der Konsequenz von Stellenabbau. Aus gewissen Gründen werden jedoch Stellen nicht abgebaut. Man fürchtet das Mittel aus politischen Gründen: Stellenabbau ist für jedes Unternehmen eine sehr unangenehme Lösung, denn sie verstößt gegen die Interessen der Mitarbeiter. Gerade bei den Rationalisierungsprogrammen wird diese Konsequenz, dass Stellenabbau notwendig ist, oft lange verschleiert, um den Widerstand gering zu halten. Außerdem kostet Stellenabbau Geld. Wird für Abfindungen, Umsetzungen, Outplacement oder neue Stellenentwicklung kein Geld bereitgestellt, wird zwar reorganisiert, der Erfolg kann jedoch nicht eingefahren werden.

Man will das eine ohne das andere, weil man sich scheut, mit offenen Karten zu spielen oder die nötigen Konsequenzen zu ziehen.

Bei bevorstehenden Rationalisierungen leisten betroffene Mitarbeiter und das mittlere Management trotz vielfältig kommunizierter Sachinformationen direkt oder indirekt Widerstand. Die Führung ist noch mit großem Eifer am Werk, während der Mittelbau schon längst mit aktiver oder versteckter Verweigerung auf die Bremse tritt. Gilt das Prinzip der Suboptimierung, dann versuchen auch die Mitarbeiter zu suboptimieren, um zu retten, was zu retten ist. Wer sägt sich schon gerne den Ast ab, auf dem er sitzt. Natürlich gibt es auch Manager, die im Veränderungsprozess ihre gewachsenen und erkämpften Fürstentümer verteidigen und dadurch den durchgängigen Prozess aufhalten und zu verhindern suchen. Unzählige Begründungen können hier benannt werden. Manchmal liegt die Verhinderung auch beim oberen Management selbst: Beim Start und in den ersten Wochen sind alle noch Feuer und Flamme, aber allmählich bröckelt die Beteiligung, der Prozess wird delegiert, kontrolliert und kommt schließlich zum Stillstand. Es werden keine neuen Verhaltensmuster ausgebildet. Prozessoptimierung kann in der Sprache der Chaostheorie wie ein Ordnungsprinzip – als neuer Attraktor – verstanden werden. Kommt es nicht zu neuem Verhalten, dann ziehen andere Attraktoren das System an sich, und es entsteht kein grundlegender Wandel. Damit zeigt sich, dass einseitige Strategien Unternehmen nur kurzfristig und mit viel Aufwand und Kontrolle in eine neue Spur bringen und dort halten können.

Werden mit großem Kraftaufwand Mitarbeiter entlassen, kommt es zur Spaltung zwischen Betroffenen und „Geretteten". Zwar werden die Geretteten hier aufatmen, doch ihr Vertrauen ist nachhaltig gestört. Es fehlen ihnen die sorgfältigen Analysen, das Suchen nach Handlung und Handlungsalternativen. Geheime Regeln und Emotionen, wie zum Beispiel Angst, Misstrauen und unterschwelliger Ärger, bestimmen die Zusammenarbeit. Ein weiteres Problem der Kostensenkung durch Stellenabbau entsteht durch die Mehrbelastung der verbleibenden Mitarbeiter. Durch effizientere Prozesse, Technikeinsatz und verbesserte Teamarbeit kann dabei zwar manches ausgeglichen werden, aber die so immer weiter steigenden Erwartungen an den Einzelnen sind nicht wegzudiskutieren: Die Schraube lässt sich nur bis an einen gewissen Punkt weiter anziehen, dann müssen kreative Entwicklungssprünge auf anderer Ebene folgen. Einseitige Gewinnoptimierung, die gegen Mitarbeiter und Kunden durchgesetzt werden muss, bringt das Unternehmen oder eine Organisation nicht wirklich weiter. Manager sollten auf die Entwicklung der Menschen und des Unternehmens setzen und nicht nur auf den schnellen Profit schielen. Müssen Mitarbeiter entlassen werden, so ist entscheidend, welche Verantwortung das Unternehmen für ihre Reorganisation und ihre Wiedereingliederung übernimmt. Gibt es alternative Programme, zwischen denen Mitarbeiter wählen können? Hier ist Kreativität nach neuen Lösungen gefragt, sonst werden Mitarbeiter wie Abfälle behandelt und entsorgt. Sie fallen noch „ins soziale Netz und geh'n kaputt trotz alledem", wie Wolf Biermann es einmal in einem Lied ausdrückte. Im Kreislauf der gegenseitigen Verknüpfungen und Abhängigkeiten zahlen alle an anderen Stellen dafür, zum Beispiel durch verunsicherte, verbliebene Mitarbeiter, höhere Abgaben, Strukturkrisen und soziale Brennpunkte. Es kann also niemandem egal sein, wie mit Arbeitnehmern umgegangen wird, steht man nun innerhalb oder außerhalb eines Unternehmens. Das Problem liegt nicht in der Qualität der Programme, sondern in der Ausrichtung des Unternehmens auf kontinuierliche Effizienz der Prozesse und das Zusammenwirken mit Kundennutzen und Mitarbeiterzufriedenheit.

8.4.2 Teilaspekt Kundenzufriedenheit

Bestimmte Programme zielen ganz auf den Kunden, dessen konkreten Nutzen und dessen Zufriedenheit. Sie sind einleuchtende und heutzutage zwingende Voraussetzung für unternehmerischen Erfolg. In deutschen Unternehmen wird der Kunde gerade erst entdeckt. Ausländische, und besonders nordamerikanische, Mitbewerber schwanken zwischen Fassungslosigkeit und Mitleid, wenn sie das Verhältnis deutscher Unternehmen zu ihren Kunden charakterisieren. Durch aktiven Service, garantierte Lieferfristen, gerechtes Preis-Leistungs-Verhältnis und umfassende Produktpaletten erreichen Unternehmen enorme Umsätze, gewinnen Märkte und Marktanteile. Die Idee ist absolut richtig, notwendig und unabdingbar. Wer seine Kunden nicht wirklich zufrieden stellen kann, muss Monopolist sein, um seine Marktsituation zu halten. Was haben Unternehmen Kunden zu bieten? Wodurch wird Kundennutzen maximiert? Kundennutzen entsteht erst dann, wenn Lösungen für die Probleme der Kunden gefunden werden. Produkte und Leistungen in der zugesagten Qualität, in der verabredeten Zeit und zum angegebenen Preis kann der Kunde fordern. Nicht jeder Kunde verlangt die Erfüllung dieser Standards. Nicht jedes Unternehmen fühlt sich diesem Standard verpflichtet.

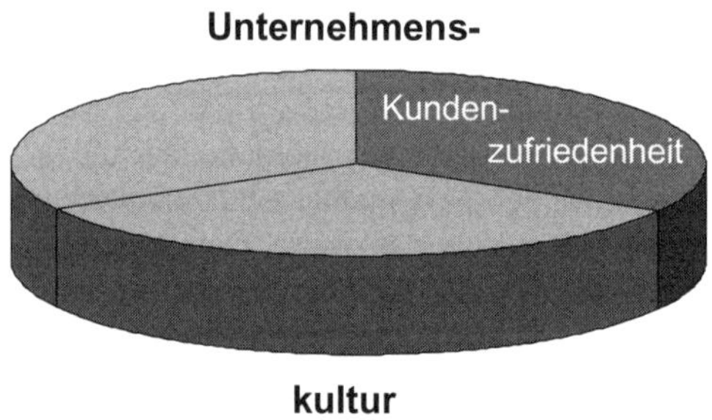

- Kundenzufriedenheit,
- isolierte Programme,
- Ungleichgewicht,
- oft nicht verzahnt mit Cashflow-Programmen und ohne Einbezug der Mitarbeiter.

Abbildung 53: Teilaspekt Kundenzufriedenheit

Auch wenn Bücher und Trainings es anders vermitteln und Unternehmen das Gegenteil bezeugen – Reklamationen gelten hierzulande immer noch als „Beschwerden“, die es möglichst abzuwimmeln gilt. Sie werden zu selten als Kundenfeedback oder Hinweis auf die eigenen Schwachstellen gesehen oder sogar als Möglichkeit zur Verbesserung der Beziehung zum Kunden genutzt. Mitarbeiter amerikanischer Call-Center werden im Umgang mit Kundenbeschwerden nicht darauf geschult, das Unternehmen möglichst freundlich zu vertreten und „sauber“ aus der Sache herauszukommen, sondern lernen, die Unzufriedenheit des Kunden als einmalige Chance zu begreifen: Das Problem wird gelöst, der Unzufriedene zufrieden gestellt, um ihn so dauerhaft an das Unternehmen zu binden. Kunden wissen, dass es hin und wieder ein Problem geben kann – wichtig ist ihnen, wie damit umgegangen wird. Allmählich beginnen die Unternehmen allerdings aufzuwachen. Im „Umerziehen“ aller Mitarbeiter, in der Veränderung konkreter Abläufe und Verhaltensweisen zeigen sich jedoch die größten Schwierigkeiten.

Wo genau liegt das Problem?

1. Viel zu sehr verlangen manche der neuen Konzepte eine Totalausrichtung oder gar Überanpassung und überziehen in ihrem Anspruch. Jeder normale Vorgang wird zum Programmpunkt des Kundenzufriedenheits-Feldzugs erklärt.

2. Ergebnisse werden nicht ernst genommen. Es werden zum Beispiel Kundenbefragungen durchgeführt, und das betroffene Management reagiert auf die Auswertung von Kundenbefragungen mit Ungläubigkeit. Mit unterschiedlichsten Rechtfertigungsstrategien wird versucht, die Informationen abzutun: Einmal sind nicht die richtigen Kunden befragt worden, dann war der Zeitpunkt falsch, schließlich waren die Befrager voreingenommen oder der Wettbewerb doch ähnlich schlecht beurteilt. Der Informationsgehalt der Befragung verkümmert dann in Schreibtischschubladen. Noch sind die Unternehmen nicht darauf eingestellt, aus Informationen zu lernen und sie auch als Chancen zu erkennen.

3. Es wird wertvolle Zeit vertan. Strategien der Vergangenheitsbewältigung, des Rechtfertigens, der Suche nach Schuldigen werden geübt und verfeinert statt mit Hilfe gewonnener Informationen nach vorne zu gehen, Konsequenzen zu ziehen und das Verhalten zu verändern.

4. Es dürfen keine Fehler gemacht werden. Wer nach dieser Grundregel handelt, hat es schwer, aus Fehlern zu lernen. Das führt natürlich dazu, dass Mitarbeiter immer auf der Hut sein müssen, sich rechtfertigen zu können, falls Probleme auftreten. Es gibt mehrere Arten, mit Fehlern umzugehen, sie sind hier beispielhaft beschrieben. Fehler sind Informationen und Informationen führen weiter. Mit Fehlern wird oft falsch umgegangen: z. B. mit Anklage: „Du machst etwas falsch“ oder mit Verleugnung: „Wir machen nichts falsch“ oder mit Vorschriften: „Wir dürfen keine Fehler machen!“ Viel wichtiger im Umgang mit Fehlern ist Neugier: Du hast etwas falsch gemacht, was können wir daraus lernen?

Die Programme zur Kundenorientierung bringen manche Unternehmen in erhebliche Schwierigkeiten. Es werden übertriebene Verbeugungen gemacht, die eher nach Überanpassung aussehen als nach Erzeugung von Kundennutzen. Wenn der Wettbewerb zu immer neuen und größeren Versprechen zwingt, muss getrickst und getäuscht werden. Häufig bleibt das kundenorientierte Programm nur Äußerlichkeit und lediglich Bestandteil von Werbung. Bei ein paar bedeutsamen Kunden des Unternehmens kommen die guten Absichten zum Tragen; meist werden sie aber nur temporär gelebt, weil im Unternehmen die Voraussetzungen fehlen, die Wünsche der Kunden gemäß den offerierten Versprechen zu erfüllen. Bei starker Programm- und Konzeptverpflichtung werden die

Mitarbeiter einfach müde, immer wieder den Kampagnen zu folgen. Man spürt, wie die Spannung weicht, wie der Wind aus dem Segel flieht und Flaute eintritt. Häufig werden dann neue Durchläufe gestartet, der Druck wird erhöht. Motivation und Aufbruchstimmung halten nicht Schritt. Resignation macht sich breit. Die Programme jedoch verkommen zu Schlagworten, Gegenkräfte gewinnen an Boden. „Kundenorientierung machen wir schon immer" oder „Unsere Nähe zum Kunden zeigt sich in unseren Produkten" oder „Keiner hat so viel Kundennähe wie wir" oder „Unsere Kundennähe zeigt sich in den Verkaufszahlen!"

Es wird nicht begriffen, dass Kundenorientierung mehr ist als der Kontakt zum Kunden, *es ist das konsequente Erarbeiten von Kundennutzen.* Die Einwände sind jedoch ihrerseits die Antwort auf Halbherzigkeiten und Programmkosmetik. Auch hierin zeigt sich das typische Ungleichgewicht, welches wir symptomatisch in allen suboptimierenden Programmen und Strategien vorfinden. Durch die starke Anpassung an einen wesentlichen Teil des Prozesses sind andere Teile nicht in direkter Weise verzahnt – weder mit wirtschaftlichem Erfolg noch mit den Bedürfnissen der Mitarbeiter. Es sind hierarchische Programme, die in der Rangfolge und Ausrichtung einen bestimmten Teil optimieren und dann als Folge den Profit erzielen wollen.

Ein Unternehmen, das den Kunden zu gering achtet, wird leicht auszuhebeln sein. Deshalb sind Programme zur Kundenorientierung unabdingbar. Wo ist also der Haken? Die angestrebte Linearität: „Wenn wir unsere Kunden zufrieden stellen, dann werden wir unsere Mitbewerber besiegen, der Profit wird sich einstellen, dann werden unsere Mitarbeiter zufriedener sein" usw., orientiert sich zu wenig an dem komplexen Zusammenspiel von Unternehmensinteressen, Kundenbeziehungen, Mitarbeiterzufriedenheit und Märkten. Die Programme sind in ihrer Ausrichtung eingleisig und können nur kurzfristig gehalten werden. Die Erkenntnis, dass hier etwas im Sinne des Unternehmenserfolges getan werden muss, wird jedoch oft mit bisherigen Spielregeln beantwortet: Anweisungen, Vorschriften und Kontrolle statt Selbstorganisation als Basis von Flexibilität, Initiative und Verantwortung. Erfüllung von Kundenwünschen ist heute Pflicht und morgen nicht genug: *Es geht um die Ausrichtung des Unternehmens auf den Kunden.* Welchen Kundennutzen erfüllt das Unternehmen durch seine Leistungen schon heute? Welchen Nutzen benötigt der Kunde morgen? Welchen Nutzen für den Kunden erzeugen bereits die erfolgreichen Mitbewerber? Das ganze Unternehmen ist auf eine dynamische Kundenbeziehung auszurichten, nicht nur auf ein Programm: Flexibilität und Spontaneität statt Prinzipientreue.

Die gewünschten Erfolge treten auch deshalb nicht ein, weil es erneut an der nachhaltigen Konsequenz fehlt, mit der die Programme durchgeführt werden. Gleichzeitig wird eine totale Identifizierung verlangt, sodass Mitarbeiter ermüden. Die Kurzlebigkeit der Strategien hat vielleicht zu diesem Zeitpunkt bereits eine neue „Mode" hervorgebracht und das Management sattelt um, weil es vornehmlich den Profit im Auge hat. Der Erfolg schlägt sich nicht schnell genug in konkreten Zahlen nieder und die Neuausrichtung des Unternehmens steht nicht wirklich im Vordergrund.

Es geht um die Glaubwürdigkeit in der Beziehung zum Kunden. Wer Kunden glauben machen will, dass nur der Kunde zählt, gilt als unehrlich. Das gilt gleichermaßen für Kunden wie für das Unternehmen. Beide Seiten müssen einen Vorteil haben. Programme mit der Aussage: „Ich bin nur auf der Welt, um dich glücklich zu machen“, sind Anleitungen zum Unglücklichsein und werden sowohl im Unternehmen als auch vom Kunden nicht ernst genommen. *Kundenzufriedenheit muss für das Unternehmen einen Wert an sich haben.* Für Unternehmen geht es darum, mit Kunden in einem verlässlichen Kontakt und Austausch zu stehen und die Beziehungen zum Vorteil beider Seiten zu gestalten. Alle unternehmerischen Vorgänge sind daraufhin zu überprüfen, ob sie kurz- oder langfristig den Kundennutzen erhöhen. Für den Kunden muss klar sein, was er von den Produkten und Leistungen in welcher Zeit und zu welchem Preis zu erwarten hat.

8.4.3 Teilaspekt Mitarbeiterzufriedenheit

Für die Entwicklung und Stabilisierung von Mitarbeiterzufriedenheit existieren keine vergleichbar umfassenden Konzepte oder Programme wie zur Profitmaximierung und zur Kundenorientierung. Es gibt allerdings inzwischen zahlreiche, unterschiedliche Vorgehensweisen zur Mitarbeiterentwicklung: Fortbildungsmaßnahmen, Anreizsysteme, differenzierte Entlohnungen und Erfolgsbeteiligungen, Motivationsstrategien, Wiedereingliederungs- und Ausgliederungsmaßnahmen, Mitarbeiterbefragungen, Maßnahmen zur Verbesserung des Betriebsklimas usw. Die Vorgehensweisen bleiben immer noch zu detailliert und isoliert. Mitarbeiterzufriedenheit ist kein zentrales Management-Ziel, um die Mitarbeiterressourcen im Zusammenspiel mit Gewinn und Kundenorientierung zu nutzen. Von Interesse sind hierbei z. B. Krankenstand und Fluktuation. Aus ihnen wird jedoch nicht Mitarbeiterzufriedenheit abgelesen, sondern sie werden oft zu Sanktionen benutzt.

- Keine Programme,
- wird nicht gemessen,
- Elemente, in denen sich Mitarbeiterzufriedenheit ausdrückt (z. B. Krankenstand) werden zu Sanktionen benutzt,
- Mitarbeiterzufriedenheit als Voraussetzung für Unternehmenserfolg wird nicht erkannt,
- Potenzial der Mitarbeiter wird nicht ausgeschöpft.

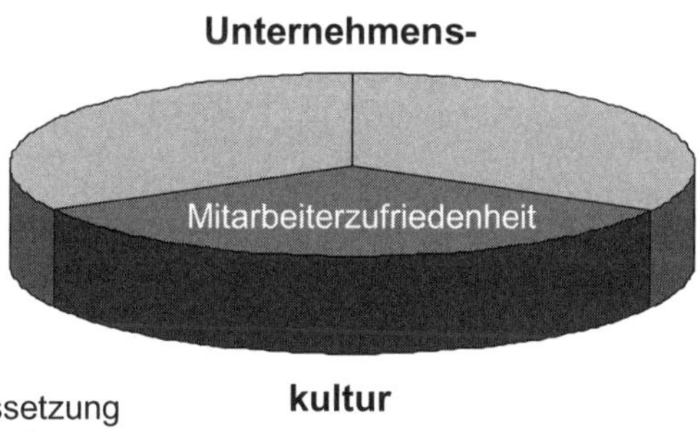

Abbildung 54: Teilaspekt Mitarbeiterzufriedenheit

Ob die Kräfte der Motivation, der Kreativität und der Ausdauer genutzt werden können, bleibt dem Zufall überlassen. Gerade der Zusammenhang zwischen Mitarbeiterzufriedenheit, die daraus resultierende Innovation und der Unternehmenserfolg kann wie die Spitze eines Eisberges betrachtet werden: Wir erkennen nur einen kleinen Teil und wissen wenig über das Ganze. Strategien, deren Ziel die Mitarbeiterzufriedenheit ist, gelten oft als Kostentreiber und fallen als Erstes dem Rotstift zum Opfer, wenn es um Einsparungen geht. Immer noch wird in diesem Bereich eher mit Angst- und Schuldinduktionen gearbeitet: in Zeiten von Massenentlassungen eine wirksame Strategie, jedoch für den Unternehmenserfolg verheerend. Unter Angst und Unsicherheit ist gute Arbeit unmöglich, eher nehmen die Fehler zu. Werden die Mitarbeiter gekränkt oder ihre Leistungen nicht anerkannt oder aber die Ideen der Mitarbeiter nicht ernst genommen, so vergessen das die Menschen nicht und es bleibt als „innere Rechnung“ offen, weil das Klima verschlechtert und die Beziehungen beschädigt wurden. Sobald es die Situation erlaubt, werden solche Führungsfehler von Mitarbeitern „zurückgezahlt“, manchmal direkt, oft aber in indirekter Weise.

Wenn ein Unternehmen es zulässt, dass sich Unzufriedenheit unter den Mitarbeitern ausbreitet, vergeudet es sein wertvollstes Kapital. Es ist erfolgreicher, wenn endlich die vorhandene Fantasie der Mitarbeiter genutzt wird und die Bedingungen für Innovation in Unternehmen geschaffen werden. Im Unternehmen müssen Vertrauen und Respekt Vorrang haben vor Misstrauen und Kontrolle.

Die Verbesserung zur Mitarbeiterzufriedenheit wird vielerorts ganz an Personalentwickler, Personalabteilungen, Psychologen oder Sozialbereiche abgetreten. Das Management delegiert diese Themen weiter und macht sie nicht zur eigenen, primären Aufgabe. Doch Freiräume und Selbständigkeit sind nicht nur für Führungsebenen unerlässlich. Gleiches gilt auch für Mitarbeiter. „Mitarbeiter wollen geführt werden, sehnen sich nach Vorgaben und Anweisungen und sind unglücklich, wenn Wege in Diskussionen gefunden werden müssen.“ Aus solchen Aussagen spricht ein Denken in Kategorien von Hierarchie, Disziplin und Ordnung, das sich Unternehmen heute nicht mehr leisten können. Ergebnisse von Mitarbeiterbefragungen werden oft mit gleichen Argumenten vom Tisch gewischt wie Äußerungen bei Kundenbefragungen – dieses Verhalten sollte der Vergangenheit angehören. Mitarbeiter sind leistungsbereiter und einfallsreicher, wenn sie für ihre Produktivität und nicht nur für ihre Anwesenheit bezahlt werden. Sie sind erfolgreicher im Sinne des Unternehmens, wenn ihre Freiräume und ihre Gestaltungsmöglichkeiten zunehmen. Sicherheit des Arbeitsplatzes, Verantwortung für den Arbeitsprozess, ein gutes Arbeitsklima und gute Beziehungen im Unternehmen sind die wichtigsten Garanten für eine hohe Motivation.

Was macht ein Unternehmen erfolgreich?

Eine Unternehmenskultur als integrierter Prozess kann alle Ressourcen nutzen und ermöglicht die Anpassungsfähigkeit heute und in der Zukunft. Management-Verhalten zur Steigerung von Selbstwert, Respekt und Wertschätzung, die in den Arbeitsbeziehungen gute Kooperation und Kreativität erlauben, sind unerlässlich für bessere Lösungen und Innovationen. Wer Angst hat, Fehler zu machen, macht Fehler, vertuscht sie und verbreitet Nebel, um von sich abzulenken, und schiebt die Schuld auf andere: „Ich habe keine Schuld, wer könnte dafür in Frage kommen?“ oder „Ich halte Informationen so lange zurück, bis ich alleine den Erfolg einstreichen kann.“ Für den Erfolg von Organisationen sind das schlechte und teure Spiele.

Wo es gelingt, das Zusammenspiel der Kräfte und Beziehungen in eine Balance zu bringen, wird Mitarbeiterzufriedenheit zum integrierten Bestandteil aller Management-Konzepte und Management-Entscheidungen.

Hierarchisch

Top 1 wichtigstes Ziel: Gewinn

Top 2 offizielles Ziel: Kundenorientierung

Top 3 drittrangiges Ziel: Mitarbeiterzufriedenheit

Integriert

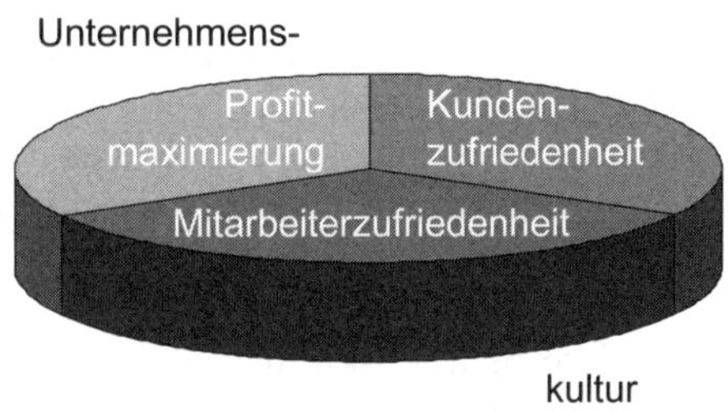

Abbildung 55: Hierarchische oder integrierte Unternehmenskultur

8.5 Unternehmenskultur als integrierter Prozess

Unternehmenskultur ist ein häufig gebrauchter Begriff. Er steht für die Werte des Unternehmens, das Miteinander im Unternehmen, zu Kunden und Lieferanten. Sie zeigt sich auch an den Produkten und Dienstleistungen. Unternehmenskultur steht auch für das Verhältnis des Unternehmens zu den gesellschaftlichen Notwendigkeiten. Der Begriff wird jedoch meist benutzt wie ein weiteres Tool in Management-Programmen, eine zeitlich befristete Notwendigkeit und eine Werbestrategie.

Unternehmenskultur kann das Zusammenspiel oder die Abspaltung sein, der Ausgleich oder der Gegensatz, der Austausch oder die Trennung. Unternehmenskultur zeigt sich im konkreten Verhalten. Es ist unmöglich, keine Unternehmenskultur zu haben. Wie Unternehmenskultur ist und wie sie wirkt, wird für jeden sichtbar in den Regeln und im gezeigten Verhalten: Damit ist das Bewusstsein des Unternehmens die Kultur des Unternehmens.

Unternehmenskultur wird viel zu sehr als moralisches Gewissen verstanden und viel zu wenig als Zusammenspiel. Damit bleiben wesentliche Chancen unbeachtet. Wir müssen Unternehmenskultur völlig neu verstehen und entwerfen. Im Zusammenspiel werden

Beziehungen gestaltet, aufgebaut, erhalten und auch wieder aufgelöst. Ungleichgewicht auf Kosten anderer wird meist durch Macht und Kontrolle erreicht.

Worin zeigt sich Unternehmenskultur?

- Unternehmenskultur zeigt sich in den Beziehungen.
- Unternehmenskultur zeigt sich im Verhalten von Menschen.
- Unternehmenskultur ist das kongruente Zusammenspiel aller Personen, Beziehungen und Elemente in den Prozessen und allen Subprozessen.
- Unternehmenskultur zeigt sich im Ausgleich der Interessengegensätze.
- Unternehmenskultur ist keine Eigenschaft, sondern wird im ganz konkreten Verhalten sichtbar.
- Unternehmenskultur ist der Prozess der Wandlung und Entwicklung im Dienste der betrieblichen Visionen und Pläne.
- Unternehmenskultur veröffentlicht die Werte eines Unternehmens und ist Ausdruck der gefundenen Lösungen.
- Unternehmenskultur entscheidet über den Umgang mit Veränderung.
- Unternehmenskultur zeigt sich in der gesellschaftlichen Einbindung.

8.5.1 Unternehmenskultur aus Sicht von Kunden, Mitarbeitern und Unternehmen

Missverständnisse, Differenzen und Unverständnis für die Argumentation der anderen sind fast immer durch den eingenommenen Beobachtungsstandpunkt vorgegeben. Beschwert sich ein Kunde, dann will er vor allem die Mängel reklamieren und sie behoben wissen. Es interessiert ihn nicht, welche Entschuldigungen das Unternehmen und die Mitarbeiter vorzubringen haben, sieht er sie doch als Widerstand und Zurückweisung seiner Beschwerde. Die Mitarbeiter wiederum werden vor allem den Fokus auf die im Prozess eingetretenen Schwierigkeiten legen, die sie als Einflüsse erleben und nicht beeinflussen konnten. Diejenigen, die Verantwortung im Unternehmen tragen, sitzen zwischen den Stühlen von Interessen der Kunden und Loyalität zu den Mitarbeitern. Das drückt sich dann in „Ja, aber“-Aussagen aus. Hier liegt der Ausgangspunkt für Missverständnisse und Misserfolg. Der Standpunkt des Beobachters entscheidet über die Beobachtung.

Prozess und Ergebnis sind jedoch nicht voneinander zu trennen. Jeder Beteiligte im Spiel weiß das sehr genau. Eine Fußballmannschaft, die den Misserfolg nur ihrem Torwart wegen eines nicht gehaltenen Balles zuschreibt, belässt es beim Mikroausschnitt in der Bewertung der Vorgänge. Dort, wo sich die unterschiedlichen Betrachtungen treffen, sind Gemeinsamkeiten und Übereinstimmungen ohne Weiteres möglich. Im gesamten Prozess, der alle Personen, die Einflüsse, die Vorgehensweisen und die Prozesse einbezieht, gibt es noch genügend „weiße Felder“, die Verbesserungen in der Zusammenarbeit und im Zusammenwirken möglich machen. Bei aller Unterschiedlichkeit in der Betrachtung überschneiden sich Sichtweisen und es gibt Übereinstimmungen. Sie sind ungenutzte Ressourcen, die über Wettbewerbserfolg, Profit, Kunden- und Mitarbeiterzufriedenheit entscheiden können. Das Beharren auf dem eigenen Standpunkt bringt keine neuen Informationen. Erst andere Sichtweisen erweitern eigenes Wissen und schaffen neue Möglichkeiten. Doch nur Interesse und Neugierde erlauben es, von den Ideen anderer etwas zu erfahren und zu lernen.

8.5.2 Beziehungen zwischen Kunden, Mitarbeitern und Unternehmen

Unternehmenskultur zeigt sich im Dialog mit den Kunden. Dialog ist eine viel gebrauchte, aber oftmals missverstandene Beziehungsregel. Dialog meint den Austausch von Geben und Nehmen sowie den Beitrag am Prozess und am Ergebnis, die gegenseitige Beeinflussung, die Informationen und Anreize schafft. Das Tun des einen bedingt das Tun des anderen. Dialog wird oft mit komplementärer Einseitigkeit verwechselt. Doch erst wenn der andere mich und ich ihn auf neue Ideen bringe, kann von Dialog geredet werden.

Die gleiche Spielregel trifft auf den Umgang mit Mitarbeitern zu. Wer im Umgang mit Kunden zum Dialog fähig ist, der wird diese erfolgreiche Verhaltensweise bei seinen Mitarbeitern beibehalten und seine soziale Kompetenz auch anderswo anwenden. Es ist eine Haltung, die sich im Verhalten zeigt und nicht in Taktik. Die Umkehrung gilt ebenso: Wer seine Kunden schlecht behandelt, wird auch die Interessen seiner Mitarbeiter und Kollegen nicht berücksichtigen. Wer nur die eine Richtung propagiert, wird sich an die Hierarchie halten: nach oben ducken und nach unten treten. Ein längst überholtes Verhalten, nicht nur vom Umgangsstil, sondern auch aus Gründen der Wirtschaftlichkeit. Es geht nicht um die Regel: „Sei nett zu Deinen Mitarbeitern und Kunden“, sondern um das respektvolle und ebenbürtige Miteinander, wo jeder seine Rolle, Aufgabe und Verantwortung hat und die Bedeutung des Zusammenspiels kennt.

Das Unternehmen ist nicht nur abhängig von seinen Kunden, sondern genauso von den Lieferanten. Da noch immer nicht die Prozesse als gemeinsames Geschäft verstanden werden, in dem der Erfolg im Zusammenwirken liegt, gibt es Grenzen und Mauern in der Zusammenarbeit. Ganz versprengt werden hier und da schon Gespräche am runden Tisch mit allen Beteiligten versucht. Übrigens mit sehr guten Ergebnissen, weil nicht jeder versucht, dem anderen „in die Tasche zu fassen“. Zunächst sind es manchmal nur Berührungsängste, dass man sich mehr aus dem Wege geht statt den intensiven Kontakt zu suchen. Doch daraus werden Muster, schließlich Schranken und Barrieren. Sich aus dem Wege gehen, den anderen als Konkurrenten begreifen, das schafft Distanz und macht persönliche Begegnungen sehr schwierig. Erst das Verständnis und die Einsicht in den gesamten Ablauf, in die persönlichen Notwendigkeiten und die Herausforderungen der Partner erweitern den Horizont und die Lösungsmöglichkeiten.

8.5.3 Woran Versuche scheitern

Warum scheitern herkömmliche Programme, obwohl jedes Programm für sich gute Ansätze zu Verbesserungen geben kann? Es fehlt an globalen Betrachtungsweisen! Bei einem integrierten Prozess werden alle Teilaspekte mit erfasst und die Interessenunterschiede berücksichtigt. Oft haben Programme gute Grundlagen, sie greifen sehr zielgerichtet in die Unternehmensabläufe ein und können wichtige Verbesserungen erzielen. Zum Beispiel können im Rahmen von Time Based Management Durchlaufzeiten wesentlich verkürzt werden. Was allerorts in Unternehmen jedoch geäußert wird, ist: „Wir haben es so hoffnungsvoll begonnen, jedoch sind die Ergebnisse nie voll ausgeschöpft worden. Wir sollten erst einmal da weiter arbeiten, bevor Neues gestartet wird." Es fehlt das Verständnis für die Notwendigkeit von Entscheidungen zur Veränderung. Dabei zeigt sich, dass der Wirkungskreis der Programme zu gering ist oder nicht wirklich ausgeschöpft wird. Man beginnt mit großem Engagement, scheitert am zu starren Handlungsrahmen. Notwendige Konsequenzen würden Feedback und kurze Lernschleifen sowie individuelle Lösungen und Kreativität voraussetzen.

Worauf es wirklich ankommt, sind Strategien, die Unternehmen auf eine Kultur von grundsätzlichem Veränderungsmanagement einstellen. Viel zu oft suchen Manager Veränderungsprogramme, die das Unternehmen in der bestehenden Ordnung belassen und möglichst keine Irritationen hervorrufen. Zu viel der alten Ordnung stört jedoch das Entwickeln neuen Bewusstseins. Veränderungskonzepte brauchen den Mut des Managements zur Ungewissheit. Der einzelne Manager im Unternehmen kann diesen Prozess nicht allein starten. Er läuft viel zu sehr Gefahr, ausgebremst und behindert zu werden. Dagegen sind einige „Überzeugte" schon durchsetzungsfähiger. Solange ein Unternehmen keine Vision hat, sondern nur Strategien kennt, fehlt das zielgerichtete Verständnis für Entscheidungen. Das Entwickeln von tragfähigen Beziehungen schafft die geistige Voraussetzung für das Vorgehen und die Leistungsbereitschaft. Auf der Ebene der Handlungen ist es besonders wichtig und nötig, die Veränderungskreisläufe in ihrem Wirkungsbereich vorzubereiten und für Veränderungsprozesse die notwendigen Ressourcen zu nutzen und einzubeziehen. Lebt ein Teilaspekt auf Kosten anderer, muss ein Konsens gefunden werden.

Das Wesentliche ist jedoch das Zusammenspiel aller Teilbereiche zu einem Prozess. Es gilt, die Feedbackschleifen zu nutzen, Maßnahmen zu treffen und klare Konsequenzen aus den Informationen zu ziehen und auf Überraschungen gespannt zu sein!

8.5.4 Woran man ein integriertes Vorgehen erkennt

Langfristiger Unternehmenserfolg resultiert aus dem optimalen Zusammenwirken von Profit, Kundenzufriedenheit, Mitarbeiterzufriedenheit und der Orientierung auf eine Vision. Dies bedeutet:

- Teilaspekte sind aufeinander abgestimmt.
- Es wird in Prozessen gedacht und gehandelt statt in Hierarchien.
- Das Vorgehen ist flexibel und multistabil.
- Kunden, Lieferanten, Kooperationspartner und Mitarbeiter sind im Prozess gefragt, beteiligt und mitverantwortlich.
- Durch Feedback-Systeme werden regelmäßig Beurteilungen eingeholt.
- Aus neuen Erfahrungen werden unmittelbar Konsequenzen gezogen.
- Der Prozess des ständigen Lernens ist fortlaufend.
- Veränderungsprozesse werden verstanden und gemanagt.

Unsere Persönlichkeit ist die Hauptsache,
auf ihr als Grundlage beruht alles.

nach Ivan Turgenjew

9. Persönlichkeitsentwicklung

9.1 Arbeit an sich selbst – eine fortwährende Herausforderung

Weshalb ist es eigentlich so leicht, die Situation von anderen zu beurteilen, und warum steckt man bei eigenen Problemen oft den Kopf in den Sand? Gerade für Berater kein leichtes Thema. Während sie täglich selbst Problemlösungen suchen und vorbereiten, sind sie in eigener Sache oft gehemmt und zurückhaltend. Für Psychotherapeuten gilt schon immer, die Arbeit an sich selbst ist Teil der professionellen Ausbildung. Berater sind keine Therapeuten, gleichwohl gehört es ebenso zu ihrem professionellen Handeln, dass sie über ihre Wirkung, ihre Projektionen und ihre persönlichen Verhaltensmuster Bescheid wissen. Es fällt leichter, „von außen" auf etwas zu schauen. Das bedeutet, dass jeder Beobachter nur sieht, was sein Beobachtungsstandpunkt ermöglicht und was er in der Beobachtung sucht. Je nach psychischer Tagesverfassung erleben wir Erfolg oder Misserfolg. Bei einem Hoch werden alle positiven Erfahrungen der Vergangenheit addiert und verknüpft; es gibt keine Hindernisse und das Leben ist eine einzige Erfolgsbilanz. Oder aber ein Misserfolg verbindet uns gedanklich mit weiteren Misserfolgen unseres Lebens, man sieht schwarz und die Hoffnung schwindet. Das bedeutet: keine Beobachtung ohne den Beobachter; Verhalten und Beziehungen können beobachtet sowie Muster erkannt werden.

Diese Prinzipien müssen für jede Person gelten und man kann sie sich zu Nutze machen, um sich selbst aus schwierigen Situationen zu befreien. Jeder Mensch ist selbstverständlich in der Lage, über sich nachzudenken, wie er sich verhält, wie er in Beziehungen tritt, und wie er sich organisiert. Er kann sich über seine Kommunikation und seine Beziehungen mit anderen austauschen. Diese Metakommunikation setzt voraus, dass man zu sich selbst in Distanz tritt. Daraus ergeben sich zwei große Vorteile: Es findet ein Lernprozess über die eigene Person statt und den Mitmenschen werden weniger Eigenschaften und Etiketten zugeschrieben. Es wird analysiert, in wie weit man selbst beteiligt ist und zum Aufrechterhalten der Muster beiträgt. Wer für sich in Anspruch nimmt, Prozessberatung und Prozessbegleitung zu machen, wird diese Erkenntnisse umsetzen und nutzen.

Die Arbeit an sich selbst bedeutet,

- sich selbst sicherer zu sein als Führungskraft und Berater;
- zu lernen, sich auf Kontexte, Menschen und Beziehungen einzustellen;
- seine Performance zu verbessern und authentisch aufzutreten;
- sich seiner Rollen- und Beziehungsmuster klar zu sein;
- mehr Spaß zu haben durch Auflösen von Blockaden und in entspannterem Umgang mit sich selbst;
- sich ausgewogen zu fühlen in der persönlichen Life-Work-Balance;
- die eigenen Werte zu überprüfen.

9.1.1 Selbsterkenntnis und persönliche Weiterentwicklung

Die meisten Menschen handeln verhältnismäßig „blind" oder auch „intuitiv" und beschreiben ihr Verhalten meist als Reaktion auf andere Menschen und/oder Situationen, selten als gemeinschaftlich handelnd. Bei einem erfolgreichen Ereignis wird es eher als aktiv handelnd beschrieben, bei Konflikten jedoch meist als reaktiv handelnd. Die eigene Beteiligung und das Zusammenspiel wird nur ungenau wahrgenommen, deshalb spricht man auch von blinden Flecken. Nur, die wenigsten wollen blind sein, sie erleben Ausblendungen bei anderen als nachteilig und wenig objektiv. Um diesen Ausblendungen nicht selbst zu erliegen, muss die eigene Wahrnehmung geschult werden.

Um Interesse und Freude an dieser Selbstbetrachtung zu haben, brauchen wir einen neuen Umgang mit der eigenen Person. Es kann nicht um Fehleranalyse gehen oder um die Festlegung auf eigene „Macken", sondern um das Ausbilden der eigenen Wahrnehmung, der Entwicklung der eigenen Möglichkeiten und Fähigkeiten. Auch an anderer Stelle zeigt sich der spezielle Umgang mit sich selbst. Sehr oft, z. B. beim Empfangen eines Feedbacks, wird gar nicht genug zugehört. Positive Rückmeldungen werden abgewehrt: „Das war doch nichts Besonderes", und negative Rückmeldungen werden widerstrebend angenommen: „Das kann ja gar nicht sein, da haben Sie aber übersehen, dass ...!" Rückmeldungen werden nicht als Informationen angenommen. Wir fragen nicht nach. Wir bewerten schon, bevor wir Informationen überhaupt zur Kenntnis genommen haben! Wir sprechen viel zu selten über unsere Beziehungen: „Was hast du wahrgenommen? Wie sieht das aus Deiner Sicht aus? Was möchtest du, dass ich anders mache?"

Am wenigsten wird dabei die Zeit für sich selbst berücksichtigt, sich in eine Adlerposition und somit in Distanz zu sich selbst zu begeben: „Wie bin ich vorgegangen? Welche Alternativen hatte ich? Welche Reaktionen habe ich wahrgenommen? Was weiß ich jetzt mehr als vorher?" Es geht also darum, sich mit freundlicher Aufmerksamkeit selbst zu beobachten, sich Feedback einzuholen und das eigene Verhalten gründlich zu reflektieren und zu analysieren. Manchmal hilft auch ein Freund, eine gute Kollegin oder ein professioneller Coach, der Fragen stellt statt zu erklären und zu bewerten und damit bei dem Abenteuer hilft, sich selbst auf die Spur zu kommen. So lernt man aus sich selbst, kann leichter Konsequenzen ziehen und wird erfolgreicher und glücklicher!

9.1.2 Entwicklungsstufen, Lebensumbrüche und Wachstum

Entwicklungssprünge sowie Lebensumbrüche sind für jede Biografie etwas Normales. Es wird häufig von Karriere gesprochen, dem stetigen Weg nach oben. Was auf den ersten Blick seltener damit verknüpft ist, ist persönliches Wachstum. Wachstum ist nicht an das Lebensalter geknüpft. Durch die Lernfähigkeit und die Kreativität wird kontinuierlich das persönliche Wachstum gestärkt. In unserer Jugend lernen wir schon früh in der Herkunftsfamilie, wie wichtig die berufliche Stellung sein kann. Ganz nebenbei entwickelt sich eine Wertorientierung und man lernt Glaubenssätze für das Erwachsenenleben. In Lebenskrisen müssen dann diese geheimen Spielregeln überprüft, angepasst und verändert werden.

Private und berufliche Bedingungen beeinflussen ebenso die Persönlichkeitsentwicklung nachhaltig. Aber auch Widersprüche zwischen Interessen, Regeln, Normen und Werten können zu Orientierungskrisen führen. Frühzeitig stellen sich Zweifel und Einwände ein und ein Gefühl von Unwohlsein macht sich breit. Berater und Führungskräfte müssen ihre Intuition permanent schärfen. Das gilt sowohl für den privaten als auch für den beruflichen Bereich. Viele glauben, es sei bequemer, die innere Stimme leise zu stellen, das Unbehagen über sich und andere zu unterdrücken als die inneren Einwände ernst zu nehmen, die uns im Arbeitsalltag oft begegnen. Dann ist es Zeit für einen Entwicklungssprung oder für eine Krise – bei sich selbst und in Unternehmen, die führen oder beraten.

Entwicklungen verlaufen selten kontinuierlich, viel eher in Sprüngen und spiralförmigen Bewegungen. Ein Entwicklungssprung ist wie ein Phasenübergang. Es kommt zu Irritationen und zu Turbulenzen. Sie sind keine „Störungen", sondern gehören zum Wesen des Entwicklungsprozesses. In dieser Zeit bilden sich neue Strukturen. Wer sich entwickeln will, muss Zeiten der Unsicherheit durchstehen!

Obwohl Menschen in ihrer Individualität so unterschiedlich wie Fingerabdrücke sind, wiederholen sich auf höherer Ebene ihre Verhaltensmuster. Unterschiedliche Lebenswege und Verhaltensweisen lassen sehr vielfältige Möglichkeiten zu, das Leben zu gestalten. Was für den einen richtig ist, muss für den anderen nicht passen. Deshalb ist es nicht genug, sich Ratschläge anzuhören. Wir müssen über uns selbst lernen.

Erfolg und persönliches Glück ist nicht kopierbar und nicht zu imitieren! Man kann jedoch sein eigenes Verhalten beobachten, reflektieren, vergleichen und Konsequenzen ziehen! Generell wird viel häufiger ein Mehr des Gleichen versucht, statt etwas völlig anderes zu tun. Oft wird der bekannte Weg nur gesucht, um durch ein neues Verhalten unsere Umgebung nicht zu verunsichern.

Mit Recht werden die Menschen bewundert, die sich vital und ausdrucksvoll zeigen, die in der Lage sind, Beobachtungen direkt anzusprechen, die in Begegnungen nicht nur Worte wechseln, sondern Kontakt und Nähe demonstrieren können, die mit Sicherheit Raum einnehmen und sowohl Mittelpunkt sein können als auch an der Seite stehend oder beobachtend.

Führungskräfte und Berater haben heutzutage zu lernen, dass sie mehr als andere das

Heute managen müssen und dass sie sich auf das, was morgen sein soll, konzentrieren müssen. Das setzt voraus, dass sie bereit sind, etwas zu wagen, und Mut beweisen, dass sie auf Wissen, Kompetenz und Erfahrung setzen und Kontakte und Netzwerke bilden. Das bekommt niemand in die Wiege gelegt und deshalb bedeutet das, seine Persönlichkeit permanent weiterzuentwickeln.

9.1.3 Vitale Zukunftsgestaltung

Wenn wir unser privates und berufliches Leben glücklich und erfolgreich gestalten wollen, brauchen wir eine gute Mischung aus analytischem Verstand, intuitivem Gespür, einer Vision, die uns treibt, und sehr guten Konzepten, die wir auch unseren Kunden raten würden. Viele Menschen sind die Gefangenen ihrer eigenen Verbote, ihrer Regeln und ihrer Tabus. Sie lassen es zu, dass immer dort, wo sie an eine Grenze stoßen, sie diese Grenze nicht überschreiten. Sie behindern sich selbst!

Kleine Kinder zeigen es uns immer wieder: Neugierig und staunend nehmen sie wahr, was sich in ihrer Umgebung ereignet. Alles wird zunächst mit Interesse aufgenommen, nur weniges ausgeblendet. Im Laufe ihrer Entwicklung schränken sich Menschen mehr und mehr ein und reduzieren sich auf eine immer enger werdende Welt. Sie haben ihre Vorlieben, Meinungen, Werte und Regelwerke. Trotz der Informationsvielfalt, die täglich auf sie einströmt, merken sie nicht, wie sie sich einen kleinen Mikrokosmos mit engen Grenzen geschaffen haben. Aus der zur Verfügung stehenden Vielfalt picken sie sich heraus, was sie schon kennen und schätzen. Sie werden in ihren Handlungen und Reaktionen in hohem Maße vorhersagbar und enden als Kategorie im Zielgruppenraster eines Marketingstrategen. „Es geht darum, die Antennen der Wahrnehmung weit zu öffnen und alle Informationen aufzunehmen, die nützlich sein können. Wer immer nur mit seinesgleichen verkehrt, dem verengt sich die Welt. Seine Ideen unterliegen der Inzucht, und Inzucht geht bekanntlich mit einem beträchtlichen Verlust an Vielfalt, Vitalität und Leistungsfähigkeit einher" (Guntern, 1994).

Für eine aktive Zukunftsgestaltung ist eine optimistische Lebenseinstellung wesentlich. Ohne gute Zuversicht und der Auffassung, dass die Dinge sich gut entwickeln werden, ist eine Widerstandsfähigkeit nicht denkbar. Dabei sollte der gesunde Optimismus nicht mit der populistischen Modeerscheinung des „positiven Denkens" verwechselt werden, nach der Konflikte, Krisen und Widersprüche negiert statt als Quelle der Veränderung genutzt werden.

Menschen wollen von Natur aus wachsen – das Leben ist eine ständige Begegnung mit dem Unbekannten. Unsere Vitalität und unser Wachstum hängen davon ab, ob wir fähig sind, uns zu verändern. „Sich selbstorganisierende Systeme nehmen nicht nur Informationen auf, sie verändern sich auch mit ihrer Umwelt."

Kreativität ist unersetzlich, um Abweichungen konstruktiv zu nutzen. Normen und Regelwerke, die gerade die Funktion haben, Abweichungen zu verhindern, sind wenig hilfreich. „Wenn ein offenes System Kreativität und lokale Abweichungen von der Norm einschränkt und so versucht, Gleichgewicht und Stabilität herzustellen, dann werden Zustände geschaffen, die sein eigenes Überleben in Frage stellen" (Wheatley, 1997). So gesehen bekommt unser Leben einen starken Zuwachs an Optionen: Vielfältigere Entscheidungsvarianten erwachsen aus widersprüchlichen Konstellationen. Wir leben mit immer mehr Informationen, Wahlmöglichkeiten und Ambivalenzen. Der Verlust von Eindeutigkeit durch die Zunahme an Komplexität ist manchmal nicht einfach auszuhalten. Aber gleichzeitig gewinnen wir Positives wie Vielfalt, Gestaltungsspielräume und persönliche Entwicklungsmöglichkeiten.

Wir brauchen deshalb übergreifende persönliche Ziele. Das bedeutet,

- für eine optimistische Lebenseinstellung zu sorgen und wachsam zu sein gegenüber wiederkehrenden Mustern und Symptomen;
- Abweichungen akzeptieren zu können.

9.1.4 Persönliche Lernprogramme

Die Grundmuster analysieren

Um zu neuen Erkenntnissen und zu neuen Optionen in den eigenen Handlungen zu kommen, ist es hilfreich, sich dafür etwas Zeit, ein Blatt Papier und einen Stift zu nehmen. Man wird nun gewissermaßen zum Regisseur, der das Filmmaterial seines eigenen Vorgehens studiert, um den zweiten Teil des Films zu drehen. Dabei lässt man seine berufliche Situation vor dem geistigen Auge ablaufen. Der Film lässt sich einmal schneller vorspulen, um den roten Faden zu erkennen, dann wieder auf Zeitlupe verlangsamen, um sich wiederholende Abläufe genauer zu betrachten. Entscheidend ist, bei der Betrachtung die eigenen Transaktionen genau auf ihre Funktionalität zu prüfen und dann ein konkretes Verhaltensmuster auszuwählen, das in den nächsten sechs Monaten geändert oder ganz aufgegeben werden soll:

Vorgehen:

- Beschreiben, wie Entscheidungen getroffen, Hindernisse überwunden wurden und was an diesen Prozessen ähnlich ablief.
- Konkrete Beschreibung eines Verhaltensmusters, das immer wieder zu unbefriedigenden Ergebnissen geführt hat.
- Abschluss eines „Geschäfts mit sich selbst" auf Basis der vorliegenden Einschätzung: Kalkulation des „Preises", der zu bezahlen ist, wenn sich nichts verändert, und Abgleich mit dem Preis, den die Musterveränderung kostet.

Wenn man zu dem Schluss kommt, dass die Einwände gegen eine Veränderung gewichtiger sind als die möglichen Vorteile einer Veränderung, lässt sich das Thema von der Problemliste streichen! So weiß man immerhin, warum der momentane Zustand erhaltenswert ist und kann sich einem anderen Thema zuwenden.

Wenn man sich für den Weg der Veränderung entschieden hat, wird im nächsten Schritt ein konkretes Ziel formuliert. Ein Ziel, das bei der Realisierung etwas Maßgebliches am derzeitigen Verhaltensmuster verändern wird. Es sollte kurzfristig anzupacken und innerhalb von sechs Monaten erreichbar sein.

Vorgehen:
- In die Zukunft hineinversetzen und das veränderte Verhalten in einer typischen konkreten Situation zum Zeitpunkt der Zielerreichung genau beschreiben.
- Ziel daraus konkret formulieren und in mehrere Teilziele portionieren.
- Emotionale Identifikation mit dem Ziel herstellen.

Nach der Formulierung und Verinnerlichung des Ziels geht es um die Realisierung des Ziels: die Veränderung des Verhaltensmusters. Verhaltensmuster sind meist über Jahre gewachsen und entsprechend stabil. Wir müssen uns also etwas Besonderes ausdenken, um diese überwiegend aus dem Unterbewusstsein gesteuerten, oft früh erlernten Verhaltensweisen dauerhaft zu verändern. Muster lassen sich wirkungsvoll „attackieren" mit Abstand zu sich selbst, Beharrlichkeit und vor allem Spaß am Experimentieren. Am Besten erstellt man einen Plan, in dem man sich drei Übungssituationen vorgibt, in denen neue Verhaltensweisen getestet werden können. Das Setzen von Zeitankern ist dabei sinnvoll. Es ist entscheidend, nach jeder Übung eine Reflexion durchzuführen, die gleichzeitig der Vorbereitung der nächsten Trainingssituation dient.

Vorgehen:
- Entscheiden, in welchem Umfeld das neue Verhalten erprobt werden soll.
- Festlegen, was auf jeden Fall konkret unterlassen werden soll.
- Prüfen, wer von dem neuen Verhalten betroffen ist. Diese Person nach vier Wochen um ein erstes Feedback bitten.
- Die Freiheit im Abweichen vom eigenen ewigen „Spielplan" ausleben.
- Regelmäßig die Adlerperspektive im Veränderungsprozess einnehmen, um sich wieder zu „orten" und eventuelle Turbulenzen frühzeitig ausmachen zu können.
- Start und Abschluss der Maßnahme festlegen.

9.1.5 Ein weites Bewusstsein entwickeln

Intuition – eine alte, neue Dimension

Der Mensch wird sich zunehmend in seiner Ganzheitlichkeit in das Arbeitsleben einbringen, um in der Komplexität der Bedingungen und Anforderungen bestehen zu können. Neben den kopfgesteuerten und den sozialen Kompetenzen wird deshalb die Intuition als neue Kompetenzdimension entdeckt.

Während unser Forschergeist Zweifel am Bestehenden fördert, hilft die Haltung von Vertrauen und Glaube, Chaos und die Widersprüche auszuhalten. Intellektuelle und intuitive Energie gehen somit eine neue Verbindung ein. Intuition und Spiritualität gewinnen zunehmend in der Arbeitswelt an Bedeutung. Sie werden als geistige Quellen eines jeden Menschen akzeptiert und nicht mehr nur ausgewählten charismatischen Persönlichkeiten zugeschrieben. Unzählige Fachbücher und Seminare widmen sich dem

Thema und die Manager „ganz oben“ denken laut über geistige Werte in ihren Unternehmen nach. Immer mehr von ihnen haben bereits philosophische Aspekte in ihrer Unternehmenskultur implementiert und fragen verstärkt Berater und Coaches nach. Hier sei angemerkt, dass sich in diesem Zusammenhang bisweilen auch Power-Trainer und andere Scharlatane mit unseriösen Spektakelveranstaltungen unter die ernsthaften, wertebezogenen Berater mischen.

Neue Landschaften betreten

Wir werden immer wieder neue „Landschaften“ betreten, in denen wir uns nicht auskennen. Das bedeutet, auch bekannte und liebgewonnene Gegenden zu verlassen. Alte Verbindungen werden gelöst, um neue entstehen zu lassen. Dadurch werden wir zu Generalisten mit viel Spezialwissen und fundierten Erfahrungen. Es können Zusammenhänge erkannt werden, die ein Spezialist nie wahrnehmen kann (Fuchs, 1995). Diese Möglichkeit, durch gedankliche Verbindung zu Erkenntnissen zu kommen, eröffnet weitere Chancen für Innovation und Kreativität. Wer seine Welt verlassen kann, um sich in einer neuen zurechtzufinden, wird mutiger bei Veränderungen sein und gerne Neues entdecken wollen.

Erfolg wird immer stärker davon abhängig sein, dass sich Fach-, Methoden- und Persönlichkeitskompetenz um geistige Dynamik und mentale Offenheit erweitert. Es wird immer mehr eine hohe Lernbereitschaft und Lernfähigkeit benötigt. Stetiger Wandel verlangt die Einstellung auf dauernde Veränderung: Wir werden uns zunehmend unserer Werte bewusst werden und uns in unserem Denken und Handeln an ihnen ausrichten.

Vielfalt als Lebenshaltung

Persönliches Gleichgewicht erzeugt man durch Veränderungen und Bewegung. Wer beim Balancieren auf einem Balken still steht, hält nicht lange durch. Um in der komplexen und chaotischen Welt erfolgreich zu agieren, lernen wir, einen „multistabilen Gleichgewichtszustand“ einzunehmen. Dafür ist es wichtig,

- eigene Vorstellungen zu verflüssigen statt zu verfestigen;
- offen in der Wahrnehmung und flexibel im Umgang zu bleiben;
- Strukturzwänge zu umgehen;
- komplexere Gedankenmodelle zu entwickeln;
- Turbulenzen in Übergangsphasen auszuhalten.

Wir sind, woran wir uns erinnern

Man kann Entwicklung nicht als linearen Prozess verstehen. Viel zu komplex und vielschichtig sind Lebensphasen und Lebenseinflüsse. Es gibt nicht nur einen Weg, sondern viele – und die verlaufen gleichzeitig in verschiedene Richtungen. Das heißt, man erlebt Entwicklung zeitgleich auf mehreren Ebenen. So befindet sich beispielsweise ein junger

Mensch gleichzeitig in der Berufsfindung, sucht nach einem Lebenspartner, löst sich vom Elternhaus und sucht soziale Gemeinschaft. Entwicklung bedeutet über die gesamte Lebensspanne hinweg Wachstum (Gewinn) und Abbau (Verlust). Entwicklung bringt somit für alle Altersstufen Gewinne und Verluste von Erkenntnis- und Erlebnismöglichkeiten mit sich (Weinert, 1992).

Wenn man mit einem Vergrößerungsglas an Biografien herangeht oder Menschen etwas genauer zu ihren persönlichen Entwicklungen befragt, kann man eine weitere interessante Entdeckung machen. Plötzlich wird trotz großer Vielfalt etwas Übereinstimmendes sichtbar: Alle Menschen kennen Phasenübergänge, an deren Ende Entscheidungen standen, Übergangsphasen, die voller Unsicherheit und Ungewissheit waren.

9.1.6 Umgang mit Krisen

Verändern von Mustern

Wer kennt das nicht: Wir haben alles versucht und viele Schleifen gedreht, um eine Änderung zu erreichen. Wir spüren, dass wir uns im Kreise drehen, und das Gefühl der Hilflosigkeit oder des Ausgeliefertseins nimmt zu. Am Liebsten möchten wir alles hinter uns lassen. Im Grunde wissen wir etwas ganz sicher: So kann es nicht weiter gehen! Von einer Krise kann immer dann gesprochen werden, wenn wir unsere Denk- und Verhaltensmuster ändern müssen. Manchen sind selbst diese „Tunnelgefühle" viel zu viel und sie stürzen sich mit aller Kraft und ohne Blick zurück in das Neue, greifen nach dem „Strohhalm", nur um diese Situation und die dazu gehörenden Gefühle nicht aushalten zu müssen. Diese Brüche zerstören manchmal Beziehungen, und deshalb bezahlt jeder, der so handelt, einen hohen Preis und manches kommt, wenn auch verspätet oder über Umwege, zurück.

Verändern von Regeln

Wenn es im Leben so nicht weitergeht oder immer öfter ähnliche Problemstellungen auftauchen, dann gilt es, zu prüfen, ob Regeln vorhanden sind, die eine Veränderung „erlauben." Halten wir an scheinbar bewährten Verhaltensmustern fest? Sehr oft haben wir gelernt, auszuhalten, standzuhalten. Manchmal wird eine Veränderung im sozialen System als unzumutbar erklärt und dementsprechend sanktioniert. Wichtig ist deshalb, folgende Fragen zu stellen: Welche neuen Handlungen sind möglich und welche werden massiv sanktioniert? Bemerken wir, welche Gedanken und Handlungen uns nicht weiterhelfen? Nur so, sagen Wissenschaftler, weichen wir unsere neuronalen Gehirnzellen auf. Sie steuern unser Denken, Fühlen und Verhalten. Erst wenn es uns gelingt, eine neue Sicht zu entwickeln, die alte Lage weniger negativ zu sehen und Neues auszuprobieren, werden sich unsere neuronalen Zellen im Gehirn neu verbinden.

Fazit: Krisen verlangen nach einer Veränderung unserer Muster, sowohl kognitiv, emotional als auch im Verhalten!

Nicht mehr das Gleiche!

Wenn wir von Mustern sprechen, drücken wir damit aus, was wir regelmäßig und wiederkehrend bei Stress und Konflikten erleben und wie wir in Krisen handeln. Wir folgen unseren bewährten Regeln und sind damit einschätzbar und gesetzmäßig. Um eine Krise zu meistern, heißt es für dieses Verhalten: „Stop it!“

- Wählen Sie einen Perspektivwechsel.
- Nehmen Sie einen neuen Weg.
- Gehen Sie aktiv und konsequent eine Neuerung an.

9.2 Persönliche Entwicklungsprogramme starten

9.2.1 Unsere Erfahrung ist unsere Kompetenz

Starten wir doch damit, unsere besten Erfahrungen, unsere wichtigsten Erkenntnisse, unsere unterschiedlichsten Fähigkeiten gepaart mit unserem vernetzten Wissen in die Zukunft zu transferieren. Machen wir daraus eine neue Kompetenz: Unsere persönliche Unternehmenskultur, unsere persönliche Unternehmensstrategie. Damit schaffen wir von uns aus die Bedingungen für Veränderungen und Erfolg.

Wenn wir uns für diese Herangehensweise entscheiden, stellen wir schnell und überrascht fest, dass uns Energie wächst, die uns schwierige Situationen oder Aufgabenstellungen leichter bewältigen lässt. Wir spüren eine hohe Selbständigkeit, ein starkes Selbstbewusstsein: einen Zuwachs an Lust am Leben. Wenn wir dauerhaft Erfolg haben wollen, brauchen wir diese offene Lebenseinstellung.

Wir knüpfen Beziehungen und gestalten sie um. Was immer wir tun, wie immer wir es angehen, wir sammeln neue Erfahrungen und arbeiten an unserer Identität. Überlegungen und Erfahrungen sowie die Rückmeldungen aus der Umgebung beeinflussen unser Leben. Wir verändern uns mit der Veränderung. So schaffen wir unsere ganz persönliche Unverwechselbarkeit, machen aus unserer Person eine Persönlichkeit mit typischen Merkmalen. Wir entwickeln und entdecken die schönen Seiten an uns. Wir zeigen, dass wir nicht still stehen, sondern uns verändern können. Nicht jeder kann uns mögen und nicht jeder wird uns mögen. Das entbindet uns von der Gefahr, oberflächlich oder in unseren Aussagen beliebig zu werden. Gegenüber dem Neuen zeigen wir uns erwartungsvoll und sind offen für Unbekanntes. Das hilft uns, mit der Zeit zu gehen und nicht im Alten zu verharren. So bleiben wir auch aus unterschiedlichen Perspektiven wir selbst.

9.2.2 Wir betreten neue Landschaften

Neue Kompetenzen zu entwickeln oder vorhandene in neuer Form zusammenzusetzen ist ein vitaler und spannender Vorgang. Alles Bekannte hat etwas Vorübergehendes, weil wir uns täglich weiterentwickeln und die Welt nicht stehen bleibt. Deshalb ist es so wichtig, den Blick für das Neue zu schärfen. Wir sind meistens tief überzeugt von dem, was wir wissen. Unsere Überzeugungen und Annahmen machen wir zu Gewissheiten. Wer Neues erschaffen will, muss an seinen „Überzeugungen und Konzepten" arbeiten. Neue Modelle entstehen nur, wenn wir kreative Prozesse mit gemachten Erfahrungen verknüpfen. Dafür ist es wichtig, sich zu öffnen, auszuprobieren und somit eigene Horizonte zu erweitern.

Um die mentale Kompetenz beweglich und stark zu halten, benötigen wir viel Kreativität. Sie muss gefördert und gesteigert werden.

Immer wieder sind Klagen zu vernehmen, es ändere sich ja doch nichts an dieser Situation oder es gäbe einfach keinen Ausweg aus jenem Problem. Jeder führt diese Klagen natürlich selbst im Munde und die Frage ist, was steckt dahinter, dass die Veränderung nicht möglich erscheint.

Das Muster ist stabil: Wiederkehrende Probleme werden mit Maßnahmen angegangen, die ihre Untauglichkeit schon zuvor bewiesen haben. Dieser unbefriedigende Kreislauf muss unterbrochen werden und die Kreativität mobilisiert.

Wie ist es möglich, die eigene Ressource Kreativität zu erschließen? Die Wahrnehmungen schärfen, den Blick auf Ungewöhnliches richten und Abweichungen vom Erwarteten herausfinden, sind die wichtigsten Voraussetzungen. Damit sind wir in der Lage, immer wieder Neues hervorzubringen, neue Strukturbildungen zu schaffen, alte Trampelpfade hinter uns zu lassen und Unerwartetes zu akzeptieren.

Der Einschnitt in den Kreislauf bedeutet, kein Verständnis mehr für „Endlosschleifen" zu haben und radikal mit sich selbst zu sein. Statt zu beschwichtigen müssen die Voraussetzungen für Kreativität geschaffen werden.

Aus Vorhaben einen kreativen Prozess machen:
- Interesse prüfen an der eigenen Fragestellung;
- Informationen sammeln, die beim Lösen des Problems nützlich sein könnten;
- Anforderungen an die Lösung definieren. Gedanken fließen lassen und bewusst neue Sichtweisen einnehmen;
- scheinbar unpassende Elemente miteinander verknüpfen;
- das Problem aus anderen Perspektiven betrachten;
- abwechselnd mit anderen und alleine nachdenken, damit Ideen sich befruchten und dann wieder reifen können;
- Zufälle ermöglichen;
- Auszeiten nehmen.

Die „persönliche Unternehmenskultur" verändern und die Kreativität steigern

Hier geht es um die Analyse der Beziehungsgestaltung im beruflichen Umfeld. Man sollte sich dafür etwas Zeit, ein Blatt Papier und einen Stift nehmen. Nun lässt man sich durch den Kopf gehen, wie man sich als Teil in das System „Unternehmen" oder „Abteilung" einbringt und wie die Wechselwirkungen zwischen einem selbst und dem Umfeld funktionieren. Dazu versetzt man sich am Besten in die Position eines externen Beraters, der einen in dieser Frage coachen soll. Man beschreibt dabei eine Aufgabenstellung oder eine Funktion, die man in seinem beruflichen Alltag gern verändern würde.

Vorgehen:

- Malen der „Landschaft", des beruflichen Umfeldes einschließlich der verschiedenen Personen und Einheiten, zu denen Wechselbeziehungen bestehen; Benennen der gemeinsamen Themen und Aufgaben;
- die eigene „Landschaft" nach den persönlichen Vorstellungen über Beziehungen und Aufgaben neu ordnen;
- Auflisten der wichtigsten Erkenntnisse, Erfahrungen und Erfolge;
- kalkulieren, welcher „Preis" zu bezahlen ist, wenn sich nichts verändert und abgleichen mit dem Preis, den die Veränderung kostet.

Auch hier gilt: Wenn die Einwände gegen eine Veränderung gewichtiger sind als die möglichen Vorteile einer Veränderung, lässt sich das Thema von der Problemliste streichen! So weiß man immerhin, warum der momentane Zustand erhaltenswert ist und kann sich einem anderen Thema zuwenden.

Wenn man sich für den Weg der Veränderung entschieden hat, geht es im nächsten Schritt um das Finden eines konkreten Ziels. Bei der Formulierung ist darauf zu achten, dass sich bei der Realisierung etwas Maßgebliches am derzeitigen Verhaltensmuster ändern wird. Das Ziel sollte kurzfristig anzugehen und innerhalb von sechs Monaten erreichbar sein:

Vorgehen:

- in die Zukunft hineinversetzen und überlegen, welche Beziehungen und Erfahrungen zum Zeitpunkt der Zielerreichung bestehen sollen;
- Ziel daraus konkret formulieren und in mehrere Teilziele aufteilen.

Jede Reise beginnt mit einem schönen Traum: Benennen Sie konkret, was Sie sich für ihr berufliches Leben wünschen. Bestimmen Sie Kriterien zur Priorisierung von Maßnahmen.

Träume bewusst in den Alltag transportieren:

- erweiterten Spielraum schaffen durch Neumarkieren des eigenen Handlungsrahmens und bewusstes Herangehen an ein konkretes Thema auf ganz andere Weise;
- wohlwollende Grundhaltung zu sich selbst einnehmen, um sich vor vermeintlich negativen Bewertungen anderer zu schützen;
- Adlerperspektive regelmäßig im Veränderungsprozess einnehmen, um sich im Phasenübergang zu „orten" und eventuelle Turbulenzen frühzeitig ausmachen zu können;
- Start und Abschluss der Maßnahme festlegen.

9.2.3 Persönlichkeitsentwicklung und Leadership – ein persönliches Entwicklungsprogramm

Das wachsende Veränderungstempo von Unternehmen verlangt von Führungskräften und Beratern eine dauernde Steigerung ihrer Leistung, Effizienz und Kreativität. Erwartet wird eine dauerhafte Bereitschaft, zu lernen und sich anzupassen, neue Beziehungen zu schaffen und Veränderungen mitzugestalten. Das stellt nicht nur hohe Anforderungen an die fachliche Qualifikation, sondern auch an die Entwicklung der eigenen Persönlichkeit.

Damit schafft man die Voraussetzung, die Veränderungen der Zukunft zu gestalten und persönliche Handlungsspielräume deutlich zu erweitern. Die Arbeit an sich selbst sollte die eigenen Kompetenzen, Verhaltensweisen und Denkmuster in der Gestaltung von beruflichen und privaten Beziehungen reflektieren. Damit wird es möglich, Blockierungen zu erkennen und zu lösen, neues Verhalten auszuprobieren und die persönliche Flexibilität insbesondere in schwierigen Situationen zu steigern.

So erweitert sich die Performance im persönlichen und beruflichen Alltag, das Vertrauen in die eigene Kreativität und Intuition wird gestärkt und erzeugt konzeptuelle Klarheit über die eigenen Werte und Visionen. Weitere Inhalte sind:

- Feststellen der für das Arbeitsumfeld und eine optimale individuelle Performance nötigen persönlichen Kompetenzen;
- Kennenlernen und Einsetzen von Methoden der Eigen- und Fremdanalyse;
- Muster und Regeln des Verhaltens für kritische Führungs- und Beratungssituationen aufdecken;
- Festlegen eines persönlichen Entwicklungsziels;
- Probehandeln mit veränderten und neu entwickelten Verhaltensmustern;
- Überprüfen mittels kollegialem und Berater-Feedback;
- Implementieren der als zielführend anerkannten Veränderungsschritte.

Ziele

- sich einem intensiven Prozess an der Weiterentwicklung aussetzen und relevante Persönlichkeitsanteile erarbeiten;
- eigene Stärken und Schwächen in der Gestaltung von Beziehungen und in der Durchführung von Führungs- und Beratungsprozessen kennen;
- Ziele entwickeln und Feedbackschleifen für die erfolgreiche Umsetzung vereinbaren;
- weitere Kompetenzen hinzugewinnen;
- für das Auftreten im beruflichen und privaten Umfeld besser gerüstet sein.

„Persönlichkeitsentwicklung und Leadership“ ist zugeschnitten auf

- Menschen, die bereit sind, ihre persönliche Entwicklung voranzubringen, um im beruflichen Alltag kreativer und erfolgreicher zu sein;
- Führungskräfte und Manager, die Spitzenpositionen innehaben oder anstreben;
- Berater und Organisationsentwickler;
- Team-, Projekt- und Personalverantwortliche;
- Leiter von Unternehmensbereichen und Profit-Centern;
- Personen, die auf Grund ihrer Zielvereinbarungen entsprechende Kompetenzen entwickeln wollen.

Literatur

Abplanalp, P. A., Lombriser, R., Unternehmensstrategie als kreativer Prozess, München 2000.

Adams, J., Ich hab's. Wie man Denkblockaden mit Phantasie überwindet, Braunschweig 1984.

Andersen, T. (Hrsg.), Das Reflektierende Team – Dialoge und Dialoge über die Dialoge, Dortmund 1990.

Ashkenas, R., Ulrich, D., Jick, T., Kerr, S., The Boundaryless Organization: Breaking the Chains of Organizational Structure, San Francisco 1995.

Bardmann, Th. M. u. a., Irritation als Plan: Konstruktivistische Einredungen, Aachen 1991.

Barmbeck, J., Woltern, A., Jeder kann gewinnen, München 1990.

Bateson, G., Geist und Natur, Frankfurt 1985.

Bateson, G., Ökologie des Geistes, Frankfurt 1981.

Beck, R., Schwarz, G., Konfliktmanagement, Alling 1995.

Bennis, W. (Hrsg.), Leaders on Leadership. Interviews with Top Executives, Boston 1992.

Bennis, W., Nanus, B., Leaders. The strategies for taking charge, New York 1986.

Beratergruppe Neuwaldegg, Das systemisch evolutionäre Management, Wien 1990.

Binner, H. F., Organisations- und Unternehmensmanagement. Von der Funktionsorientierung zur Prozessorientierung, München, Wien 1998.

Binnig, G., Aus dem Nichts – Über die Kreativität von Mensch und Natur, München 1989.

Boyett, J. H., Boyett J. T., Managementguide. Die Top-Ideen der Managememt Gurus, München 1999.

Brandau, H. (Hrsg.), Supervision aus systemischer Sicht, Salzburg 1991.

Brunner, E., Lenz, G., Was veranlaßt ein Klientensystem zu sprunghaften Veränderungen? Ein Erklärungsversuch aus der Perspektive der Selbstorganisationstheorie, in: System Familie, Nr. 1, 1993.

Buchner, D. (Hrsg.), Outdoor-Training. Wie Manager und Teams über Grenzen gehen, Wiesbaden 1996.

Burghardt, M., Einführung in Projektmanagement. Definition, Planung, Kontrolle, Abschluss, 2. überarb. Auflage, München, Erlangen 1999.

Calvino, I., Sechs Vorschläge für das nächste Jahrtausend: Harvard-Vorlesungen, München 1991.

Capra, F., Lebensnetz – Ein neues Verständnis der lebendigen Welt, Bern, München, Wien 1996.

Collins, J. C., Porras, J. I., Visionary Companies – Visionen im Management, München 1995.

Cramer F., Der Zeitbaum. Grundlegung einer allgemeinen Zeittheorie, Frankfurt am Main 1993.

Cramer, F., Chaos und Ordnung. Die komplexe Struktur des Lebendigen, Stuttgart 1988.

Cramer, F., Kaempfer, W., Die Natur der Schönheit. Zur Dynamik der schönen Formen, Frankfurt am Main, Leipzig 1992.

Czichos, R., Coaching = Leistung durch Führung, München 1995.

Dänzer, W. F., Haberfellner, R., Systems Engineering, Zürich 1994.

De Bono, E., Das Sechsfarben-Denken. Ein neues Trainingsmodell, Düsseldorf 1993.

De Bono, E., Der Klügere gibt nicht nach, Düsseldorf, Wien 1993.

De Bono, E., Laterales Denken für Führungskräfte, Hamburg 1986.

De Bono, E., Serios-Creativity, London 1993.

De Bono, E., Thinking Course, London 1993.

De Bono, E., Wie Kinder richtig denken lernen: Das spielerische Lernprogramm, Düsseldorf, Wien, New York, Moskau 1994.

DeMarco, T., Der Termin. Ein Roman über Projektmanagement, München, Wien 1998.

Doppler, K., Lauterburg, Ch., Changemanagement – Den Unternehmenswandel gestalten, Frankfurt 1994.

Eversheim, W., Simultaneous Engineering, Berlin, Heidelberg, New York 1995.

Fischer, H.-P. (Hrsg.), Die Kultur der schwarzen Zahlen. Das Fieldbook der Unternehmenstransformation bei Mercedes-Benz, Stuttgart 1997.

Fisher, R., Brain Games, New York 1982.

Frehr, H.-U., Total Quality Management, München 1994.

Friedag, H. R., Schmidt, W., My Balanced Scorecard. Das Praxishandbuch für ihre individuelle Lösung, Freiburg, Berlin, München 2000.

Fröhlich, P., Mehr Lust statt Frust, Landsberg/Lech 1993.

Fuchs, J., Manager, Menschen und Monarchen. Denk-Anstößiges für Leitende und Leidende, Frankfurt/Main, New York, 1995.

Gardner H., The Mind's New Science, New York 1986.

Gebhardt, E., Abschied von der Autorität – Die Manager der Postmoderne, Wiesbaden 1991.

Geo-Wissen, Chaos und Kreativität, Hamburg 1993.

Gerhardt, A., Schmied, H., Externes Simultaneous Engineering. Der neue Dialog zwischen Kunde und Lieferant, Berlin, Heidelberg, New York 1996.

Gerken, G., Manager ... Die Helden des Chaos: Wenn alle Strategien versagen, Düsseldorf 1994.

Glasl, F., Konfliktmanagement, Stuttgart 1990.

Glaserfeld, E., Einführung in den radikalen Konstruktivismus, in: Watzlawick, P. (Hrsg), Die erfundene Wirklichkeit, München 1981.

Gödel, K., The Consistency of the Continuum Hypothesis, Princeton 1966.

Goleman, D., Kaufman, P., Ray, M., Kreativität entdecken, München 1997.

Guntern, G. (Hrsg.), Chaos und Kreativität, Zürich, Berlin, New York 1995.

Guntern, G. (Hrsg.), Der Gesang des Schamanen, Hirnforschung – Veränderte Bewusstseinszustände – Schamanismus, Brig 1990.

Guntern, G. (Hrsg.), Irritation und Kreativität – Hemmende und fördernde Faktoren im kreativen Prozess, Zürich, Berlin, New York 1993.

Guntern, G. (Hrsg.), Der blinde Tanz zur lautlosen Musik – die Organisation von Humansystemen, Brig 1987.

Guntern, G. (Hrsg.), Die Welt – ein schwingendes Gewebe, 2. Internationales ISO Symposium, Brig: ISO 1983.

Guntern, G., Im Zeichen des Schmetterlings – Vom Powerplay zum sanften Spiel der Kräfte, Bern, München, Wien 1992.

Guntern, G., Sieben goldene Regeln der Kreativitätsförderung, Zürich, Berlin, New York 1994.

Haken, H., Erfolgsgeheimnisse der Natur. Synergetik: Die Lehre vom Zusammenwirken, Frankfurt 1984.

Haken, H., Synergetik und ihre Anwendung auf psychosoziale Systeme, in: Stierlin, H. et al. (Hrsg.) 1987.

Hamann, A., Coaching. Der Vorgesetzte als Trainer, Darmstadt 1991.

Hammer, M., Champy, J., Business Reengineering. Die Radikalkur für das Unternehmen, Frankfurt 1994.

Handy, C., The empty raincoat making sense of the future, London 1994.

Hansel, J., Lomnitz, G., Projektleiter-Praxis. Erfolgreiche Projektabwicklung durch verbesserte Kommunikation und Kooperation, 3. neubearb. Auflage, Berlin, Heidelberg, New York 2000.

Heintel, P., Krainz, E. E., Projektmanagement: Eine Antwort auf die Hierarchiekrise? Wiesbaden 1988.

Hermann, N., Kreativität und Kompetenz – Das einmalige Gehirn, Fulda 1991.

Higgins, J. M., Wiese, G. G., Innovationsmanagement: Kreativitätstechniken für den unternehmerischen Erfolg, Berlin 1996.

Hüther, G., Biologie der Angst: Wie aus Stress Gefühle werden, 3. Auflage, Göttingen 1999.

Imai, M., Kaizen. Der Schlüssel zum Erfolg, München 1992.

Japan Human Relation Association, ZIP-Kaizen-KVP – Die kontinuierliche Verbesserung von Produkt und Prozess, Portland 1994.

Jaworski, J., Synchronicity. The inner path of leadership, San Francisco 1996

Kaplan, R. S., Norton, D. P., Balanced Scorecard. Strategien erfolgreich umsetzen, Stuttgart 1997.

Karlöf, B., Unternehmensstrategie: Konzepte und Modelle für die Praxis, Frankurt/Main 1991.

Katzenbach, J. R., Smith, D. K., Teams – Der Schlüssel zur Höchstleistungsorganisation, Wien 1998.

Keeney, B., Ästhetik des Wandels, Hamburg 1987.

Kline, P., Saunders, B., 10 Schritte zur Lernenden Organisation. Das Praxisbuch, Paderborn 1996.

Koestler, A., Der göttliche Funke, München 1966.

König, E., Volmer, G., Systemische Organisationsberatung, Weinheim 1996.

Koopmann, A., Transkulturelles Management, Köln 1995.

Kotter, J. P., Chaos, Wandel, Führung, Düsseldorf 1997.

Kratky, K. W., Wallner, F., Grundprinzipien der Selbstorganisation, Wissenschaftliche Buchgesellschaft 1990.

Kriz, J., Chaos und Struktur. Grundkonzepte der Systemtheorie, Bd. 1, München 1992.

Kriz, J., Chaos, Angst und Ordnung, Göttingen 1997.

Krüger A., Schmolke, G., Vaupel, R., Projektmanagement als kundenorientierte Führungskonzeption, Stuttgart 1999.

Kühn, R., Grüning, R., Grundlagen der strategischen Planung. Ein integraler Ansatz zur Beurteilung von Strategien, Bern, Stuttgart, Wien 2000.

Lasko, W. W., Dream Teams – 110 Stories für erfolgreiches Team-Coaching, Wiesbaden 1996.

Laszlo, E. et al., Evolutionäres Management – Globale Handlungskonzepte, Fulda 1992.

Lenz, G., Ellebracht, H., Osterhold, G., Vom Chef zum Coach. Der Weg zu einer neuen Führungskultur, Wiesbaden 2000.

Lenz, G., Osterhold, G., Ellebracht, H., Erstarrte Beziehung – Heilendes Chaos. Einführung in die systemische Paartherapie und -beratung, Freiburg 2000.

Levi, L., aus Bronner, K.: Stress im Arbeitsleben. Ursachen und Folgen; Möglichkeiten zur Vorbeugung und Heilung, Übersetzung: Göttingen, Zürich, Frankfurt am Main 1973.

Lewis, J. P., Mastering Project Management: Applying Advanced Concepts of Systems Thinking, Control and Evaluation, Resource Allocation, New York 1998.

Lightman, A., Und immer wieder die Zeit. Einsteins Dreams, Hamburg 1994.

Lindemann, E., Crises Intervention (The Master Work Series), Northvale 1995.

Linneweh, K., Kreatives Denken, Rheinzabern 1984.

Looss, W., Coaching für Manager. Problembewältigung unter vier Augen, 3. Auflage, Landsberg/Lech 1993.

Luhmann, N., Soziale Systeme. Grundriss einer allgemeinen Theorie, Frankfurt am Main 1986.

Lumma, K., Die Teamfibel oder das Einmaleins der Team- und Gruppenqualifizierung im sozialen und betrieblichen Bereich. Ein Lehrbuch zum Lebendigen Lernen. Hamburg 2000.

Lynch, D., Kordis, P., Delphinstrategien – Management-Strategien in chaotischen Systemen, Fulda 1992.

Malik, F., Strategie des Managements komplexer Systeme – Ein Beitrag zur Management-Kybernetik evolutionärer Systeme, Stuttgart, Bern 1989.

Markides, C. C., So wird ihr Unternehmen einzigartig. Ein Praxisleitfaden für professionelle Strategieentwicklung. Frankfurt, New York 2001.

Martin, P., Tate, K., Project Management Memory Jogger. A Pocket Guide for Project Teams, GOAL/QPC, 1997 (www.goalqpc.com).

Marwitz, K., www.lern-org.de/information/texte/marwflut.htm, 1996.

Maturana, H., Varela, F. L., Der Baum der Erkenntnis – Wie wir die Welt durch unsere Wahrnehmung erschaffen – Die biologischen Wurzeln des menschlichen Erkennens, Bern, München, Wien 1987.

Mayrshofer, D., Kröger, H. A., Prozesskompetenz in der Projektarbeit, Hamburg 1999.

Miller, J., Allgemeine Systemtheorie lebender Systeme, in: Guntern, G. (Hrsg.), Die Welt – ein schwingendes Gewebe, Brig 1983.

Neubeiser, M.-L., Management-Coaching. Der neue Weg zum Manager von morgen, Zürich, Wiesbaden 1990.

Niedersen, U. (Hrsg.), Selbstorganisation – Jahrbuch für Komplexität in den Natur-, Sozial- und Geisteswissenschaften (Band 1). 1990.

Oetinger, B. v. (Hrsg), Das Boston Consulting Group Strategie-Buch. Die wichtigsten Managementkonzepte für den Praktiker, München 2000.

Osborn, J., Applied Imagination, New York 1953.

Osterhold, G., Hansen, S. T., Karriere ab 45. Und jetzt erst recht: Start zum beruflichen Aufbruch, Wiesbaden 2003.

Osterhold, G., Lenz, G., Coaching und Supervision – die Annäherung, in: Managerseminar 4, 1992.

Osterhold, G., Veränderungsmanagement – Visionen und Wege zu einer neuen Unternehmenskultur, Wiesbaden 2000.

Osterhold, G., Wandel und Entwicklung im Unternehmen, in Systhema 1, 1994.

Patzag, G., Systemtechnik – Planung komplexer innovativer Systeme, Berlin 1982.

Patzag, G, Rattay, G., Projektmanagement, Wien 1996.

Perkins, D. N., Der zündende Funke. Jeder ist kreativ, Berlin 1984.

Peters, T., Kreatives Chaos: Die neue Management-Praxis, Hamburg 1988.

Pieske, R., Benchmarking in der Praxis – Erfolgreiches Lernen von führenden Unternehmen, Landsberg/Lech 1995

Probst, G., Ulrich, H., Anleitung zum ganzheitlichen Denken und Handeln – Ein Brevier für Führungskräfte, Bern 1990

Probst, G., Selbstorganisation – Ordnungsprozesse in sozialen Systemen aus ganzheitlicher Sicht, Berlin 1987.

Rationalisierungskuratorium der deutschen Wirtschaft (RKW), Projektmanagement Fachmann, Eschborn 1998.

Rinpoche, S., Das tibetische Buch vom Leben und Sterben, Bern 1994.

Rückle, H., Coaching, Düsseldorf, Wien, New York 1992.

Ruede-Wissmann, W., Crash-Coaching. Die C.-C.-Methode kreativen Streitens und der Problemlösung, München 1991.

Satir, V., Kommunikation Selbstwert Kongruenz, München 1990.

Savage, Ch. M., 5th Generation Management, Oxford 1990.

Schelle, H., Reschke, H., Schnopp, R., Schub, A. (Hrsg.), GPM, Deutsche Gesellschaft für Projektmanagement, Projekte erfolgreich managen, Band 1-3, Köln 1994.

Schlicksupp, H., Innovation, Kreativität und Ideenfindung, Würzburg 1989.

Schmelzer, H. J., Sesselmann, W., Geschäftsprozessmanagement in der Praxis, München, Wien 2001

Schmidt, S., Der Diskurs des radikalen Konstruktivismus, Frankfurt 1987.

Scholz, R., Geschäftsprozessoptimierung. Crossfunktionale Rationalisierung oder strukturelle Reorganisation, Bergisch Gladbach, Köln 1994.

Schönheit, M., Wirtschaftliche Prozessgestaltung, Berlin, Heidelberg, New York 1996.

Schwager, M., Haar, J. J., Erfolgsstrategien für eine dynamische Organisation. Projekt- und prozessorientierte Unternehmensgestaltung, Freiburg 1996.

Schwarz, G., Konfliktmanagement, Wiesbaden 1995.

Schwertfeger, B., Der Griff nach der Psyche. Was umstrittene Persönlichkeitstrainer im Unternehmen anrichten, Frankfurt 1998.

Scott-Morgan, Die heimlichen Spielregeln – Die Macht ungeschriebener Gesetze im Unternehmen, München 1994.

Selvini-Palazzoli, M., u. a.; Hinter den Kulissen der Organisation, Stuttgart 1984.

Senge, P. M., Die fünfte Disziplin. Kunst und Praxis der lernenden Organisation, Stuttgart 1996.

Senge, P. M. et al., Das Fieldbook zur Fünften Disziplin, Stuttgart 1997.

Senge, P. M., Die fünfte Disziplin. Kunst und Praxis der lernenden Organisation, Stuttgart 1997.

Shekerjian, D., Uncommon Genius: How Great Ideas Are Born, London 1991.

Sjörstrand, S., Westerlund, G., Organisationsmythen, Frankfurt 1985.

Spektrum der Wissenschaft, Chaos und Fraktale, Heidelberg 1989.

Sprenger, R. K., Das Prinzip Selbstverantwortung, Wege zur Motivation, Frankfurt am Main, New York 1995.

Sprenger, R. K., Die Entscheidung liegt bei Dir! Wege aus der alltäglichen Unzufriedenheit, Frankfurt am Main, New York 1998.

Sprenger, R. K., Mythos Motivation: Wege aus einer Sackgasse, Frankfurt am Main, New York 1997.

Straub, W. G., Forchhammer, L. S., Berater können erfolgreicher werden, in: Harvard Businessmanager Nr. 3/95.

Süß, G., Ehrl-Gruber, B., Praxishandbuch Projektmanagement, Augsburg 1998.

Svantesson, I., Mind mapping und Gedächtnistraining, Offenbach 1998.

Thomas, C., Vom Zauber des Zufalls. Eine Einladung zum Mitmachen, Köln 1998.

Tominaga, M., Die kundenfeindliche Gesellschaft – Erfolgsstrategien für Dienstleister, Düsseldorf 1997.

Tschacher, W., Schiepek, G., Brunner, E. J. (Hrsg.), Self-Organisation and Clinical Psychology. Emperical Approaches to Synergetics in Psychology, Berlin, Heidelberg 1992.

Ulrich, W., Kreativitätsförderung in der Unternehmung, Bern, Stuttgart 1975.

Vaill, P. B., Systemlernen – Lernen als Lebensform: ein Manifest wider die Hüter der richtigen Antworten, Stuttgart 1998.

Van De Wetering, J. W., Der leere Spiegel – Erfahrungen in einem japanischen Zen-Kloster, Hamburg 1981

Voigt, J. F., Familienunternehmen – Im Spannungsfeld zwischen Eigentum und Fremdmanagement, Wiesbaden 1990

von Foerster, H., Abbau und Aufbau, in: Simon, F. B., Unterschiede, die Unterschiede machen, Berlin, Heidelberg 1988.

von Foerster, H., Der Anfang von Himmel und Erde hat keinen Namen, Wien 1997.

von Schlippe, A., Schweitzer, J., Lehrbuch der systemischen Therapie und Beratung, Göttingen, Zürich 1996.

Vroon, P., Drei Hirne im Kopf – Warum wir nicht können, wie wir wollen, Zürich 1993.

Waldrop, M. M., Inseln im Chaos – Die Erforschung komplexer Systeme, Reinbek 1996.

Wallas, G., The Art of Thought, New York 1926.

Walter, S., Lust aufs Neue – Werkzeuge für das Innovationsmanagement, Opladen 1999.

Warnecke, H.-J., Die fraktale Fabrik. Revolution der Unternehmenskultur, Berlin, Heidelberg, New York 1992.

Watzlawick, P., Beavin, J., Jackson, D., Menschliche Kommunikation, Bern 1969.

Watzlawick, P., Lösungen. Zur Theorie u. Praxis menschlichen Wandels, Bern 1974.

Weinert, F. E., in: Walter, H., Das Alter leben, Darmstadt 1992.

Weisberg, R. W., Kreativität und Begabung. Was wir mit Mozart, Einstein und Picasso gemeinsam haben, Spektrum der Wissenschaft, Heidelberg 1991.

Weyh, H., Krause, P., Kreativität – Ein Spielbuch für Manager, Düsseldorf, Wien, New York 1992.

Wheatley, M. J., Quantensprung der Führungskunst, Reinbek 1997.

Whitmore, J., Coaching für die Praxis, Frankfurt, New York 1994.

Wildenmann, B., Professionell führen – Empowerment für Manager, München 2000.

Willke, H., Systemtheorie II: Interventionstheorie – Grundzüge einer Theorie der Intervention in komplexe Systeme, Stuttgart 1994.

Wimmer, R., Organisationsberatung: Neue Wege und Konzepte, Wiesbaden 1992.

Womack, J. P., Daniel, T. J., Auf dem Weg zum perfekten Unternehmen (Lean Thinking), Frankfurt 1997.

Zehentbauer, J., Körpereigene Drogen, München, Zürich 1992.

Stichwortregister

Die Autoren

v.l.n.r.: H. Ellebracht, G. Osterhold, H. Schäfer und G. Lenz

Dr. Heiner Ellebracht
„Gerade weil nichts so sicher ist wie die stetige Veränderung, braucht der Wandel eine Ästhetik, damit wir seinen Wert, seinen Nutzen und seine Irreversibilität erkennen und schätzen lernen.“

Gisela Osterhold
„Wenn es darum geht, neue Wege zu beschreiten, ist das Wichtigste eine Vision. Mit Enthusiasmus und Leidenschaft gilt es, sie zu finden, zu ergreifen, mitzuteilen und aufzubauen.“

Dr. Helmut Schäfer
„Veränderungen um ihrer selbst willen bringen Unmut und Verwirrung. Jeder Wandel braucht deshalb Struktur und Methoden, um Ideen und Visionen in gelebte Wirklichkeit zu führen.“

Dr. Gerhard Lenz
„Die einzige Möglichkeit, einen erstrebenswerten Fortschritt zu entdecken und zu gestalten, ist die ständige Herausforderung und Provokation der Veränderung.“

Seit über zwölf Jahren beraten die Autoren in einem multidisziplinären Team nationale und internationale Unternehmen bei komplexen Veränderungsprozessen. Als Coaches begleiten sie Führungskräfte aus der Politik, Wirtschaft oder dem sozialen Bereich. In Trainings- und Ausbildungsprogrammen geben sie ihre Erfahrungen und ihr Wissen weiter.

www.das-eurosysteam.de